LA VIE MORALE

RECUEIL DE LECTURES
CHOISIES ET ANNOTÉES
Suivies d'un lexique biographique

A L'USAGE

des Instituteurs, des Écoles normales primaires,
des Écoles primaires supérieures et Cours complémentaires

PAR

Jules STEEG
DÉPUTÉ DE LA GIRONDE

PARIS

LIBRAIRIE CLASSIQUE FERNAND NATHAN

18, RUE DE CONDÉ, 18

JULES STEEG. — **L'Honnête homme**, cours de morale théorique et pratique
1 vol. in-12, broché, 3 fr.; relié toile.................................. 3 50

LA VIE MORALE

RECUEIL DE LECTURES
CHOISIES ET ANNOTÉES

Envoi **franco** *au reçu du prix en un mandat-poste ou timbres-poste.*

INSTRUCTION MORALE ET CIVIQUE
L'HOMME — LE CITOYEN
OUVRAGE RÉDIGÉ CONFORMÉMENT AU PROGRAMME OFFICIEL

avec des gravures intercalées dans le texte, des lexiques, des exercices et des questionnaires

Par Jules STEEG
Député de la Gironde.

Un volume in-12, cartonné.................. **1 25**

L'HONNÊTE HOMME

COURS DE MORALE THÉORIQUE ET PRATIQUE

A L'USAGE

des Instituteurs, des Écoles normales primaires,
des Écoles primaires supérieures et des Cours complémentaires

PAR

Jules STEEG
DÉPUTÉ DE LA GIRONDE

Un vol. in-12, broché, **3 fr.**; relié toile. **3 fr. 50**

ÉLÉMENTS DE SCIENCES NATURELLES
AVEC LEURS APPLICATIONS
A L'AGRICULTURE, A L'INDUSTRIE ET A L'HYGIÈNE

Par le Docteur GEORGES VAN GELDER

Un volume in-12, relié f. toile...... **2 fr. 50**

Paris. — Imp. E. Capiomont et Cie, rue des Poitevins, 6.

LA VIE MORALE

RECUEIL DE LECTURES

CHOISIES ET ANNOTÉES

suivies d'un lexique biographique

A L'USAGE

des Instituteurs, des Écoles normales primaires,
des Écoles primaires supérieures et Cours complémentaires

PAR

JULES STEEG

DÉPUTÉ DE LA GIRONDE

PARIS

LIBRAIRIE CLASSIQUE FERNAND NATHAN

18, RUE DE CONDÉ, 18

1889

Tous droits réservés.

Tout exemplaire de cet ouvrage non revêtu de ma griffe sera réputé contrefait.

PRÉFACE

La morale n'est pas seulement une science méthodique; elle est un enseignement pratique et quotidien. Elle n'est pas le lot de quelques-uns; elle est l'apanage de l'humanité tout entière. Elle n'est pas une invention de nos programmes scolaires; elle est de tous les pays et de tous les temps. A travers la multiplicité des systèmes, la variété des civilisations, les modifications incessantes de la société, la morale forme une chaîne ininterrompue qui rattache le monde antique au monde moderne, la vieille Europe aux nouveaux continents, les cultes païens à la religion chrétienne, les siècles barbares à la culture la plus avancée; elle constate et elle constitue la noblesse et l'unité de notre race.

Il serait intéressant de mettre en regard les pages écrites sur la morale dans toutes les époques, de comparer aux livres modernes les écrits des Anciens, latins et grecs, des Égyptiens, des Chinois, des Indous, des Arabes, etc., et de montrer comment de toutes ces œuvres, livres, traités, inscriptions, traditions, se dégage une morale identique par le fond et souvent par la forme, et qui mène aux mêmes résultats.

Je n'ai pas entrepris ce travail. Je me suis contenté de réunir quelques pages d'un certain nombre d'écrivains, la plupart français, quelques-uns étrangers, pour établir, au moyen d'autorités indiscutables, les principales règles de la « bonne vieille morale de nos pères. » Platon, Cicéron, Sénèque, Tacite, Plutarque, Marc Aurèle, suffiront à représenter le monde antique; nous puiserons dans les récits de l'Évangile la pure inspiration chrétienne; l'Imitation de Jésus-Christ nous livrera la meilleure tradition du moyen âge; les noms de Kant, de Fichte, de Franklin, de Channing, de Théodore Parker indiquent les hauts sommets de la littérature morale dans les langues allemande et anglaise; quant aux auteurs français, depuis Rabelais jusqu'à nos jours, ils ne nous offrent que l'embarras du choix. Combien de ces auteurs n'ai-je pas dû laisser de côté qu'il eût été profitable d'interroger, et dans ceux que j'ai choisis, que de choses excellentes sont restées à l'écart! Mais il fallait se borner.

Je présente au public, non un traité complet, mais une simple anthologie, portant sur toutes les parties de la science des mœurs, un recueil de morceaux d'une morale saine, d'une inspiration élevée, d'un langage correct et élégant, dont quelques-uns même sont des pages de haut vol, de celles qui font honneur à un écrivain ou à un peuple.

Nous ne manquons pas de recueils de morceaux purement littéraires; notre langue est assez riche pour fournir encore matière dans l'avenir à d'autres recueils du même genre. Il n'en est pas de même au point de vue spécial auquel je me suis placé. Les anthologies exclusivement morales sont encore peu nombreuses, du moins à ma connaissance. J'espère que celle-ci ne sera pas inutile.

Les différentes parties de cet ouvrage se suivent dans l'ordre naturel. La première est une courte psychologie; elle expose les principaux traits de la nature humaine, ses facultés, ses passions, ses aspirations, ses grandeurs; le dix-septième siècle, le dix-huitième, le dix-neuvième ont fourni le dessin et les couleurs du portrait.

Une seconde partie est consacrée aux principes permanents de la morale, à la théorie, au côté systématique et général; elle traite de l'objet de la morale, de ses axiomes, de son caractère impératif, du droit, du devoir, de la conscience, des mobiles de nos actes, de la vertu, du bonheur. Ce sont surtout les philosophes proprement dits qui ont été ici mis à contribution : Descartes, Jouffroy, Victor Cousin, MM. Ferraz, Janet, Jules Simon, etc.

Avec le livre troisième, nous entrons dans la morale pratique; il s'agit non plus de généralités, mais de l'individu, de ses devoirs envers lui-même, de ses qualités et de ses défauts, de ses vertus et de ses vices. L'homme y est considéré tour à tour au point de vue de son intelligence, et des devoirs qu'il a vis-à-vis d'elle, au point de vue de l'imagination qu'il faut régler, au point de vue de la sensibilité, au point de vue de la volonté, du courage, de l'énergie, de la patience, de la constance. Ici se place l'obligation du travail, de l'épargne, qui n'ont rien de commun avec l'avarice. La dignité humaine ne doit pas se confondre avec l'orgueil, la présomption, l'amour propre; le suicide n'est ni fierté ni courage. Après le cycle des actions extérieures se déroule la vie intime, avec ses délicatesses, ses profondeurs, ses joies et ses tristesses, ses luttes secrètes et ses espérances. Quelle riche moisson de grandes, de fortes et de nobles pensées nous offre dans ce champ la littérature morale de toutes les époques, de Marc-Aurèle jusqu'à Thomas à Kempis, de Charron jusqu'à Musset, de Sénèque jusqu'à Victor Hugo!

Après l'individu, la famille : c'est à elle que le quatrième livre est consacré. Il n'y a pas de sujet qui ait été traité avec plus de force, plus de grâce, plus d'émotion que celui-là. Les devoirs domestiques, le mariage, les enfants, l'amour des mères, les devoirs des pères, les grands-parents, la vie de famille, l'éducation, le rôle des femmes, puis, à côté et comme un accessoire nécessaire de la famille, les amis, les serviteurs, tout cet ensemble d'idées où la littérature moderne jouit d'une incontestable supériorité sur celle des anciens, se trouve ici réuni dans des pages qui seront lues avec plaisir et avec fruit.

L'une des parties les plus importantes est certainement la cinquième, consacrée à la société, aux devoirs des hommes les uns à l'égard des autres, devoirs de justice, de solidarité, de charité. Rien de complexe comme les rapports réciproques des membres du corps social, mais aussi rien qui ait attiré d'avantage l'attention et excité la curiosité des observateurs. C'est ici que les moralistes triomphent et abondent, et qu'il était difficile de borner ses choix. La Bruyère, Vauvenargues, Diderot, Voltaire, Nicole, La Rochefoucauld, Massillon, Jean-Jacques, et d'autres, pour ne rien dire de nos contemporains, quelles sources vives où l'on n'a qu'à se baisser pour puiser à pleine coupe!

Le livre sixième comprend ce qui regarde la patrie, l'État, l'école, les devoirs civiques, les devoirs professionnels; c'est le théâtre de la vie publique, c'est le champ d'action de la démocratie. Plus que jamais, citoyens d'un pays libre, enfants d'une grande et glorieuse République, nous avons à nous instruire des devoirs que nous imposent ces titres d'honneur, que l'ignorance, la faiblesse, l'inertie feraient dépérir entre nos mains. Nous ne saurions écouter avec trop d'attention et de déférence les voix graves qui nous les rappellent et nous les recommandent, les voix de Lamennais, de Lamartine, de Gambetta, de Jules Barni, d'Edgar Quinet et de ceux qui, vivant encore au milieu de nous, ont le droit et la charge de nous donner des leçons.

Le dernier livre se rapporte aux sentiments les plus élevés et les plus durables de l'âme, à ceux qui emportent l'homme au-dessus des phénomènes passagers, au delà du cours rapide de cette vie éphémère, vers la bonté et la justice éternelles, et qui laissent entrevoir aux vaillants lutteurs de la vie morale le triomphe assuré du bien.

Il m'a semblé qu'il ne serait pas sans intérêt et sans profit de rencontrer à toutes les étapes de ce voyage des écrivains de toutes les écoles, des tempéraments les plus opposés, des vocations les plus diverses, associés pour diriger l'homme vers le même but. La variété même de leurs voix et de leurs langages fait plus vivement ressortir l'unité de l'entreprise et la puissance de l'inspiration morale qui réunit en une seule et même famille tant d'esprits d'élite accourus de tous les points de l'horizon.

Je serais heureux que ce recueil pût devenir le compagnon, le conseiller, l'ami, parfois l'inspirateur de ceux qui aiment à se recueillir de temps à autre, à soustraire aux agitations de la vie quelques instants de méditation. Ils y trouveront des sujets de réflexion, l'occasion peut-être d'une lecture quotidienne, du matin ou du soir, à l'heure où l'on prend du courage pour les épreuves de la journée, ou bien à celle qui précède le repos de la nuit.

Mais ce livre doit surtout servir aux études, aux maîtres, aux élèves de nos établissements d'instruction publique. Il ne remplacera pas, mais il accompagnera, il commentera les manuels techniques. Tel chapitre de morale frappera davantage, deviendra plus intéressant et plus clair quand il sera annoté et complété par une lecture tirée de nos bons auteurs. Il y aura là matière à comparaison, à dissertation. Plus modestement encore, je dirai que je verrais avec plaisir tirer des dictées d'orthographe de ces pages qui laisseront du moins après elle un bon souvenir, des idées justes, une impression morale, vraiment salutaire, autre chose enfin qu'un simple exercice de mots. Qui ne sait le pouvoir des souvenirs d'enfance ou de jeunesse? Une phrase dictée, un fragment appris par cœur restent quelquefois pour la vie entière comme une flèche dans la conscience.

Quoi qu'il en soit, et à quelque usage qu'on le destine, j'offre ce livre à tous ceux, élèves ou maîtres, pères ou mères de famille, qui estiment que la morale est la source unique de la dignité individuelle et du vrai bonheur, le fondement de toute société habitable, la condition indispensable d'une démocratie qui veut durer.

LIVRE PREMIER

LA NATURE HUMAINE

1. L'homme.

Tout marque dans l'homme, même à l'extérieur, sa supériorité sur tous les êtres vivants ; il se soutient droit et élevé, son attitude est celle du commandement, sa tête regarde le ciel et présente une face auguste sur laquelle est imprimé le caractère de la dignité ; l'image de son âme y est peinte par la physionomie, l'excellence de sa nature perce à travers les organes matériels et anime d'un feu divin les traits de son visage ; son port majestueux, sa démarche ferme et hardie annoncent sa noblesse et son rang ; il ne touche à la terre que par ses extrémités les plus éloignées ; les bras ne lui sont pas donnés pour servir d'appui à la masse de son corps ; sa main ne doit pas fouler la terre et perdre par des frottements réitérés la finesse du toucher dont elle est le principal organe ; le bras et la main sont faits pour servir à des usages plus nobles, pour exécuter les ordres de la volonté, pour saisir les choses éloignées, pour écarter les obstacles, pour prévenir les rencontres et le choc de ce qui pourrait nuire, pour embrasser et retenir ce qui peut plaire, pour le mettre à la portée des autres sens.

Lorsque l'âme est tranquille, toutes les parties du visage sont dans un état de repos ; leur proportion, leur union, leur ensemble marquent encore assez la douce harmonie des pensées, et répondent au calme de l'intérieur; mais lorsque l'âme est agitée, la face humaine devient un tableau vivant, où les passions sont rendues avec autant de délicatesse que d'énergie, où chaque mouvement de l'âme est exprimé par un trait, chaque action par un caractère[1], dont l'impression vive et prompte devance la volonté, nous décèle et rend au dehors par des signes pathétiques[2] les images de nos secrètes actions.

C'est surtout dans les yeux qu'elles se peignent et qu'on peut les reconnaître ; l'œil appartient à l'âme plus qu'aucun autre organe, il semble y toucher et participer à tous ses mouvements, il en exprime les passions les plus vives et les émotions les plus tumultueuses, comme les mouvements les plus doux et les sentiments les plus délicats ; il les rend dans toute leur force, dans toute leur pureté, tels qu'ils viennent de naître, il les transmet par des traits rapides qui portent dans une autre âme le feu, l'action, l'image de celle dont ils partent. L'œil reçoit et réfléchit en même temps la lumière de la pensée et la chaleur du sentiment, c'est le sens de l'esprit et la langue de l'intelligence.

BUFFON.

1. *Par un caractère.* Buffon compare les mouvements du visage à des caractères typographiques qui s'impriment vivement sur la face et qui *décèlent,* qui révèlent au regard ce qui se passe au dedans de l'homme.

2. *Des signes pathétiques* sont des signes qui expriment et qui excitent les émotions de l'âme: *Pathétique,* passionné.

---

2. La physionomie chez l'homme.

Comme toutes les passions sont des mouvements de l'âme, la plupart relatifs aux impressions des sens, elles peuvent être exprimées par les mouvements du corps, et surtout par ceux du visage. On peut juger de ce qui se passe à l'intérieur par l'action extérieure et connaître, à l'inspection des changements du visage, la situation actuelle de l'âme ; mais comme l'âme n'a point de forme qui puisse être relative à aucune forme matérielle, on ne peut pas la juger par la figure du corps ou par la forme du visage ; un corps mal fait peut renfermer une fort belle âme, et l'on ne doit pas juger du bon ou du mauvais naturel d'une personne par les traits de son visage ; car ces traits n'ont aucun rapport avec la nature de l'âme, aucune analogie sur laquelle on puisse fonder des conjectures raisonnables.

Les anciens étaient cependant fort attachés à cette espèce de préjugé, et dans tous les temps il y a eu des hommes qui ont voulu faire une science divinatoire de leurs prétendues connaissances en physionomie ; mais il est bien évident qu'elles ne peuvent s'étendre qu'à deviner les mouvements de l'âme par ceux des yeux, du visage et du corps, et que la forme du nez, de la bouche et des autres traits ne fait pas plus à la forme de l'âme, au naturel de la personne, que la grandeur et la grosseur des membres ne fait à la pensée. Un homme en sera-t-il plus spirituel parce qu'il aura le nez bien fait ? en sera-t-il moins sage parce qu'il aura les yeux petits et la bouche grande ? Il faut donc avouer que tout ce que nous ont dit les physionomistes est dénué de tout fondement, et que rien n'est plus chimérique que les inductions qu'ils ont voulu tirer de leurs prétendues observations métoposcopiques[1].

BUFFON.

1. *Métoposcopique :* qui se rapporte à l'examen du visage.

---

3. La physionomie et le caractère.

On croit que la physionomie n'est qu'un simple développement de traits déjà marqués par la nature. Pour moi, je penserai qu'outre ce développement, les traits du visage d'un homme viennent insensiblement à se former et à prendre de la physionomie par l'impression habituelle de certaines affections de l'âme.

Ces affections se marquent sur le visage, rien n'est plus certain; et quand elles tournent en habitude, elles y doivent laisser des impressions durables. Voilà comment je conçois que la physionomie annonce le caractère, et qu'on peut quelquefois juger de l'un par l'autre, sans aller chercher des explications mystérieuses qui supposent des connaissances que nous n'avons pas.

Un enfant n'a que deux affections bien marquées, la joie et la douleur: il rit ou il pleure; les intermédiaires ne sont rien pour lui, sans cesse il passe de l'un de ces mouvements à l'autre. Cette alternative continuelle empêche qu'ils ne fassent sur son visage aucune impression constante, et qu'il ne prenne de la physionomie ; mais dans l'âge où, devenu plus sensible, il est plus vivement ou plus constamment affecté, les impressions plus profondes laissent des traces plus difficiles à détruire, et de l'état habituel de l'âme résulte un arrangement de traits que le temps rend ineffaçables.

Cependant il n'est pas rare de voir des hommes changer de physionomie à différents âges. J'en ai vu plusieurs dans ce cas, et j'ai toujours trouvé que ceux que j'avais pu bien observer et suivre avaient aussi changé de passions habituelles.

J.-J. ROUSSEAU.

4. Les gestes.

Les bras, les mains et tout le corps entrent aussi dans l'expression des passions ; les gestes concourent avec les mouvements du visage pour exprimer les différents mouvements de l'âme.

Dans la joie, par exemple, la tête, les bras et tout le corps sont agités par des mouvements prompts et variés: dans la langueur et la tristesse les yeux sont abaissés, la tête est penchée de côté, les bras sont pendants, et tout le corps est immobile : dans l'admiration, la surprise, l'étonnement, tout mouvement est suspendu, on reste dans une même attitude.

Cette première expression des passions est indépendante de la volonté ; mais il y a une autre sorte d'expression qui semble être produite par une réflexion de l'esprit et par le commandement de la volonté; qui fait agir les yeux, les bras, la tête et tout le corps : ces mouvements paraissent être autant d'efforts que fait l'âme pour défendre le corps; ce sont au moins autant de signes secondaires qui répètent les passions, et qui pourraient seuls les exprimer ; par exemple, dans l'amour, dans le désir, dans l'espérance, on lève la tête et les yeux au ciel, comme pour demander le bien que l'on souhaite ; on porte la tête et le corps en avant, comme pour avancer, en s'approchant, la possession de l'objet désiré ; on étend les bras, on ouvre les mains pour l'embrasser et le saisir : au contraire dans la crainte, dans la haine, dans l'horreur nous avançons les bras avec précipitation, comme pour repousser ce qui fait l'objet de notre aversion, nous détournons les yeux et la tête, nous reculons pour l'éviter, nous fuyons pour nous en éloigner.

Ces mouvements sont si prompts qu'ils paraissent involontaires, mais c'est un effet de l'habitude qui nous trompe, car ces mouvements dépendent de la réflexion, et marquent seulement la perfection des ressorts du corps humain, par la promptitude avec laquelle tous les membres obéissent aux ordres de la volonté.

BUFFON.

5. La pensée.

Je puis bien concevoir un homme sans mains, pieds, tête, car ce n'est que l'expérience qui nous apprend que la tête est plus nécessaire que les pieds ; mais je ne puis concevoir l'homme sans pensée : ce serait une pierre ou une brute. — C'est donc la pensée qui fait l'être de l'homme, et sans quoi on ne peut le concevoir. Qu'est-ce qui sent du plaisir de nous ? Est-ce la main ? est-ce le bras ? est-ce la chair ? est-ce le sang ? On verra qu'il faut que ce soit quelque chose d'immatériel.

Ce n'est point de l'espace que je dois chercher ma dignité, mais c'est du règlement de ma pensée. Je n'aurai pas davantage en possédant des terres. Par l'espace, l'univers me comprend et m'engloutit comme un point ; par la pensée, je le comprends.

L'homme n'est qu'un roseau, le plus faible de la nature, mais c'est un roseau pensant. Il ne faut pas que l'univers entier s'arme pour l'écraser. Une vapeur, une goutte d'eau, suffit pour le tuer. Mais quand l'univers l'écraserait, l'homme serait encore plus noble que ce qui le tue, parce qu'il sait qu'il meurt, et l'avantage que l'univers a sur lui ; l'univers n'en sait rien [1].

Toute notre dignité consiste donc en la pensée. C'est de là [2] qu'il faut nous relever, non de l'espace et de la durée, que nous ne saurions remplir. Travaillons donc à bien penser : voilà le principe de la morale.

PASCAL.

1. *L'univers n'en sait rien.* Cette courte phrase est saisissante. Elle exprime avec force l'opposition entre l'être intelligent qui a conscience de la mort et des causes qui l'amènent, et l'aveugle ignorance de la masse brutale dont l'infériorité intellectuelle et morale est dépeinte d'un trait.

2. *C'est de là,* c'est-à-dire en nous appuyant sur la dignité de la pensée, en la développant et en l'accroissant en nous, qu'il faut nous relever de notre petitesse. Dans l'espace et dans la durée, nous ne sommes qu'un point imperceptible ; par la pensée nous arrivons à la véritable grandeur.

6. La puissance de la pensée.

L'homme était nu au jour de la création; s'est-il résigné au froid? non : il a pensé, et la flamme a jailli de la pierre pour le chauffer. Il était affamé; s'est-il résigné à la faim? non : il a pensé, et l'épi a mûri au soleil pour le nourrir. Il était blessé; s'est-il résigné à voir couler son sang? non : il a médité, et le fer a guéri sa blessure[1]. Il était tenu prisonnier dans l'espace par l'Océan; s'est-il résigné à l'implacable surveillance du geôlier mugissant en sentinelle sur le rivage? non : il a réfléchi, et le navire l'a porté à la rive d'un autre hémisphère. Il était isolé dans le temps; s'est-il résigné? non : il a incliné la tête, et l'écriture a fait de toutes les générations écoulées une seule génération toujours en conversation avec elle-même d'un bout à l'autre de la durée. Il était esclave de l'univers qui l'étouffait de toutes parts dans sa rude étreinte; s'est-il résigné? non : il a fait appel à son intelligence et son intelligence a tourné la force contre la force, et maintenant il commande d'un geste à la nature.

Que parlez-vous de résignation[2] et de sanctification par la résignation, quand notre grandeur consiste à penser et à vaincre le mal par la pensée? Le mal est mon ennemi; je le tue ou il me tue, mais je ne lui donne pas volontairement mon flanc à dévorer. La résignation n'est ni en politique ni en morale un mot de mon vocabulaire. Je suis de la race d'Ajax[3], jeté par un coup de mer sur l'écueil; je me dresse de toute ma hauteur et je dis : *Etiam si*[4], je me sauverai quand même. Je concevrais encore que Prométhée[5], cloué par les quatre membres à son rocher, laisse pendre de lassitude son front foudroyé et abandonne en silence sa chair aux vautours; car il ne peut tirer de sa poitrine brisée et vomir au ciel qu'un impuissant gémissement.

Mais l'homme n'est plus Prométhée; il a brisé un

anneau de sa chaine, puis un autre ; il a la tête libre, la main libre maintenant, Cela suffit, il peut lutter à force égale contre sa destinée.

EUGÈNE PELLETAN.

1. *Le fer a guéri sa blessure.* L'écrivain fait allusion ici à la science chirurgicale et aux instruments qu'elle emploie.

2. *Que parlez-vous de résignation?* La résignation qui n'est qu'un lâche abandon de soi-même, que paresse de volonté et mollesse de caractère, n'est en effet pas une vertu. Elle n'en est une que lorsque l'homme est en face de l'impossible, de l'inéluctable, lorsque les événements ne dépendent pas de sa volonté, lorsqu'il a épuisé toute sa force et fait son devoir tout entier.

3. *Ajax*, fils d'Oïlée, roi de Locres, un des héros de la guerre de Troie, le plus indomptable des Grecs. Battu par la tempête, jeté sur un rocher, il levait encore vers Jupiter un poing menaçant.

4. *Etiam si*, quand même.

5. *Prométhée*, titan de la fable grecque, demi-dieu, crucifié sur le mont Caucase par l'ordre de Jupiter pour avoir dérobé le feu du ciel et l'avoir livré aux humains.

---

7. Les principes de la méthode.

Comme la multitude des lois[1] fournit souvent des excuses aux vices, de sorte qu'un État est bien mieux réglé, lorsque, n'en ayant que fort peu, elles y sont fort étroitement observées ; ainsi, au lieu de ce grand nombre de préceptes dont la logique est composée, je crus que j'aurais assez des quatre suivants, pourvu que je prisse une ferme et constante résolution de ne pas manquer une seule fois de les observer.

Le premier était de ne recevoir jamais aucune chose pour vraie que je ne la connusse évidemment être telle, c'est-à-dire d'éviter soigneusement la précipitation et la prévention, et de ne comprendre rien de plus en mes jugements que ce qui se présenterait si clairement et si distinctement à mon esprit que je n'eusse aucune occasion de le mettre en doute.

Le second, de diviser chacune des difficultés que j'examinerais en autant de parcelles qu'il se pourrait, et qu'il serait requis pour les mieux résoudre.

Le troisième, de conduire par ordre mes pensées, en commençant par les objets les plus simples et les plus aisés à connaître, pour monter peu à peu comme par degré jusqu'à la connaissance des plus composés, en supposant même de l'ordre entre ceux qui ne se précèdent point naturellement les uns les autres.

Et le dernier, de faire partout des dénombrements si entiers et des revues si générales que je fusse assuré de ne rien omettre.

Ces longues chaînes de raisons, toutes simples et faciles, dont les géomètres ont coutume de se servir pour parvenir à leurs plus difficiles démonstrations, m'avaient donné occasion de m'imaginer que toutes les choses qui peuvent tomber sous la connaissance des hommes s'entresuivent en même façon, et que, pourvu seulement qu'on s'abstienne d'en recevoir aucune pour vraie qui ne le soit, et qu'on garde toujours l'ordre qu'il faut pour les déduire les unes des autres, il n'y en peut avoir de si éloignées auxquelles enfin on ne parvienne, ni de si cachées qu'on ne découvre[2].

DESCARTES.

1. *Comme la multitude des lois...* La comparaison n'est pas juste. Pour la rectitude de la pensée, quelques lois simples, générales et bien observées valent mieux qu'une foule de préceptes qui ne peuvent que déconcerter l'esprit. Dans un État, au contraire, la multitude des lois, si du moins elles sont concordantes dans leurs principes et libérales dans leur esprit, est le signe d'une civilisation avancée ; elle est une garantie pour la sécurité des individus et le bon ordre de la République ; car moins la loi laisse de place à l'arbitraire, mieux elle sauvegarde la paix et la liberté des citoyens.

2. Descartes avait résolu de refaire ses convictions de fond en comble, de faire table rase de tout ce qu'il avait cru jusqu'alors et de parvenir à la vérité, en dehors des préjugés sans fondement, par une voie absolument sûre. C'est à cet effet qu'il se trace les quatre principes qu'il vient d'exposer, et qui lui ont servi à construire la solide philosophie qui porte son nom. Ils peuvent conduire efficacement chacun de nous à éviter ou à combattre les erreurs, à dissiper les fausses préventions et à marcher sûrement à la conquête de la vérité dans tous les ordres; car les principes de la raison sont toujours et partout les mêmes.

8. Le travail de l'esprit.

Le travail de l'esprit est toujours le même à tous les degrés. Il y a pour ainsi dire trois moments dans la marche de la pensée :

1° L'esprit conçoit l'idée ;

2° L'esprit conçoit le rapport de deux idées et l'énonce ; c'est le jugement proprement dit ;

3° L'esprit rapproche entre eux plusieurs jugements et les enchaîne, en allant du connu à l'inconnu ; c'est le raisonnement.

Tout le travail de l'esprit se ramène à ces opérations ; une simple idée s'exprime par un terme détaché, unique, le plus souvent par un nom commun, exemple : homme, cheval, livre. On ne doit pas dire, rigoureusement parlant, qu'une idée est vraie ou fausse : elle est dans l'esprit ou elle n'y est pas, voilà tout ; il n'y a de vrai ou de faux que le jugement.

Dans le jugement il y a toujours affirmation (car la négation même se ramène à une affirmation), et le verbe, qui marque l'affirmation, sert de lien entre deux idées exprimées ; exemple : les hommes sont mortels. Ce qui est vrai ou faux, c'est le jugement, selon qu'il affirme la convenance ou la disconvenance des choses qui réellement se conviennent ou ne se conviennent pas.

De même que le jugement s'exprime par la proposition, qui est une liaison, un arrangement d'idées, de même le raisonnement, qui est une liaison de jugements, s'exprime par un arrangement de propositions. Il faut au moins trois jugements, donc trois propositions dans un raisonnement complet ; exemple : le vice est dégradant ; le mensonge est un vice ; donc le mensonge est dégradant.

Ce raisonnement s'appelle syllogisme.

Répétons-le, dans ces trois actes successifs de l'esprit, qui diffèrent infiniment en complexité, le travail est toujours le même : on distingue le dissemblable, et on lie ensemble le semblable.

H. Marion.

9. La mémoire.

La mémoire est la faculté par laquelle nous rattachons au moment présent les événements passés ; sans la mémoire nous ne vivrions que dans l'instant actuel ; toutes nos impressions seraient fugitives, nous ne saurions pas que nous sommes aujourd'hui le même être que nous étions hier et les jours précédents ; la conscience durable de nous-mêmes nous ferait défaut ; notre identité nous échapperait.

Notre intelligence peut rappeler, reproduire, faire revivre des faits, des sentiments, des idées, des mots, des sons, des impressions, des émotions sur lesquels le temps s'est écoulé ; selon que cette reproduction est plus rapide, plus vive, plus complète, nous sommes doués d'une mémoire plus prompte et plus sûre.

La mémoire n'est pas une faculté isolée dans l'intelligence ; elle est un mode de l'intelligence, elle retient surtout ce que l'esprit comprend, ce qui le frappe vivement, ce qui excite au plus haut degré son intérêt et son attention. Nous pouvons certainement, avec de l'effort, du travail, grâce à une répétition fréquente, retenir des mots, des phrases, qui n'aient pour nous aucun sens ou qui n'aient qu'un sens confus. Mais nous ne les retenons que peu de temps. C'est une fatigue stérile, sinon funeste. Nous gardons au contraire longtemps, toujours, ce que nous avons appris après l'avoir compris. Ce qui a laissé une trace lumineuse dans notre intelligence laisse une trace profonde et durable dans notre mémoire.

C'est dans l'enfance que la mémoire est à la fois le plus souple et le plus tenace. On est émerveillé, à la réflexion, de la quantité prodigieuse de choses qu'elle retient dans les premières années. Le petit enfant a tout à apprendre; sa mémoire s'exerce dès les premiers jours. Il retient la différence des voix, puis celle des visages; il rattache aux hommes et aux objets les impressions qu'ils lui ont déjà causées; il se souvient des mots, sons étranges, nouveautés absolues, sans cause, sans analogie, sans étymologie pour son esprit ignorant; et en peu d'années, grâce à la mémoire, il devient maître de ce précieux instrument, de cette science compliquée et délicate qui s'appelle le langage. Les choses apprises dans l'enfance et l'adolescence persistent jusqu'aux limites les plus reculées de la vieillesse, alors souvent que la plupart des facultés s'émoussent, que la mémoire elle-même n'est plus qu'une surface glissante où rien ne s'arrête plus.

***

10. L'imagination.

Si nous entendons par ce mot imagination la puissance que nous avons de comparer des images avec des idées, de donner des couleurs à nos pensées, de représenter et d'agrandir nos sensations, de peindre le sentiment, en un mot de saisir vivement les circonstances et de voir nettement les rapports des objets que nous considérons, cette puissance de notre âme en est même la qualité la plus brillante et la plus active, c'est l'esprit supérieur, c'est le génie ; les animaux en sont encore plus dépourvus que d'entendement et de mémoire.

Mais il y a une autre imagination, un autre principe qui dépend uniquement des organes corporels, et qui nous est commun avec les animaux ; c'est cette action tumultueuse et forcée [1] qui s'excite au dedans de nous mêmes par les objets analogues ou contraires à nos appétits ; c'est cette impression vive et profonde des images de ces objets qui, malgré nous, se renouvelle à tout instant, et nous contraint d'agir comme les animaux, sans réflexion, sans délibération ; cette représentation des objets, plus active encore que leur présence, exagère tout, falsifie tout. Cette imagination est l'ennemie de notre âme, c'est la source de l'illusion, la mère des passions qui nous maîtrisent, nous emportent malgré les efforts de la raison, et nous rendent le malheureux théâtre d'un combat continuel, où nous sommes presque toujours vaincus [2].

BUFFON.

1. *Action tumultueuse et forcée.* Le mot *forcée* veut dire ici outrée, excessive, violente.
2. *Presque toujours vaincus.* Heureusement qu'il n'en est pas ainsi. Nous ne sommes vaincus dans ce combat que lorsque nous ne faisons pas vigoureusement appel à la raison et à la volonté.

---

11. L'instinct supérieur de l'homme.

Voyez l'homme dans l'état sauvage, en guerre perpétuelle avec les éléments, avec les bêtes féroces, avec ses semblables, avec lui-même ! Souvent réduit à des servitudes qu'aucun animal ne voudrait supporter : et il est le seul être qui montre, jusque dans la misère, le caractère de l'infini et l'inquiétude de l'immortalité! Il élève des trophées; il grave ses exploits sur l'écorce des arbres; il prend le soin de ses funérailles, et il révère les cendres de ses ancêtres, dont il a reçu un héritage si funeste[1]. Il est sans cesse agité par les fureurs de l'amour ou de la vengeance; quand il n'est pas la victime de ses semblables, il en est le tyran : et seul il a connu que la justice et la bonté gouvernaient le monde, et que la vertu élevait l'homme au ciel! Il ne reçoit à son berceau aucun présent de la nature, ni douce toison, ni défenses, ni outils pour une vie si pénible et si laborieuse : et il est le seul être qui invite des Dieux à sa naissance, à son hymen et à son tombeau! Quelque égaré qu'il soit par des opinions insensées, lorsqu'il est frappé par les secousses imprévues de la joie ou de la douleur, son âme, d'un mouvement involontaire, se réfugie dans le sein de la Divinité. Il s'écrie : « Ah! mon Dieu! » il tourne vers le ciel des mains suppliantes et des yeux baignés de larmes, pour y chercher un père. Ah! les besoins de l'homme attestent la providence d'un Être suprême. Il n'a fait l'homme faible et ignorant, qu'afin qu'il s'appuyât de sa force et qu'il s'éclairât de sa lumière; et, bien loin que le hasard ou des génies malfaisants règnent sur une terre où tout concourait à détruire un être si misérable, sa conservation, ses jouissances et son empire [2] prouvent que dans tous les temps un Dieu bienfaisant a été l'ami et le protecteur de la vie humaine.

BERNARDIN DE SAINT-PIERRE.

1. *Héritage si funeste*, c'est-à-dire cette vie pleine de misères.
2. *Son empire*, c'est-à-dire la puissance que l'homme exerce dans le monde, et à laquelle sa nature si désarmée et si chétive ne semblait guère le prédestiner.

12. Les passions.

Les passions ont toutes, sans en excepter celles qui nous inquiètent et nous tourmentent le plus, une sorte de douceur qui les justifie à elles-mêmes. L'expérience et le sentiment intérieur nous le disent sans cesse. Si l'on peut trouver douces la tristesse, la haine, la vengeance, quelle passion sera exempte de douceur ? D'ailleurs, chacune emprunte pour se fortifier le secours de toutes les autres ; et cette ligue est réglée de la manière la plus propre à affermir leur empire. Le simple désir d'un objet ne nous entraînerait pas avec tant de force dans tant de faux jugements ; il se dissiperait même bientôt aux premières lueurs de bon sens ; mais quand ce désir est animé par l'amour, augmenté par l'espérance, renouvelé par la joie, fortifié par la crainte, excité par le courage, l'émulation et la colère, et par mille passions qui attaquent tour à tour et de tous côtés la raison, alors il la dompte, il la subjugue, il la rend esclave.

Disons encore que les passions excitent dans le corps, et surtout dans le cerveau, tous les mouvements utiles à leur conservation. Par là elles mettent les sens et l'imagination de leur parti ; et cette dernière faculté corrompue fait des efforts continuels contre la raison, en lui représentant les choses, non comme elles sont en elles-mêmes, afin que l'esprit porte un jugement vrai, mais selon ce qu'elles sont par rapport à la passion présente, afin qu'il juge en sa faveur.

En un mot, la passion nous fait abuser de tout. Les idées les plus distinctes deviennent confuses, obscures ; elles s'évanouissent entièrement pour faire place à d'autres purement accessoires, ou qui n'ont aucun rapport à l'objet que nous avons en vue ; elle nous fait réunir les idées les plus opposées, séparer celles qui sont le plus liées entre elles, faire des comparaisons de sujets qui n'ont aucune affinité ; elle se joue de notre imagination, qui forme ainsi des chimères, des représentations d'êtres qui n'ont jamais existé, et auxquels elle donne des noms agréables ou odieux, comme il lui convient. Elle ose ensuite s'appuyer de principes aussi faux, les confirmer par des exemples qui n'ont aucun rapport, ou par les raisonnements les moins justes, ou, si ces principes sont vrais, elle sait en tirer les conséquences les plus fausses, mais les plus favorables à notre sentiment, à notre goût, à elle-même.

Ainsi, elle tourne à son avantage jusqu'aux règles de raisonnement les mieux établies, jusqu'aux maximes les mieux fondées, jusqu'aux preuves les mieux constatées, jusqu'à l'examen le plus sévère. Et une fois induits en erreur, il n'y a rien que la passion ne fasse pour nous entretenir dans cet état fâcheux, et nous éloigner toujours plus de la vérité. Les exemples pourraient se présenter ici en foule ; le cours de notre vie en est une preuve continuelle. Triste tableau de l'état où l'homme est réduit par ses passions ! Environné d'écueils, poussé par mille vents contraires, pourrait-il arriver au port ? Oui, il le peut ; il est pour lui une raison qui modère les passions, une lumière qui l'éclaire, des règles qui le conduisent, une vigilance qui le soutient, des efforts, une prudence dont il est capable.

DIDEROT.

13. L'enthousiasme.

Beaucoup de gens sont prévenus contre l'enthousiasme ; ils le confondent avec le fanatisme et c'est une grande erreur. Le fanatisme est une passion exclusive dont une opinion est l'objet ; l'enthousiasme se rallie à l'harmonie universelle : c'est l'amour du beau, l'élévation de l'âme, la jouissance du dévouement, réunis dans un même sentiment, qui a de la grandeur et du calme. Le sens de ce mot, chez les Grecs, en est la plus noble définition : l'enthousiasme signifie *Dieu en nous*. En effet, quand l'existence de l'homme est expansive[1], elle a quelque chose de divin.

Tout ce qui nous porte à sacrifier notre propre bien-être ou notre propre vie est presque toujours de l'enthousiasme : car le droit chemin de la raison égoïste doit être de se prendre soi-même pour but de tous ses efforts, et de n'estimer dans ce monde que la santé, l'argent et le pouvoir. Sans doute la conscience suffit pour conduire le caractère le plus froid dans la route de la vertu ; mais l'enthousiasme est à la conscience ce que l'honneur est au devoir : il y a en nous un superflu d'âme qu'il est doux de consacrer à ce qui est beau quand ce qui est bien est accompli. Le génie et l'imagination ont aussi besoin qu'on soigne un peu leur bonheur dans ce monde ; et la loi du devoir, quelque sublime qu'elle soit, ne suffit pas pour faire goûter toutes les merveilles du cœur et de la pensée.

On ne saurait le nier, les intérêts de la personnalité pressent l'homme de toutes parts ; il y a même dans ce qui est vulgaire une certaine jouissance dont beaucoup de gens sont très susceptibles et l'on retrouve souvent les traces de penchants ignobles sous l'apparence des manières les plus distinguées. Les talents supérieurs ne garantissent pas toujours de cette nature dégradée, qui dispose sourdement de l'existence des hommes et leur fait placer leur bonheur plus bas qu'eux-mêmes. L'enthousiasme seul peut contrebalancer la tendance à l'égoïsme, et c'est à ce signe divin qu'il faut reconnaître les créatures immortelles. Lorsque vous parlez à quelqu'un sur des sujets dignes d'un saint respect, vous apercevez d'abord s'il éprouve un noble frémissement, si son cœur bat pour des sentiments élevés, s'il a fait alliance avec l'autre vie[2], ou bien s'il n'a qu'un peu d'esprit qui lui sert à diriger le mécanisme de l'existence. Et qu'est-ce donc que l'être humain quand on ne voit en lui qu'une prudence dont son propre avantage est l'objet? L'instinct des animaux vaut mieux, car il est quelquefois généreux et fier; mais ce calcul, qui semble l'attribut de la raison, finit par rendre incapable de la première vertu, le dévouement...

Cette disposition de l'âme (l'enthousiasme) a de la force, malgré sa douceur, et celui qui la ressent sait y puiser une noble constance. Les orages des passions s'apaisent, les plaisirs de l'amour-propre se flétrissent, l'enthousiasme seul est inaltérable; l'âme elle-même s'affaisserait dans l'existence physique si quelque chose de fier et d'animé ne l'arrachait pas au vulgaire ascendant de l'égoïsme : cette dignité morale, à laquelle rien ne saurait porter atteinte, est ce qu'il y a de plus admirable dans le don de l'existence : c'est pour elle que dans les peines les plus amères il est encore beau d'avoir vécu, comme il serait beau de mourir.

Madame DE STAEL.

1. *Expansive*, portée à se répandre au dehors, à se communiquer, à se donner, à sortir de soi-même, de l'inertie et de la jouissance égoïste.

2. *S'il a fait alliance avec l'autre vie*, la vie spirituelle, la vie de l'âme, celle qui dépasse les apparences et la durée de l'existence terrestre, et qui peut seule susciter de généreuses passions et de nobles dévouements.

---

14. La bonté.

La bonté, quand on la considère de près, n'est rien moins que le privilège le plus particulier de notre nature et le trait qui, peut-être, nous distingue le plus profondément du reste de l'univers.

Nous ne sommes plus au temps où les animaux passaient pour des machines ingénieuses, et nous savons tous que plusieurs d'entre eux ont en commun avec nous l'intelligence, le courage, et quelques lueurs de cet attachement maternel qui est nécessaire à la perpétuité de l'espèce. Mais au milieu de toutes les grandeurs du monde physique, des éclatantes beautés qui le décorent, de ces vastes monuments soumis à des lois inflexibles, au milieu de cet âpre combat pour la vie, auquel tout ce qui existe est condamné, vous chercheriez en vain la bonté : elle n'habite que le cœur de l'homme.

Seul entre toutes les créatures, l'homme connaît une autre émotion que celle de sa propre souffrance ; le contre-coup de la douleur d'autrui l'atteint, et, en portant secours à ceux qui souffrent, il sent qu'il se soulage lui-même. Bien plus, il sent qu'il s'élève, il découvre qu'il y a de ce côté, dans son âme, une sorte de chemin ouvert vers une région supérieure à celle où s'agite tout ce qui l'entoure et où le reste de son être le tient lui même attaché ! Enfin il ne peut se résoudre à se croire le seul être bon dans l'univers et à regarder son cœur comme l'unique sanctuaire où la bonté réside. Il cherche donc à entrevoir, au delà des rigueurs du monde visible, la souveraine bonté unie à la pleine puissance, et c'est là qu'il met son espoir ou plutôt son recours contre la dureté de la nature et contre les froissements de la vie. Quand les mœurs s'adoucissent, quand l'homme s'améliore, la bonté est le trait qui le frappe et l'attire le plus dans sa conception de la personne divine. Un poète ancien[1] a dit que la crainte avait enfanté les dieux : soit. Si pourtant c'est le culte de la peur qui a élevé les premiers autels, c'est le culte de la bonté qui les conserve.

PRÉVOST-PARADOL.

1. *Lucrèce*, auteur du poème philosophique : *De la nature des choses*.

15. Le sentiment de la nature.

Un officier, passant par le val d'Aoste, entre par hasard dans le jardin d'une tour où se trouvait relégué un lépreux, et s'entretient quelques instants avec lui. Ce malheureux, privé de toutes les joies de la vie sociale, trouve encore de la consolation et du bonheur dans la contemplation de la nature.

LE LÉPREUX.

Les maux et les chagrins font paraître les heures longues ; mais les années s'envolent toujours avec la même rapidité. Il est d'ailleurs, encore au dernier jour de l'infortune, une jouissance que le commun des hommes ne peut connaître, et qui vous paraîtra bien singulière, c'est celle d'exister et de respirer ; je passe des journées entières de la belle saison, immobile sur ce rempart, à jouir de l'air et de la beauté de la nature : toutes mes idées alors sont vagues, indécises ; la tristesse repose dans mon cœur sans l'accabler ; mes regards errent sur cette campagne et sur les rochers qui nous environnent ; ces différents aspects sont tellement empreints dans ma mémoire, qu'ils font, pour ainsi dire, partie de moi-même, et chaque site est un ami que je vois avec plaisir tous les jours.

LE MILITAIRE.

J'ai souvent éprouvé quelque chose de semblable. Lorsque le chagrin s'appesantit sur moi, et que je ne trouve pas dans le cœur des hommes ce que le mien désire, l'aspect de la nature et des choses inanimées me console ; je m'affectionne aux rochers et aux arbres, et il me semble que tous les êtres de la création sont des amis que Dieu m'a donnés.

LE LÉPREUX.

Vous m'encouragez à vous expliquer à mon tour ce qui se passe en moi. J'aime véritablement les objets qui sont pour ainsi dire mes compagnons de vie, et que je vois chaque jour : aussi tous les soirs, avant de me retirer dans la tour, je viens saluer les glaciers de Ruitorts, les bois sombres du mont Saint-Bernard, et les pointes bizarres qui dominent la vallée de Rhème. Quoique la puissance de Dieu soit aussi visible dans la création d'une fourmi que dans celle de l'univers entier, le grand spectacle des montagnes en impose cependant davantage à mes sens : je ne puis voir ces masses énormes, recouvertes de glaces éternelles, sans éprouver un étonnement religieux; mais, dans ce vaste tableau qui m'entoure, j'ai des sites favoris et que j'aime de préférence; de ce nombre est l'ermitage que vous voyez là haut, sur la sommité de la montagne de Charvensod. Isolé au milieu des bois, auprès d'un champ désert, il reçoit les derniers rayons du soleil couchant. Quoique je n'y aie jamais été, j'éprouve un singulier plaisir à le voir. Lorsque le jour tombe, assis dans mon jardin, je fixe mes regards sur cet ermitage solitaire, et mon imagination s'y repose. Il est devenu pour moi une espèce de propriété; il me semble qu'une réminiscence confuse m'apprend que j'ai vécu là jadis dans des temps plus heureux, et dont la mémoire s'est effacée en moi. J'aime surtout à contempler les montagnes éloignées qui se confondent avec le ciel dans l'horizon. Ainsi que l'avenir, l'éloignement fait naître en moi le sentiment de l'espérance; mon cœur opprimé croit qu'il existe peut-être une terre bien éloignée où, à une époque de l'avenir, je pourrai goûter enfin ce bonheur pour lequel je soupire et qu'un instinct secret me présente sans cesse comme possible.

XAVIER DE MAISTRE.

16. Passion et raison.

Le flot de la passion, tantôt brillant, tantôt impur, qui monte en nous au risque de nous submerger, si nous ne venons avec la raison, avec la science, avec de belles maximes et des résolutions sages, lui opposer une digue infranchissable, c'est la vie universelle au dedans de nous, c'est la nature. Les racines de notre être sont baignées dans les eaux où nagent tous les êtres vivants et organisés ; notre tête touche la nue, et a commerce avec le monde supérieur. Ne sommes-nous pas une partie du monde, comme la plante, comme l'animal ? Le développement de la vie n'a-t-il pas des lois communes qui doivent se retrouver en nous comme dans la bête ? Ne devons-nous pas, comme nos humbles frères, dénués de vie et de raison, *sentir la nature* ? La lumière pure que Dieu même a allumée en nous, nous élève bien au-dessus de la nature, et, en éclairant, en dirigeant notre volonté, lui donne les moyens de dominer la passion, de la régler, de la discipliner, de l'épurer, de l'utiliser. Nous la faisons humaine[1] à force de la soumettre à la loi divine.

Comprenons la dignité de la raison et la grandeur de la liberté. Par la raison, nous avons commerce avec le monde invisible ; par la passion, nous communions avec la nature : la liberté, c'est le moi, c'est l'homme même.

JULES SIMON.

1. *Nous la faisons humaine.* De nature, la passion est bestiale ; nous la rendons humaine, digne de l'homme, à force de la régler et de la discipliner par la volonté, à force de la soumettre à la loi divine, à la raison.

---

17. La volonté.

La volonté doit dominer les penchants ; quand elle est à la hauteur de sa noble destination, on la voit souveraine absolue, indépendante des motifs, des instigations, des sollicitations diverses qui tendent à la gouverner, à l'enchaîner même.

« La dernière raison des déterminations libres de la volonté, dit un philosophe moderne[1], est en elle-même ; s'il était possible de la découvrir ailleurs, cette découverte serait celle de la fatalité universelle.»

Soutenir en effet que notre volonté est irrésistiblement entraînée par la force des penchants qui dominent dans notre cœur, c'est nous assimiler à la matière morte ; c'est faire peser sur nous, depuis la naissance jusqu'à la mort, le joug d'une nécessité impérieuse, c'est braver le sentiment invincible qui, en attestant à l'homme sa liberté, le rend responsable de sa conduite.

Nous n'avons à nous occuper ici que de la volonté libre et réfléchie, puisque c'est uniquement de celle-là que l'éducation doit chercher à augmenter la force. Peu importe que les savants fassent intervenir la volonté dans les actes les plus inaperçus de notre existence, dans ceux qui, tels que la respiration[2], s'exécutent durant le sommeil. Il faut alors un autre mot pour désigner la cause des mouvements dont nous avons la conscience; la grande faculté de l'âme qui agit avec connaissance et liberté, et sent qu'elle aurait pu se déterminer autrement qu'elle ne s'est déterminée.

C'est à elle qu'on doit conserver le pouvoir qui fait sa vie[3], celui de se décider entre divers objets de choix. Privée d'un tel pouvoir, on peut la regarder comme anéantie ; soumise à une impulsion aveugle, elle s'annule tout aussi bien que dans une complète inaction.

Cette mort, ou du moins cette paralysie momentanée de la volonté, est en nous l'effet déplorable de la tyrannie des passions, et la perte du sentiment de la liberté est la marque infaillible de leur victoire. Il n'y a pas de volonté libre dans l'entraînement ; il n'y en a pas dans cet état d'ivresse où l'homme ne délibère plus, et se laisse emporter par le torrent de ses désirs, comme par une force extérieure. « O mon Dieu, dit Fénelon, préservez-moi de ce funeste esclavage que l'insolence humaine n'a pas craint de nommer une liberté[3]. »

Tel est l'esclavage auquel, pour son malheur, est soumis l'enfant qui, n'étant pas dirigé par une main ferme, reste livré à tous ses caprices ; tel est celui que subit l'homme toute sa vie, quand l'éducation, en négligeant d'employer à temps ses ressources les plus efficaces, a par là manqué son principal but, celui de le rendre maître de lui-même.

Madame NECKER DE SAUSSURE.

1. *Un philosophe moderne*, Royer-Collard, philosophe, jurisconsulte, homme d'État, de la première moitié de ce siècle, mort en 1845.

2. *Tels que la respiration*. Ce serait un abus de langage que d'attribuer à la volonté les mouvements de respiration, de digestion, de circulation du sang. Dans l'état de veille, la volonté peut, dans une certaine mesure, les contrarier ou les accélérer; mais habituellement ils sont dus à l'énergie vitale, et la volonté n'y est pour rien.

3. *Le pouvoir qui fait sa vie*, c'est le pouvoir de se décider librement; sans ce pouvoir, il n'y aurait pas de volonté, au vrai sens du mot; elle ne serait plus qu'un mécanisme fatal, ou plutôt elle serait morte, elle n'existerait pas.

4. *N'a pas craint de nommer une liberté*. On se croit libre parce qu'on s'est affranchi des lois de la raison et du devoir; au fond, l'on est esclave des sens et de la passion.

---

18. L'action.

Ceux qui vivent, ce sont ceux qui luttent ; ce sont
Ceux dont un dessein ferme emplit l'âme et le front,
Ceux qui d'un haut destin gravissent l'âpre cime,
Ceux qui marchent pensifs, épris d'un but sublime,
Ayant devant les yeux, sans cesse, nuit et jour,

Ou quelque saint labeur ou quelque grand amour.
C'est le prophète saint prosterné devant l'arche[1],
C'est le travailleur, pâtre, ouvrier, patriarche ;
Ceux dont le cœur est bon, ceux dont les jours sont pleins,
Ceux-là vivent, Seigneur !
      Les autres, je les plains.
Car de son vague ennui le néant les enivre,
Car le plus lourd fardeau, c'est d'exister sans vivre.
Inutiles, épars, ils traînent ici-bas
Le sombre accablement d'être en ne pensant pas.
Ils s'appellent vulgus, plebs[2], la tourbe, la foule.
Ils sont ce qui murmure, applaudit, siffle, coule,
Bat des mains, foule aux pieds, bâille, dit oui, dit non,
N'a jamais de figure, et n'a jamais de nom ;
Troupeau qui va, revient, juge, absout, délibère,
Détruit, prêt à Marat comme prêt à Tibère,
Foule triste, joyeuse, habits dorés, bras nus,
Pêle-mêle et poussée aux gouffres inconnus.
Ils sont les passants froids, sans but, sans nœud, sans âge,
Le bas du genre humain qui s'écroule en nuage,
Ceux qu'on ne connaît pas, ceux qu'on ne compte pas,
Ceux qui perdent les mots, les volontés, les pas.
L'ombre obscure autour d'eux se prolonge et recule ;
Ils n'ont du plein midi qu'un lointain crépuscule ;
Car jetant au hasard les cris, les voix, le bruit,
Ils errent près du bord sinistre de la nuit.

        Victor Hugo.

1. *L'arche* était un coffre de bois lamé d'or où les prêtres israélites tenaient renfermées les tables de la loi (ou Décalogue de Moïse). Les prophètes hébreux étaient des tribuns populaires qu'on ne se représente pas prosternés devant l'arche ; c'est, sous la plume de Victor Hugo, une licence poétique.

2. *Vulgus*, le vulgaire ; *plebs*, la foule, le populaire.

Il ne faut pas voir dans ces vers du poète le dédain du peuple, mais bien plutôt la compassion pour les multitudes, de riches ou de pauvres, qui ne connaissent pas le sens de la vie et le prix de l'action. Ces multitudes inconscientes sont aussi bien en haut qu'en bas de l'échelle sociale ; elles comprennent les oisifs plutôt que les travailleurs, les courtisans de la fortune bien plus que ceux qui peinent dans la misère. L'homme qui travaille, qui réfléchit, qui poursuit un but louable, qui fait œuvre de volonté, celui-là vit réellement ; les autres végètent, n'ont qu'une ombre d'existence, sont des choses plutôt que des hommes.

19. La nature et la coutume.

Les dispositions fondamentales et originelles de chaque être forment ce qu'on appelle sa nature. Une longue habitude peut modifier ces dispositions primitives ; et telle est quelquefois sa force, qu'elle en constitue de nouvelles plus constantes quoiqu'absolument opposées ; de sorte qu'elle agit ensuite comme cause première et fait le fondement d'un nouvel être ; d'où est venue cette conclusion très littérale qu'elle était une seconde nature ; et cette autre pensée plus hardie de Pascal : que ce que nous prenons pour la nature n'est souvent qu'une première coutume : deux maximes très véritables.

Toutefois, avant qu'il y eût une première coutume, notre âme existait et avait ses inclinations qui fondaient sa nature ; et ceux qui réduisent tout à l'opinion et à l'habitude ne comprennent pas ce qu'ils disent : toute coutume suppose antérieurement une nature, toute erreur une vérité.

Il est vrai qu'il est difficile de distinguer les principes de cette première nature de ceux de l'éducation ; ces principes sont en si grand nombre et si compliqués que l'esprit se perd à les suivre, et il n'est pas moins malaisé de démêler ce que l'éducation a épuré ou gâté dans le naturel. On peut remarquer seulement que ce qui nous reste de notre première nature est plus véhément et plus fort que ce qu'on acquiert par étude, par coutume, ou par réflexion ; parce que l'effet de l'art est d'affaiblir lors même qu'il polit et qu'il corrige.

VAUVENARGUES.

1. *L'effet de l'art est d'affaiblir.* C'est de là que vient la constante nécessité de l'effort, qui a pour but d'empêcher les dispositions naturelles, dans ce qu'elles peuvent avoir de mauvais, de détruire l'effet de l'éducation et de triompher des résolutions de la raison. C'est seulement par une action réitérée de la volonté que nous pouvons nous rendre définitivement maîtres des véhémences de notre première nature.

---

20. L'habitude.

Une manière d'être [1] qui n'a été d'abord qu'un accident dans notre existence vient-elle à se prolonger ou à se répéter souvent, nous sentons alors se développer en nous une disposition particulière, c'est-à-dire tout à la fois un penchant et une aptitude à la produire ou à la supporter, selon qu'elle est active ou passive [2]. Ce penchant, quand on ne cherche pas à le combattre, peut devenir avec le temps aussi irrésistible et aussi impérieux que les besoins primitifs de notre nature, et l'aptitude qui s'y lie, s'accroissant dans la même proportion, finit par substituer la rapidité et la sûreté de l'instinct aux plus pénibles efforts de la volonté ou de la réflexion. Le principe général, ou plutôt la force qui amène dans notre constitution ce double résultat, se nomme l'*habitude*. Les *habitudes* sont les effets déterminés qu'elle produit en nous, ou les modifications diverses qu'elle fait subir à chacune de nos facultés.

Rien de plus obscur et de plus mystérieux que cette force, précisément parce qu'elle tend à supprimer la réflexion pour se mettre à sa place ; parce qu'elle s'empare de nous [3] souvent avant que la réflexion ait eu le temps de naître, et réussit, sinon à détruire, du moins à affaiblir singulièrement la conscience elle-même.

Mais en même temps rien de plus intéressant à observer. Elle est le principal ressort de la puissance que nous exerçons sur nous-mêmes et sur nos semblables et sur une grande partie de la nature. Quoiqu'elle diminue l'empire de la liberté, elle ne peut rien cependant qu'avec son concours, et chacun de ses résultats peut être regardé à bon droit comme notre œuvre. Elle modifie profondément les dispositions et les facultés que nous apportons en naissant. Elle est l'auxiliaire le plus puissant et de l'industrie, et des arts, et de la parole, et de la tradition, et de l'éducation, et même de la moralité humaine; car aucune vertu ne résisterait, s'il fallait recommencer chaque jour les mêmes sacrifices et les mêmes luttes, sans se trouver le lendemain plus fort que la veille.

A. FRANCK.

1. *Une manière d'être*, une sensation, un état d'esprit, une attitude du corps. Le mot *habitude* lui-même signifie primitivement « manière d'être ».

2. *Active ou passive*. Ces mots s'expliquent d'eux-mêmes. La manière d'être est active lorsqu'elle est le résultat d'un acte que nous accomplissons ; elle est passive s'il s'agit d'une sensation que nous éprouvons. Ces deux caractères peuvent d'ailleurs se trouver réunis.

3. *Elle s'empare de nous*. Montaigne appelle l'habitude « la reine et emperière du monde. » (*Emperière*, féminin d'empereur). Il dit d'elle : « C'est à la vérité une violente et traistresse maistresse d'eschole que la coustume. Elle establit en nous, peu à peu, à la dérobée, le pied de son autorité : mais par ce doulx et humble commencement, l'ayant rassis et planté à l'aide du temps, elle nous descouvre tantost (bientôt) un furieux et tyrannique visage, contre lequel nous n'avons plus la liberté de haulser (lever) seulement les yeux. »

C'est dans le même ordre d'idées que M. Sully Prudhomme a dit de l'habitude :

> Elle est discrète, humble, fidèle,
> Familière avec tous les coins;

On ne s'occupe jamais d'elle,
Car elle a d'invisibles soins.

Travaillant pour nous en silence,
D'un geste sûr, toujours pareil,
Elle a l'œil de la vigilance,
Les lèvres douces du sommeil.

Mais imprudent qui s'abandonne
A son joug une fois porté !
Cette vieille au pas monotone
Endort la jeune liberté,

Et tous ceux que sa force obscure
A gagnés insensiblement,
Sont des hommes par la figure,
Des choses par le mouvement.

Ces accusations contre l'habitude sont fondées ; mais il y a peut être encore plus de bien à en dire. Il en est de l'habitude comme de la langue, dont le vieux fabuliste déclarait que c'est la meilleure et la pire des choses. L'homme ne peut se passer d'habitudes ; le tout est de n'en contracter que de bonnes.

21. La liberté.

La liberté dans l'homme est la santé de l'âme. Peu de gens ont cette santé entière et inaltérable. Notre liberté est faible et bornée comme toutes nos autres facultés : nous la fortifions en nous accoutumant à faire des réflexions et à maîtriser nos passions ; cet exercice de l'âme la rend un peu plus vigoureuse. Mais quelques efforts que nous fassions, nous ne pourrons jamais parvenir à rendre cette raison souveraine de tous nos désirs, et il y aura toujours dans notre âme comme dans notre corps des mouvements involontaires ; car nous ne sommes ni sages, ni libres, ni saints que dans un très petit degré [1].

Je sais que l'on peut, à toute force, abuser de sa raison pour contester la liberté aux animaux et les concevoir comme des machines qui n'ont ni sensation, ni désirs, ni volontés, quoiqu'ils en aient toutes les apparences. Je sais qu'on peut forger des systèmes, c'est-à-dire des erreurs, pour expliquer leur nature. Mais enfin, quand il faut s'interroger soi-même, il faut bien avouer, si l'on est de bonne foi, que nous avons une volonté, que nous avons le pouvoir d'agir, de remuer notre corps, d'appliquer notre esprit à certaines pensées, de suspendre nos désirs, etc.

Il faut donc que les ennemis de la liberté avouent que notre sentiment intérieur nous assure que nous sommes libres ; et je ne crains point d'assurer qu'il n'y en a aucun qui doute de bonne foi de sa propre liberté, et dont la conscience ne s'élève contre le sentiment artificiel par lequel ils veulent se persuader qu'ils sont nécessités dans toutes leurs actions.

VOLTAIRE.

1. *Dans un très petit degré*. C'est une expérience universelle que l'homme est imparfait, qu'il est enveloppé dans la matière et qu'il a toutes les peines du monde à s'en dégager. La vie morale a justement pour objet d'augmenter, par une lutte incessante, ce degré si minime de sagesse, de sainteté et de liberté.

---

22. Le plaisir et le bonheur.

J'ai appris de l'élite de l'humanité que la matière, chose finie, chose mobile, tombe trop sous le coup du temps, autre fait de l'ordre fini, de l'ordre passager, pour aller jamais lui demander l'idée de continuité indispensable à l'idée de bonheur. La joie de la matière, c'est la sensation. En vain voudrais-je retenir la sensation sur la corde où elle frémit, elle passe et coule comme l'eau dans la main de l'enfant, elle meurt dans son triomphe et disparaît à l'exemple de l'éclair dans son explosion ; un moment l'apporte, un moment l'emporte, et en fuyant elle ne laisse après elle que vide et silence. L'acte est court, l'entr'acte est long, a-t-on dit du bonheur ainsi compris. Vainement l'homme de volupté veut multiplier l'acte pour reprendre le bonheur évanoui, à chaque fois qu'il lui échappe, et le prolonger indéfiniment de récidive en récidive ; à force d'interpeller la sensation, il en épuise bientôt la saveur, il arrive bientôt à la satiété, et par la satiété à la mélancolie. Dans son impatience de jouir, il a brisé l'instrument même de la jouissance, et, triste comme Sardanapale[1] et mort comme lui à l'émotion, il n'a plus qu'à monter d'avance sur son bûcher au milieu des spectres de ses voluptés passées.

Le corps peut donner le plaisir, mais l'âme seule donne le bonheur, car, seule éternelle ici ou réverbération vivante de l'éternité, elle possède seule cette perpétuité, cette plénitude qui constitue véritablement l'essence et mérite le nom de félicité. Chacun de nous, sous peine de mentir à sa destinée, doit donc mettre le but, l'idéal suprême de la vie, du côté de l'âme, dans le développement de l'âme, puisque l'âme, infinie, rayonne l'émotion à l'infini sans défaillance et sans lassitude.

Si donc nous tenons à vivre parmi les heureux, j'aimerais mieux dire les élus de l'humanité, pour éviter toute promiscuité de pensée[2], développons notre âme, développons-la intégralement, harmonieusement, en sentiment et en connaissances, développons-la en sentiment par l'art, par la poésie, la peinture, la sculpture, la musique, la sympathie, l'admiration, l'enthousiasme, la pitié, la charité, le dévouement, la vertu, l'héroïsme. Autant de vies nouvelles que nous nous donnons par là, autant d'occasions de bonheur ; et ce bonheur ne fuit pas dans le temps, le temps ne nous le reprend pas ; à toute heure et en toute circonstance, nous le retrouvons tout entier en nous, et nous le retrouvons d'autant plus intense que nous l'évoquons plus souvent. Développons enfin notre âme par la connaissance, par l'étude, la science, l'histoire, la conversation, la lecture, la méditation, le raisonnement, la philosophie, la discussion, la vérité enfin, assomption suprême et participation suprême de l'âme à la Divinité ; autres vies, autres chances de voluptés sacrées, inaltérables, en dehors, au-dessus des caprices, des attentats des hommes ou des événements. Quiconque porte la vérité en lui a mis le pied sur le péristyle de l'éternité. Il repose en Dieu désormais ; tout bien de la terre pâlit à son regard devant ce bien souverain. Tant que ce bien souverain lui reste, il défie la destinée, il possède son âme en paix au sein même de l'indigence.

EUGÈNE PELLETAN.

1. *Sardanapale,* roi d'Assyrie et le dernier de sa race, a dans l'histoire la réputation du plus voluptueux et du plus efféminé des hommes. Au moment où Ninive allait être prise par une armée de révoltés, il fit construire un immense bûcher, chargé de toutes ses richesses, et il s'y brûla avec ses esclaves et ses femmes. (Neuvième siècle avant notre ère.)

2. *Pour éviter toute promiscuité de pensée.* L'expression « les heureux de l'humanité » s'entend d'ordinaire des riches et des puissants ; ce ne sont pas ceux-là que l'écrivain regarde comme les véritablement heureux, aussi préfère-t-il dire « les élus de l'humanité, » pour enlever toute équivoque.

---

23. L'idéal.

Nous n'atteignons jamais jusqu'où nous voulons, et cependant nous atteignons plus haut que nous ne l'eussions fait sans efforts. Ce but, qui recule devant nous, nous encourage et nous anime. Nous ne pouvons un peu que parce que nous voulons beaucoup et nous n'arrivons au bien que parce que nous avons l'idée du mieux : tant éclate partout, dans nos actions comme dans nos sentiments, ce contraste de grandeur et de misère, de faiblesse et de force qui fait le fond du cœur et de l'esprit humain !

Pourquoi, par exemple, aimons-nous le roman ? pourquoi ces fictions invraisemblables et fabuleuses ont-elles le don de nous plaire? Tantôt les événements sont bizarres et impossibles; tantôt les caractères sont exagérés et faux; des vertus qui ne sont pas de ce monde et des vices aussi extraordinaires que les vertus. Et pourtant nous aimons les romans.

C'est qu'ils ont le mérite de nous représenter un peu ce monde idéal et charmant qui n'existe nulle part sur la terre, mais dont l'image, que nous avons vue je ne sais où, est restée imprimée dans notre cerveau. Tout ce qui vit est médiocre, et l'homme veut, par son imagination au moins, échapper à cette médiocrité qui le presse de tous côtés, qui est le sort de la vie terrestre, il le sait, mais qui n'est pas la vocation de son âme. Aujourd'hui même que le roman et le théâtre visent trop souvent à l'horrible, aujourd'hui que le vice a pris des allures fières et hautaines qui déconcertent la vertu, cette manie de mettre le grand dans l'horrible et le beau dans le mal n'est pas autre chose qu'une tentative faite par l'homme pour atteindre à cet idéal qu'il cherche toujours, et qu'il place, selon les opinions du temps, tantôt dans le bien, tantôt dans le mal, mais qu'il ne trouve jamais [1].

SAINT-MARC-GIRARDIN.

1. *L'idéal* est dans le bien. C'est un mélange de force, de grandeur, de bonté, de vertu auquel aspire l'humanité, qu'elle ne réalise pas ici-bas, qui excite les plus nobles efforts et qui luit sans cesse devant ses yeux, tout à la fois comme le plus fugitif des mirages et le but le plus sérieux de la vie.

24. Au-dessus et au dedans de l'homme.

Deux choses remplissent l'âme d'une admiration et d'une vénération toujours nouvelles, toujours croissantes, à mesure que la réflexion s'y applique plus souvent et plus fortement : le ciel étoilé au-dessus de moi, et la loi morale au dedans de moi. Ces deux choses, je n'ai pas le droit de les chercher et de les conjecturer seulement, comme cachées dans les ténèbres et dans l'infini, en dehors de mon horizon : je les vois devant moi, et je les rattache immédiatement à la conscience de mon existence.

Le premier de ces spectacles, du point que j'occupe dans le monde extérieur, emporte ma pensée dans l'immensité, à perte de vue, de mondes en mondes, de systèmes de mondes en systèmes de mondes et la promène dans les temps sans limites que supposent les révolutions de ces mondes, leur commencement et leur durée.

Le second me montre mon moi invisible, ma personnalité, placée au sein d'un monde à qui appartient la véritable infinitude[1], qui n'est ouvert qu'aux explorations de la pensée, et avec lequel je me reconnais, non comme tout à l'heure, en relation purement accidentelle, mais en relation universelle et nécessaire.

La première contemplation, celle d'une foule innombrable de mondes, anéantit pour ainsi dire mon importance, en tant que créature animale qui doit rendre la matière dont elle est faite à la planète (simple point elle-même dans l'univers), après avoir été un instant, on ne sait comment, animée de force vitale.

La seconde contemplation, au contraire, celle du devoir, élève à l'infini ma valeur comme être intelligent; car dans ma personnalité, la loi morale me révèle une vie indépendante de l'animalité, et même de tout le monde sensible, du moins autant que l'on peut l'espérer de la destination finale assignée à mon existence par cette loi, laquelle n'est pas bornée aux conditions et limites de cette vie, mais porte jusque dans l'infini.

KANT.

1. *Infinitude*, qualité d'être infini; elle n'appartient, dit Kant, qu'au monde invisible, au monde de la pensée.

---

25. La personnalité.

Par cela seul que nous faisons partie de la famille humaine, nous sommes tous des personnes : mais il dépend de nous de l'être plus ou moins.

La personnalité n'est pas une chose absolue et qui ne comporte pas de degrés. Elle n'est pas entièrement donnée par la nature : elle est en partie l'œuvre de l'éducation et de l'effort. Il y a des hommes si irréfléchis, si inconsistants dans leurs jugements, si légers dans leurs actes plus instinctifs que volontaires, des hommes qui s'abandonnent si mollement au courant des passions, qui adhèrent si servilement aux opinions d'autrui, qu'on ose à peine dire d'eux qu'ils sont des personnes.

Ceux-là seuls le sont véritablement qui réfléchissent à tout ce qu'ils font, qui agissent avec un sentiment continu de leur responsabilité, qui, par l'énergie de la volonté et la fermeté du caractère, par la solidité des convictions, établissent vigoureusement au milieu de la foule humaine leur individualité propre. Cet idéal, il appartient à chacun de nous de le poursuivre et de l'atteindre par la réflexion, par l'effort, et de créer ainsi de plus en plus ce qui est le but de la vie et le mot de la destinée, une personnalité consciente et libre.

G. COMPAYRÉ.

26. La conscience.

Conscience! Conscience! instinct divin; immortelle et céleste voix; guide assuré d'un être ignorant et borné, mais intelligent et libre ; juge infaillible du bien et du mal, qui rends l'homme semblable à Dieu ; c'est toi qui fais l'excellence de sa nature et la moralité de ses actions; sans toi, je ne sens rien en moi qui m'élève au-dessus des bêtes, que le triste privilège de m'égarer d'erreurs en erreurs à l'aide d'un entendement sans règle et d'une raison sans principe[1].

J.-J. ROUSSEAU.

[1]. *Sans règle* et *sans principe*, pour ce qui est moral seulement. En ce qui concerne la vie purement intellectuelle, la raison a des principes certains; mais pour la vie morale, c'est la conscience qui sert de guide à l'homme et qui éclaire sa raison.

---

27. La vertu.

La vertu est une habitude de vivre selon la raison ; et comme la raison est la principale partie de l'homme, il s'ensuit que la vertu est le plus grand bien qui puisse être en l'homme.

Elle vaut mieux que les richesses, parce qu'elle est notre véritable bien ; elle vaut mieux que la santé du corps, parce qu'elle est la santé de l'âme; elle vaut mieux que la vie, parce qu'elle est la bonne vie, et qu'il serait meilleur de n'être pas homme que de ne vivre pas en homme, c'est-à-dire de ne vivre pas selon la raison, et faire de l'homme une bête; elle vaut mieux aussi que l'honneur[1], parce qu'en toutes choses l'être vaut mieux, sans comparaison, que le sembler être; il vaut mieux être riche que de sembler riche; être sain, être savant, que de sembler tel : il vaut donc mieux, sans comparaison, être vertueux que de le paraître ; et ainsi la vertu vaut mieux que l'honneur.

Il n'est donc pas permis ni de quitter la vertu pour se faire estimer des hommes, ni de rechercher la vertu pour s'attirer de la gloire, parce que ce n'est pas estimer assez la vertu : or celui qui ne l'estime pas ne la peut avoir, parce qu'on la perd en la méprisant.

BOSSUET.

1. *L'honneur* veut dire ici l'estime que les hommes font de nous pour les mérites qu'ils nous supposent.

---

28. Innocence et Vertu.

Pure Innocence! Vertu sainte [1]!
O les deux sommets d'ici-bas!
Où croissent, sans ombre et sans crainte,
Les deux palmes des deux combats!

Palme du combat Ignorance!
Palme du combat Vérité!
L'âme, à travers sa transparence,
Voit trembler leur double clarté.

Innocence! Vertu! Sublimes
Même pour l'œil mort du méchant!
On voit dans l'azur ces deux cimes,
L'une au levant, l'autre au couchant.

Elles guident la nef qui sombre;
L'une est phare, et l'autre est flambeau;
L'une a le berceau dans son ombre,
L'autre en son ombre a le tombeau.

C'est sous la terre infortunée
Que commence, obscure à nos yeux,
La ligne de la destinée;
Elles l'achèvent dans les cieux.

Elles montrent malgré les voiles,
Et l'ombre du fatal milieu,

Nos âmes touchant les étoiles
Et la candeur mêlée au bleu.

Elles éclairent les problèmes ;
Elles disent le lendemain ;
Elles sont les blancheurs suprêmes
De tout le sombre gouffre humain....

Victor Hugo.

1. *L'innocence* est l'ignorance du mal; c'est la vertu des êtres privilégiés qui ont pu échapper aux laideurs du vice. La *vertu* naît de l'expérience de la vie; elle est le triomphe conscient sur le mal. A des degrés différents, l'une et l'autre attestent la nature et la destinée divines de l'homme.

---

20. Du juste et de l'injuste.

Qui nous a donné le sentiment du juste et de l'injuste? Dieu, qui nous a donné un cerveau et un cœur. Mais, quand votre raison vous apprend-elle qu'il y a vice et vertu? Quand elle nous apprend que deux et deux font quatre. Il n'y a point de connaissance innée[1], par la raison qu'il n'y a point d'arbre qui porte des feuilles et des fruits en sortant de la terre. Rien n'est ce qu'on appelle inné, c'est-à-dire né développé; mais, répétons-le encore, Dieu nous fait naître avec des organes qui, à mesure qu'ils croissent, nous font sentir tout ce que notre espèce doit sentir pour la conservation de cette espèce.

Comment ce mystère continuel s'opère-t-il? Dites-le moi, jaunes habitants des îles de la Sonde, noirs Africains, imberbes Canadiens, et vous, Platon, Cicéron, Épictète. Vous sentez tous également qu'il est mieux de donner le superflu de votre pain, de votre riz ou de votre manioc au pauvre qui vous le demande humblement, que de le tuer ou de lui crever les deux yeux. Il est évident à toute la terre qu'un bienfait est plus honnête qu'un outrage, que la douceur est préférable à l'emportement.

Il ne s'agit donc plus que de nous servir de notre raison pour discerner les nuances de l'honnête et du déshonnête. Le bien et le mal sont souvent voisins : nos passions les confondent ; qui nous éclairera ? Nous-mêmes quand nous sommes tranquilles. Quiconque a écrit[2] sur nos devoirs a bien écrit dans tous les pays du monde, parce qu'il n'a écrit qu'avec sa raison. Ils ont tous dit la même chose : Socrate et Épicure, Confutzée et Cicéron, Marc-Antonin et Amurath II, ont eu la même morale[3].

VOLTAIRE.

1. *Inné* ne veut pas forcément dire : « né développé. » Inné peut signifier simplement : en germe. Si Voltaire dit qu'il n'y a rien d'inné dans le premier sens, il admet, dans le second sens, que nous apportons avec nous le germe des notions du juste et de l'injuste, du vrai et du faux, du bien et du mal.

2. *Quiconque a écrit*, etc. Cette assertion peut paraître exagérée ; il y a des gens qui ont écrit sur nos devoirs et qui n'ont pas bien écrit ; mais Voltaire a fait lui-même la restriction : Ceux-là ont bien écrit, c'est-à-dire ont exprimé des idées justes, qui ont parlé de la morale en consultant leur raison, et non en obéissant aux passions ou aux préjugés. En tout temps et en tout pays, les hommes droits et réfléchis ont la même morale, sinon dans les détails de l'application, du moins dans les grandes lignes du devoir.

3. *Socrate*, *Platon*, *Épicure*, philosophes grecs. *Épictète*, philosophe stoïcien du premier siècle de l'ère chrétienne, vécut comme esclave en Épire. *Cicéron*, orateur, homme d'État romain. *Marc Antonin*, plus connu sous le nom de Marc Aurèle, empereur romain du second siècle de notre ère. *Confutsée* ou *Confucius*, philosophe chinois du sixième siècle avant notre ère. *Amurath II*, sultan des Turcs, au quinzième siècle ; il passait pour un prince philosophe et avait reçu le nom de *Juste*.

30. La vie.

J'ai passé mes jours à entendre les hommes parler de leurs illusions, et n'en ai point éprouvé une seule. Déceptions, chimères, tromperies, qu'est-ce que cela? Je l'ignore.

Aucun objet de la terre ne m'a menti. Chacun d'eux a été à l'épreuve tel qu'il m'avait promis d'être. Tous, même les plus chétifs, m'ont tenu exactement ce qu'ils m'avaient annoncé. Ceux qui m'ont blessé m'avaient averti d'avance. Les fleurs, les parfums, le printemps, la jeunesse, la vie heureuse dans le pays natal, les biens désirés et obtenus, s'étaient-ils engagés à être éternels?

Le monde m'a-t-il tendu une embûche? Non. Cent fois il m'avait averti de ce qu'il est, et je l'avais compris. Quelle plainte puis-je élever contre lui? Aucune.

Il en a été de même des hommes. Aucune amitié ne m'a manqué de celles sur lesquelles je comptais véritablement, et la mauvaise fortune m'en a donné auxquelles je ne devais point m'attendre. Personne ne m'a trompé, personne ne m'a livré. J'ai trouvé à l'occasion les hommes aussi constants à eux-mêmes que les choses. Tous portent l'enseigne qui les fait reconnaître. Il n'y a de pièges que parce qu'on veut résolument être trompé.

Où est la déception, si je suis justement à la place que je m'étais toujours assignée? Où est l'illusion, si tout ce que je craignais est arrivé? Où est l'aiguillon de la mort, si je l'ai tant de fois senti par avance?

Ce que j'ai aimé, je l'ai trouvé chaque jour plus aimable.

Chaque jour la justice m'a paru plus sainte, la liberté plus belle, la parole plus sacrée, l'art plus réel, la réalité plus artiste, la poésie plus vraie, la vérité plus poétique, la nature plus divine, le divin plus naturel.

Ah ! s'il me restait assez de temps pour aller au fond des choses que j'ignore, je sais bien que les contradictions qui m'étonnent encore finiraient par disparaître. Là où l'inquiétude me saisit, l'énigme se dénouerait d'elle-même. Je me reposerais dans la lumière.

EDGAR QUINET.

31. Le mépris de la mort.

La mort effraie l'âme humaine, mais ne la dompte pas. Avec cette ardente soif de vivre, elle regarde la mort en face, et la défie. Qu'est-ce à dire ? Que réellement elle ne tient pas à la vie, à l'être ? Que le néant lui sourit, est fait pour elle ? Certes non.

D'où vient ce respect, cette admiration que nous inspire le mépris de la mort ? Celui qui, pour sauver son semblable, pour défendre la patrie, pour préserver sa dignité et sa conscience, pour assurer un progrès à l'humanité, brave la mort et se précipite vaillamment au-devant d'elle, pourquoi est-il marqué à nos yeux d'un signe de grandeur ? Parce qu'il témoigne en faveur d'une vie plus haute que la vie présente. Parce que son acte est une affirmation énergique de la noblesse et de la durée de ce qui est beau et bien. Parce qu'il met au-dessus de cette vie qui passe si rapidement un bien qui ne passe pas, et qui s'appelle honneur, courage, dévouement, grandeur morale.

Ce mépris de la mort est un acte de foi — même chez celui qui, par haine des superstitions, s'imagine n'avoir pas de foi, — car il croit au bien, car il s'élève au-dessus des fausses apparences, car il poursuit une grandeur qui dépasse la mesure de ce monde. En se jetant tête baissée dans l'ombre sinistre, il entrevoit, ne fût-ce qu'à la lueur d'un éclair, la vie véritable, celle qui se rattache à l'ordre, à la justice, celle qui répond à sa vraie vocation, la vie idéale et éternelle. Ce n'est pas une diminution d'être qu'il recherche et qu'il obtient alors, c'est un accroissement !

***

---

32. Destinée de l'homme.

Que l'homme ne se plaigne pas de la courte durée de sa vie ; lorsque ses harmonies terrestres seront détruites, ses harmonies célestes subsisteront encore. L'Éternel a attaché à son corps quelques années d'amertume et de misère ; mais il a donné à son âme une éternité de joie et de ravissement. Ce n'est point un être condamné seulement à ramper sur ce globe, et à en déchirer le sein avec le fer pour soutenir une frêle existence ; sa vie n'est qu'un passage, mais elle a un but, et ce but est sublime.

Voyez-le expirant sur son lit de douleur : déjà il contemple un Dieu prêt à le recevoir. Cet être si faible, si misérable, aurait-il donc une pensée que n'aurait pas eue le créateur de toutes les pensées ? Ce n'est point en vain qu'il a entrevu d'aussi grandes destinées. Il quitte un monde de ténèbres pour un monde de lumière ; il quitte des infortunés, des mourants comme lui, pour un séjour où l'on ne meurt plus. Sa joie sera de ne voir que des heureux ; il sera rassasié de volupté.

O transports de l'homme, lorsque, tout douloureux encore des angoisses de la vie, il voit le ciel s'ouvrir devant lui ! Ce n'est plus un être de poussière, c'est un ange, c'est une divinité qui s'élance au milieu des soleils ! Il y a un instant qu'il était esclave et chargé de fers : maintenant le voici maître d'un empire et de l'éternité. Triste et souffrant, il se traînait pas à pas vers la mort, et il lui échappe éblouissant de lumière. Il habitait un monde couvert de cyprès, arrosé de larmes, où tout change, où tout meurt, où l'on n'aime que pour souffrir, où l'on ne se rencontre que pour se quitter, où le plaisir même conduit à la mort. Maintenant, le voici dans un séjour où tout est éternel ; son âme s'embrase d'un amour qui ne peut finir ; et du haut du ciel, il jette un regard triomphant vers la terre, où l'on pleure et où il n'est plus.

BERNARDIN DE SAINT-PIERRE.

LIVRE II

LES PRINCIPES DE LA MORALE

33. La morale.

Il faut apprendre à se pénétrer de la morale qui est le premier besoin de toutes les constitutions. Il faut non seulement qu'on la grave dans tous les cœurs par la voie du sentiment et de la conscience, mais aussi qu'on l'enseigne comme une science véritable, dont les principes seront démontrés à la raison de tous les hommes, à celle de tous les âges. C'est par là seulement qu'elle résistera à toutes les épreuves. On a gémi longtemps de voir les hommes de toutes les nations, de toutes les religions, la faire dépendre uniquement de cette multitude d'opinions qui les divisent. Il en est résulté de grands maux, car en la livrant à l'incertitude, souvent à l'absurdité, on l'a nécessairement compromise. On l'a rendue versatile et chancelante. Il est temps de l'asseoir sur ses propres bases ; il est temps de montrer aux hommes que si de funestes divisions les séparent, il est du moins dans la morale un rendez-vous commun où ils doivent tous se réfugier et se réunir.

Il faut donc, en quelque sorte, la détacher de tout ce qui n'est pas elle, pour la rattacher ensuite à tout ce qui mérite notre assentiment et notre hommage, à ce qui doit lui prêter son appui. Ce changement est simple, il ne blesse rien ; surtout il est possible.

Comment ne pas voir en effet qu'abstraction faite de

tout système, de toute opinion, et en ne considérant dans les hommes que leurs rapports avec les autres hommes, on peut leur enseigner ce qui est bon, ce qui est juste, le leur faire aimer, leur faire trouver du bonheur dans les actions honnêtes, du tourment dans celles qui ne le sont pas, former enfin de bonne heure leur esprit et leur conscience, et les rendre l'un et l'autre sensibles à la moindre impression de tout ce qui est mal.

Quoiqu'il soit vrai que les rapports changent avec les personnes et les événements, il est incontestable que le principe moral reste toujours le même, sans quoi il n'existerait point. On peut bien, on doit même appliquer diversement les règles de la justice ; mais il n'y a point deux manières d'être juste, mais il est injuste de penser qu'il puisse y avoir deux justices.

Pour arriver à l'exacte définition de la morale il faut la chercher dans le rapprochement des idées que le commun des hommes, livrés ou rendus à eux-mêmes, ont constamment attachées à ce mot. Celle qui parait les comprendre toutes, et qu'indique un instinct général autant que la raison, présente la morale à l'esprit comme l'art de faire le plus de bien possible à ceux avec qui l'on est en relation, sans blesser les droits de personne. Si les relations sont peu étendues, la morale réveille l'idée des vertus domestiques et privées ; elle prend le nom de patriotisme lorsque ces relations s'étendent sur la société entière dont on fait partie; enfin elle s'élève jusqu'à l'humanité, à la philanthropie, lorsqu'elles embrassent le genre humain. Dans tous les cas elle comprend la justice qui sent, respecte, chérit les droits de tous; la bonté qui s'unit par un sentiment vrai au bien ou au mal d'autrui; le courage qui donne la force d'exécuter constamment ce qu'inspirent la bonté et la justice, enfin ce degré d'instruction qui, éclairant les premiers mouvements de l'âme, nous montre à chaque instant en quoi consistent et ce qu'exigent réellement la justice, la bonté, le courage. Tels sont les éléments de la morale[1].

TALLEYRAND.

1. Cette page est tirée du rapport fait au mois de septembre 1791 à l'Assemblée constituante, au nom du Comité de constitution, par Talleyrand-Périgord, ancien évêque d'Autun. Il proposait, dans ce remarquable rapport, un vaste plan d'organisation de l'instruction publique, en le rattachant aux idées de la Révolution française et à la nouvelle Constitution. Il donnait pour base à l'éducation nouvelle l'enseignement de la morale, qu'il voulait dégager de tout système exclusif et fonder uniquement sur la conscience universelle.

34. Objet de la morale.

La morale est, comme son nom l'indique, la science des mœurs. Les mœurs ne sont ni de simples actions, ni des qualités naturelles. Elles tiennent le milieu entre ces deux choses : elles sont des qualités acquises par la réitération fréquente des mêmes actions, elles sont des habitudes.

Elles peuvent donner lieu à deux espèces d'études différentes. La première consiste à observer les mœurs des hommes comme on observe, dans l'histoire naturelle, celle des animaux, sans se proposer aucun but ultérieur ; la seconde consiste à déterminer[1] rationnellement les principes et les règles auxquelles les mœurs doivent se conformer pour être bonnes. Théophraste[2] et La Bruyère se sont livrés à la première de ces études, ils ne sont que des peintres de mœurs ; Platon et Kant se sont livrés à l'autre, ils sont de vrais philosophes moralistes.

Déterminer les règles des mœurs, c'est déterminer celles des actions dont les mœurs résultent ; c'est déterminer celles de la volonté dont les actions elles mêmes dérivent ; c'est déterminer la fin à laquelle la volonté doit tendre, laquelle n'est autre que le bien, que l'honnête.

De là les définitions diverses qu'on a données de la morale : la morale est la science des mœurs ; la morale est la science des actes humains ; la morale est la science de la volonté ; la morale est la science du bien ou de l'honnête. Toutes ces définitions, comme on peut voir, diffèrent plus en apparence qu'en réalité : elles se laissent aisément ramener à une conception unique.

FERRAZ[3].

1. *Déterminer*, etc. L'écrivain veut dire que pour tracer avec certitude des règles de conduite, il ne faut pas s'en tenir aux détails, mais qu'il est nécessaire de remonter jusqu'aux principes, jusqu'à la source même de toute moralité, la connaissance du bien, qui est le but auquel doit tendre la vie humaine. Ce but étant déterminé, la volonté réglera là-dessus ses actes.

2. *Théophraste*, ami et disciple d'Aristote, est surtout connu par son petit livre des *Caractères*, traduit et imité par La Bruyère.

3. *Philosophie du devoir*, Perrin et Cie, éditeurs.

---

35. Les axiomes de la morale.

Le jugement du bien est appliqué d'abord à des actions particulières, et il donne naissance à des principes généraux qui nous servent ensuite de règles pour juger d'autres actions. De même qu'après avoir jugé que tel phénomène particulier a telle cause particulière, nous nous élevons à ce principe général : tout phénomène a sa cause ; de même nous érigeons en règle générale le jugement moral que nous avons porté à propos d'un fait particulier.

Ainsi nous admirons d'abord le mot de Léonidas[1], et de là nous nous élevons à ce principe, qu'il est bien de mourir pour son pays. Nous possédions déjà ce principe avant sa première application à Léonidas ; sans quoi cette application n'eût pas été légitime ; elle n'eût pas même été possible ; mais nous le possédions implicitement ; bientôt il se dégage, nous apparaît sous sa forme universelle et pure, et nous l'appliquons à tous les cas analogues.

La morale a ses axiomes, comme les autres sciences, et ces axiomes s'appellent à juste titre, dans toutes les langues, des vérités morales.

Il est *bien* de ne pas trahir des serments, et cela aussi est *vrai*. Il est en effet dans la vérité des choses qu'un serment soit tenu, et il n'est prêté que dans cette fin. Les vérités morales, considérées en elles-mêmes, n'ont pas moins de certitude que les vérités mathématiques. Soit donnée l'idée de dépôt, je me demande si celle de le garder fidèlement ne s'y attache pas tout aussi nécessairement qu'à l'idée de triangle s'attache l'égalité de ses trois angles à deux angles droits. Vous pouvez violer un dépôt, mais en le violant, ne croyez pas changer la nature des choses, ni faire qu'en soi un dépôt puisse jamais devenir une propriété. Ces deux idées s'excluent. Vous n'avez qu'un faux semblant de propriété ; et tous les efforts des passions, tous les sophismes de l'intérêt ne renverseront pas d'essentielles différences.

Voilà pourquoi la vérité morale est si gênante : c'est que, comme toute vérité, elle est ce qu'elle est, et ne se plie à nul caprice. Toujours la même et toujours présente, malgré que nous en ayons, elle condamne inexorablement d'une voix toujours entendue, mais non toujours écoutée, la volonté insensée et coupable qui croit l'empêcher d'être en la reniant, ou plutôt en feignant de la renier[2].

Victor Cousin[3].

1. *Léonidas*, roi de Sparte, mourut avec ses trois cents

soldats en défendant contre l'innombrable armée de Xerxès le passage des Thermopyles (480 av. J.-C.). On cite de lui plusieurs mots héroïques. Xerxès, ne supposant pas que Léonidas songeât sérieusement à résister, lui fit dire : Rends tes armes. « Le Spartiate répondit : « Viens les prendre! » Après un repas frugal, il dit à ses soldats : « Ce soir nous souperons chez Pluton. » Sur le monument funèbre qui fut élevé en leur honneur à la place où ils étaient tombés, on grava ces paroles : « Passant, va dire à Sparte que nous sommes morts ici pour obéir à ses lois! »

2. *En feignant de la renier*, parce qu'au fond du cœur on a le sentiment plus ou moins confus qu'on désobéit à une loi qu'on devrait suivre.

3. *Le vrai, le beau, le bien*, Perr.. et Cie, éditeurs.

---

36. Les trois motifs de notre conduite.

Il y a un accord profond entre la conduite prescrite par la loi du devoir ou par l'idée du bien en soi, et la conduite conseillée par l'intérêt bien entendu ou l'idée de notre bien. Et comme l'intérêt bien entendu coïncide avec la satisfaction des tendances instinctives de notre nature, il s'ensuit que ces trois motifs s'impliquent mutuellement, et qu'au fond, malgré les luttes qui se produisent à la surface, au fond, dis-je, il y a entre eux un profond accord.

Mais, pour s'accorder, ces trois motifs n'en sont pas moins parfaitement distincts, et il n'est pas égal d'obéir à l'un ou à l'autre.

Si vous cédez aux passions, vous vous ravalez au rang des bêtes, car c'est précisément là le mode de leurs déterminations. La nature des animaux, comme la nôtre, les pousse à leur fin; ils ont comme nous des facultés pour y aller; mais jamais aucun motif ne s'interpose chez eux entre l'impulsion mécanique de leurs besoins et les facultés dont ils sont pourvus pour les satisfaire. Quand donc l'homme cède à la passion, sa détermination est purement animale; tant qu'il n'agit que de cette manière, sa vie est celle des bêtes.

Le jour où l'homme s'élève à l'intérêt bien entendu, il devient un être raisonnable, il calcule sa conduite, il est maître de ses facultés, il les soumet au plan qu'il s'est formé, il est déjà homme, mais il n'est pas encore homme moral; et il ne le devient que le jour où il délaisse l'idée de son bien à lui, pour n'obéir qu'à l'idée du bien en soi; ce jour là, il devient moral, car il obéit à une loi; ce jour-là, il s'élève autant au-dessus de l'être égoïste, que l'être égoïste est élevé lui même au dessus de l'animal; en un mot, le phénomène moral est produit, et avec lui tout ce qui fait la grandeur et la gloire de notre nature[1].

JOUFFROY.

1. *Les trois motifs* de nos actions, d'après Jouffroy, sont: 1° l'instinct, qui tourne facilement en passion; 2° l'intérêt, qui a d'ordinaire les passions comme ses pires ennemis; 3° le devoir, qui est souvent en désaccord avec la passion et l'intérêt. Quelquefois pourtant, et même, d'après Jouffroy, presque toujours si l'on va au fond des choses, ces trois motifs peuvent se rencontrer; car l'homme étant fait pour le bien, ses plus profonds instincts et son plus sûr intérêt doivent l'y porter. « Nos passions, dit ailleurs Jouffroy, ne sont pas toutes personnelles, il en est qui sont sympathiques, bienveillantes, qui ont pour fin dernière le bien des autres. La pitié, la sympathie nous font souffrir quand le bien des autres n'est pas atteint. Notre intérêt bien entendu implique donc aussi le bien des autres. Par là, il y a coïncidence avec la loi morale. »

37. La liberté morale.

Si la destination de l'humanité était seulement de se créer sur la terre une condition meilleure, il suffirait sans doute que les actions humaines fussent dirigées par un simple mécanisme. La liberté serait non seulement inutile, mais funeste à l'homme; l'intention serait de trop.

Le monde tel que nous le voyons, loin d'aller directement à son but, ne l'atteindrait qu'avec mille détours.

Pourquoi, dans ce cas, le souverain Créateur des mondes nous aurait-il doués d'une liberté souvent en contradiction avec ses éternels desseins? Pourquoi ne nous aurait-il pas prédestinés à agir comme il faut que nous agissions pour que ses desseins s'accomplissent? Il pouvait certes aller à son but par mille chemins plus courts; il n'est pas de misérable habitant de notre chétive planète qui ne pût le lui démontrer.

Mais je suis libre, et par conséquent il est impossible que ma destinée s'écoule tout entière dans le cercle d'une existence où tout s'enchaîne de telle sorte, causes et effets, que ma liberté demeure inutile.

Mais je suis libre, car ce n'est pas l'acte réel, mécaniquement exécuté et ne dépendant, sous ce rapport, qu'à demi de moi, ce n'est pas lui qui fait le prix et la valeur d'une action; c'est l'acte moral, c'est à dire la libre détermination de ma volonté, qui toujours dépend de moi. La voix de ma conscience ne cesse de me le répéter.

Or, par là, ne m'enseigne-t-elle pas aussi que la loi morale, dédaignant de commander à un mécanisme aveugle et matériel, ne prétend régner que sur des volontés intelligentes et libres?

FICHTE.

38. Ce qui est moral.

Les conséquences d'une action, quelles qu'elles soient, ne la rendent ni bonne ni mauvaise, moralement; l'intention est tout.

Pour qu'une intention soit bonne moralement, il faut qu'elle ne soit pas intéressée.

Sont regardées comme intéressées toutes les intentions où il y a un retour personnel. Ainsi, faire une chose pour avoir des honneurs, de la gloire, des applaudissements, des plaisirs soit sensuels, soit intellectuels, des plaisirs externes ou internes, pour entendre dire qu'on est généreux ou pour pouvoir se le dire à soi-même, pour avoir des récompenses sur la terre ou même dans le ciel, tout cela est également en dehors de la morale.

Sont regardées comme indifférentes les actions qui viennent de l'impulsion de l'organisation.

Est regardé comme être moral celui qui, après avoir pesé une action et l'avoir trouvée juste, la fait uniquement parce qu'il croit qu'il faut la faire, et par cette seule raison qu'elle est juste.

Victor Cousin [1].

1. *Le vrai, le beau, le bien*, Perrin et Cie, éditeurs.

39. La morale et le droit.

Non seulement une partie de la morale échappe à l'empire du droit[1], mais ces deux sciences ne s'accordent pas toujours sur les points qui leur sont communs. Le droit est l'expression de l'idéal sensiblement modifié par les exigences du réel ; la morale est l'expression de l'idéal pur, de l'idéal que le réel n'a point altéré. Le premier est plus précis et plus pratique ; la seconde est plus spéculative et plus élevée ; l'un représente le vieil esprit qui a jadis inspiré les codes ; l'autre, l'esprit nouveau qui cherche à s'y introduire pour les perfectionner et les mettre en harmonie avec les récentes lumières de la raison.

Si l'étude du droit[1] peut donner au moraliste l'esprit pratique, le sens de la réalité qui lui fait trop souvent défaut, l'étude de la morale est très propre à donner au jurisconsulte plus d'élévation et de largeur de vues, à l'éloigner des sentiers obscurs de la routine et à lui ouvrir de grands horizons. Elle lui montre au-dessus de la loi positive une loi encore plus auguste, la loi naturelle, sur laquelle la première doit se régler pour mériter vraiment le nom de loi ; elle lui montre au-dessus de l'ordre légal, l'ordre moral dont le premier n'est que la progressive mais imparfaite réalisation.

FERRAZ [2].

1. *Le droit*, dans cette page, signifie la loi écrite, l'étude des Codes. Il en est autrement dans le passage suivant, où le droit est mis en regard du devoir.

2. *Philosophie du devoir*, Perrin et Cie, éditeurs.

40. Le droit et le devoir.

Envers les choses, je n'ai que des droits ; je n'ai que des devoirs envers moi-même ; envers vous j'ai des droits et des devoirs qui dérivent du même principe. Le devoir que j'ai de vous respecter est mon droit à votre respect, et, réciproquement, mes devoirs envers moi sont mes droits envers vous. Ni vous ni moi n'avons d'autre droit l'un sur l'autre que le devoir mutuel de nous respecter tous les deux.

Il ne faut pas confondre la puissance et le droit. Un être pourrait avoir une puissance immense, celle de l'ouragan, de la foudre, celle d'une des forces de la nature ; s'il n'y joint la liberté, il n'est qu'une chose redoutable et terrible ; il n'est pas une personne, il n'a pas de droits. Il peut inspirer une terreur immense, il n'a pas de droits au respect. On n'a pas de devoirs envers lui.

Le devoir et le droit sont frères. Leur mère commune est la liberté. Ils naissent le même jour, ils se développent et périssent ensemble.

On pourrait dire que le droit et le devoir ne font qu'un et sont le même être envisagé de deux côtés différents. Qu'est-ce en effet, on ne saurait trop le répéter à soi-même et aux autres, qu'est-ce que mon droit à votre respect, sinon le devoir que vous avez de me respecter, parce que je suis un être libre ? Mais vous-même, vous êtes un être libre, et le fondement de mon droit et de votre devoir devient pour vous le fondement d'un droit égal, et en moi d'un égal devoir.

Victor Cousin [1].

1. *Le vrai, le beau, le bien,* Perrin et Cie, éditeurs.

41. Le devoir.

Devoir ! mot grand et sublime, toi qui n'as rien d'agréable ni de flatteur, toi qui commandes la soumission, sans pourtant employer, pour ébranler la volonté, des menaces propres à exciter la terreur, mais simplement en te proposant comme une loi qui d'elle-même s'introduit dans l'âme et la force au respect (sinon toujours à l'obéissance), et devant laquelle se taisent tous les penchants, quoiqu'ils travaillent sourdement contre elle : quelle origine est digne de toi; où trouver la racine de ta noble tige?... Elle ne peut être que la personnalité [1], c'est-à-dire la liberté.

Cette idée de la personnalité qui excite notre respect et qui nous révèle la sublimité de notre nature, en même temps qu'elle nous fait remarquer combien nous nous en éloignons dans notre conduite, cette idée est naturelle à la raison commune qui la saisit aisément.

Y a-t-il un homme tant soit peu honnête à qui il ne soit quelquefois arrivé de renoncer à un mensonge par lequel il pouvait se tirer d'un mauvais pas, uniquement pour ne pas se rendre méprisable à ses yeux ? L'honnête homme frappé par un grand malheur qu'il aurait pu éviter s'il avait manqué à son devoir n'est-il pas soutenu par la conscience d'avoir maintenu et respecté en sa personne la dignité humaine, de n'avoir pas à rougir de lui-même et de pouvoir s'examiner sans crainte ?

Kant.

1. *La personnalité.* Ce mot peut être pris dans deux acceptions bien différentes. L'une est philosophique, c'est la qualité d'un être qui est une personne, qui a conscience de lui-même, qui est doué de liberté et de volonté. Le devoir de l'homme est de comprendre et de dégager cette personnalité, de la maintenir, de la fortifier, de la respecter en lui-même et dans les autres. (Voir n° 25.) L'autre acception est du domaine de la morale pratique; la personnalité, dans ce sens, est synonyme d'amour-propre, d'amour excessif de soi-même, d'égoïsme : c'est un défaut; c'est le sentiment exagéré ou plutôt dénaturé de la personnalité véritable, sentiment qui, au lieu de s'attacher à ce qui constitue vraiment la dignité humaine, se perd dans la vanité ou dans la mollesse. (Voir n° 198.)

42. La division des devoirs.

Petits et faibles que nous sommes, nous avons pourtant reçu nos dons. Nous pouvons faire un peu de bien dans notre humble sphère. Si nous le pouvons, nous y sommes tenus. Nous n'avons pas plus le droit de nous rendre inutiles que celui de nous détruire.

Pour désigner les deux ordres de devoirs, devoir de ne pas nuire, devoir de servir, on les appelle quelquefois devoir négatif et devoir positif, ou devoir parfait et devoir imparfait, ou encore, devoir de justice et devoir de charité ou de bienveillance.

La qualification de devoir parfait ou de devoir imparfait pourrait induire en erreur : voici sur quoi elle est fondée. Les devoirs parfaits comportent une désignation précise, ils peuvent être nettement déterminés. « Tu ne déroberas pas » : cela s'entend même d'une obole. « Tu donneras » : la loi ne peut pas dire dans quelle mesure. Elle n'ordonne pas de se dépouiller, ni de donner pour des besoins qui ne seraient pas extrêmes. La limite est donc laissée dans le vague; et c'est pourquoi le devoir se dit imparfait.

Il n'est pas exact de nommer le devoir de ne pas nuire, devoir de justice, et le devoir de servir, devoir de charité. D'abord, ce sont deux devoirs de justice. Celui qui, pouvant guérir un malade, le laisse souffrir, viole la loi du devoir ; il manque à la justice. Ensuite, ce terme de charité, ou de bienveillance, ou de libéralité, indique un don gratuit, et par conséquent ne peut s'appliquer à un devoir. Nous avons bien de la peine à ne pas nous admirer toutes les fois que nous faisons du bien. Nous voulons passer pour généreux, lors même que nous ne sommes qu'honnêtes.

Deux circonstances concourent encore à nous tromper. L'une, c'est que la loi civile ne peut réglementer que les devoirs parfaits ; l'autre, c'est que les devoirs imparfaits échappent à toute formule précise, il est difficile de savoir précisément où finit l'accomplissement du devoir, où commence la libéralité.

Mais que cela ne nous trompe pas sur l'obligation stricte, absolue, universelle, que la morale nous impose, de servir les hommes, de nos biens, de notre temps, de nos lumières ; de leur être, en toute occasion, non un ennemi ni même un indifférent, mais un frère. Il y a un mot dans l'Évangile, qui revient sans cesse, et qu'on devrait écrire à toutes les pages d'un livre de morale : « Aimez-vous les uns les autres ; car c'est la loi et les prophètes ».

Jules Simon.

43. L'idée de l'ordre.

Dès que l'idée de l'ordre[1] a été conçue par notre raison, il y a entre notre raison et cette idée une sympathie si profonde, si vraie, si immédiate, qu'elle se prosterne devant cette idée, qu'elle la reconnaît sacrée et obligatoire pour elle, qu'elle l'adore comme sa légitime souveraine, qu'elle l'honore et s'y soumet comme à la loi naturelle et éternelle.

Violer l'ordre, c'est une indignité aux yeux de la raison ; réaliser l'ordre autant qu'il est donné à notre faiblesse, cela est bien, cela est beau. Un nouveau motif d'agir est apparu, une nouvelle règle, véritablement règle, une nouvelle loi, véritablement loi, un motif, une règle, une loi qui se légitime par elle-même, qui oblige immédiatement, qui n'a besoin, pour se faire respecter et reconnaître, d'invoquer rien qui lui soit étranger, rien qui lui soit antérieur ou supérieur.

Nier qu'il y ait pour nous, qui sommes des êtres raisonnables, quelque chose de saint, de sacré, d'obligatoire, c'est nier l'une de ces deux choses, ou que la raison humaine s'élève à l'idée du bien en soi, de l'ordre universel, ou qu'après avoir conçu cette idée, notre raison ne se courbe pas devant elle et ne sente pas immédiatement et intimement qu'elle a rencontré sa véritable loi, qu'elle n'avait pas encore aperçue, deux faits également impossibles à méconnaître ou à contester.

... Tout devoir, tout droit, toute obligation découlent d'une même source qui est l'idée du bien en soi, l'idée d'ordre. Supprimez cette idée, il n'y a plus rien de sacré pour la raison, par conséquent plus rien d'obligatoire, par conséquent plus de différence morale entre les buts que nous pouvons poursuivre, entre les actions que nous pouvons faire ; la création est inintelligible, et toute notre destinée une énigme. Rétablissez-la, tout devient clair dans l'univers et dans l'homme ; il y a une fin à tout et à chaque chose ; il y a un ordre sacré que toute créature raisonnable doit respecter et concourir à accomplir en elle et hors d'elle ; par conséquent des devoirs, par conséquent des droits, par conséquent une morale, une législation naturelle de la conduite humaine.

JOUFFROY.

1. *L'idée de l'ordre*, pour Jouffroy, c'est l'idée qu'il n'y a rien qui n'ait sa raison d'être, que tout être a une fin, c'est-à-dire une destination, un but pour lequel il est fait,

et que toutes ces fins individuelles tendent à une fin universelle, à laquelle tous les êtres doivent concourir.

---

44. La beauté morale.

En se proposant de former cette créature appelée *homme*, les instituteurs ont à exécuter une œuvre qu'ils doivent chercher à rendre parfaite. Il ne faut donc pas qu'ils perdent de vue les deux conditions nécessaires [1] dont se compose la perfection.

La raison, très exigeante dans son domaine, peut définir ce qu'elle a droit de demander. Elle veut un membre utile de la société, de l'État, de la famille ; un homme qui soigne son propre intérêt sans jamais nuire à celui des autres, et en le favorisant quand il le peut ; un homme éclairé qui contribue au progrès des lumières et de la civilisation et qui se montre partisan de la religion comme garantie de la morale. Voilà l'homme de la raison. Il ne sera jamais pris en faute ; nous l'approuverons toujours, mais nous n'irons pas jusqu'à l'admirer, et il est douteux que nous l'aimions, s'il n'a pas d'autre titre à notre faveur que sa conduite si bien arrangée.

Qu'y a-t-il donc à regretter dans l'original d'un tel portrait? Que peut-il lui manquer? Il peut lui manquer la beauté morale, cet élément qui décèle l'âme, qui trahit dans l'homme l'être immortel. Des indices très légers en apparence peuvent nous servir à démêler des modes d'existence fort différents.

Celui chez qui dominera le principe actif de la beauté morale se distinguera peu, dans ses actes, de l'homme, d'ailleurs accompli, auquel il manque cet élément. Il sera sage comme lui, mais sa sagesse aura l'air inspiré ; il observera la règle comme lui, mais sans penser toujours qu'il l'observe, et on croira plutôt qu'une heureuse harmonie unit ses sentiments à son devoir ; nous l'approuverons toujours aussi, mais une sympathie plus vive nous rapprochera de lui, et, par un singulier contraste, nous le sentirons plus notre semblable, plus notre frère, et pourtant plus supérieur à nous.

Un mot, un regard, auront suffi pour établir entre lui et nous une communication rapide, électrique ; nous le connaissons avant qu'il agisse ; nous savons qu'au premier signal de l'occasion, il volera au secours de l'humanité souffrante ; on le trouvera au jour du malheur.

D'où viennent donc des impressions si différentes ? Y a-t-il une cause réelle aux sentiments presque opposés qu'excitent en moi ces deux êtres ?

Oui, il y en a une. Je crois l'un capable de dévouement, et je doute fort que l'autre le soit. Sans faculté de dévouement, il n'est point de beauté morale. Rien de noble et de grand ne peut exister ici-bas sans le sentiment puissant qui enlève l'homme à lui-même, qui le transporte tout entier dans un objet digne de son amour, et qui, le rendant supérieur aux timides instincts de la nature, semble reculer pour lui les bornes imposées à l'humanité.

Quand ce principe vivant, expansif, de la beauté morale vient à manquer, il n'y a plus dans l'homme qu'un froid mérite, une régularité froide et compassée, résultat de pénibles efforts pour accomplir une œuvre qui nous touche peu.

Madame NECKER DE SAUSSURE.

1. *Les deux conditions nécessaires* dont se compose la perfection sont d'une part la raison, de l'autre le sentiment. Mais on ne peut, quand il s'agit de devoir et de vertu, séparer ces deux éléments. La raison elle-même nous apprend qu'il n'y a point de vertu véritable sans le don de soi-même, et que le devoir froidement, strictement accompli, sans l'étincelle de l'amour et du dévouement, n'est pas le devoir, pas plus que la religion, considérée comme une simple garantie de la morale, n'est vraiment la religion. On peut séparer ces choses par l'analyse ; la vie se charge de les unir et de les fondre.

45. Les éléments de la vertu.

Il est hors de doute que l'amour, aussi bien que la connaissance, est une partie essentielle de la vertu. Cependant on ne pourra pas la borner à ces deux éléments, car il faudra toujours y ajouter la force morale ou la volonté.

Que de fois n'arrive-t-il pas en effet que l'amour du bien est aussi impuissant que la connaissance du bien, qu'une âme qui, à la fois, connaît le bien et veut le faire, ne le fait pas ! Combien d'âmes généreuses et tendres, combien d'âmes éclairées et sages, combien, réunissant à la fois la sagesse et la générosité, sont cependant impuissantes devant la tentation ! De ces bonnes intentions dont l'enfer est pavé, combien sont inspirées par le cœur et par la raison, mais qui sont trahies par la volonté !

Il faut donc toujours un dernier ressort, un effort suprême, un acte personnel de résolution pour achever l'acte vertueux. C'est ce dernier ressort, qui meut sans être mu, que l'on appelle la liberté. Qu'est-il ? En quoi consiste-t-il ? Quelle en est l'essence ? On ne peut le dire. Il est en nous ce qu'il y a de plus profondément personnel, ou, s'il vient d'ailleurs[1], il est le lieu où le divin se transforme en une personnalité individuelle, où se fait le passage incompréhensible de l'universel à l'individuel, où s'unissent dans un acte inséparable la grâce et le libre arbitre. Sans doute, le vouloir est de moi : et qui pourrait vouloir si ce n'est moi-même ? mais la force de vouloir ne vient pas de moi ; car je ne me suis pas créé moi-même ; je ne me suis pas donné moi-même une volonté ; autrement je me la serais donnée absolue, et je ne sais que trop qu'elle ne l'est pas. Je me la serais donnée toute-puissante contre le mal, tout obéissante pour le bien ; et je ne sais que trop qu'elle est impuissante contre l'un, tout en le haïssant, et rebelle contre l'autre tout en l'aimant.

En résumé, la vertu est force, science et amour indivisiblement unis en une même action : c'est la force de pratiquer le bien avec amour et lumière; et si, dans le mot de volonté on fait entrer, comme l'ancienne philosophie, l'idée de raison et d'inclination, on dira avec Kant que la vertu est une bonne volonté[2].

P. JANET.

1. *S'il vient d'ailleurs :* Ici le philosophe touche aux plus hauts problèmes, non seulement de la morale, mais de la religion et de la métaphysique : l'origine de la liberté, la source mystérieuse d'où émane la volonté libre de l'homme dans ce monde soumis à des lois inflexibles, la coexistence de la personnalité humaine et de la puissance créatrice. L'esprit est incapable de résoudre de tels problèmes; c'est sa grandeur de pouvoir les poser.

2. *Une bonne volonté.* Nous sommes avertis par l'écrivain de ne pas prendre ce mot dans son sens ordinaire; la bonne volonté signifie habituellement une disposition à bien faire, une louable inclination, un désir sincère. Ici Kant nous prévient qu'il y a davantage et qu'il faut donner au mot de volonté toute sa force. La vertu exige en effet, autre chose qu'une simple inclination ou qu'un désir; elle veut une résolution raisonnée, énergique et persévérante.

---

46. L'intérêt.

Les intérêts ne sont que des passions raisonnées : tandis que la passion impétueuse et effrénée poursuit jusqu'à l'impossible, dérange l'économie du système physique et moral, brise les ressorts de la vie, l'intérêt suit une marche lente et tranquille, il proportionne les moyens aux fins désirées; il prévoit, il choisit, il côtoie le péril, se prive à propos, affecte même, s'il est nécessaire, les apparences d'une abnégation courageuse. La passion ne regarde rien, ne mesure rien ; elle exige la satisfaction la plus prochaine, et elle ne se rassasie jamais. L'intérêt songe à tout, compare l'avenir et le présent, s'arrête à temps, et au lieu d'une jouissance vive, mais fugitive et périlleuse, il se ménage la plus grande somme possible de jouissances calmes et assurées.

L'intérêt met dans la vie une règle et une suite; il remplace les soubresauts de la passion par un progrès constant; il donne ainsi à la conduite une unité plus conforme à la raison, plus de liberté dans la personne, plus de volonté dans la direction, et nous montre l'homme gouvernant lui-même sa vie et sa destinée, et n'obéissant aux passions que dans la mesure qui lui plaît. Enfin lorsque toutes les apparences sont ménagées, l'intérêt donne à l'existence une certaine gravité, une certaine décence qui manque entièrement à la vie de passion. C'est donc un principe qui, à certains points de vue, est supérieur au précédent, et qui introduit l'homme dans la vie raisonnable, s'il ne l'y conduit pas jusqu'au bout.

En revanche, l'intérêt a moins de générosité que la passion; il inspire des actions plus sensées mais moins grandes. C'est un principe froid et desséchant qui finit par abaisser la nature humaine, quand il l'occupe seul et tout entière. Il ôte à la vie son éclat et sa poésie; il la réduit à une routine machinale ou à un roulement bruyant qui, pour être agité, n'en est pas moins vide. C'est une méthode qui, peu à peu, détruit dans l'âme ce qu'elle a de spontané et d'énergique; c'est l'artifice remplaçant la nature. La vie gouvernée par l'intérêt est plus convenable que la vie passionnée, mais elle manque également de noblesse et de dignité, parce que la médiocrité de ses vues rabaisse le prix des efforts souvent difficiles qu'elle obtient de la volonté.

P. JANET.

47. L'honneur.

Qu'est-ce que l'honneur? c'est un principe qui nous détermine à faire les actions qui nous relèvent à nos propres yeux, et à éviter celles qui nous abaissent. Le principe du devoir commande purement et simplement, sans qu'il soit question de nous-mêmes. Le principe de l'honneur nous détermine d'après l'idée de notre propre grandeur. La vraie vertu ne s'enquiert pas de sa grandeur; elle est grande sans le savoir et sans y penser. Quelquefois la vertu va jusqu'à exiger le sacrifice de la grandeur, et à commander l'humiliation lorsqu'on a failli. L'honneur ne va jamais jusque-là. Souvent même, il nous fait sacrifier des devoirs très graves à une idée fausse et exagérée de notre grandeur. L'honneur est donc un principe moral très insuffisant et très incomplet.

C'est d'ailleurs un principe supérieur au désir de la réputation et même de l'estime; car l'honneur ne demande point à être approuvé; il a cela de commun avec la vertu qu'il se contente de lui-même. Il est encore différent du principe de l'amour-propre. L'amour-propre consiste à s'aimer soi-même, grand ou petit, et à prendre plaisir à tous ses avantages. L'honneur consiste à ne faire état[1] que de ce qui est grand, non pas même des grands talents ou des grands avantages de la nature, mais seulement des grands sentiments et des belles actions[2].

P. Janet.

1. *Faire état*, faire cas, estimer.
2. *L'honneur* ainsi compris est certainement un des plus nobles mobiles auxquels l'homme puisse obéir; mais il n'est point la source suprême de la vertu, à moins qu'on ne lui donne un sens tout à fait élevé, et qu'on ne le confonde avec le sentiment de la dignité humaine. Mais ce n'est ni la passion, ni l'intérêt, ni le désir de l'estime publique, ni l'honneur, ni l'espoir des jouissances de la vertu (comme l'indique le morceau suivant) qui doivent, en dernière analyse, servir de guides à l'homme dans la carrière de la vie

morale. Il doit puiser son inspiration et sa force dans le seul sentiment du devoir, dans l'amour du bien, parce qu'il est le bien, sans s'arrêter à aucune autre considération.

48. La vertu et le bonheur.

Est-il vrai que ceux qui ont pour objet la vertu ou le perfectionnement ne fassent que préférer un genre de jouissance à un autre?

Il est toujours aisé de tout confondre, mais ceux qui raisonnent ainsi ne me paraissent pas même avoir consulté l'observation. Et sans parler des grands exemples qu'offre l'histoire, sans citer les héros du dévouement, ces Régulus, ces Winkelried, ces d'Assas, qui n'ont eu d'autre perspective que la souffrance, d'autre espérance personnelle que la mort, je dirai que l'examen attentif de ce qui se passe dans notre âme nous conduit à une autre conclusion.

Il ne me semble pas que, lorsqu'on se décide à entrer dans une carrière de devoirs pénibles, on se figure nettement aucune joie dans l'avenir. On se soumet à une obligation sans appel, on obéit à une loi impérieuse, sans savoir ce qui s'ensuivra pour le bonheur. La région calme du devoir est supérieure à celle des craintes et des espérances; on n'y sent point ces fluctuations, effet de l'inégale appréciation des peines et des plaisirs; tout y est immuable, absolu; tout y est de nature éternelle; ce ne sont pas les jouissances de la vertu qu'on y cherche, c'est la vertu; ce ne sont pas les consolations de la religion qu'on y désire, c'est Dieu même, c'est la conformité avec la volonté du ciel.

Cette région, qui semble si haute, est pourtant accessible aux âmes étrangères à toute espèce de raffinement, tandis que celle où l'on jouit du sacrifice de soi-même l'est bien moins; pour trouver du charme à l'idée de se dévouer, il faut une sorte d'exaltation assez rare parmi les hommes, inconstante chez ceux-là mêmes qui sont susceptibles de l'éprouver.

Les émotions grandes, sublimes, excitées par les sentiments les plus élevés, ne sont pas le partage de tous les mortels; l'âge les affaiblit, les maux les éteignent; elles peuvent être la récompense, elles ne sont pas l'essence pure et inaltérable de l'attachement à notre devoir. Il n'est qu'un temps pour l'enthousiasme; mais le cœur peut rester fidèle[1] lorsque déjà il est atteint par la main glacée de la mort.

Madame NECKER DE SAUSSURE.

1. *Le cœur peut rester fidèle* à la justice, au devoir, à l'esprit de sacrifice, aux engagements qu'il a pris vis-à-vis de la loi morale, indépendamment des émotions et des espérances qu'il n'est pas donné à tous de ressentir en tout temps.

---

49. On ne peut être dupe de la vertu.

Que ceux qui sont nés pour l'oisiveté et la mollesse y meurent et s'y ensevelissent, je ne prétends pas les troubler; mais je parle au reste des hommes, et je dis : On ne peut être dupe de la vraie vertu; ceux qui l'aiment sincèrement y goûtent un secret plaisir et souffrent à s'en détourner; quoi qu'on fasse aussi pour la gloire, jamais ce travail n'est perdu, s'il tend à nous en rendre dignes. C'est une chose étrange que tant d'hommes se défient de la vertu et de la gloire, comme d'une route hasardeuse, et qu'ils regardent l'oisiveté comme un parti sûr et solide. Quand même le travail et le mérite pourraient nuire à notre fortune, il y aurait toujours à gagner à les embrasser. Que sera-ce s'ils y concourent? Si tout finissait par la mort, ce serait une extravagance de ne pas donner toute notre application à bien disposer notre vie, puisque nous n'aurions que le présent; mais nous croyons un avenir et l'abandonnons au hasard ; cela est bien plus inconcevable. Je laisse tous devoirs à part, la morale et la religion, et je demande : l'ignorance vaut-elle mieux que la science, la paresse que l'activité, l'incapacité que les talents? Pour peu que l'on ait de raison, on ne met point ces choses en parallèle. Quelle honte donc de choisir ce qu'il y a de l'extravagance à égaler ! S'il faut des exemples pour nous décider, d'un côté Coligny, Turenne, Bossuet, Richelieu, Fénelon, etc. ; de l'autre les gens à la mode, les gens de bel air, ceux qui passent toute leur vie dans la dissipation et les plaisirs. Comparons ces deux genres d'hommes et voyons ensuite auquel d'eux nous aimerions mieux ressembler[1].

VAUVENARGUES.

1. Vauvenargues prend ici le mot de *vertu* dans le sens primitif de vigueur, énergie, force virile ; elle est l'instrument et la compagne de la gloire, qui est à ses yeux le noble but de l'activité humaine. On ne peut méconnaître ce qu'il y a de grand et de généreux dans sa pensée ; elle n'est sans doute point irréprochable au point de vue de la pure doctrine ; mais il y a une haute moralité à préférer l'action à la paresse, le savoir à l'ignorance, l'utile et glorieux emploi de la vie à l'inertie d'un plat égoïsme. On peut dire, dans ce sens comme dans tout autre, qu'on ne peut être dupe de la vertu, qu'elle ne trompe point ceux qui lui confient leur âme.

50. Les trois états moraux.

A partir de l'âge de raison, la vie de l'homme est une alternative perpétuelle entre les trois états moraux, un passage perpétuel de l'un à l'autre, selon que la passion, l'égoïsme ou la loi morale l'emportent tour à tour sur notre volonté et président à ses déterminations. Il n'y a point de vie qui soit exempte de ces alternatives.

Ce qui distingue les hommes, c'est la nature du

motif qui triomphe le plus souvent. Les uns obéissent habituellement à la passion : ce sont les hommes passionnés; les autres à l'intérêt bien entendu : ce sont les égoïstes; les autres enfin au motif moral : ce sont les hommes vertueux. Selon que prédomine dans les habitudes l'un ou l'autre de ces trois modes de déterminations, l'homme revêt tel ou tel caractère moral. Il n'est personne qui obéisse exclusivement et constamment à un seul de ces trois mobiles; si forte que soit la prédominance habituelle de l'un, les deux autres président toujours à quelques-unes de nos déterminations.

Il y a plus; dans le plus grand nombre des cas, ils concourent et agissent ensemble, en vertu de l'harmonie qui, au fond, les unit, et peut-être y a-t-il bien peu d'actions humaines qui dérivent exclusivement soit de l'un, soit de l'autre. Ainsi l'homme n'est jamais ni tout à fait vertueux, ni tout à fait égoïste, ni tout à fait passionné : à celui de ces mobiles qui a l'air de déterminer sa conduite, se mêle toujours plus ou moins l'impulsion secrète des deux autres.

JOUFFROY.

---

51. Le sentiment de l'injustice.

J'étudiais un jour seul ma leçon dans la chambre contiguë à la cuisine. La servante avait mis sécher à la plaque les peignes de mademoiselle Lambercier. Quand elle revint les prendre, il s'en trouva un dont tout un côté de dents était brisé. A qui s'en prendre de ce dégât? Personne autre que moi n'était entré dans la chambre. On m'interroge : je nie d'avoir touché le peigne. M. et madame Lambercier se réunissent, m'exhortent, me pressent, me menacent; je persiste avec opiniâtreté; mais la conviction était trop forte, elle l'emporta sur toutes mes protestations, quoique ce fût la première fois qu'on m'eût trouvé tant d'audace à mentir. La chose fut prise au sérieux ; elle méritait de l'être. La méchanceté, le mensonge, l'obstination parurent également dignes de punition ; on écrivit à mon oncle Bernard : il vint. Mon pauvre cousin était chargé d'un autre délit non moins grave; nous fûmes enveloppés dans la même exécution. Elle fut terrible. On ne put m'arracher l'aveu qu'on exigeait. Repris à plusieurs fois et mis dans l'état le plus affreux, je fus inébranlable. J'aurais souffert la mort, et j'y étais résolu. Il fallut que la force même cédât au diabolique entêtement d'un enfant; car on n'appela pas autrement ma constance. Enfin, je sortis de cette cruelle épreuve en pièces, mais triomphant.

Il y a maintenant près de cinquante ans de cette aventure, et je n'ai pas peur d'être puni derechef pour le même fait. Eh bien, je déclare à la face du ciel que j'étais innocent, que je n'avais ni cassé ni touché le peigne, que je n'avais pas approché de la plaque, et que je n'y avais pas même songé. Qu'on ne me demande pas comment ce dégât se fit, je l'ignore et ne puis le comprendre ; ce que je sais certainement, c'est que j'en étais innocent.

Qu'on se figure un caractère timide et docile dans la vie ordinaire, mais ardent, fier, indomptable dans les passions ; un enfant toujours gouverné par la voix de la raison, toujours traité avec douceur, équité, complaisance, qui n'avait pas même l'idée de l'injustice, et qui, pour la première fois, en éprouve une si terrible de la part précisément des gens qu'il chérit et qu'il respecte le plus ; quel renversement d'idées ! quel désordre de sentiments! quel bouleversement dans son cœur, dans sa cervelle, dans tout son petit être intelligent et moral !...

Je dis qu'on s'imagine tout cela, s'il est possible ; car, pour moi, je ne me sens pas capable de démêler, de suivre la moindre trace de ce qui se passait alors en moi. Je n'avais pas encore assez de raison pour sentir combien les apparences me condamnaient, et pour me mettre à la place des autres. Je me tenais à la mienne, et tout ce que je sentais, c'était la rigueur d'un châtiment effroyable pour un crime que je n'avais pas commis. La douleur du corps, quoique vive, m'était peu sensible; je ne sentais que l'indignation, la rage, le désespoir. Mon cousin, dans un cas à peu près semblable, et qu'on avait puni d'une faute involontaire comme d'un acte prémédité, se mettait en fureur à mon exemple et se montait, pour ainsi dire, à mon unisson. Tous deux dans le même lit, nous nous embrassions avec des transports convulsifs, nous étouffions; et quand nos jeunes cœurs, un peu soulagés, pouvaient exhaler leur colère, nous nous levions sur notre séant, et nous nous mettions tous deux à crier cent fois de toutes nos forces : *Carnifex! carnifex! carnifex*[1]*!*

Je sens, en écrivant ceci, que mon pouls s'élève encore; ces moments me seront toujours présents, quand je vivrais cent mille ans.

Ce premier sentiment de la violence et de l'injustice est resté si profondément gravé dans mon âme que toutes les idées qui s'y rapportent me rendent ma première émotion; et ce sentiment relatif à moi dans son origine, a pris une telle consistance en lui-même, et s'est tellement détaché de tout intérêt personnel, que mon cœur s'enflamme au spectacle ou au récit de toute action injuste, quel qu'en soit l'objet et en quelque lieu qu'elle se commette, comme si l'effet en retombait sur moi[2].

J.-J. ROUSSEAU.

1. *Carnifex*, bourreau.
2. Ce récit vivant, ému, entraînant, vaut bien une page de considérations théoriques. C'est la démonstration saisissante du sentiment de la justice qui habite le cœur de l'homme, le cœur de l'enfant. Il n'y a rien là de factice;

c'est une impression spontanée, un sentiment naturel et inné. L'enfant souffre atrocement de l'iniquité dont il est victime, et non du châtiment qui le frappe ; ce n'est pas un dépit personnel, c'est une apparition, vague et confuse peut-être, de la majesté et de l'inviolabilité du droit et de la justice. De telles expériences justifient et dépassent les systèmes des philosophes.

52. Le remords.

Partout nous rendons hommage, par nos troubles et nos remords secrets, à la sainteté de la loi que nous violons ; partout un fonds d'ennui et de tristesse inséparable du crime[1], nous fait sentir que l'ordre et l'innocence sont le seul bonheur qui nous était destiné sur la terre.

Nous avons beau faire montre d'une vaine intrépidité, la conscience criminelle se trahit toujours elle-même. Des terreurs cruelles marchent partout devant nous. La solitude nous trouble, les ténèbres nous alarment ; nous croyons voir sortir de tous côtés des fantômes qui viennent toujours nous reprocher les horreurs secrètes de notre âme ; des songes funestes nous remplissent d'images noires et sombres ; et le crime, après lequel nous courons avec tant de goût, court ensuite après nous comme un vautour cruel, et s'attache à nous pour nous déchirer le cœur et nous punir du plaisir qu'il nous a lui-même donné.

MASSILLON.

1. *Le crime*, dans le langage de Massillon, s'applique à toute violation grave de la loi morale, ne fût-elle pas punie par les lois ou tenue comme criminelle par l'opinion publique.

53. Deux erreurs.

On fait quelquefois une distinction tout à fait fausse entre commettre une mauvaise action et aider un autre à la commettre. Ni la loi humaine, ni la conscience ne doivent distinguer entre l'auteur principal et le complice. La culpabilité consiste à avoir concouru à une certaine violation de la morale, et il n'importe pas qu'on ait joué le premier ou le second rôle. A la vérité, on se trompe rarement sur la nature criminelle d'une complicité préméditée et qui profite ; mais on se rend coupable par légèreté, par faiblesse, par respect humain, par une bienveillance déplacée, en favorisant les désordres d'autrui. On se croit quitte alors envers la conscience pour quelque avertissement négligemment donné. Mais il n'est pas permis de traiter ainsi le devoir. Il faut le pratiquer et l'enseigner. Celui-là seul est vraiment vertueux, à qui personne n'osera jamais demander une complaisance coupable.

Une autre erreur très répandue et très grave, c'est de penser qu'on n'est pas coupable d'une mauvaise action quand on en profite sans y avoir coopéré. Mais on en est complice indirectement ; car, en profiter, c'est déclarer qu'on l'approuve, et, de plus, on est coupable d'une autre faute en détenant un profit illicite. Il n'y a qu'une différence très légère entre l'action de voler et celle de détenir à un titre quelconque une richesse dont l'origine n'est pas pure.

JULES SIMON.

54. Définitions de vertus et de vices.

La probité est un attachement à toutes les vertus civiles.

La droiture est une habitude des sentiers de la vertu.

L'équité peut se définir par l'amour de l'égalité ; l'intégrité paraît une équité sans tache, et la justice une équité pratique.

La noblesse est la préférence de l'honneur à l'intérêt ; la bassesse, la préférence de l'intérêt à l'honneur.

L'intérêt est la fin de l'amour-propre ; la générosité en est le sacrifice.

La méchanceté suppose un goût à faire du mal ; la malignité, une méchanceté cachée ; la noirceur, une malignité profonde.

L'insensibilité à la vue des misères peut s'appeler dureté ; s'il y entre du plaisir, c'est cruauté.

La sincérité me paraît l'expression de la vérité ; la franchise, une sincérité sans voiles ; la candeur, une sincérité douce ; l'ingénuité, une sincérité innocente ; l'innocence, une pureté sans tache.

L'imposture est le masque de la vérité ; la fausseté, une imposture naturelle ; la dissimulation, une imposture réfléchie ; la fourberie, une imposture qui veut nuire ; la duplicité, une imposture qui a deux faces.

La libéralité est une branche de la générosité ; la bonté, un goût à faire du bien et à pardonner le mal ; la clémence, une bonté envers nos ennemis.

La fidélité n'est qu'un respect pour nos engagements ; l'infidélité, une dérogeance ; la perfidie, une infidélité couverte et criminelle ; la bonne foi, une fidélité sans défiance et sans artifice.

La modération est l'état d'une âme qui se possède ; elle naît d'une espèce de médiocrité dans les désirs et de satisfaction dans les pensées, qui dispose aux vertus civiles. L'immodération, au contraire, est une ardeur inaltérable[1] et sans délicatesse, qui mène quelquefois à de grands vices.

La tempérance n'est qu'une modération dans les plaisirs, et l'intempérance au contraire.

L'humeur est une inégalité qui dispose à l'impatience ; la complaisance est une volonté flexible ; la douceur, un fonds de complaisance et de bonté.

La brutalité, une disposition à la colère et à la grossièreté ; l'irrésolution, une timidité à entreprendre ; l'incertitude, une irrésolution à croire ; la perplexité, une irrésolution inquiète.

La prudence, une prévoyance raisonnable; l'imprudence, tout au contraire.

L'activité naît d'une force inquiète; la paresse, d'une impuissance pénible.

La mollesse est une paresse voluptueuse; l'austérité est une haine des plaisirs, et la sévérité, des vices.

La solidité, une consistance et une égalité d'esprit; la légèreté, un défaut d'assiette et d'uniformité de passions ou d'idées; la constance, une fermeté raisonnable dans nos sentiments; l'opiniâtreté, une fermeté déraisonnable; la pudeur, un sentiment de la difformité du vice et du mépris qui le suit.

La sagesse, la connaissance et l'affection du vrai bien; l'humilité, un sentiment de notre bassesse devant Dieu; la charité, un zèle de religion pour le prochain[2].

VAUVENARGUES.

1. *Inaltérable* est un contresens; c'est insatiable qu'il aurait fallu dire.

2. Ces définitions ne sont pas toutes absolument justes; Voltaire les a appelées : « définitions plus brillantes qu'approfondies. » Elles sont plutôt littéraires que philosophiques; quelques-unes sont enfantines. L'équité n'est pas l'amour de l'égalité pure et simple, mais de l'égalité dans la justice.

---

55. Trois maximes de morale.

Afin que je ne demeurasse point irrésolu en mes actions, pendant que la raison m'obligerait de l'être en mes jugements, et que je ne laissasse pas de vivre dès lors le plus heureusement que je pourrais, je me formai une morale par provision, qui ne consistait qu'en trois ou quatre maximes dont je veux bien vous faire part.

La première était d'obéir aux lois et aux coutumes de mon pays...

Ma seconde maxime était d'être le plus ferme et le plus résolu en mes actions que je pourrais...

Ma troisième maxime était de tâcher toujours plutôt à me vaincre que la fortune, et à changer mes désirs que l'ordre du monde, et généralement de m'accoutumer à croire qu'il n'y a rien qui soit entièrement en notre pouvoir que nos pensées[1], en sorte qu'après que nous avons fait notre mieux touchant les choses qui nous sont extérieures, tout ce qui manque de nous réussir est au regard de nous[2] absolument impossible.

Et ceci seul me semblait être suffisant pour m'empêcher de rien désirer à l'avenir que je n'acquisse[3], et ainsi pour me rendre content : car, notre volonté ne se portant naturellement à désirer que les choses que notre entendement lui représente en quelque façon comme possibles, il est certain que, si nous considérons tous les biens qui sont hors de nous comme également éloignés de notre pouvoir, nous n'aurons pas plus de regret de manquer de ceux qui semblent être dûs à notre naissance, lorsque nous en serons privés sans notre faute, que nous avons de ne posséder pas les royaumes de la Chine ou du Mexique ; et que faisant, comme on dit, de nécessité vertu, nous ne désirerons pas davantage d'être sains étant malades, ou d'être libres étant en prison[4], que nous faisons maintenant d'avoir des corps d'une matière aussi peu corruptible que les diamants, ou des ailes pour voler comme les oiseaux.

Mais j'avoue qu'il est besoin d'un long exercice et d'une méditation souvent réitérée pour s'accoutumer à regarder de ce biais toutes les choses ; et je crois que c'est principalement en ceci que consistait le secret de ces philosophes[5] qui ont pu autrefois se soustraire de l'empire de la fortune, et malgré les douleurs et la pauvreté, disputer de la félicité avec leurs dieux. Car, s'occupant sans cesse à considérer les bornes qui leur étaient prescrites par la nature, ils se persuadaient si parfaitement que rien n'était en leur pouvoir que leurs pensées, que cela seul était suffisant pour les empêcher d'avoir aucune affection pour d'autres choses; et ils disposaient d'elles si absolument, qu'ils avaient en cela raison de s'estimer plus riches et plus puissants, et plus libres et plus heureux qu'aucun des autres hommes qui, n'ayant point cette philosophie, tout favorisés de la nature et de la fortune qu'ils puissent être, ne disposent jamais ainsi de tout ce qu'ils veulent[6].

DESCARTES.

1. *Que nos pensées*, nos sentiments, nos affections, tout ce qui est du domaine intérieur.

2. *Au regard de nous*, pour ce qui nous regarde, pour ce qui dépend de nous.

3. *De rien désirer à l'avenir* que ce que je pourrais posséder.

4. *Être sains étant malades*, etc. Ceci est excessif; l'homme n'est pas tenu de ne pas désirer la santé, la liberté, et choses semblables. Ce sont des biens qu'il a le droit de souhaiter; mais il ne faut pas que son désir se change en une ardeur immodérée, qui l'empêche de jouir des biens qui lui restent. Si l'homme bornait placidement ses désirs à son état présent, il se fermerait à toujours le chemin du progrès.

5. *Ces philosophes :* ce sont les stoïciens, dont nous verrons plus loin dans Marc-Aurèle l'un des plus éminents interprètes.

6. Descartes s'étant résolu au doute universel pour reconstruire ses croyances à nouveau sur un fonds solide et éprouvé, ne pouvait faire table rase de la morale. La morale est nécessaire à la vie de chaque jour comme l'air respirable. A défaut d'une morale systématique et complète qu'il se propose de construire plus tard, il se trace trois règles de conduite, et ces règles sont de telle nature qu'elles peuvent servir à tous et pour toute la vie. Nous avons supprimé les développements qu'il a donnés aux deux premières règles; elles se comprennent d'elles-mêmes. La

première ordonne de se soumettre aux lois et aux coutumes générales de son pays, d'éviter ce qui est extraordinaire, excessif, bruyant; c'est la vie modeste et régulière, la vie de bon sens. Sans doute, il y a telle circonstance où la raison et la conscience peuvent exiger qu'on se départe de cette allure; mais c'est manifestement l'exception. La seconde règle proscrit l'hésitation, l'indécision, les résolutions flottantes et contradictoires. « Les actions de la vie, dit à ce propos M. Rabier, ne souffrent pas de délai, et l'on ne peut pas rester indéfiniment sans rien faire, en attendant des lumières qui ne viendront jamais... Quand une fois on a fait son choix, presque toujours la sagesse est de s'y tenir et de poursuivre résolument ce qu'on a entrepris. » La troisième maxime est celle du vrai sage. Descartes l'explique suffisamment.

56. Obéis à ta conscience.

La règle toute pratique de n'obéir qu'à sa conscience n'exclut nullement la recherche scientifique et abstraite des principes et des conséquences, dont se compose la science morale. Cette science se fait, comme toutes les autres, par l'analyse et le raisonnement. C'est elle qui cherche à déterminer les devoirs dans chaque cas particulier, en les rapportant aux lois générales préalablement reconnues.

Ces lois elles-mêmes, elle les établit par l'étude de la nature humaine; et quoiqu'elle parte du fait de la conscience morale, c'est-à-dire de la distinction du bien et du mal, comme d'un fait primitif, cependant elle ne se borne pas à constater ce fait; mais elle l'interprète, et souvent elle le corrige et l'éclaircit.

De même que la physique, partant des données des sens, s'élève bientôt au-dessus de la sensation, et nous apprend à la dépasser, de même la morale, partant du sens moral, nous apprend à en faire l'éducation et à substituer la conscience éclairée à la conscience aveugle. Mais la conscience éclairée n'en est pas moins la conscience. D'ailleurs, quand il s'agit d'agir, chacun ne peut avoir recours qu'à la conscience qu'il a au moment même où il agit.

Même au point de vue pratique, la règle : « Obéis à ta conscience », ne signifie nullement qu'il faille agir à l'aveugle et sans raison ; et il est obligatoire pour chacun de faire tous ses efforts pour connaître et choisir son véritable devoir, et le distinguer du devoir apparent. Mais si loin et si profondément que soit porté cet examen, il faut qu'il finisse, car la nécessité de l'action est là : or, à ce dernier moment, l'examen étant épuisé, la réflexion ayant tout dit, quelle peut être, je le demande, la règle d'action? « Fais ce que dois », dira-t-on. Soit, mais que dois-je? Voilà le problème. Que l'on y réfléchisse ; on verra qu'il n'y a plus d'autre règle que celle-ci : « Fais ce que tu crois devoir faire. » Ce qui revient à dire : « Obéis à la voix de ta conscience. »

P. JANET.

57. Le sacrifice du bonheur.

Le sacrifice du bonheur n'est possible qu'à condition de sacrifier entièrement la sensibilité. Or, c'est ce que la morale ne peut ordonner, et même ce qu'elle condamne. Comment peut-on devenir indifférent au plaisir et à la douleur, si on ne le devient d'abord aux affections, tout aussi bien qu'aux inclinations des sens? Il faudra donc supprimer en soi-même les affections du cœur, et dire avec Épictète : « Ton fils est mort? tu l'as rendu. — Ton épouse est morte? tu l'as rendue. — Ton champ t'est enlevé? tu l'as rendu. » Ces paroles sont admirables si elles expriment la fermeté qu'il faut conserver dans le malheur : elles seraient odieuses si elles exigeaient une insensibilité réelle et absolue. Platon aussi dit quelque part que le sage se suffit à lui-même et que la perte de ses plus chères affections n'est pas pour lui un malheur intolérable, mais il a soin de nous avertir qu'il ne recommande pas une insensibilité impossible, mais seulement une noble patience et une certaine modération devant les hommes.

L'indifférence à notre douleur est en même temps l'indifférence au bonheur d'autrui. La formule de la loi morale serait alors : Que m'importe, non seulement de souffrir, mais même que les autres souffrent, pourvu que je n'en sois pas la cause et que j'aie fait tous mes efforts pour les soulager ? Ce retranchement de toute sympathie, pourvu qu'on soit quitte à l'égard de la loi, est le travestissement et non la vraie formule de la loi. Autrement, l'homme qui aurait passé sa vie avec effort, mais sans succès, à assurer l'existence de ses enfants, pourrait dire en mourant : « Je laisse mes enfants dans la misère ; mais que m'importe ? J'ai accompli ma tâche : j'ai fait ce que j'ai pu. » L'homme d'État qui a sauvé sa patrie, mais qui prévoit qu'elle périra après lui, pourrait dire : « Je laisse ma patrie livrée à l'anarchie et à la servitude ; mais que m'importe ? J'ai fait ce que j'ai pu pour la délivrer. » Eh bien, non ! ces deux hommes n'auront pas accompli toute la loi ; car il leur reste un dernier acte moral à accomplir : c'est de mourir en déplorant les maux qu'ils ne peuvent plus empêcher. Ils se doivent à eux-mêmes de mourir malheureux[1].

P. JANET.

1. *De mourir malheureux*, c'est-à-dire de conserver jusqu'à la fin les sentiments élevés, affectueux et désintéressés qui font la noblesse de l'âme. L'important n'est pas d'être heureux, mais d'être bon.

58. La casuistique.

Le plus terrible danger de la casuistique[1], c'est la sécurité qu'elle inspire.

Une fois qu'on a ainsi réduit sa vie à l'observation d'une règle écrite, minutieuse, précise, on se trouve rassuré contre tous les écueils ; on ne doute plus de soi. On devient inaccessible non seulement à l'inquiétude morale, mais aux remords. Si le conseiller qu'on s'est donné pour maître est mauvais, ou si on le comprend mal ou qu'on fasse le mal par cette erreur involontaire, on ne se croit pas moins pur et estimable ; on prend en mépris ceux qui s'indignent contre la conduite qu'on a tenue, on reçoit leurs conseils ou leurs avertissements avec dédain, on reste inflexible devant leurs plaintes.

L'orgueil, l'obstination, la dureté du cœur rendent la mauvaise action plus odieuse encore. Il y a quelque chose de plus navrant que le triomphe du crime : c'est le crime content de lui-même, s'approuvant, s'exaltant, parlant de justice et de morale, se croyant en paix avec Dieu, et jetant son dédain aux victimes.

La Providence permet que nous ayons de tels spectacles pour que nous ne nous endormions jamais dans une sécurité trompeuse. L'homme aspire à la paix, mais la paix n'est pas la condition de cette vie ; elle en est la récompense. Cette vie est une lutte. Pareil à un pilote sur une mer entourée d'écueils, nous devons veiller et trembler, et jeter sans cesse les yeux autour de nous pour apercevoir et prévenir le péril. En nous donnant la liberté, Dieu nous a rendus maîtres de nous-mêmes, à nos risques. Il ne nous a pas donné le droit d'abdiquer. Il nous promet une récompense, la vie à venir ; il nous donne une étoile, la conscience morale ; il nous soumet à une loi, la dure et glorieuse loi du travail et de la lutte.

Acceptons la liberté dans ces conditions, et au lieu de la répudier lâchement, exerçons-la en hommes.

JULES SIMON.

1. *La casuistique* se propose de régler à l'avance tous les actes de la vie, tous les *cas* de conscience qui peuvent se

produire. Sous couleur de morale exacte et raffinée, elle devient facilement le contraire de la morale. Elle substitue à la voix de la conscience des ordres extérieurs, une direction étrangère, parlée ou écrite ; elle enlève à la morale ce qui en fait le véritable caractère, la spontanéité, l'intention, la sincérité, la liberté. Nous pouvons demander à autrui des conseils, des leçons même ; mais c'est toujours à la conscience à contrôler et à décider en dernier ressort ; elle ne peut, sous aucun prétexte, rejeter sur qui que ce soit la responsabilité de ses décisions.

59. La morale de l'histoire.

L'histoire a aussi sa morale écrite en caractères éclatants dans les exemples de ses grands hommes et de ses grands peuples. Et si ce genre d'enseignement n'est pas toujours le plus sûr, il est le plus puissant sur l'imagination des foules. Le meilleur des livres pour l'âme populaire, c'est une vie pure, simple ou héroïque. Or, l'histoire abonde en pareilles leçons ; si le moraliste a lieu de s'affliger des fréquents et cruels démentis donnés par les événements aux principes les plus évidents de la conscience humaine, du moins il trouve, dans ce contraste de la grandeur des personnes et de la misère des choses, la vivante démonstration de ces principes éternels.

Mais que sont de tels enseignements à côté des révélations de la conscience ? Où est le pur, l'idéal, l'absolu en fait de principes et de vertus ? Rarement dans la vie, toujours dans la conscience de l'homme. Qu'est-ce que cette moralité historique que l'historien nous propose pour modèle, sinon un mélange de bien et de mal, de vertu et de passion, dans lequel le principe moral domine assez pour imposer à l'âme humaine certaines actions d'éclat qui commandent l'admiration de la postérité.

C'est ce qui fait le vice radical de toute morale qui fonde la règle de nos actions sur l'exemple, au lieu de l'appuyer sur l'idée. La pureté de l'idée n'est pas douteuse ; il n'y a qu'à regarder dans la conscience pour l'y voir briller de tout son éclat. La pureté de l'exemple n'est jamais évidente, alors même qu'elle aurait pour garant la vertu d'un Socrate ou d'un Marc-Aurèle. Les sages, les héros, les saints de l'historien sont les seuls, après Dieu, qui puissent juger ce qui se passe au fond de leur conscience ; le reste de l'humanité, y compris les moralistes les plus sages, ne voit que des apparences. Et encore est-il vrai d'ajouter que dans ses révélations intimes et directes de la conscience individuelle, ni le moraliste, ni l'historien, ne pourraient deviner la moralité intérieure des actions qui font partie du domaine de l'histoire. Car c'est le propre de la vertu d'être invisible, même dans l'histoire, à tout autre œil que celui de la conscience.

VACHEROT.

LIVRE III

L'INDIVIDU

SES DEVOIRS ENVERS LUI-MÊME — SES QUALITÉS ET SES
DÉFAUTS — SES VERTUS ET SES VICES
LA VIE INTIME

---

60. **L'apprentissage de la vertu.**

Ce fut en 1728 que je conçus le difficile projet d'arriver à la perfection morale. Je désirais vivre sans commettre aucune faute et me défendre de toutes celles auxquelles une disposition naturelle, les habitudes, ou la société auraient pu m'entraîner. Comme je savais, ou du moins croyais savoir ce qui était bien ou mal, je ne voyais pas pourquoi je ne pourrais pas toujours faire l'un et éviter l'autre. Mais je constatai bientôt que j'avais entrepris une tâche plus difficile que je ne l'avais imaginé. Pendant que je mettais toute mon attention à éviter une faute, je tombais souvent dans une autre. L'habitude profitait de l'inattention, et le penchant était quelquefois plus fort que la raison. J'en conclus que la conviction spéculative qu'il est de notre intérêt d'être absolument vertueux, ne suffit pas pour nous empêcher de faire un faux pas; qu'il faut perdre les mauvaises habitudes et en acquérir de bonnes avant de pouvoir compter sur une rectitude uniforme de conduite. Pour y arriver, j'essayai la méthode suivante.

Je réunis sous douze noms de vertus ce qui, à cette époque, me paraissait nécessaire ou désirable, et j'ajoutai à chaque nom un court précepte destiné à exprimer l'étendue que je donnais à leur signification.

Voici quels étaient ces noms de vertus, avec les préceptes qui y étaient joints :

1° *Tempérance.* — Ne mange pas jusqu'à t'alourdir. Ne bois pas jusqu'à t'échauffer la tête.

2° *Silence.* — Ne parle que de ce qui peut être utile à toi ou aux autres. Évite les conversations oiseuses.

3° *Ordre.* — Que chaque chose ait sa place. Assigne à chacune de tes affaires une part de ton temps.

4° *Résolution.* — Forme la résolution d'exécuter ce qu'il est de ton devoir de faire, et exécute ce que tu as résolu.

5° *Économie.* — Ne fais que des dépenses utiles pour toi et les autres. C'est-à-dire ne prodigue rien.

6° *Travail.* — Ne perds pas de temps. Fais toujours quelque chose d'utile. Retranche toute occupation qui ne sert à rien.

7° *Sincérité.* — N'use d'aucun détour. Que tes pensées soient bonnes, et si tu parles, parle comme tu penses.

8° *Justice.* — Ne fais de tort à personne et ne néglige pas de faire le bien auquel le devoir t'oblige.

9° *Modération.* — Évite les extrêmes ; n'aie pas pour les injures le ressentiment que tu crois qu'elles méritent.

10° *Propreté.* — Ne souffre aucune malpropreté sur toi, sur tes vêtements, dans ta demeure.

11° *Tranquillité.* — Ne te laisse pas troubler par des batagelles et par des accidents ordinaires et inévitables.

12° *Humilité.* — Imite Jésus et Socrate.

Mon intention étant d'acquérir l'habitude de toutes ces vertus, je jugeai qu'il serait mieux de ne pas distraire mon attention en la portant sur toutes à la fois, mais de la fixer d'abord sur une seule, et quand j'en serais maître, de passer à une autre, et ainsi de suite, jusqu'à ce que j'eusse passé les douze en revue; et comme la pratique de quelques-unes pouvait me faciliter d'acquérir les autres, je les arrangeai dans ce but, suivant l'ordre indiqué ci-dessus.

Il est peut-être bon que nos descendants sachant que leur ancêtre a dû à ce petit expédient le bonheur constant de la vie jusqu'à la soixante-dix-neuvième année, pendant laquelle il écrit ces pages. Il attribue à la *tempérance* sa constante bonne santé et ce qui lui reste d'une robuste constitution; au *travail* et à l'*économie*, l'aisance dont il a joui de bonne heure, la fortune qu'il a acquise, ainsi que les connaissances qui lui ont permis d'être un citoyen utile et d'obtenir quelque réputation; à la *sincérité* et à la *justice*, la confiance de son pays et les emplois honorables dont on l'a chargé; enfin, à l'influence réunie de toutes ces vertus, même à l'état imparfait où il a pu les acquérir, cette égalité de caractère et cette gaieté de conversation, qui font encore rechercher sa compagnie et la rendent agréable même à ses jeunes amis.

B. FRANKLIN.

61. Le respect de soi-même.

Considérons ce qu'est l'homme, ce qu'il y a d'étendue et de vigueur dans sa pensée, ce qu'il y a dans son cœur de tendresse et d'énergie, et dans sa volonté de fermeté et de ressort : profaner, avilir, ou seulement négliger de tels dons, n'est-ce pas un sacrilège? Considérons notre destinée : n'est-ce pas nous en rendre à la fois indignes et incapables, que de perdre d'abord le respect de nous-mêmes?

Le soldat qui n'a pas soin d'entretenir ses membres dans un état de santé, de souplesse et de vigueur, ne peut supporter les fatigues d'une campagne; l'orateur qui n'aura pas étudié les ressources de son art, qui ne se sera pas exercé à manier la parole, restera court devant le tribunal; dans toutes les professions de la vie on se prépare à l'action par l'étude et par l'exercice : nous devons donc à Dieu, à la société et à nous-mêmes de faire de constants efforts pour nous mettre en mesure de bien remplir le métier d'hommes auxquel nous sommes destinés.

Que rien de ce qui est utile à l'accomplissement de nos devoirs ne périsse en nous faute de soins. Si Dieu nous a donné quelque connaissance spéciale, notre devoir n'en est que plus étroit. Celui qui a reçu du talent est obligé de l'entretenir et de le développer pour le bonheur ou le progrès de l'humanité. Honorons en nous la tâche, humble ou grande, qui nous a été imposée, et la force, quelle qu'elle soit, qui nous a été départie pour accomplir cette tâche. Sachons respecter tout ce qui est dans l'ordre, et commençons, par le respect de nous-mêmes, à apprendre le respect.

JULES SIMON.

62. Penser par soi-même.

Penser par soi-même est fort rare en France dans le monde... Il y a deux manières de ne pas penser par soi-même : c'est de répéter ce que disent les autres, ou bien aussi c'est de vouloir se faire un genre à part en disant tout le contraire des autres. Après le calque, il n'y a rien de plus aisé que le contre-pied.

Penser pour soi et pour ses amis, sans prétention à s'afficher; vouloir se former des idées justes sur les choses essentielles; étudier, oser sentir et dire, est une marque de distinction dans une nature.

SAINTE-BEUVE.

63. L'étude des sciences.

Vous tous, jeunes gens, qui arrivez dans la carrière des sciences en y apportant l'ardeur vive et pure de votre âge, ne laissez jamais éteindre en vous ces nobles sentiments, par les intérêts de vanité ou de fortune qui occupent et agitent le plus grand nombre des hommes de nos jours. Que le développement de votre intelligence soit votre unique but.

Appliquez-vous d'abord à exercer, assouplir, perfectionner les ressorts de votre esprit par l'étude des lettres. N'écoutez pas ceux qui les dédaignent. On n'a jamais eu lieu de s'apercevoir qu'ils fussent plus savants pour être moins lettrés. Elles seules pourront vous apprendre les délicatesses de la pensée, les nuances du style, vous donner la pleine compréhension des idées que vous aurez conçues, et vous enseigner l'art de les exprimer clairement par des termes propres.

Ainsi préparés, votre initiation aux premiers mystères des sciences deviendra facile. En vous y présentant, fortifiez surtout votre esprit par l'étude des plus abstraites, qui sont le principe logique de toutes les autres. Quand vous aurez goûté les prémices des jouissances que chacune donne, choisissez celle qui vous plait, qui vous attire, et attachez-vous à la cultiver. Si l'attrait devient une passion, abandonnez-vous au charme qui vous entraîne; et lorsque votre persévérance vous aura mérité d'entrer dans le sanctuaire de cette science préférée, à la suite des grands hommes qui nous l'ont ouvert, dévouez-vous tout entier à son culte, d'un constant amour.

Efforcez-vous d'arracher ses secrets à la nature par de longs travaux, suivis avec une invariable patience, dans la solitude, ne laissant distraire votre esprit que par les affections paisibles qui peuvent le soutenir, et par les études accessoires qui peuvent l'orner, ou l'étendre.

Ne donnez aux besoins matériels que la portion de temps et de travail indispensable pour y pourvoir; vous résignant à être pauvres, jusqu'à ce que vos travaux, vos découvertes aient attiré sur vous les justes récompenses que nos institutions publiques, enrichies par les bienfaits de quelques âmes généreuses, tiennent toujours prêtes pour le mérite laborieux. A ces titres, le nécessaire de chaque jour vous sera bientôt assuré; et si vous avez le courage de borner là vos souhaits, vous pourrez continuer à vivre pour la science, dans la jouissance de vous-mêmes, sans inquiétude de l'avenir[1].

BIOT.

[1]. Cette page est extraite du discours de réception à l'Académie française de M. Biot, déjà membre de l'Académie des sciences. Ces paroles s'adressent plus particulièrement aux jeunes gens qui se destinent à la carrière scientifique, mais elles peuvent être de profit pour tous. Il est bon de cultiver et de développer son esprit par l'étude des sciences et par celle des lettres, qu'il ne faut pas séparer; il est bon d'aimer le savoir pour lui-même, et non pas seulement pour les applications qu'on en peut faire ou le gain qu'on en peut tirer. Ceux mêmes dont la vie ne peut être consacrée exclusivement à l'étude ne doivent jamais l'abandonner entièrement, car elle leur réserve, même dans la limite restreinte où ils pourront s'y livrer, des joies et des progrès d'un prix inestimable.

64. Le dévouement à la science.

Si, comme je me plais à le croire, l'intérêt de la science est compté au nombre des grands intérêts nationaux, j'ai donné à mon pays tout ce que lui donne le soldat mutilé sur le champ de bataille. Quelle que soit la destinée de mes travaux, cet exemple, je l'espère, ne sera pas perdu. Je voudrais qu'il servît à combattre l'espèce d'affaissement moral, qui est la maladie de la génération nouvelle; qu'il pût ramener dans le droit chemin de la vie quelqu'une de ces âmes énervées qui se plaignent de manquer de foi, qui ne savent où se prendre, et vont cherchant partout un objet de culte et de dévouement. Pourquoi se dire avec amertume que, dans le monde constitué comme il est, il n'y a pas d'air pour toutes les poitrines, pas d'emploi pour toutes les intelligences? L'étude sérieuse et calme n'est-elle pas là; et n'y a-t-il pas en elle un refuge, une espérance, une carrière à la portée de chacun de nous? Avec elle on traverse les mauvais jours sans en sentir le poids; on se fait à soi-même sa destinée; on use noblement sa vie.

Il y a au monde quelque chose qui vaut mieux que les jouissances matérielles, mieux que la fortune, mieux que la santé elle-même, c'est le dévouement à la science[1].

AUGUSTIN THIERRY.

1. On sait qu'Augustin Thierry, le célèbre historien des temps mérovingiens et de la conquête de l'Angleterre par les Normands, était devenu aveugle et paralytique; il n'en continua pas moins ses travaux, et il a laissé tout ensemble des ouvrages et un exemple qui ne périront point.

65. La lecture.

C'est chose facile que de lire; mais le difficile, c'est de réfléchir. Nous ne pouvons nous approprier les idées des autres que par la réflexion, qui en fait une partie de nous-mêmes...

Il faut que je me corrige de l'habitude que j'ai prise de lire mille choses frivoles; car elles détruisent les forces de l'esprit et nous dégoûtent de toute étude sérieuse. L'ordre et la régularité me sont essentiels, et quand j'ai arrêté un plan d'études, je dois me soumettre à bien des épreuves avant de m'en départir.

Je désire atteindre à la clarté des idées. Je devrais m'appliquer à séparer dans chaque étude ce qui lui est étranger, et à placer mon sujet dans le jour le plus saisissant. Lorsque j'aurai mis mes livres de côté, il faut que j'essaie de me débarrasser l'esprit de mes études, pour le laisser jouir avec une calme liberté de la contemplation des choses extérieures.

Il est toujours mieux de réfléchir par soi-même sur un sujet avant de recourir à ce qu'ont pensé les autres; on arrive ainsi à découvrir des vérités qui nous auraient échappé si nous avions d'abord emprunté à autrui une manière particulière d'envisager notre sujet.

Nos principes ne doivent dépendre ni de l'éducation ni de l'habitude. Je veux observer par moi-même, avant de rechercher les observations qui ont été faites avant moi. On détruit toute pensée originale, en apprenant toujours des autres comment et ce qu'on doit penser. La force d'esprit de ceux mêmes qui nous sont supérieurs doit aider notre faiblesse, et non nous empêcher d'exercer nos facultés. C'est par cette foi aveugle dans les livres que les erreurs aussi bien que les vérités se transmettent de génération en génération. Les sources spontanées de la pensée sont alors taries, et l'esprit est inondé par des idées qui lui sont étrangères.

Ne dépendre que de soi-même est la voie qui conduit à la vérité. On pourra avoir une moindre quantité de connaissances, mais la qualité sera supérieure.

CHANNING.

---

66. Les livres.

Nous aimons les livres pour eux-mêmes, pour les trésors qu'ils renferment, pour le bien qu'ils nous font, pour les connaissances qu'ils nous donnent, pour les joies qu'ils nous apportent, pour les mondes qu'ils nous révèlent. Tout est en eux. Ils nous civilisent, ils nous moralisent; ils nous font connaître la nature, à côté de laquelle nous passerions indifférents, s'ils n'attiraient incessamment notre attention sur ses merveilles; ils nous ouvrent les espaces célestes en abaissant à notre portée les étonnantes découvertes des astronomes; ils nous introduisent dans les profondeurs mêmes du sol et déplient devant nous ces couches tourmentées que les révolutions géologiques ont jetées les unes parmi les autres à des milliers de siècles de distance; ils nous font parcourir agréablement, sûrement et à peu de frais, toutes les contrées du globe, amènent devant nos yeux tous ses habitants et nous apprennent à reconnaître dans tous les hommes des frères semblables à nous; ils nous conservent la mémoire des générations écoulées, unissent par un fil d'or les pères aux enfants et les époques les plus lointaines à celle qui nous voit passer aujourd'hui; ils dressent pour toutes les actions des hommes le tribunal suprême de la postérité, et, après bien des vicissitudes, glorifient les martyrs, flétrissent les tyrans, proclament les arrêts de la justice éternelle.

Que dis-je? ils imaginent même des mondes qui ne sont pas, dont le vulgaire dit qu'ils ne sont pas, des mondes flottants dans l'infini de la fiction, et qui s'appellent épopée, drame, comédie, poésie, roman.

Livres, livres, c'est à vous que nous les devons, ces mondes enchantés qui nous consolent si souvent de celui où tant de pierres heurtent nos pieds! C'est vous encore, livres aimés, qui nous parlez si éloquemment de la conscience, de la raison, du cœur de l'homme où Dieu habite, et qui, plus intimes avec nous que nous-mêmes, nous conduisez comme par la main dans tous les replis de nos âmes!

Comme je comprends bien le chanoine de Saint-Denis, Pierre de Riga, qui écrivait sur la porte de sa bibliothèque : *Aurora!* Entrer là, ouvrir ces volumes, c'est chasser les ténèbres, c'est voir le jour se lever. Les Égyptiens avaient mis au fronton de la leur : *Trésor des remèdes de l'âme*, et ce n'était pas une inscription téméraire. Dans les jours paisibles, il fait bon s'y recueillir, se sentir entouré de ses vrais amis, de tous ces grands écrivains, honneur et élite de l'humanité, qui sont là, tout près de vous, avec ce qu'ils ont de meilleur, avec la fleur la plus brillante et le fruit le plus savoureux de leur génie. Dans les jours troublés, on voudrait y revenir, on y pense, on se dit avec Cicéron : Le bonheur, c'est une bibliothèque dans le silence d'un jardin ; comme lui, on fait ce rêve : Un bon petit coin avec un bon petit livre ; — *In angulo cum libello.*

* * *

67. Les lectures frivoles.

Il me paraît par votre lettre que vous portez un peu d'envie à mademoiselle de la Chapelle, de ce qu'elle a lu plus de comédies et plus de romans que vous. Je vous dirai avec la sincérité avec laquelle je suis obligé de vous parler que j'ai un extrême chagrin que vous fassiez tant de cas de toutes ces niaiseries[1], qui ne doivent servir tout au plus qu'à délasser quelquefois l'esprit, mais qui ne devraient point vous tenir autant à cœur qu'elles font.

Vous êtes engagé dans des études très sérieuses, qui doivent attirer votre principale attention ; et pendant que vous y êtes engagé et que nous payons des maîtres pour vous en instruire, vous devez éviter tout ce qui peut dissiper votre esprit et vous détourner de votre étude...

Je ne dis pas que vous ne lisiez quelquefois des choses qui puissent vous divertir l'esprit, et vous voyez que je vous ai mis moi-même entre les mains assez de livres français capables de vous amuser ; mais je serais inconsolable si ces sortes de livres vous inspiraient du dégoût pour des lectures plus utiles, et surtout pour les livres de piété et de morale, dont vous ne parlez jamais, et pour lesquels il semble que vous n'ayez plus aucun goût, quoique vous soyez témoin du véritable plaisir que j'y prends, préférablement à tout autre chose. Croyez-moi, quand vous saurez parler de comédies et de romans, vous n'en serez guère plus avancé pour le monde, et ce ne sera point par cet endroit que vous serez le plus estimé.

Vous jugez bien que je ne cherche pas à vous chagriner, et que je n'ai d'autre dessein que de contribuer à vous rendre l'esprit solide et à vous mettre en état de ne me point faire de déshonneur quand vous viendrez à paraître dans le monde.... Ne regardez point tout ce que je vous dis comme une réprimande, mais comme les avis d'un père qui vous aime tendrement, et qui ne songe qu'à vous donner des marques de son amitié².

RACINE.

1. *Niaiseries*. Le mot est dur, mais il est juste, sinon pour tous, au moins pour quelques-uns des livres dont il s'agit; et ce n'est pas seulement à des ouvrages du temps de Racine qu'il peut s'appliquer.

2. Le jeune homme auquel Racine adressait cette lettre, au mois d'octobre 1694, était son fils aîné, Jean-Baptiste, qui n'a jamais rien publié, et non pas Louis, l'auteur d'un mémoire sur Racine et d'un poème sur l'Amour de Dieu. Jean-Baptiste avait alors seize ans et faisait ses études à Paris, sous la direction de Rollin. Les conseils de Racine sont aussi utiles aujourd'hui qu'alors. Les lectures frivoles ne sont jamais recommandables; elles dissipent l'esprit et gaspillent le temps; tout au plus peuvent-elles quelquefois servir de délassement, moins qu'une promenade au grand air. Mais elles sont surtout funestes à l'âge des études, où le temps est si précieux et où il s'agit d'éclairer et de discipliner l'esprit par de bonnes et fortes lectures. Le motif que donne Racine d'éviter les lectures frivoles parce qu'elles ne servent guère à se présenter avantageusement dans le monde était à la portée de son jeune fils; ce n'est pas le seul ni le meilleur.

68. L'imagination mal réglée.

Les filles mal instruites et inappliquées ont une imagination toujours errante. Faute d'aliment solide leur curiosité se tourne en ardeur vers les objets vains et dangereux. Celles qui ont de l'esprit s'érigent souvent en précieuses, et lisent tous les livres qui peuvent nourrir leur vanité ; elles se passionnent pour des romans, pour des comédies, pour des récits d'aventures chimériques. Elles se rendent l'esprit visionnaire et s'accoutument au langage magnifique des héros de romans ; elles se gâtent même pour le monde ; car tous ces beaux sentiments en l'air, toutes ces passions généreuses, toutes ces aventures que l'auteur du roman a inventées pour le plaisir, n'ont aucun rapport avec les vrais motifs qui font agir dans le monde, et qui décident des affaires, ni avec des mécomptes qu'on trouve dans tout ce qu'on entreprend.

Une pauvre fille pleine du tendre et du merveilleux qui l'ont charmée dans ses lectures, est étonnée de ne point trouver dans le monde de vrais personnages qui ressemblent à ses héros. Elle voudrait vivre comme ces êtres imaginaires qui sont dans les romans, toujours charmants, toujours adorés, toujours au-dessus de tous les besoins : quel dégoût pour elle de descendre de l'héroïsme jusqu'aux plus bas détails du ménage[1] !

FÉNELON.

1. Fénelon relève ici un des plus graves inconvénients des lectures frivoles et romanesques, que Racine n'avait pas cru devoir signaler à son fils. Elles troublent et égarent l'imagination de la jeunesse, et surtout des jeunes filles, plus accessibles à ce genre d'impressions ; elles affadissent l'esprit ; elles dégoûtent des réalités de la vie quotidienne et elles détournent du simple devoir.

---

69. La frivolité.

Elle est dans les objets, elle est dans les hommes. Les objets sont frivoles quand ils n'ont pas nécessairement rapport au bonheur et à la perfection de notre être. Les hommes sont frivoles quand ils s'occupent sérieusement des objets frivoles, ou quand ils traitent légèrement les objets sérieux. On est frivole parce qu'on n'a pas assez d'étendue et de justesse dans l'esprit pour mesurer le prix des choses, du temps et de son existence. On est frivole par vanité, lorsqu'on veut plaire dans le monde où on est emporté[1] par l'exemple et l'usage; lorsqu'on adopte par faiblesse les goûts et les idées du grand nombre; lorsqu'en imitant et en répétant on croit sentir et penser. On est frivole lorsqu'on est sans passions et sans vertus : alors pour se délivrer de l'ennui de chaque jour, on se livre chaque jour à quelque amusement qui cesse bientôt d'en être un ; on se recherche sur les fantaisies[2] ; on est avide de nouveaux objets, autour desquels l'esprit vole sans méditer, sans s'éclairer ; le cœur reste vide au milieu des spectacles, de la philosophie, des affaires, des beaux-arts, des magots[3], des soupers, des amusements, des faux devoirs, des dissertations, des bons mots, et quelquefois des belles actions. Si la frivolité pouvait exister longtemps avec de vrais talents et l'amour des vertus, elle détruirait l'un et l'autre ; l'homme honnête et sensé se trouverait précipité dans l'ineptie et la dépravation. Il y aura toujours pour tous les hommes un remède contre la frivolité : l'étude de leurs devoirs comme homme et comme citoyen.   DIDEROT.

1. *Où on est emporté*, c'est-à-dire entraîné.
2. *On se recherche sur les fantaisies*, on apporte de la recherche, du raffinement dans le choix des fantaisies.
3. *Des magots*, c'est-à-dire des « bibelots », des objets de cheminée ou d'étagère. Un magot est une espèce de singe. On a donné ce nom à des figures grotesques de porcelaine, de bois sculpté, etc., qui étaient fort à la mode au siècle dernier.

70. Le mérite frivole.

Un homme du monde est celui qui a beaucoup d'esprit inutile, qui sait dire des choses flatteuses qui ne flattent point, des choses sensées qui n'instruisent point; qui ne peut persuader personne quoiqu'il parle bien ; qui a de cette sorte d'éloquence qui sait créer ou embellir les bagatelles et qui anéantit les grands sujets ; aussi pénétrant sur le ridicule qu'aveugle et dédaigneux pour le mérite ; un homme riche en paroles et en extérieur ; qui, ne pouvant primer par le bon sens, s'efforce de paraître par la singularité ; qui, craignant de peser par la raison, pèse par son inconséquence et ses écarts ; plaisant sans gaîté, vif sans passions ; qui a besoin de changer sans cesse de lieux et d'objets, et ne peut suppléer par la variété de ses amusements le défaut de son propre fonds.

Si plusieurs personnes de son caractère se rencontrent ensemble, et qu'on ne puisse pas arranger une partie[1], ces hommes qui ont tant d'esprit, n'en ont pas assez pour soutenir une demi-heure de conversation, même avec des femmes, et ne pas s'ennuyer d'abord les uns des autres. Tous les faits, toutes les nouvelles, toutes les plaisanteries, toutes les réflexions sont épuisés en un moment ; celui qui n'est pas employé à un quadrille[2] ou à un quinze[3] est obligé de se tenir assis auprès de ceux qui jouent, pour ne pas se trouver vis-à-vis d'un autre homme qui est auprès du feu et auquel il n'a rien à dire. Tous ces gens aimables qui ont banni la raison de leurs discours font voir qu'on ne peut s'en passer ; le faux peut fournir quelques scènes qui piquent la surface de l'esprit, mais il n'y a que le vrai qui touche et ne s'efface jamais.

VAUVENARGUES.

1. *Arranger une partie* de jeu.
2. *Quadrille* n'est pas pris ici dans le sens de danse ; c'est un jeu de cartes qui se jouait à quatre personnes.
3. Le *quinze*, jeu de hasard où le gagnant est celui dont les cartes valent quinze points.

---

71. La fantaisie.

C'est une passion d'un moment, qui n'a sa source que dans l'imagination : elle promet à ceux qu'elle occupe, non un grand bien, mais une jouissance agréable : elle s'exagère moins le mérite que l'agrément de son objet ; elle en désire moins la possession que l'usage ; elle est contre l'ennui la ressource d'un instant : elle suspend les passions sans les détruire ; elle se mêle aux penchants d'habitude, et ne fait qu'en distraire. Quelquefois elle est l'effet de la passion même ; c'est une bulle d'eau qui s'élève sur la surface d'un liquide et qui retourne s'y confondre ; c'est une volonté d'enfant, et qui nous ramène pendant sa courte durée à l'imbécillité du premier âge.

Les hommes qui ont plus d'imagination que de bon sens sont esclaves de mille fantaisies ; elles naissent du désœuvrement, dans un état où la fortune a donné plus qu'il ne faut à la nature, où les désirs ont été satisfaits aussitôt que conçus : elles tyrannisent les hommes indécis sur le genre d'occupations, de devoirs, d'amusements, qui convient à leur état et à leur caractère : elles tyrannisent surtout les âmes faibles qui sentent par imitation[1].

Il y a des fantaisies de mode, qui pendant quelque temps sont les fantaisies de tout un peuple ; j'en ai vu de ce genre, d'extravagantes, d'utiles, de frivoles, d'héroïques, etc...

La fantaisie suspend la passsion par une volonté d'un moment, et le caprice interrompt le caractère[2]. Dans la fantaisie, on néglige les objets de ses passions et ses principes, et dans le caprice on les change. Les hommes sensibles et légers ont des fantaisies, les esprits de travers sont fertiles en caprices.

DIDEROT.

---

1. *Qui sentent par imitation*, c'est-à-dire qui n'ont pas de vues personnelles, de sentiments spontanés, de caractère propre, qui imitent leur entourage, non seulement dans ses manières ou son langage, mais même dans ses

impressions et ses idées, tant ils sont incapables d'en concevoir directement par eux-mêmes.

2. *Le caprice interrompt le caractère*, c'est-à-dire le modifie pour quelque temps. Un caprice peut donner momentanément de l'activité à un paresseux, de la douceur à un violent, de la sobriété à un gourmand, etc. Mais, le caprice passé, le naturel reprend le dessus.

---

72. Le maniaque.

Diphile commence par un oiseau et finit par mille : sa maison n'en est pas égayée, mais empestée : la cour, la salle, l'escalier, le vestibule, les chambres, le cabinet, tout est volière : ce n'est plus un ramage, c'est un vacarme ; les vents d'automne et les eaux dans leurs plus grandes crues ne font pas un bruit si perçant et si aigu : on ne s'entend non plus parler les uns les autres que dans ces chambres où il faut attendre pour faire les compliments d'entrée que les petits chiens aient aboyé. Ce n'est plus pour Diphile un agréable amusement, c'est une affaire laborieuse et à laquelle à peine il peut suffire. Il passe les jours, ces jours qui échappent et ne reviennent plus, à verser du grain et à nettoyer les ordures : il donne pension à un homme qui n'a point d'autre ministère que de siffler les serins au flageolet et de faire couver des canaris. Il est vrai que ce qu'il dépense d'un côté il l'épargne de l'autre, car ses enfants sont sans maître et sans éducation. Il se renferme le soir, fatigué de son propre plaisir, sans pouvoir jouir du moindre repos que ses oiseaux ne reposent, et que ce petit peuple, qu'il n'aime que parce qu'il chante, ne cesse de chanter. Il retrouve ses oiseaux dans son sommeil ; lui-même il est oiseau, il est huppé, il gazouille, il perche, il rêve la nuit qu'il mue ou qu'il couve[1].

LA BRUYÈRE.

1. Il s'agit ici d'un caprice qui dure, qui devient une manie. Le charmant tableau qu'en trace La Bruyère peut s'appliquer, en changeant les termes, à toutes les manies auxquelles s'abandonnent des esprits faibles et légers, qui ont besoin d'un amusement, d'un goût, d'une passion, et qui placent leurs désirs et leur activité dans des objets indignes d'un homme sérieux.

73. Le dilettantisme.

L'abus de la réflexion conduit au dilettantisme[1] ou à la vie purement spéculative[2]; dans les deux cas, la vie n'a plus de sens, parce qu'elle n'a plus de réalité ; dans les deux cas, l'homme se lasse d'évoquer des fantômes et de jouer avec des ombres et, tôt ou tard, de cette lassitude naissent le dégoût et la désespérance. Les dilettantes sont des gens curieux d'eux-mêmes, qui sans cesse s'arrêtent pour s'observer avec un intérêt mêlé d'indifférence. Ils ne s'abandonnent pas au courant de la vie qui nous emporte sans que nous y songions ; ils sont toujours attentifs, toujours présents à eux-mêmes. Ils assistent à la naissance et au développement de leurs sentiments, ils calculent les sentiments élémentaires qui les constituent. Ils ne veulent pas être dupes ; être heureux naïvement serait une duperie. Ils se donnent des émotions pour en jouir et ils en jouissent très froidement; ils jouent avec eux-mêmes, avec les autres, avec la nature. Ils flétrissent la joie rien qu'en la touchant. S'ils consentent à aimer, ils savent par combien de raisons ils y sont déterminés, ils ont compté combien de plaisirs ils peuvent espérer de leur amour, et ils n'éprouveront que les plaisirs qu'ils ont prévus. Ils sont les délicats, les raffinés, les impassibles; ils apprennent à sourire[3]...

Ce n'est là qu'une maladie, une infirmité, ridicule, parce qu'elle s'étale avec l'insolence d'une supériorité, d'une distinction ! On prétend être sorti de la nature, on y reste. Qu'est-ce donc que cette surveillance continue de soi-même qui tient la pensée toujours en éveil ? Cette suppression habile des sentiments désintéressés ? Cette possession de soi qui permet toujours la prudence ? La vie a quelque chose de mystérieux : elle ressemble à une grande bataille dont nous ignorons l'issue ; nos sentiments nous poussent ici et là, c'est le poste et nous y combattons. Qu'est-ce donc que cette ironie toujours en garde contre les sentiments qui s'éveillent, sinon l'art de se soustraire au danger, aux devoirs gênants ? et qu'est-ce que cet art de prendre le plaisir, en laissant ses conditions douloureuses, sinon la forme la plus raffinée de l'égoïsme ?

La nature n'a pas perdu ses droits ; l'orgueil est un sentiment tout comme la peur. C'était bien la peine de prendre de grands airs pour parler des instincts de la foule ! Cet égoïsme timide et réfléchi se châtie lui-même. La vie est un acte de confiance, un acte de foi. L'analyse décompose nos sentiments, ne nous laisse que des éléments en dissolution. Si la curiosité peut distraire d'abord de cette absurdité, de cette vanité des choses, la curiosité satisfaite, ne faut-il pas désespérer ? L'ironie est un effort, l'effort de la réflexion contre la vie, un effort négatif et stérile, quelque chose d'étrange et de contradictoire comme le suicide.

G. SÉAILLES.

1. *Dilettante* est un mot italien qui signifiait primitivement amateur de musique; il a pris le sens général d'« amateur ». Un amateur est un homme qui a du goût pour un art ou une science quelconque, mais qui n'en fait pas sa profession, l'objet sérieux ou unique de son travail : c'est pour lui un amusement, un accessoire, une pure distraction. Il y a des gens qui traitent la vie en amateurs, qui s'amusent à la regarder comme un spectacle, qui s'observent eux-mêmes et les autres par pure curiosité. Ceux-là sont des *dilettantes*, au fond, de simples égoïstes. Et leur calcul les trompe. Ils se figurent qu'ils seront heureux en ne prenant de la vie que la surface et les apparences; ils

finissent par s'ennuyer de tout et d'eux-mêmes. Le spectacle auquel ils assistent les dégoûte. La vie ne vaut que par les émotions qu'elle nous procure et les devoirs qu'elle nous impose.

2. *La vie purement spéculative*, c'est-à-dire purement de théorie et d'observation, par opposition à la vie active.

3. *Ils apprennent à sourire;* sourire est, pour eux, non un mouvement naturel de satisfaction, mais une science qu'il faut apprendre, tant ils se piquent de n'être touchés par rien et de ne connaître aucune émotion, ni agréable ni pénible. Ce qui en ferait rire ou pleurer d'autres les fait sourire, tout au plus. C'est une attitude de blasés et de vaniteux.

74. La sottise dédaigneuse.

En tout pays, la supériorité d'esprit et d'âme est fort rare, et c'est par cela même qu'elle conserve le nom de supériorité ; ainsi donc, pour juger du caractère d'une nation, c'est la masse commune qu'il faut examiner.

On peut s'amuser avec un Français, même lorsqu'il manque d'esprit. Il vous raconte tout ce qu'il a fait, tout ce qu'il a vu, le bien qu'il pense de lui, les éloges qu'il a reçus, les grands seigneurs qu'il connaît, les succès qu'il espère. Un Allemand, s'il ne pense pas, ne peut rien dire, et s'embarrasse dans des formes qu'il voudrait rendre polies, et qui mettent mal à l'aise les autres et lui. La sottise, en France, est animée, mais dédaigneuse. Elle se vante de ne pas comprendre, pour peu qu'on exige d'elle quelque attention, et croit nuire à ce qu'elle n'entend pas, en affirmant que c'est obscur. L'opinion du pays[1] étant que le succès décide de tout, les sots mêmes, en qualité de spectateurs, croient influer sur le mérite intrinsèque[2] des choses en ne les applaudissant pas, et se donner ainsi plus d'importance.

En France, c'est par les manières qu'on fait illusion sur ce qu'on vaut. Ces manières sont agréables, mais uniformes, et la discipline[3] achève de leur ôter ce qu'elles pourraient avoir de varié.

Un homme d'esprit me racontait qu'un soir, dans un bal masqué, il passa devant une glace, et que, ne sachant comment se distinguer lui-même, au milieu de tous ceux qui portaient un domino pareil au sien, il se fit un signe de tête pour se reconnaître. On en peut dire autant de la parure que l'esprit revêt dans le monde : on se confond presque avec les autres, tant le caractère véritable de chacun se montre peu ! La sottise se trouve bien de cette confusion, et voudrait en profiter pour contester le vrai mérite. La bêtise et la sottise diffèrent essentiellement en ceci, que les bêtes[4] se soumettent volontiers à la nature, et que les sots se flattent toujours de dominer la société[5]. Madame DE STAEL.

1. *L'opinion du pays*, c'est un peu celle de tous les pays et de tous les temps. « Rien ne réussit comme le succès, » dit-on; et l'on a en effet toujours vu la plupart des gens se ranger du côté des hommes et des choses qui réussissent, sans se demander quelle en est la valeur réelle.

2. *Intrinsèque*, intérieur, le mérite réel.

3. *La discipline*, c'est-à-dire la mode, qui passe tout sous son niveau et à laquelle tous obéissent aveuglément.

4. *Les bêtes*. Ce mot paraît pris dans le double sens d'animaux et d'esprits simples.

5. Ce passage est tiré du livre de madame de Staël sur l'Allemagne. De là cette comparaison entre Français et Allemands.

---

75. L'ennui.

L'ennui ne se trouve que dans le dérangement et dans une vie d'agitation, où jamais rien n'est à sa place. C'est en vivant au hasard que nous nous sommes à charge à nous-mêmes; que nous cherchons toujours de nouvelles occupations, et que le dégoût nous fait bientôt repentir de les avoir cherchées; que nous changeons sans cesse de situation pour nous fuir, et que nous nous portons partout nous-mêmes; en un mot, que toute notre vie n'est qu'un art diversifié pour éviter l'ennui, et un talent malheureux pour le trouver.

Partout où n'est pas l'ordre, il faut nécessairement que se trouve l'ennui ; et loin qu'une vie de dérangement et d'agitation en soit le remède, elle en est, au contraire, la source la plus féconde et la plus universelle. MASSILLON.

76. La mollesse.

(*Lettre à un jeune officier*).

Ce que vous avez le plus à craindre, monsieur, c'est la mollesse et l'amusement. Ces deux défauts sont capables de jeter dans le plus affreux désordre les personnes même les plus résolues à pratiquer la vertu, et les plus remplies d'horreur pour le vice. La mollesse est une langueur de l'âme, qui l'engourdit et lui ôte toute vie pour le bien : mais c'est une langueur traîtresse, qui la passionne secrètement pour le mal, et qui cache sous la cendre un feu toujours prêt à tout embraser. Il faut donc une foi mâle et vigoureuse, qui gourmande cette mollesse sans l'écouter jamais. Sitôt qu'on l'écoute et qu'on marchande avec elle, on est perdu...

Un homme mou et amusé ne peut jamais être qu'un pauvre homme ; et s'il se trouve dans de grandes places, il n'y sera que pour s'y déshonorer. La mollesse ôte à l'homme tout ce qui peut faire les qualités éclatantes. Un homme mou n'est pas un homme, c'est une demi-femme. L'amour de ses commodités l'entraîne toujours, malgré ses plus grands intérêts. Il ne saurait cultiver ses talents, ni acquérir les connaissances nécessaires à sa profession, ni s'assujettir de suite au travail dans les fonctions pénibles, ni se contraindre longtemps pour s'accommoder au goût et à l'humeur d'autrui, ni s'appliquer courageusement à se corriger.

C'est le paresseux de l'Écriture[1], qui veut et ne

veut pas ; qui veut de loin ce qu'il faut vouloir, mais à qui les mains tombent de langueur, dès qu'il regarde le travail de près. Que faire d'un tel homme ? Il n'est bon à rien. Les affaires l'ennuient, la lecture sérieuse le fatigue, le service de l'armée trouble ses plaisirs, l'assiduité même de la cour le gêne [2]. Il faudrait lui faire passer sa vie sur un lit de repos. Travaille-t-il, les moments lui paraissent des heures. S'amuse-t-il, les heures ne lui paraissent plus que des moments. Tout son temps lui échappe, il ne sait ce qu'il en fait ; il le laisse couler comme l'eau sous les ponts. Demandez-lui ce qu'il a fait de sa matinée : il n'en sait rien, car il a vécu sans songer qu'il vivait ; il a dormi le plus tard qu'il a pu, s'est habillé fort lentement, a parlé au premier venu, a fait plusieurs tours dans sa chambre, a entendu nonchalamment la messe. Le dîner est venu ; l'après-dîner se passera comme le matin, et toute sa vie comme cette journée. Encore une fois, un tel homme n'est bon à rien. Il ne faudrait que de l'orgueil pour ne se pouvoir supporter soi-même dans un état si indigne d'un homme. Le seul honneur du monde[3] suffit pour faire crever l'orgueil de dépit et de rage, quand on se voit si imbécile.

Souvenez-vous, monsieur, que la mollesse énerve tout, qu'elle affadit tout, qu'elle ôte leur sève et leur force à toutes les vertus et à toutes les qualités de l'âme, même suivant le monde. Un homme livré à sa mollesse est un homme faible et petit en tout...

FÉNELON.

1. *Le paresseux de l'Écriture.* Proverbes, XIII, 4.
2. *L'assiduité de la cour.* Louis XIV avait attiré auprès de lui, à Versailles, toute la noblesse de marque, et c'était l'un des principaux offices des seigneurs de vivre à la cour où une étiquette sévère réglait leurs journées.
3. *Le seul honneur du monde,* c'est-à-dire, indépendamment de tous les motifs élevés, d'ordre religieux ou moral,

le seul sentiment de l'honneur, tel qu'on comprend dans le monde, devrait faire rougir d'une vie si molle et si nulle. L'orgueil lui-même devrait suffire à en corriger.

77. Le dérèglement.

Nous regardons le dérèglement[1] comme une destinée de l'âge ; nous pardonnons le vice aux premières mœurs. Il semble qu'il y a une saison pour les passions, et que la régularité et la pudeur ne deviennent une vertu, que lorsqu'un âge plus avancé nous en fait une nécessité, ou du moins une bienséance.

On dit tous les jours qu'il faut passer quelque chose à l'âge[2] : la saison des périls est-elle donc celle où il faut le moins les craindre? Les passions plus vives nous autorisent-elles à moins fuir tout ce qui les nourrit et les allume?

D'ailleurs, nos passions finissent-elles avec la jeunesse? Les premiers dérèglements ne laissent-ils pas un fond de faiblesse, qui semble se fortifier avec les années et la fragilité d'une vieillesse criminelle n'est-elle pas presque toujours le fruit et la punition de la licence des premières mœurs[3]?

Il y a dans la volupté je ne sais quoi de si opposé à l'existence de la raison, à la dignité de notre nature, qui fait qu'on se reproche sans cesse à soi-même sa propre faiblesse, et qu'on rougit en secret de ne pouvoir secouer le joug qui nous accable : tel est le caractère de ce vice, de laisser dans le cœur un fond de tristesse qui le mine, qui le suit partout, qui répand une amertume secrète sur tous ses plaisirs.

Le charme fuit et s'envole, la conscience ne peut plus se fuir elle-même ; on se lasse de ses troubles, et on n'a pas la force de les fuir ; on se dégoûte de soi-même, et on n'ose changer ; on voudrait pouvoir fuir son propre cœur, et on se retrouve partout.

Les plaisirs que l'on goûte ne sont que des instants rapides et fugitifs ; les remords cruels forment comme l'état durable et le fond de toute la vie criminelle.

MASSILLON.

1. *Le dérèglement*, le désordre des mœurs.
2. *L'âge*, la jeunesse.
3. *Les premières mœurs*, les mœurs des jeunes gens.

---

78. Du courage.

Le vrai courage est une des qualités qui supposent le plus de grandeur d'âme. J'en remarque de beaucoup de sortes : un courage contre la fortune, qui est philosophie ; un courage contre les misères, qui est patience ; un courage à la guerre, qui est valeur ; un courage dans les entreprises, qui est hardiesse ; un courage fier et téméraire, qui est audace ; un courage contre l'injustice, qui est fermeté ; un courage contre le vice, qui est sévérité ; un courage de réflexion, de tempérament, etc.

Il n'est pas ordinaire qu'un même homme assemble tant de qualités. Octave, dans le plan de sa fortune, élevée sur des précipices, bravait des périls éminents ; mais la mort, présente à la guerre, ébranlait son âme. Un nombre considérable de Romains qui n'avaient jamais craint la mort dans les batailles, manquaient de cet autre courage[1] qui soumit la terre à Auguste.

On ne trouve pas seulement plusieurs sortes de courages, mais dans le même courage bien des inégalités. Brutus, qui eut la hardiesse d'attaquer la fortune de César, n'eut pas la force de suivre la sienne[2] : il avait formé le dessein de détruire la tyrannie avec les ressources de son seul courage, et il eut la faiblesse de l'abandonner avec toutes les forces du peuple romain, faute de cette égalité de force et de sentiment qui surmonte les obstacles et la lenteur des succès.

VAUVENARGUES.

1. *Cet autre courage*, c'est celui qui brave les périls de la vie publique. Malheureusement, chez Auguste, ce courage n'a que trop souvent consisté à braver les lois de l'humanité pour satisfaire sa criminelle ambition.

2. *De suivre la sienne*, c'est-à-dire sa propre fortune, de poursuivre le succès de son entreprise, qui eût pu l'amener à préserver son pays de la tyrannie des successeurs de César; il lui a manqué le courage de la persévérance, au moment même où il pouvait avoir pour lui toutes les forces du peuple romain.

79. L'intrépidité.

L'intrépidité est une force extraordinaire de l'âme, qui l'élève au-dessus des troubles, des désordres et des émotions que la vue des grands périls pourrait exciter en elle ; et c'est par cette force que les héros se maintiennent en un état paisible, et conservent l'usage libre de leur raison dans les accidents les plus surprenants et les plus terribles.

L'intrépidité doit soutenir le cœur dans les conjurations[1], au lieu que la seule valeur lui fournit toute la fermeté qui lui est nécessaire dans les périls de la guerre.

Souvent entre l'homme intrépide et le furieux il n'est pas de différence visible que la cause qui les anime. Celui-ci, pour des biens frivoles, pour des honneurs chimériques qu'on achèterait encore trop cher par un simple désir, sacrifiera ses amusements, sa tranquillité, sa vie même. L'autre, au contraire, connaît le prix de son existence, les charmes du plaisir et la douceur du repos : il y renoncera cependant pour affronter les hasards, les souffrances et la mort même, si la justice et les devoirs l'ordonnent ; mais il n'y renoncera qu'à ce prix. La vertu lui est plus chère que sa vie, que ses plaisirs et son repos. Mais c'est le seul avantage qu'il préfère à tous ceux-là.

Un moyen propre à redoubler l'intrépidité, c'est d'être homme de bien. Votre conscience alors vous donne une sécurité sur le sort de l'autre vie ; vous en serez plus disposé à faire, s'il est besoin, le sacrifice de celle-ci. « Dans une bataille, dit Xénophon, ceux qui craignent le plus les Dieux sont ceux qui craignent le moins les hommes ».

Pour ne point redouter la mort, il faut avoir des mœurs bien pures, ou être un scélérat bien aveuglé par l'habitude du crime. Voilà deux moyens pour ne pas fuir le danger : choisissez.   DIDEROT.

1. *Dans les conjurations*, c'est-à-dire au milieu de délibérations qui exigent de la réflexion, de la prévoyance, une froide résolution, et qui offrent un péril prolongé, sans les enivrements de la bataille.

---

80. Fermeté et constance.

La fermeté est le courage de suivre ses desseins et sa raison ; et la constance est une persévérance dans ses goûts.

L'homme ferme résiste à la séduction, aux forces étrangères, à lui-même ; l'homme constant n'est point ému par de nouveaux objets, et il suit le même penchant qui l'entraîne toujours également. On peut être constant en condamnant soi-même sa constance ; celui-là seul est ferme que la crainte des disgrâces, de la douleur et de la mort même, l'espérance de la gloire, de la fortune ou des plaisirs, ne peuvent écarter du parti qu'il a jugé le plus raisonnable et le plus honnête.

Dans les difficultés et les obstacles, l'homme ferme est soutenu par son courage et conduit par sa raison ; il va toujours au même but ; l'homme constant est conduit par son cœur; il a toujours les mêmes besoins.

On peut être constant avec une âme pusillanime, un esprit borné; mais la fermeté ne peut être que dans un caractère plein de force, d'élévation et de raison. La légèreté et la facilité sont opposées à la constance; la fragilité et la faiblesse sont opposées à la fermeté.

DIDEROT.

81. La constance.

Je crois des hommes plus malaisément la constance que toute autre chose, et rien plus aisément que l'inconstance. En toute l'antiquité, il est malaisé de choisir une douzaine d'hommes qui aient dressé leur vie[1] à un certain et assuré train, qui est le principal but de la sagesse; car, pour la comprendre toute en un mot, dit un ancien, et pour embrasser en une toutes les règles de notre vie, c'est vouloir et ne vouloir pas toujours même chose[2]. « Je ne daignerais, » dit-il, ajouter : pourvu que la volonté soit juste; car si elle n'est juste, il est impossible qu'elle soit toujours une. » De vrai, j'ai autrefois appris que le vice n'est que dérèglement et faute de mesure et, par conséquent, il est impossible d'y attacher la constance. C'est un mot de Démosthènes, dit-on, que le commencement de toute vertu, c'est consultation et délibération, et la fin est perfection, constance.

Cette variation et contradiction qui se voit en nous a fait qu'aucuns songent[3] que nous ayons deux âmes, d'autres deux puissances qui nous accompagnent et agitent chacune à sa mode, vers le bien l'une, l'autre vers le mal; une si brusque diversité ne se pouvant bien assortir à un sujet simple.

Encore que je sois toujours d'avis de dire du bien le bien et d'interpréter plutôt en bonne part les choses qui le peuvent être, si est-ce que[4] l'étrangeté de notre condition porte que nous soyons souvent, par le vice même, poussés à bien faire, si le bien faire⁵ ne se jugeait par la seule intention. Par quoi⁶ un fait courageux ne doit pas conclure à un homme vaillant ; celui qui le serait bien à point⁷, il le serait toujours et à toutes occasions. Si c'était une habitude de vertu et non une saillie⁸, elle rendrait un homme pareillement résolu à tous accidents ; tel seul, qu'en compagnie ; tel en champ clos qu'en une bataille ; car, quoiqu'on die, il n'y a pas autre vaillance sur le pavé⁹ et autre au camp ; aussi courageusement porterait-il une maladie en son lit qu'une blessure au camp, et ne craindrait non plus la mort en sa maison qu'en un assaut ; nous ne verrions pas un même homme donner dans la brèche¹⁰ d'une brave assurance¹¹, et se tourmenter après, comme une femme, de la perte d'un procès ou d'un fils¹². Quand étant lâche à l'infamie, il est ferme à la pauvreté ; quand étant mol contre les rasoirs des barbiers¹³, il se trouve roide contre les épées des adversaires : l'action est louable, non pas l'homme.

MONTAIGNE.

1. *Qui aient dressé leur vie*, etc., c'est-à-dire qui aient donné à leur vie une direction unique et droite.

2. *C'est vouloir et ne vouloir pas toujours même chose.* La véritable sagesse, la règle suprême de la vie doit consister en ceci : vouloir toujours la même chose et toujours repousser (ne vouloir pas) la même chose, conserver fidèlement ses amours et ses haines, l'amour du bien, la haine du mal. Car on ne saurait admettre l'unité de but et de volonté chez le méchant ; il est impossible qu'il ne varie et ne se contredise.

3. *Aucuns*, quelques-uns. *Songent*, pensent.

4. *Si est-ce que*, pourtant.

5. *Par le vice même, poussés à bien faire.* Il peut arriver que l'on soit poussé par une intention mauvaise à faire une bonne action, mais elle n'aura que l'apparence du bien, car il n'y a d'action vraiment bonne que lorsque l'intention est bonne.

6. *Par quoi*, c'est pourquoi.

7.

7. *Bien à point*, c'est-à-dire réellement, foncièrement.
8. *Une saillie*, un accident, un acte exceptionnel qui ne se reproduira pas.
9. *Sur le pavé*, dans un duel, une rencontre sur le pavé de la rue.
10. *Dans la brèche*, à l'assaut d'une ville.
11. *D'une brave assurance*, avec courage.
12. *La perte d'un procès ou d'un fils :* cette assimilation a lieu d'étonner. Montaigne compare là des pertes qui ne sont pas comparables ; il semble qu'il n'ait pas eu à un très haut degré le sentiment paternel. Il dit quelque part dans ses *Essais*, avec une singulière négligence, qu'il a perdu deux ou trois enfants en bas âge.
13. *Mol contre les rasoirs des barbiers :* sans force pour subir une opération chirurgicale ; certaines de ces opérations étaient confiées aux barbiers ; on dirait aujourd'hui : faible devant le bistouri du chirurgien.

---

82. Le travail.

Tous ont leur labeur, soit du corps, soit de l'esprit ; et ceux qui disent : « Je ne travaillerai point, » sont les plus misérables.

Car, comme les vers dévorent un cadavre, les vices les dévorent, et si ce ne sont les vices, c'est l'ennui.

Et quand Dieu voulut que l'homme travaillât, il cacha un trésor dans le travail, parce qu'il est père, et que l'amour d'un père ne meurt point.

Et celui qui fait bon usage de ce trésor, et qui ne le dissipe point en insensé, il vient pour lui un temps de repos, et alors il est comme les hommes étaient au commencement[1].

Et Dieu leur donna encore ce précepte : « Aidez-vous les uns les autres, car il y en a parmi vous de plus forts et de plus faibles, d'infirmes et de bien portants ; et cependant tous doivent vivre.

« Et si vous faites ainsi, tous vivront, parce que je récompenserai la pitié que vous aurez eue pour vos frères, et je rendrai votre sueur féconde. »

Et ce que Dieu a promis s'est vérifié toujours, et jamais on n'a vu celui qui aide ses frères manquer de pain.   LAMENNAIS[2].

1. *Il est comme les hommes étaient au commencement, c'est-à-dire paisible, heureux, sans inquiétude, en état de secourir ses frères.*
2. *Paroles d'un croyant*, Garnier frères, éditeurs.

---

83. La dignité du travail.

Non seulement chacun travaille aujourd'hui, mais chacun veut travailler. Lors même qu'on n'en a pas besoin pour vivre, on recherche une occupation régulière; tandis qu'autrefois on se glorifiait de ne rien faire, on a honte aujourd'hui de rester oisif. Les plus riches embrassent une profession, briguent une charge et s'honorent de la remplir. Grand et heureux changement! Le travail n'est plus un mal nécessaire, c'est un objet d'ambition pour tous, un vrai titre de noblesse.

Aux anciens privilèges qu'on ne tenait que de la naissance, l'esprit moderne substitue le privilège du travail; privilège admirable qui n'est plus exclusif, comme les autres, mais qui appartient à tous, qui unit les hommes au lieu de les séparer; privilège, non de quelques individus, mais de la société humaine tout entière, qui élève l'homme, non au-dessus de ses semblables, mais à ses propres yeux, et qui, au lieu de l'arrogance aristocratique, funeste pour lui, injurieuse pour les autres, lui inspire le vrai sentiment de sa dignité!

Par le travail, l'homme s'appartient, il ne dépend de personne, ou plutôt il dépend de tous comme tous dépendent de lui: il ne doit rien à personne; il donne son travail pour jouir des fruits du travail des autres: il fait échange de services avec la société. Personne ne peut lui dire qu'il ne compte pas dans le monde, qu'il n'est rien, qu'il n'est bon à rien ; il répondrait : « Je suis utile du moment que je travaille ; je fais plus que d'occuper une place vide. Si je consomme, je produis aussi ; si je reçois, je donne ; je ne suis pas à charge à la société, je profite d'elle, mais je la sers aussi ; nous sommes quittes. J'ai le droit de vivre. Je ne suis qu'un grain de sable, mais ce grain de sable a sa valeur dans l'équilibre du monde ; j'ai aussi la mienne dans l'humanité, et quand je mourrai, j'aurai droit aux regrets de ceux qui m'entourent parce que je leur aurai fait du bien. »

Je ne sais rien qui puisse inspirer à l'homme le plus obscur ou le plus pauvre une plus légitime et plus généreuse fierté que de se sentir ainsi, par le travail, un membre actif, vivant, de la grande famille humaine. Libre, indépendant, s'appartenant à lui-même et concourant au bien général, il est l'égal du premier venu ; il peut regarder tout le monde en face, et il n'est pas de roi sur son trône qui ait le droit de lui faire baisser les yeux. P. GOY.

84. Travail et progrès.

Travaille, c'est la loi ; mais rappelle toi en travaillant que l'humanité dont tu fais partie, atome d'une minute, n'est qu'une immense et perpétuelle collaboration. Quand tu es venu au monde, à cette date du temps, tu as trouvé, rangé autour de ton berceau, l'immense mobilier intellectuel et matériel de toutes les inventions et de toutes les richesses de la civilisation. D'autres avaient donc fait ces choses avant toi et pour toi, à leur insu, puisqu'ils te les ont transmises, en quelque sorte, à ton usage. Grâce à ce legs anonyme de milliers de générations apparues autrefois, disparues, tu penses aujourd'hui, en un tour d'horloge, six mille ans de pensées, et tu participes au sortir de ton berceau à six mille ans d'épargnes.

Eh bien, par toutes ces découvertes[1] de nos pères inconnus replongés dans la nuit ; par toutes ces richesses gratuites accourues, en quelque sorte, à ta rencontre, du fond des siècles passés, rends à l'humanité, dans ta mesure, ce que l'humanité t'a donné à ta naissance ; paye la dette de l'ancêtre, mets à la masse, apporte-lui ton contingent d'œuvres et d'idées.

Car les œuvres, car les idées sont comptées, et, petites ou grandes, l'avenir les retrouvera toutes dans l'inventaire de son héritage. Les hommes, sans doute, ont beaucoup souffert pendant leur rude pèlerinage à travers l'histoire, et souffrent encore par indigence ou par ignorance, mais chaque jour le travail à faire pour vaincre cette double misère du corps et de l'esprit diminue de toute la somme du travail déjà fait depuis le jour de la Genèse[2].

Or, le travail, ainsi accumulé à l'infini sur le travail, constitue le capital social de l'humanité. Ce capital, toujours grossissant d'heure en heure par le simple fait de l'activité humaine, constitue le phénomène historique du progrès. Le progrès, voilà le rédempteur, en détail, j'en conviens, mais enfin le rédempteur de toute sujétion ou de toute impuissance. Qu'importe le mal après cela ? Il est assurément, mais il est de moins en moins ; accident de passage, ou plutôt aiguillon de notre destinée. Si le passé en a toujours eu raison jusqu'à ce jour, pourquoi l'avenir manquerait-il de parole au passé ? Courage donc, mon fils, et à l'œuvre ! Prends confiance dans la logique du temps, rentre en grâce avec la Providence. Dis-toi toute ta vie que chaque coup de pioche, que chaque éclair de ton front, ira indéfiniment, après t'avoir nourri et illuminé le premier, racheter de siècle en siècle une autre génération de la servitude du besoin et l'élever à la dignité de la pensée.

EUGÈNE PELLETAN.

1. *Par toutes ces découvertes, etc.* C'est une adjuration : au nom de toutes ces découvertes...

2. *Depuis le jour de la Genèse*, depuis la création de l'homme, racontée dans le livre biblique intitulé *Genèse*. (Ce mot veut dire « naissance. »)

---

85. Le gaspillage de la vie.

Anergus[1] était un gentilhomme en bonne situation de fortune ; il avait été élevé à ne rien faire et ne savait comment perdre agréablement ses journées ; il n'avait aucun penchant pour les exercices du corps, ni aucun goût pour la culture de l'esprit ; il passait généralement dans son lit dix heures sur vingt-quatre ; il sommeillait en outre deux ou trois heures sur son canapé ; il en passait autant chaque soir à boire s'il se trouvait avec des gens de son humeur ; il flânait avec indolence durant les cinq ou six heures qui lui restaient ; sa grande affaire alors était de combiner ses repas et de nourrir son imagination de l'attente d'un dîner ou d'un souper ; non pas qu'il fût absolument gourmand, ou si complètement occupé de manger ; c'était surtout parce qu'il ne savait pas à quoi employer ses pensées, qu'il les laissait errer sur la subsistance de son corps.

Il avait trouvé moyen de consommer ainsi dix années depuis que l'héritage paternel était tombé entre ses mains, et cependant, suivant l'abus de mots qui règne aujourd'hui, on l'appelait un homme vertueux, parce qu'on l'avait rarement vu tout à fait ivre, ou que sa nature n'était pas très portée à la débauche.

Un soir qu'il était seul à rêver, ses pensées prirent un tour inusité, car il jeta un regard en arrière et commença à réfléchir sur son genre de vie. Il s'avisa de songer au nombre d'êtres vivants qui avaient été sacrifiés pour nourrir son corps, et à la quantité de blé et de vin qui avait été mêlée à ces offrandes. Il n'avait pas tout à fait oublié l'arithmétique qu'il avait apprise quand il était enfant, et il se mit à calculer ce qu'il avait dévoré depuis qu'il avait âge d'homme.

« Une douzaine de créatures emplumées, petites et grandes, dit-il, ont chaque semaine, l'une dans l'autre, donné leur vie pour prolonger la mienne, ce qui monte pendant dix ans au moins à six mille.

« Cinquante moutons ont été sacrifiés dans une année avec une demi-hécatombe de gros bétail, afin que je puisse avoir chaque semaine sur ma table les morceaux les plus délicats. Ainsi un millier de bêtes à cornes ou à laine ont été tuées en dix ans de temps pour me nourrir; outre ce que la forêt m'a fourni. Des centaines de poissons de toute espèce, et quelques milliers de fretin ont été privés de la vie pour mes repas.

« Une mesure de blé me fournirait à peine pour six mois de belle farine ; ce qui fait environ cent vingt boisseaux ; beaucoup de barils d'ale, de vin et d'autres liqueurs ont passé dans mon corps, ce misérable gouffre à viande et à boisson.

« Et qu'ai-je fait tout ce temps pour Dieu et pour l'homme? Quelle profusion de bonnes choses pour une vie inutile, pour un être indigne ! La moindre créature de toutes celles que j'ai dévorées a mieux répondu que moi à la fin pour laquelle elle a été créée ! Elle a été faite pour nourrir l'homme, elle l'a fait. Chaque crabe, chaque huître, chaque grain de blé, que j'ai mangés, ont rempli leur place dans l'échelle des êtres avec plus de convenance et d'honneur que je n'ai fait. Quelle honteuse perte de vie et de temps [2] ! »

Bref, Anergus continua ces réflexions morales, avec une force de raison si juste et si sévère qu'elle lui fit changer entièrement son genre de vie, cesser de suite ses folies et s'appliquer à acquérir quelque connaissance utile, quoiqu'il eût déjà plus de trente ans. Il vécut longtemps encore avec la réputation d'un homme d'honneur et d'un excellent chrétien. Il se rendit utile à son prochain et fit brillante figure comme patriote au Sénat ; il mourut la conscience en paix et ses concitoyens versèrent des larmes sur sa tombe.

B. FRANKLIN.

1. *Anergus* signifie : qui ne fait rien.
2. Le raisonnement d'Anergus est bien américain; on y reconnaît le caractère utilitaire de sa race. Sous une forme bizarre, il n'en renferme pas moins une idée juste et profonde.

---

§ 6. Fragilité.

C'est une disposition à céder aux penchants de la nature malgré les lumières de la raison. Il y a si loin de ce que nous naissons à ce que nous voulons devenir ; l'homme, tel qu'il est, est si différent de l'homme qu'on veut faire ; la raison universelle et l'intérêt de l'espèce gênent si fort les penchants des individus ; les lumières reçues contrarient si souvent l'instinct ; il est si rare qu'on se rappelle toujours à propos ces devoirs que l'on respecterait ; il est si rare qu'on se rappelle à propos ce plan de conduite dont on va s'écarter, cette suite de vie qu'on va démentir ; le prix de la sagesse que montre la réflexion est vu de si loin ; le prix de l'égarement que montre le sentiment est vu de si près ; il est si facile d'oublier, pour le plaisir, et les devoirs et la raison et le bonheur même, que la fragilité est du plus au moins le caractère de tous les hommes. On appelle fragiles les malheureux entraînés plus fréquemment que les autres au delà de leurs principes par leur tempérament et par leurs goûts.

Une des causes de la fragilité parmi les hommes est l'opposition de l'état qu'ils ont dans la société où ils vivent, avec leur caractère. Le hasard et les convenances de fortune les destinent à une place et la nature leur en marquait une autre. Ajoutez à cette cause de fragilité les vicissitudes de l'âge, de la santé, des passions, de l'humeur, auxquelles la raison ne se prête peut-être pas toujours assez ; on est soumis à certaines lois qui nous convenaient dans un temps et ne font que nous désespérer dans un autre.

Quoique nous connaissions une secrète disposition à nous dérober fréquemment à toute espèce de joug; quoique très sûrs que le regret de nous être écartés de ce que nous appelons nos devoirs nous poursuivra longtemps, nous nous laissons surcharger de lois inutiles, qu'on ajoute aux lois nécessaires à la société ; nous nous forgeons des chaînes qu'il est presque impossible de porter. On sème parmi nous les occasions des petites fautes et des grands remords.

L'homme fragile diffère de l'homme faible en ce que le premier cède à son cœur, à ses penchants ; et l'homme faible à des impulsions étrangères. La fragilité suppose des passions vives, et la faiblesse suppose l'inaction et le vide de l'âme. L'homme fragile pêche contre ses principes et l'homme faible les abandonne ; il n'a que des opinions. L'homme fragile est incertain de ce qu'il fera et l'homme faible de ce qu'il veut. Il n'y a rien à dire à la faiblesse, on ne la change pas[1] ; mais la philosophie n'abandonne pas l'homme fragile : elle lui prépare des secours, et lui ménage l'indulgence des autres ; elle l'éclaire, elle le conduit, elle le soutient, elle lui pardonne. DIDEROT.

1. Cet arrêt n'est pas sans appel; nul ne doit jamais désespérer ni de soi, ni des autres.

87. La manière dont une personne raisonnable fait usage des plaisirs.

...Sa manière de goûter les plaisirs ressemble à l'austérité de ceux qui s'y refusent, et l'art de jouir est pour elle celui des privations, non de ces privations pénibles et douloureuses qui blessent la nature et dont son auteur dédaigne l'hommage insensé, mais des privations passagères et modérées qui conservent à la raison son empire, et, servant d'assaisonnement au plaisir, en préviennent le dégoût et l'abus. Elle prétend que tout ce qui tient aux sens et n'est pas nécessaire à la vie change de nature aussitôt qu'il tourne en habitude, qu'il cesse d'être un plaisir en devenant un besoin, que c'est à la fois une chaîne qu'on se donne et une jouissance dont on se prive, et que prévenir toujours les désirs n'est pas l'art de les contenter, mais de les éteindre. Tout celui qu'elle emploie à donner du prix aux moindres choses est de se les refuser vingt fois pour en jouir une. Cette âme simple se conserve ainsi son premier ressort ; son goût ne s'use point ; elle n'a jamais besoin de le ramener par des excès, et je la vois souvent savourer avec délices un plaisir d'enfant qui serait insipide à tout autre.

Un objet plus noble qu'elle se propose encore en cela, est de rester maîtresse d'elle-même, d'accoutumer ses passions à l'obéissance et de plier tous ses désirs à la règle. C'est un nouveau moyen d'être heureuse ; car on ne jouit sans inquiétude que de ce qu'on peut perdre sans peine ; et si le vrai bonheur appartient au sage, c'est parce qu'il est de tous les hommes celui à qui la fortune peut le moins ôter.

Ce qui me paraît le plus singulier dans sa tempérance, c'est qu'elle la suit sur les mêmes raisons qui jettent les voluptueux dans l'excès[1]. La vie est courte, il est vrai, dit-elle ; c'est une raison d'en user jusqu'au bout et de dispenser avec art sa durée, afin d'en tirer le meilleur parti qu'il est possible. Si un jour de satiété nous ôte un an de jouissance, c'est une mauvaise philosophie d'aller toujours jusqu'où le désir nous mène, sans considérer si nous ne serons pas plus tôt au bout de nos facultés que de notre carrière, et si notre cœur épuisé ne mourra point avant nous. Je vois que ces vulgaires épicuriens, pour ne vouloir jamais perdre une occasion, les perdent toutes, et, toujours ennuyés au sein des plaisirs, n'en savent jamais trouver aucun. Ils prodiguent le temps qu'ils pensent économiser, et se ruinent comme les avares[2], pour ne savoir rien perdre à propos. Je me trouve bien de la maxime opposée et je crois que j'aimerais encore mieux sur ce point trop de sévérité que de relâchement. Il m'arrive quelquefois de rompre une partie de plaisir pour la seule raison qu'elle m'en fait trop : en la renouvelant j'en jouis deux fois. Cependant je m'exerce à conserver sur moi l'empire de ma volonté, et j'aime mieux être taxée de caprice que de me laisser dominer par mes fantaisies.

J.-J. ROUSSEAU.

1. *Sur les mêmes raisons qui jettent les voluptueux dans l'excès.* Ils disent en effet : « La vie est courte, il faut en jouir. » La personne raisonnable dont parle Rousseau dit : « Oui, elle est courte ; mais pour en vraiment jouir il faut la ménager avec art. »

2. *Se ruinent comme les avares.* Il arrive quelquefois que ceux qui tiennent immodérément au gain s'exposent à de graves pertes ou même à la ruine, faute d'avoir consenti à temps à quelque sacrifice nécessaire.

88. Les goûts.

Trois choses sont nécessaires à l'homme pour que sa vie soit complète : une profession, des affections, des goûts. La profession répond à ses besoins d'activité et d'intelligence; les affections, à ses besoins de cœur; les goûts, à ses besoins de délassement.

On ne peut pas toujours travailler; on ne peut pas toujours penser; le cœur même a ses intermittences. Les goûts remplissent les vides. C'est l'intermède, la distraction, le plaisir, parfois même le soutien. Les goûts relèvent[1] tour à tour du corps et de l'esprit. L'ouvrier qui a le goût de la lecture, se repose, en lisant, de ses fatigues corporelles; l'artiste qui a le goût des exercices physiques, se repose de son art en faisant travailler ses membres. Les goûts ont mille objets différents ; ils s'appellent successivement : la chasse, l'équitation, la natation, l'escrime, la pêche, le jeu, l'amour des fleurs, l'amour des arts, voire même l'amour des travaux manuels.

Victor Hugo était tapissier ; cela le délassait d'être poète. Tour à tour, il ciselait une Orientale, ou agrémentait un baldaquin. On prétend même qu'à la mort de sa fille, incapable de travail, rebelle à toutes consolations, il ne trouva qu'un seul moyen de tromper quelque peu sa douleur, ce fut de remeubler son appartement.

Saint-Marc Girardin était menuisier. Quand il était fatigué d'avoir travaillé dans sa bibliothèque, il travaillait à sa bibliothèque même ; il posait des rayons, il rabotait des planches ; le plaisir de la lecture épuisé, il s'occupait encore de ses livres, il les logeait.

Les goûts ont cet avantage considérable, qu'il en existe pour tous les âges, comme pour toutes les positions... La vieillesse éteint les passions, suspend les occupations, coupe court aux ambitions, et vous livre en proie à ce terrible ennemi qu'on appelle le repos, et qui en réalité se nomme l'ennui. Qui peut seul le combattre ? Les goûts. E. LEGOUVÉ [2].

1. *Relèvent*, dépendent, sont du domaine de.
2. *Soixante ans de souvenirs*. J. Hetzel et Cie, éditeurs.

89. L'honnête homme.

... Il ne peut être ni brusque, ni chagrin, ni emporté, ni âpre sur ses droits, ni outré dans ses maximes, ni extrême en rien.

La modération en tout est le fond intime de son caractère.

Maître de lui-même, il est ferme sans être dur, franc

sans être grossier, droit sans être inflexible, courageux sans être ni fanfaron, ni téméraire, ni présomptueux. Le bon sens et le bon cœur, la religion et la conscience, l'honnêteté des mœurs et des manières, entrent dans sa définition.

Vertueux sans avoir besoin de théâtre[1], il n'en représente que mieux quand il y monte.

Soumis aux lois divines et humaines ; doux, modeste, facile dans la société, amateur de l'ordre, observateur des bienséances, plein d'égards pour tout le monde ; bon maître, bon parent, bon ami, bon citoyen, mais sans enfermer ni son estime dans la patrie, ni ses affections dans sa famille ou dans son corps[2], ni toute sa bienveillance dans ses amitiés, qui ont toujours pour un bon cœur des bornes trop étroites : en un mot, il est profondément homme, et nul homme sur la terre ne lui est indifférent ou étranger[3].

Le Père ANDRÉ.

1. *Théâtre* s'applique ici aux manifestations extérieures de la vie publique, par opposition à l'obscurité de la vie privée.

2. *Dans son corps*, le corps, la corporation dont il fait partie.

3. *Il est profondément homme*, etc. ; c'est une allusion au fameux vers de Térence : « Je suis homme, et j'estime que rien de ce qui est humain ne m'est étranger. »

---

90. La modération.

Tout vouloir est d'un fou ; l'excès est son partage.
La modération est le trésor du sage....
Apprenez, insensés qui cherchez le plaisir,
Et l'art de le connaître, et celui d'en jouir.
Les plaisirs sont les fleurs que notre divin Maître
Dans les ronces du monde autour de nous fait naître,
Chacune en sa saison ; et par des soins prudens
On en peut conserver pour l'hiver de nos ans.

Mais s'il faut les cueillir, c'est d'une main légère ;
On flétrit aisément leur beauté passagère.
N'offrez pas à vos sens, de mollesse accablés,
Tous les parfums de Flore à la fois exhalés :
Il ne faut point tout voir, tout sentir, tout entendre.
Quittons les voluptés pour les pouvoir reprendre.
Le travail est souvent le père du plaisir :
Je plains l'homme accablé du poids de son loisir.
Le bonheur est un bien que nous vend la nature.
Il n'est point ici bas de moisson sans culture.
VOLTAIRE.

91. La douleur et le plaisir.

Il n'est pas honteux à l'homme de succomber sous la douleur, et il lui est honteux de succomber sous le plaisir. Ce qui ne vient pas de ce que la douleur nous vient d'ailleurs, et que nous recherchons le plaisir ; car on peut rechercher la douleur, et y succomber à dessein, sans ce genre de bassesse. D'où vient donc qu'il est glorieux à la raison de succomber sous l'effort de la douleur, et qu'il lui est honteux de succomber sous l'effort du plaisir ? C'est que ce n'est pas la douleur qui nous tente et nous attire. C'est nous mêmes qui volontairement la choisissons et voulons la faire dominer sur nous, de sorte que nous sommes maîtres de la chose ; et en cela c'est l'homme qui succombe à soi-même[1] : mais dans le plaisir, c'est l'homme qui succombe au plaisir. Or il n'y a que la maîtrise et l'empire qui fait la gloire, et que la servitude qui fait la honte.
PASCAL.

1. *L'homme succombe à soi-même.* M. Havet fait à ce propos la remarque suivante : « Mais si ce n'est pas lui qui est allé chercher la douleur ? — Dans ce cas c'est bien à une force étrangère qu'il succombe, mais il succombe en résistant, et non pas en cédant et en se livrant, comme à plaisir. Il est abattu, mais non vaincu ; il n'obéit pas. »

92. Le gourmand.

Cliton n'a jamais eu en toute sa vie que deux affaires, qui sont de dîner le matin et de souper le soir : il ne semble né que pour la digestion ; il n'a de même qu'un entretien : il dit les entrées qui ont été servies au dernier repas où il s'est trouvé ; il dit combien il y a eu de potages, et quels potages ; il place ensuite le rôt et les entremets ; il se souvient exactement de quels plats on a relevé le premier service ; il n'oublie pas les hors-d'œuvres, les fruits et les assiettes ; il nomme tous les vins et toutes les liqueurs dont il a bu ; il possède le langage des cuisines autant qu'il peut s'étendre, et il me fait envie de manger à une bonne table où il ne soit point ; il a surtout un palais sûr, qui ne prend point le change[1], et il ne s'est jamais vu exposé à l'horrible inconvénient[2] de manger un mauvais ragoût, ou de boire d'un vin médiocre. C'est un personnage illustre dans son genre et qui a porté le talent de se bien nourrir jusqu'où il pouvait aller ; on ne reverra plus un homme qui mange tant et qui mange si bien : aussi est-il l'arbitre des bons morceaux et il n'est guère permis d'avoir du goût pour ce qu'il désapprouve. Mais il n'est plus, il s'est fait du moins porter à table jusqu'à son dernier soupir ; il donnait à manger le jour qu'il est mort : quelque part où il soit, il mange ; et s'il revient au monde, c'est pour manger[3].

LA BRUYÈRE.

1. *Qui ne prend point le change*, qu'on ne peut parvenir à tromper.

2. *L'horrible inconvénient*, ironique.

3. *C'est pour manger.* Ces dernières lignes sont sanglantes.

---

93. La passion du jeu.

Quel spectacle de voir un cercle de gens occupés d'un jeu qui les possède et qui seul est le sujet de toutes les réflexions de leur esprit et de tous les désirs de leur cœur ! Quels regards fixes et immobiles ! Quelle attention ! Il ne faut pas un moment les troubler, pas une fois les interrompre, surtout si l'envie du gain s'y mêle. Or elle y entre presque toujours. De quels mouvements divers l'âme est-elle agitée, selon les caprices du hasard ! De là les dépits secrets et les mélancolies ; de là les aigreurs et les chagrins, les désolations et les désespoirs, les colères et les transports, les blasphèmes et les imprécations.

Je n'ignore pas ce que la politesse du siècle nous a là-dessus appris : que, sous un froid affecté et sous un air de dégagement et de liberté prétendue, elle nous enseigne à cacher tous les sentiments et à les déguiser ; qu'en cela consiste un des premiers mérites du jeu, et que c'est ce qui en fait la plus belle réputation.

Mais si ce visage est serein, l'orage est-il moins violent dans le cœur ? Et n'est-ce pas alors une double peine que de la ressentir tout entière au dedans, et d'être obligé, par je ne sais quel honneur, de la dissimuler au dehors ? Voilà ce que le monde appelle divertissement, mais ce que j'appelle, moi, passion, et une des plus tyranniques et des plus criminelles passions.

Et de bonne foi, mes chers auditeurs, pouvez-vous vous persuader que Dieu l'ait ainsi entendu, quand il vous a permis certaines distractions et certains délassements ? Lui qui est la raison même peut-il approuver un jeu qui blesse toute la raison ? Et lui, qui est la règle par essence, peut-il vous permettre un jeu où tout est déréglé ? Il vaut mieux jouer, dites-vous, que de parler du prochain, que de former des intrigues, que d'abandonner son esprit à des idées dangereuses. Beau prétexte, à quoi je réponds qu'il ne faut ni parler du prochain, ni former des intrigues, ni donner entrée dans votre esprit à des idées dangereuses, ni jouer sans mesure et à l'excès comme vous faites. Quand votre vie serait exempte de tous les autres désordres, ce serait toujours assez de celui-ci pour vous condamner.

BOURDALOUE.

94. L'avarice.

L'avare n'amasse que pour amasser; ce n'est pas pour fournir à ses besoins : il se les refuse. Son argent lui est plus précieux que sa santé, que sa vie, que lui-même. Toutes ses actions, toutes ses vues, toutes ses affections, ne se rapportent qu'à cet indigne objet. Personne ne s'y trompe, et il ne prend aucun soin de dérober aux yeux du public le misérable penchant dont il est possédé : car tel est le caractère de cette honteuse passion, de se manifester de tous les côtés, de ne faire au dehors aucune démarche qui ne soit marquée de ce maudit caractère, et de n'être un mystère que pour celui qui en est possédé.

Toutes les autres passions sauvent du moins les apparences; on les cache aux yeux du public : une imprudence peut quelquefois les dévoiler; mais le coupable cherche, autant qu'il est en lui, les ténèbres : mais pour la passion de l'avarice, l'avare ne la cache qu'à lui-même. Loin de prendre des précautions pour la dérober aux yeux du public, tout l'annonce en lui, tout la montre à découvert; il la porte écrite dans son langage, dans ses actions, dans toute sa conduite, et pour ainsi dire, sur son front.

L'âge et les réflexions guérissent d'ordinaire les autres passions : au lieu que l'avarice semble se ranimer et reprendre de nouvelles forces dans la vieillesse. Plus on avance vers ce moment fatal où tout cet amas sordide[1] doit disparaître et nous être enlevé, plus on s'y attache; plus la mort approche, plus on couve des yeux son misérable trésor, plus on le regarde comme une précaution nécessaire pour un avenir chimérique.

Ainsi l'âge rajeunit, pour ainsi dire, cette indigne

passion². Les années, les maladies, les réflexions, tout l'enfonce plus profondément dans l'âme ; et elle se nourrit et s'enflamme par les remèdes mêmes³ qui guérissent et éloignent toutes les autres. On a vu des hommes dans une décrépitude où à peine leur restait-il assez de force pour soutenir un cadavre tout prêt à tomber en pourriture, ne conserver, dans la défaillance totale des facultés de leur âme, un reste de sensibilité, et, pour ainsi dire, de signe de vie, que pour cette indigne passion : elle seule se soutenir, se ranimer sur les débris de tout le reste : le dernier soupir être encore pour elle ; les inquiétudes des derniers moments la regarder encore ; et l'infortuné qui meurt, jeter encore des regards mourants qui vont s'éteindre sur son argent que la mort lui arrache, mais dont elle n'a pu arracher l'amour de son cœur.

MASSILLON.

1. *Cet amas sordide.* Le mot sordide veut dire sale. Au moral, il signifie bas, grossier, et s'applique plus particulièrement à l'avarice et à tout ce qui la touche. Cet amas sordide, ce sont les richesses amassées par l'avare dans un esprit de basse cupidité.

2. *Cette indigne passion.* On peut rapprocher du passage de Massillon ces quelques lignes si fortes de La Bruyère :

« Il y a des âmes sales, pétries de boue et d'ordure, éprises du gain et de l'intérêt, comme les belles âmes le sont de la gloire et de la vertu; capables d'une seule volupté, qui est celle d'acquérir ou de ne point perdre ; curieuses et avides du denier dix; uniquement occupées de leurs débiteurs ; toujours inquiètes sur le rabais ou le décri des monnaies; enfoncées et comme abîmées dans les contrats, les titres et les parchemins. De telles gens ne sont ni parents, ni amis, ni citoyens, ni chrétiens, ni peut-être des hommes : ils ont de l'argent. »

3. *Les remèdes mêmes,* etc. Ce sont « les années, les maladies, les réflexions, » qui d'ordinaire amortissent ou guérissent les passions; elles ne font que donner plus de force à l'avarice.

95. L'avare volé.

Au voleur ! au voleur ! à l'assassin ! au meurtre ! Justice, juste ciel ! je suis perdu, je suis assassiné, on m'a coupé la gorge, on m'a dérobé mon argent. Qui peut-ce être ? Qu'est-il devenu ? Où est-il ? Où se cache-t-il ? Que ferai-je pour le trouver ? Où courir ? Où ne pas courir ? N'est-il point là ? N'est-il point ici ? Qui est-ce ? Arrête ! (*A lui-même se prenant lui-même par le bras*) Rends-moi mon argent, coquin... Ah ! c'est moi... Mon esprit est troublé, j'ignore où je suis, qui je suis et ce que je fais.

Hélas ! mon pauvre argent, mon pauvre argent, mon cher ami, on m'a privé de toi ; et puisque tu m'es enlevé, j'ai perdu mon support, ma consolation, ma joie : tout est fini pour moi et je n'ai plus que faire au monde ! Sans toi, il m'est impossible de vivre. C'en est fait, je n'en puis plus, je me meurs, je suis mort, je suis enterré. N'y a-t-il personne qui veuille me ressusciter, en me rendant mon cher argent, ou en m'apprenant qui l'a pris ? Hé ! que dites-vous ? Ce n'est personne.

Il faut, qui que ce soit qui ait fait le coup, qu'avec beaucoup de soin on ait épié l'heure ; et l'on a choisi justement le temps que je parlais à mon traître de fils.

Sortons, je veux aller quérir la justice et faire donner la question[1] à toute ma maison, à servantes, à valets, à fils, à fille et à moi aussi.

Que de gens assemblés ! Je ne jette mes regards sur personne qui ne me donne des soupçons, et tout me semble mon voleur. Hé ! de quoi est-ce qu'on parle là ? de celui qui m'a dérobé ? Quel bruit fait-on là-haut ? Est-ce mon voleur qui y est ? De grâce, si l'on sait des nouvelles de mon voleur je supplie que l'on m'en dise. N'est-il point caché là, parmi vous ? Ils me regardent tous et se mettent à rire. Vous verrez qu'ils ont part sans doute au vol que l'on m'a fait. Allons, vite des commissaires, des archers, des prévôts, des juges, des gênes², des potences et des bourreaux. Je veux faire pendre tout le monde; et si je ne retrouve mon argent, je me pendrai moi-même après. MOLIÈRE.

1. *Donner la question*, soumettre à la torture.
2. *Gênes*, instruments de torture.

96. L'épargne.

Il est dans la nature du travail de produire, au moins dans les conditions normales, toujours plus qu'il ne faut pour la subsistance et l'entretien du travailleur. On appelle épargne la conservation de ce superflu produit par le travail, après prélèvement de tout ce qui est nécessaire pour les besoins de la vie. L'épargne est donc essentiellement une abstention de dépenser. Or, tout homme qui, après avoir satisfait à tous ses devoirs (devoirs stricts, devoirs de charité, devoirs de convenance sociale), s'abstient de dépenser tout son gain, fait en cela une chose moralement excellente. Il faut se garder seulement de confondre l'avarice et l'économie¹.

L'avarice est un attachement immodéré à ce qu'on possède. C'est un défaut absolu de libéralité et même de raison dans le maniement de l'argent, une inaptitude à dépenser même le nécessaire pour l'accomplissement des devoirs les plus essentiels: l'avarice est donc une aberration véritable, un des vices les plus serviles et les plus bas. L'économie, au contraire, suppose l'usage facile et libéral de ce qu'on possède ; elle se tient à égale distance de l'avarice et de la prodigalité, celle-ci étant, comme on sait, l'emploi déraisonnable, le gaspillage de nos ressources, sans règle et sans discernement.

L'économie, quand elle n'a rien de sordide, est une vertu, vertu sociale surtout, vertu de famille, mais aussi et tout d'abord une vertu individuelle. Celui qui épargne, en effet, se prive, se contient, se retient sur la pente des plaisirs immodérés : il fait donc, en cela, acte de tempérance, de prudence et de fermeté.

Puis, par l'économie, il se crée des ressources qui lui rendront plus facile la parfaite égalité d'âme. On sait, en effet, ce que peut produire une sage économie, jointe à un travail assidu : ce sont là les deux facteurs de la richesse. On ne saurait calculer, au contraire, jusqu'où peuvent aller les suites de la paresse et du désordre, les dépenses inutiles faites sans prévoyance. « Fainéantise va si lentement que pauvreté l'a bientôt attrapée.» « Renard qui dort ne prend pas poule.» « Il suffit d'une petite fente pour couler un vaisseau ; il suffit d'un trou de vrille pour vider un tonneau. » « Quelle folie d'employer son argent à acheter un repentir ! » (Franklin) L'épargne seule fait l'homme sûr de son lendemain ; elle l'élève donc moralement en ce qu'elle lui permet d'envisager la vie avec calme et sérénité. H. MARION.

1. *L'économie.* Voici quelques lignes intéressantes de Bossuet sur ce sujet où il est impossible de tracer des règles précises : « Dans les choses purement indifférentes, comme dans la dépense de table, d'habits et autres semblables, il me semble qu'un homme sage, ayant mesuré ce qu'il peut, donnera quelque chose : 1° à la coutume, 2° à son humeur et à celle des siens. Mais s'il est extrêmement avisé, il considérera exactement ce qui conduit le mieux à la fin qu'il s'est proposée. »

---

97. La prudence.

Il ne faut pas croire tout ce qu'on nous dit ni tout ce qui nous vient dans la pensée, mais chaque chose doit être pesée selon Dieu[1], avec précaution et à loisir. Chose déplorable ! nous sommes si faibles, que nous nous portons d'ordinaire à croire et à dire des autres le mal, plutôt que le bien. Mais les parfaits[2] n'ajoutent pas foi si légèrement au premier venu, parce qu'ils savent que l'homme est enclin naturellement au mal, et sujet à pécher en paroles.

C'est une grande sagesse que de ne pas agir avec précipitation, et de ne pas s'attacher avec opiniâtreté à son propre sens. C'est un effet de la même sagesse de ne pas croire toutes sortes de discours, et de ne pas s'empresser de rapporter aux autres ce que l'on a appris et ce que l'on croit.

Prenez conseil d'un homme qui ait de la sagesse et de la conscience, et cherchez plutôt d'être instruit par ceux qui sont meilleurs, que de suivre vos propres imaginations.

La bonne vie rend l'homme sage selon Dieu, et lui donne de l'expérience en bien des choses. Plus un homme est humble en lui même et soumis à Dieu, plus il sera sage et tranquille dans ses actions.

IMITATION DE J.-C.

1. *Selon Dieu*, conformément à la loi divine.
2. *Les parfaits*, les gens de bien.

---

98. L'amour-propre.

La nature de l'amour-propre et de ce moi humain est de n'aimer que soi et de ne considérer que soi. Mais que fera-t-il [1]? Il ne saurait empêcher que cet objet qu'il aime ne soit plein de défauts et de misères : il veut être grand et il se voit misérable; il veut être parfait et il se voit plein d'imperfections; il veut être l'objet de l'amour et de l'estime des hommes, et il voit que ses défauts ne méritent que leur aversion et leur mépris. Cet embarras où il se trouve produit en lui la plus injuste et la plus criminelle passion qu'il soit possible de s'imaginer; car il conçoit une haine mortelle contre cette vérité qui le reprend et qui le convainc de ses défauts. Il désirerait de l'anéantir, et ne pouvant la détruire en elle-même, il la détruit, autant qu'il peut, dans sa connaissance et dans celle des autres : c'est-à-dire qu'il met tout son soin à couvrir ses défauts, et aux autres et à soi-même, et qu'il ne peut souffrir qu'on les lui fasse voir, ni qu'on les voie.

C'est sans doute un grand mal que d'être plein de défauts; mais c'est un plus grand mal que d'en être plein et de ne les vouloir pas reconnaître, puisque c'est y ajouter encore celui d'une illusion volontaire. Nous ne voulons pas que les autres nous trompent; nous ne trouvons pas juste qu'ils veuillent être estimés de nous plus qu'ils ne méritent : il n'est donc pas juste aussi que nous les trompions, et que nous voulions qu'ils nous estiment plus que nous ne méritons.   PASCAL.

1. *Que fera-t-il?* Le sujet est : « le moi humain, » l'homme.

---

99. La fierté.

La fierté de l'âme, sans hauteur, est un mérite compatible avec la modestie. Il n'y a que la fierté dans l'air et dans les manières qui choque.

La fierté dans l'extérieur, dans la société, est l'expression de l'orgueil : la fierté dans l'âme est de la grandeur.

La fierté annoncée par l'extérieur est tellement un défaut, que les petits qui louent bassement les grands de ce défaut, sont obligés de l'adoucir, ou plutôt de le relever par une épithète, *cette noble fierté*. Elle n'est pas simplement la vanité, qui consiste à se faire valoir par les petites choses; elle n'est pas la présomption, qui se croit capable des grandes; elle n'est pas le dédain, qui ajoute encore le mépris des autres à l'air de la grande opinion de soi-même; mais elle s'allie intimement avec tous ces défauts.

VOLTAIRE.

1. *La fierté de l'âme*, ainsi comprise, c'est le sentiment de la dignité morale; elle n'a que le nom de commun avec la fierté extérieure.

---

100. La présomption.

Le désir excessif que nous avons de nous faire estimer des autres hommes fait que nous désirons avec passion d'avoir des qualités estimables, et que nous craignons extrêmement d'avoir des défauts qui nous fassent tort dans l'esprit des hommes.

Or, comme on se persuade ce qu'on désire et ce qu'on craint trop fortement, il arrive que nous venons à concevoir une trop bonne opinion de nous-mêmes, ou à tomber dans une excessive défiance de nous. Le premier de ces deux défauts s'appelle présomption, le second timidité.

Ces deux défauts, qui semblent opposés, viennent d'une même source, ou plutôt ils ne sont qu'un même défaut sous deux formes différentes. La présomption est un orgueil confiant, et la timidité un orgueil qui craint de se trahir. Nous avons du penchant à l'un ou à l'autre, selon la diversité de notre tempérament.

DIDEROT.

---

101. Présomption de la jeunesse.

Un octogénaire plantait.
« Passe encor de bâtir; mais planter à cet âge! »
Disaient trois jouvenceaux, enfants du voisinage;
    Assurément il radotait :
    « Car au nom des dieux je vous prie
Quel fruit de ce labeur pouvez-vous recueillir?
Autant qu'un patriarche il vous faudrait vieillir.
    A quoi bon charger votre vie
Des soins d'un avenir qui n'est pas fait pour vous?
Ne songez désormais qu'à vos erreurs passées.
Quittez le long espoir et les vastes pensées;

Tout cela ne convient qu'à nous.
— Il ne convient pas à vous-mêmes,
Répartit le vieillard. Tout établissement
Vient tard et dure peu. La main des Parques blêmes
De vos jours et des miens se joue également.
Nos termes sont pareils par leur courte durée.
Qui de nous des clartés de la voûte azurée
Doit jouir le dernier? Est-il aucun moment
Qui vous puisse assurer d'un second seulement?
Mes arrière-neveux me devront cet ombrage :
  Hé bien! défendez-vous au sage
De se donner des soins pour le plaisir d'autrui?
Cela même est un fruit que je goûte aujourd'hui :
J'en puis jouir demain, et quelques jours encore;
  Je puis enfin compter l'aurore
  Plus d'une fois sur vos tombeaux! »
Le vieillard eut raison; l'un des trois jouvenceaux
Se noya dès le port allant en Amérique;
L'autre afin de monter aux grandes dignités,
Dans les emplois de Mars servant la République,
Par un coup imprévu vit ses jours emportés;
  Le troisième tomba d'un arbre
  Que lui-même il voulut enter :
Et pleurés du vieillard, il grava sur leur marbre,
  Ce que je viens de raconter.

LA FONTAINE.

---

102. L'orgueilleux.

Faites quelque attention à la conduite de l'orgueilleux. Tâchez à découvrir les différentes pensées qu'il roule dans son esprit, ou plutôt toutes ses imaginations également frivoles et folles; examinez quel est le fond, ou de ses joies secrètes ou de ses vains triomphes, ou de ses peines les plus vives et de ses déplaisirs les plus piquants. Est-il occupé d'autre chose que de lui-même, de son mérite, de ses talents? Est-il un avantage si léger dont il ne se prévale, et qui, dans son idée, ne lui donne sur les autres une prééminence où il n'est pas aisé de parvenir? Est-il rien de bien fait si ce n'est lui qui l'a fait, et est-il rien de bien pensé, s'il n'est pas selon son sens? Ajoutez ces témoignages favorables qu'il se rend perpétuellement et hautement à soi-même, ces fades et ennuyeuses vanteries dont il fatigue quiconque veut bien l'écouter, cet amour de la louange, même la plus grossière, ce goût avec lequel il la reçoit et ce gré qu'il en sait, en sorte qu'il suffit de le louer pour obtenir tout de lui : au contraire cette vivacité et cette délicatesse[1] pour un mot qui peut l'offenser, ces agitations où il entre, ces mélancolies où il tombe, ces jalousies, ces amertumes de cœur, ce fiel dont il se ronge, ces soupçons et ces ombrages qu'il prend d'un signe, d'une œillade, d'une parole jetée au hasard et sans dessein. En vérité qu'est-ce que cela? et pour omettre cent autres articles, je vous demande si vous comprenez rien de plus mince et de plus étroit, qu'une âme de cette trempe et un esprit disposé de la sorte. BOURDALOUE.

1. *Délicatesse*, sensibilité, susceptibilité.

---

103. L'ambitieux.

L'ambitieux ne jouit de rien : ni de la gloire, il la trouve obscure[1] : ni de ses places, il veut monter plus haut : ni de sa prospérité, il sèche et dépérit au milieu de son abondance : ni des hommages qu'on lui rend, ils sont empoisonnés par ceux qu'il est obligé de rendre lui-même : ni de la faveur, elle devient amère dès qu'il faut la partager avec ses concurrents : ni de son repos, il est malheureux à mesure qu'il est obligé d'être plus tranquille.

Son ambition, en le rendant ainsi malheureux,

l'avilit et le dégrade. Que de bassesses pour parvenir ! Il faut paraître, non pas tel qu'on est, mais tel qu'on nous souhaite. Bassesse d'adulation ; on encense et on adore l'idole qu'on méprise : bassesse de lâcheté ; il faut savoir essuyer des dégoûts, dévorer des rebuts, et les recevoir presque comme des grâces : bassesse de dissimulation ; point de sentiments à soi, et ne penser que d'après les autres : bassesse de dérèglement ; devenir les complices et peut-être les ministres des passions de ceux de qui nous dépendons, et entrer en part dans leurs désordres, pour participer plus sûrement à leurs grâces : enfin bassesse d'hypocrisie ; emprunter quelquefois les apparences de la piété, jouer l'homme de bien pour parvenir, et faire servir à l'ambition la religion même qui la condamne.

Qu'on nous dise après cela que c'est le vice des grandes âmes ! C'est le caractère d'un cœur lâche et rampant ; c'est le trait le plus marqué d'une âme vile. Le devoir tout seul peut nous mener à la gloire ; celle qu'on doit aux bassesses et aux intrigues de l'ambition, porte toujours avec elle un caractère de honte qui nous déshonore. MASSILLON.

1. *Il la trouve obscure*, c'est-à-dire pas assez éclatante à son gré ; celle qu'il a obtenue lui paraît insuffisante au prix de celle qu'il convoite.

---

104. Le suicide.

Il t'est donc permis, selon toi, de cesser de vivre ? La preuve en est singulière, c'est que tu as envie de mourir. Voilà, certes, un argument fort commode pour les scélérats... Dès que la violence de la passion l'emportera sur l'horreur du crime, dans le désir de mal faire, ils en trouveront aussi le droit.

Il t'est donc permis de cesser de vivre ? Je voudrais bien savoir si tu as commencé. Quoi ! fus-tu placé sur la terre pour n'y rien faire ? Le ciel ne t'imposa-t-il point, avec la vie, une tâche pour la remplir? Si tu as fait ta journée avant le soir, repose-toi le reste du jour, tu le peux ; mais voyons ton ouvrage. Quelle réponse tiens-tu prête au juge suprême qui te demandera compte de ton temps?... Malheureux! trouve-moi ce juste qui se vante d'avoir assez vécu, que j'apprenne de lui comment il faut avoir porté la vie pour être en droit de la quitter.

Tu comptes les maux de l'humanité... et tu dis : la vie est un mal. Mais regarde, cherche dans l'ordre des choses si tu y trouves quelques biens qui ne soient point mêlés de maux. Est-ce donc à dire qu'il n'y ait aucun bien dans l'univers? et peux-tu confondre ce qui est mal par sa nature avec ce qui ne souffre le mal que par accident? La vie passive de l'homme n'est rien et ne regarde qu'un corps dont il sera bientôt délivré ; mais sa vie active et morale, qui doit influer sur tout son être, consiste dans l'exercice de sa volonté. La vie est un mal pour le méchant qui prospère, et un bien pour l'honnête homme infortuné ; car ce n'est pas une modification passagère, mais son rapport avec son objet qui la rend bonne ou mauvaise.

Tu t'ennuies de vivre et tu dis : La vie est un mal. Tôt ou tard, tu seras consolé et tu diras : La vie est un bien. Tu diras plus vrai sans mieux raisonner, car rien n'aura changé que toi. Change donc dès aujourd'hui ; et puisque c'est dans la mauvaise disposition de ton âme qu'est tout le mal, corrige tes affections déréglées et ne brûle pas ta maison pour n'avoir pas la peine de la ranger.

Je souffre, me dis-tu ; dépend-il de moi de ne pas souffrir? Il ne s'agit pas de savoir si tu souffres, mais si c'est un mal pour toi de vivre. Passons. Tu souffres, tu dois chercher à ne plus souffrir. Voyons s'il est besoin de mourir pour cela.

Les douleurs de l'âme, tant vives qu'elles soient,

portent toujours leur remède avec elles. En effet, qu'est-ce qui rend un mal quelconque intolérable? C'est sa durée. Les opérations de la chirurgie sont communément beaucoup plus cruelles que les souffrances qu'elles guérissent ; mais la douleur du mal est permanente, celle de l'opération, passagère, et l'on préfère celle-ci. Qu'est-il donc besoin d'opération pour des douleurs qu'éteint leur propre durée qui seule les rendrait insupportables? Est-il besoin d'appliquer de si violents remèdes aux maux qui s'effacent d'eux-mêmes? Pour qui fait cas de la constance et n'estime les ans que le peu qu'ils valent, de deux moyens de se délivrer des mêmes souffrances, lequel doit être préféré de la mort ou du temps? Attends, et tu seras guéri. Que demandes-tu davantage?

Que sont dix, vingt, trente ans pour un être immortel? La peine et le plaisir passent comme une ombre. La vie s'écoule en un instant; elle n'est rien par elle-même, son prix dépend de son emploi. Le bien seul qu'on a fait demeure, et c'est par lui qu'on est quelque chose.

Ne dis donc pas que c'est un mal pour toi de vivre, puisqu'il dépend de toi seul que ce soit un bien, et que, si c'est un mal d'avoir vécu, c'est une raison de plus pour vivre encore. Ne dis pas non plus qu'il est permis de mourir, car autant vaudrait dire qu'il t'est permis de n'être pas homme, qu'il t'est permis de te révolter contre l'auteur de ton être et de tromper ta destination. Mais en ajoutant que ta mort ne fait de mal à personne, songes-tu que c'est à ton ami que tu l'oses dire?

Apprends qu'une mort telle que tu la médites est un vol fait au genre humain. Avant de le quitter, rends-lui ce qu'il a fait pour toi. Mais je ne tiens à rien, je suis inutile au monde... Ignores-tu que tu ne saurais faire un pas sur la terre sans y trouver quelque devoir à remplir, et que tout homme est utile à l'humanité par cela seul qu'il existe ?

Écoute-moi, jeune insensé : Tu m'es cher, j'ai pitié de tes erreurs. S'il te reste au fond du cœur le moindre sentiment de vertu, viens, que je t'apprenne à aimer la vie. Chaque fois que tu seras tenté d'en sortir, dis en toi-même : « Que je fasse encore une bonne action avant de mourir. » Puis, va chercher quelque indigent à secourir, quelque infortune à consoler, quelque opprimé à défendre. Si cette considération te retient aujourd'hui, elle te retiendra encore demain, après demain, toute ta vie. Si elle ne te retient pas, meurs : tu n'es qu'un méchant [1].

J.-J. ROUSSEAU.

[1]. Ce plaidoyer passionné contre le suicide aurait pu se mettre à côté des pages qui traitent du courage, dont le suicide paraît une des formes. Il est mieux à sa place entre l'orgueil et la patience. Le suicide par dépit, par contrariété, par dégoût de la vie, n'est au fond qu'abandon de soi-même et suprême orgueil. On ne trouve pas le monde digne de soi. On s'impatiente de souffrir. On manque de fermeté, de dignité, de constance. On agit en égoïste, en enfant gâté.

Rousseau multiplie les arguments; ils n'ont pas tous la même valeur. Le dernier est certainement le plus fort. Le mot de la fin est une flèche pénétrante. Sous une forme concise, il dit tout.

105. La patience.

Ce que vous ne pouvez corriger dans vous-même ou dans les autres, il faut le supporter avec patience, jusqu'à ce que Dieu en ordonne autrement. Pensez qu'il vous est peut-être plus utile que cela soit ainsi, pour vous éprouver et vous affermir dans la patience, sans laquelle il ne faut pas faire grand cas de nos mérites.

Si, après avoir averti quelqu'un une ou deux fois, il ne se rend pas à vos avis, ne contestez point avec lui;

mais remettez-le tout à Dieu qui sait convertir le mal en bien.

Étudiez-vous à supporter avec patience les imperfections et les faiblesses des autres, quelles qu'elles soient, puisque vous en avez vous-même plusieurs qu'il faut que les autres supportent. Si vous ne pouvez pas vous-même vous rendre tel que vous voudriez être, comment pourriez-vous réduire les autres au point où vous souhaiteriez qu'ils fussent?

Nous sommes bien aises que les hommes soit parfaits, et nous ne nous corrigeons pas de nos propres défauts! Nous souhaitons que l'on reprenne les autres avec rigueur, et la moindre correction nous fait de la peine. Nous trouvons mauvais qu'on donne trop de liberté aux autres[1], et nous ne voulons pas qu'on nous refuse ce que nous demandons. Nous voulons que les autres soient restreints par des règlements[1], et nous ne pouvons souffrir d'être gênés en quoi que ce soit. Cela nous fait bien voir qu'il est rare que nous traitions notre prochain comme nous-mêmes.

Chacun a ses défauts et a sa charge; personne ne se suffit à soi-même et n'est assez sage pour soi; mais il faut nous supporter les uns les autres, nous consoler, nous aider, nous instruire et nous avertir mutuellement.

Rien ne fait mieux voir jusqu'où va la vertu d'un chacun que l'adversité. Car les occasions ne rendent pas l'homme fragile, mais elles le font paraître tel qu'il est.

Imitation de J.-C.

1. *Trop de liberté aux autres.* — *Restreints par des règlements.* Il ne faut pas oublier que le livre de l'*Imitation* a été écrit par un moine et s'adressait à des hommes qui vivaient de la vie commune dans un monastère. Mais rien n'empêche d'élargir le cadre, et de transporter ces conseils et ces expériences à la vie civile. Ces observations sont

aussi vraies dans le monde qu'au couvent; l'homme est partout le même; il réclame volontiers pour lui ce qu'il se plaint de voir accorder aux autres.

---

106. Comment on se fait injure à soi-même.

L'âme de l'homme ne saurait s'infliger une plus cruelle injure à elle-même que de devenir en quelque sorte un rebut et comme une superfétation de l'univers[1]. Or, prendre jamais en mal quoi que ce soit dans ce qui arrive, c'est se révolter contre la nature universelle[2], qui renferme les natures si diverses de tous les êtres.

En second lieu, notre âme ne se fait guère moins de tort, quand elle prend un homme en aversion et qu'elle s'emporte contre lui dans l'intention de lui nuire, avec cette passion aveugle des cœurs livrés à la colère.

Troisièmement, notre âme se fait injure quand elle se laisse subjuguer par le plaisir ou la souffrance. Quatrièmement, quand elle commet quelque mensonge et qu'elle fait ou dit quelque chose qui n'est pas franc ou qui n'est pas exact. Cinquièmement, enfin, lorsqu'elle néglige de diriger vers un but précis ses actes ou ses sentiments, et qu'elle les laisse aller à l'aventure et sans suite, tandis que c'est notre devoir de calculer nos moindres actions en les rapportant au but suprême de la vie. Or, le but suprême, pour des êtres doués de raison, c'est de se conformer toujours à la raison, aux lois de la cité la plus auguste[3] et du plus auguste des des gouvernements.

MARC-AURÈLE.

1. *Un rebut, une superfétation de l'univers.* Prendre en mal ce qui arrive, se révolter contre le cours des choses, c'est se mettre soi-même hors la loi de nature, se faire une place à part dans la création, ou plutôt à côté et en dehors de la création, se réduire à l'état de rebut, de hors-d'œuvre, d'inutilité. Au contraire, se soumettre aux événements, se

ranger aux lois de la nature, c'est faire partie intégrante de l'ordre universel, c'est accepter et prendre sa vraie place dans l'univers.

2. *La nature universelle.* Voici un autre passage de Marc-Aurèle qui explique sa pensée sur ce point : « Toutes choses sont liées entre elles par un enchaînement sacré, et il n'y en a peut-être aucune qui soit étrangère à l'autre ; car tous les êtres ont été combinés pour former un ensemble d'où dépend la beauté de l'univers. Il n'y a qu'un seul monde, qui comprend tout ; un seul Dieu, qui est dans tout ; une seule loi, qui est la raison commune à tous les êtres intelligents, et une seule vérité, comme aussi un seul état de perfection pour les choses de même genre et pour les êtres qui participent à la même Raison. »

3. *La cité la plus auguste,* etc. C'est le monde moral: c'est l'univers régi par la raison.

---

107. Les fausses vertus.

...Ces hommes vertueux n'ont au fond souvent pour eux que l'erreur publique.

Amis fidèles, je le veux[1]; mais c'est le goût, la vanité ou l'intérêt, qui les lie, et dans leurs amis ils n'aiment qu'eux-mêmes. Bons citoyens, il est vrai ; mais la gloire et les honneurs qui nous reviennent en servant la patrie, sont l'unique lien et le seul devoir qui les attache. Amateurs de la vérité, je l'avoue ; mais ce n'est pas elle qu'ils cherchent, c'est le crédit et la confiance qu'elle leur acquiert parmi les hommes. Observateurs de leur parole ; mais c'est un orgueil qui trouverait de la lâcheté et de l'inconstance à se dédire ; ce n'est pas une vertu qui se fait une religion de ses promesses. Vengeurs de l'injustice ; mais en la punissant dans les autres, ils ne veulent que publier qu'ils n'en sont pas capables eux-mêmes. Protecteurs de la faiblesse ; mais ils veulent avoir des panégyristes de leur générosité, et les éloges des opprimés sont ce que leur offrent de plus touchant leur oppression et leur misère.

MASSILLON.

1. Pour comprendre ce passage, il ne faut pas perdre de vue son caractère ironique. Il s'agit de gens à qui l'opinion publique attribue des vertus dont ils n'ont que l'apparence. Au fond, c'est tout autre chose que des mobiles vertueux et désintéressés qui dicte leur conduite. On les appelle des amis fidèles, ou de bons citoyens, ou des protecteurs de la faiblesse, etc.; mais, en réalité, ils ne méritent pas ces titres, si l'on considère l'intention qui les anime; leurs vertus apparentes sont de fausses vertus; non pas qu'ils soient des hypocrites, mais parce qu'il n'y a de véritable vertu que celle qui prend sa source dans la seule conscience.

---

108. L'humilité.

Quand je saurais toutes les choses qui sont dans le monde, si je ne suis pas dans la pratique de la charité, que me servira ma science devant Dieu, qui doit me juger sur mes œuvres?... Ce n'est point la multitude des paroles qui peut rassasier l'âme; c'est l'innocence de la vie qui met l'esprit en repos, et une conscience pure donne une grande confiance auprès de Dieu.

Plus vous avez de lumière touchant le bien, plus vous serez rigoureusement puni si vous n'en vivez pas plus saintement. Quelque adroit ou quelque habile que vous soyez, n'en tirez donc point vanité; craignez plutôt que ces connaissances que Dieu vous a données ne vous condamnent. Si vous croyez savoir beaucoup de choses et y être habile, songez que vous en ignorez infiniment plus que vous n'en savez. Gardez-vous de porter votre esprit trop haut[1]; mais avouez plutôt votre ignorance.

Quel sujet avez-vous de vous estimer plus qu'un autre, puisqu'il y en a tant qui en savent plus que vous?... Si vous voulez que ce que vous apprenez et ce que vous savez vous soit utile, prenez plaisir à être inconnu et à n'être compté pour rien dans le monde. La leçon la plus sublime et la plus salutaire est de se bien connaître et de se mépriser soi-même. N'avoir aucune bonne opinion de soi-même et estimer beaucoup les autres, c'est une grande sagesse et une haute perfection. Quand vous verriez quelqu'un tomber dans des fautes visibles, ou commettre quelques grands crimes, vous ne devriez pas pour cela vous juger meilleur que lui[2], parce que vous ne savez pas combien de temps vous persévérerez dans le bien. Nous sommes tous fragiles; mais vous devez croire que personne ne l'est plus que vous.

IMITATION DE J.-C.

1. *Porter votre esprit trop haut*, vous enorgueillir.
2. *Meilleur que lui.* Vous êtes meilleur en ce sens que vous n'avez pas commis les mêmes fautes; mais vous n'êtes pas meilleur en ce sens que vous êtes fragile, vous aussi, que vous en avez commis d'autres d'un autre genre, et que vous ne savez pas si vous résisteriez à des tentations aussi fortes. Vous avez déjà fait l'expérience de votre faiblesse, et le meilleur moyen de la combattre est d'en avoir conscience.

109. La possession de soi-même.

J'ai appris de Maxime[1] ce que c'est que d'être maître de soi; de ne jamais rester indécis; de supporter de bon cœur toutes les épreuves, y compris les maladies; de tempérer son caractère par un mélange d'aménité et de tenue[2]; d'exécuter sans marchander toutes les obligations qu'on a; d'inspirer à tout le monde cette conviction que, quand on parle, on dit toujours ce qu'on pense, et que, quand on agit, on a l'intention de bien faire; de ne s'étonner de rien; de ne se point troubler; de ne jamais se presser ni se laisser aller à l'indolence; de ne jamais se déconcerter dans le désespoir en s'abandonnant soi-même et en s'anéantissant; ou de ne pas reprendre trop subitement du courage et une confiance exagérée; d'être serviable et prompt à l'indulgence; en un mot, de donner de soi plutôt l'idée d'un homme qui ne change pas³ que celle d'un homme qui se réforme, de quelqu'un dont jamais personne n'a pu croire être dédaigné, et à qui personne ne s'est jamais cru supérieur⁴; enfin de tâcher d'être affable pour tout le monde.

MARC-AURÈLE.

1. *Maxime*, Claudius Maximus, philosophe stoïcien.
2. *De tenue*, de fermeté, de dignité.
3. *Un homme qui ne change pas.* C'est l'idée qu'exprimait Montaigne d'après les anciens : la sagesse et la vertu consistent à suivre avec constance une ligne invariable.
4. *A qui personne ne s'est jamais cru supérieur.* On dirait la contrepartie de l'humilité recommandée dans la page précédente. Mais c'est fierté plutôt qu'orgueil. On ne peut empêcher l'honnête homme d'avoir le sentiment de sa valeur morale; il n'a donné à personne le droit de l'humilier. Il y a là, du reste, la différence entre la vertu monacale et la vertu antique; mais c'est une différence d'accent plutôt qu'une opposition.

---

110. L'examen de conscience.

Nous devons tous les jours appeler notre âme à rendre ses comptes. Ainsi faisait Sextius. Sa journée terminée, avant de se livrer au repos de la nuit, il interrogeait son âme : « De quel défaut t'es-tu aujourd'hui guérie? Quelle passion as-tu combattue? En quoi es-tu devenue meilleure? »

Quoi de plus beau que cette habitude de repasser ainsi toute sa journée? Quel sommeil que celui qui succède à cette revue de soi-même! Qu'il est calme, profond et libre, lorsque l'âme a reçu ce qui lui convient d'éloge ou de blâme, et que, soumise à sa propre surveillance, à sa propre censure, elle informe secrètement contre elle-même!

Ainsi fais-je, et remplissant envers moi les fonctions de juge, je me cite à mon tribunal. Quand on a emporté la lumière de ma chambre, que ma femme, par égard pour ma coutume, a fait silence, je commence par une enquête sur toute ma journée, je reviens sur toutes mes actions et sur toutes mes paroles, je ne me dissimule rien, je ne me passe rien. Eh! pourquoi craindrais-je d'envisager une seule de mes fautes, quand je puis me dire : « Prends garde de recommencer ; pour aujourd'hui je te pardonne[1]. »

SÉNÈQUE.

[1]. *Je te pardonne*, précisément parce que tu as reconnu ta faute, que tu l'as avouée, que tu en as regret, et que tu te proposes de n'y pas retomber. Ce n'est pas connivence et oubli; c'est résolution et engagement.

111. Le soliloque.

Vous savez que je suis habitué de longue main à l'art du soliloque. Si je quitte la société et que je rentre chez moi triste et chagrin, je me retire dans mon cabinet, et là je me demande : « Qu'avez-vous ?... de l'humeur ?... Oui. Est ce que vous vous portez mal? Non... » Je me presse, j'arrache de moi la vérité.

Alors il me semble que j'ai une âme gaie, tranquille, honnête et sereine, qui en interroge une autre de quelque sottise qu'elle craint d'avouer. Cependant l'aveu vient.

Si c'est une sottise que j'ai commise, comme il m'arrive assez souvent, je m'absous. Si c'en est une qu'on m'a faite, comme il arrive quand j'ai rencontré des gens disposés à abuser de la facilité de mon caractère, je pardonne. La tristesse se dissipe; je rentre dans ma famille, bon époux, bon père, bon maître, du moins je l'imagine ; et personne ne se ressent d'un chagrin qui allait se répandre sur tout ce qui m'eût approché[1].

DIDEROT.

1. Ce soliloque n'est pas tout à fait la même chose que l'examen de conscience ; c'est un moyen de se reprendre soi-même, de retrouver le calme, la possession de soi, la juste vue des choses, de combattre l'irritation, de se remettre en équilibre et en bonne humeur.

112. Une âme forte.

Une âme forte et grande se reconnaît à deux caractères principaux [1] : l'un est le mépris des choses extérieures, fondé sur la certitude que l'honnête et le beau moral sont seuls dignes de l'admiration, des désirs, des efforts de l'homme, et qu'il ne lui est pas permis de plier sous un autre homme, sous les passions, ou sous la fortune. L'autre caractère est cette disposition qui nous porte à accomplir de grandes actions, vraiment utiles, mais pénibles, laborieuses, périlleuses même, soit pour notre vie, soit pour les biens qu'elle renferme.

De ces deux caractères, le second a tout l'éclat, toute l'ampleur, et l'on peut le dire, toute l'utilité ; mais le premier contient le principe qui fait les hommes grands. C'est lui, en effet, qui élève les âmes et qui leur inspire le mépris des choses humaines. Ce caractère lui-même se compose de ces deux traits : n'appliquer l'idée de bien qu'à ce qui est honnête, — et s'affranchir de toute passion qui trouble l'âme.

En effet, compter pour peu de chose ce qui paraît distingué et brillant aux yeux du vulgaire, et mépriser ces vains avantages au nom d'une ferme et solide raison, c'est le fait d'une âme forte et grande ; supporter les maux cruels, si nombreux et si variés dont la vie et la fortune nous accablent, sans déchoir du rang où nous a placés la nature, ni de la dignité du sage, c'est le propre d'un caractère vigoureux et de grande fermeté.

CICÉRON.

1. On peut dire que de ces *deux caractères* signalés par Cicéron comme la marque d'une âme forte et grande, le premier est la cause, et le second l'effet. C'est lorsque l'homme n'a d'estime que pour le bien moral et regarde avec mépris les avantages extérieurs qu'il lui faudrait acheter au prix de la vertu, qu'il est capable d'actes courageux et héroïques. Les grandes actions, le dévouement, le sacrifice de soi-même ne sont pas des improvisations, des saillies inattendues, des résolutions subites et sans préparation ; elles naissent d'un état d'esprit antérieur, elles plongent leurs racines dans une disposition de l'âme, dans l'amour du bien et du beau.

113. La sérénité.

Il est tout un ordre de facultés, et les plus élevées peut-être, qui ne croissent et ne mûrissent qu'à l'ombre tutélaire du repos : ceci regarde nos plus beaux dons ainsi que nos vertus mêmes. Il n'est rien d'admirable, rien de grand dans la nature morale, dont la sérénité[1] ne favorise le développement.

Sérénité ! mot charmant qui ne s'applique qu'au ciel et à l'âme, et semble établir des rapports entre eux ; état d'une existence où règne l'harmonie, où le cœur est en paix avec lui-même et l'univers. Dans cet équilibre parfait, une volonté sage exerce aisément son empire ; nos divers mouvements s'ordonnent et s'accordent avec l'ordre éternel. Pourquoi cette disposition est-elle aujourd'hui si rare ? Pourquoi faut-il aller chercher dans les souvenirs de l'antiquité ce je ne sais quoi de pur, d'élevé, de tranquille, qui repose l'âme et qui l'agrandit ? D'où vient qu'on le rencontre plutôt parmi les simples cultivateurs des campagnes que chez des esprits plus exercés ? Dans des rapports sociaux moins compliqués, l'homme prend-il plus aisément la teinte si douce de cette nature qui l'entoure, et ne pourrait-il pas retrouver l'harmonie dans la plénitude même de son développement ?

Quoi qu'il en soit, si nous ne la troublons pas, cette heureuse disposition se retrouvera toujours dans le premier âge. Elle brille d'un pur éclat dans les yeux de l'enfant, elle siège sur son front épanoui. Un enfant chez qui règne une douce sérénité, semble bien aise de vivre : respirer, voir, remuer ses petits bras, est déjà un bonheur pour lui. Il accueille la nature entière avec reconnaissance ; il semble que cette âme nouvelle prenne l'essor et vole au devant de ses bienfaits. N'y touchons pas ; laissons l'enfant se lier avec elle ; craignons d'altérer le doux accord qui se forme au dedans de lui. Tant que son regard plein d'intelligence prouve que son esprit est occupé, ne rompons jamais le cours de ses idées. Gardons-nous de troubler son activité intérieure : elle est plus réelle et plus salutaire que celle qui lui vient de nous.

Madame NECKER DE SAUSSURE.

1. *Sérénité*, état d'un ciel sans nuage, d'une mer sans agitation, d'une atmosphère calme et paisible, « d'une existence où règne l'harmonie. » Il est clair que les mille complications de la vie moderne, et surtout de la vie des grandes villes, la lutte acharnée pour l'existence, permettent difficilement cette sérénité. Nous devons y tendre, nous efforcer surtout de la créer dans nos familles, autour des enfants, en écartant résolument toute agitation inutile et en réprimant en nous-mêmes les mouvements tumultueux de la passion.

114. La retraite intérieure.

On va se chercher de lointaines retraites dans les champs, sur le bord de la mer, dans les montagnes ; et toi-même aussi tu ne laisses pas que de satisfaire volontiers les mêmes désirs. Mais que tout ce soin est singulier, puisque tu peux toujours, quand tu le veux, à toute heure, trouver un asile en toi-même ! Nulle part, en effet, l'homme ne peut goûter une retraite plus sereine ni moins troublée que celle qu'il porte au dedans de son âme, surtout quand on rencontre en soi ces ressources[1] sur lesquelles il suffit de s'appuyer un instant pour qu'aussitôt on se sente dans la parfaite quiétude. Et par la quiétude, je n'entends pas autre chose qu'une entière soumission à la règle et à la loi. Tâche donc de t'assurer ce constant refuge, et viens t'y renouveler toi-même perpétuellement. Conserve en ton cœur de ces brèves et inébranlables maximes que tu n'auras qu'à méditer un moment, pour qu'à l'instant ton âme entière recouvre sa sérénité, et pour que tu en reviennes, exempt de toute amertume, reprendre le commerce[2] de toutes ces choses où tu retournes...

Tu peux toujours faire retraite dans cet humble domaine qui n'appartient qu'à toi. Avant tout, garde-toi de t'agiter, de te raidir; conserve ta liberté et envisage les choses comme doit le faire un cœur énergique, un homme, un citoyen, un être destiné à mourir[3]. Puis, entre les maximes où la réflexion peut s'arrêter le plus habituellement, place ces deux-ci[4] : la première, que les choses ne touchent pas directement notre âme, puisqu'elles sont en dehors d'elle, sans qu'elle puisse les modifier, et que nos troubles ne viennent que de l'idée tout intérieure que nous nous en faisons; la seconde, que toutes ces choses que tu vois vont changer dans un instant, et que tout à l'heure elles ne seront plus...

MARC-AURÈLE.

1. *Ces ressources*, c'est-à-dire les doctrines et les sentiments d'une saine philosophie morale, ces « brèves et inébranlables maximes » qui éclairent et réconfortent.

2. *Le commerce* etc., c'est-à-dire l'usage, la fréquentation des choses de la vie pratique.

3. *Un être destiné à mourir.* La pensée de la mort élève au-dessus des vaines agitations d'un jour et nous montre les choses à leur véritable valeur.

4. *Ces deux-ci.* La première de ces maximes est fonda-

mentale dans la doctrine stoïcienne ; prise dans toute sa rigueur, elle cesserait d'être vraie et d'être humaine ; car on ne peut imaginer que l'âme soit inaccessible aux impressions des choses et des événements, au désir, aux affections, au chagrin, à la joie, à la douleur. L'homme ne peut ni ne doit être impassible ; mais il peut et il doit envisager les choses avec « un cœur énergique » et conserver sa liberté morale à travers tous les incidents de la vie.

---

115. La vie paisible.

O vallons paternels, doux champs, humble chaumière
Au bord penchant des bois suspendue aux côteaux,
Dont l'humble toit, caché sous des touffes de lierre,
    Ressemble au nid sous les rameaux ;

Gazons entrecoupés de ruisseaux et d'ombrages,
Seuil antique où mon père, adoré comme un roi,
Comptait ses gras troupeaux rentrant des pâturages,
    Ouvrez-vous ! ouvrez-vous ! c'est moi.

. . . .

Je ne viens pas traîner, dans vos riants asiles,
Les regrets du passé, les songes du futur :
J'y viens vivre, et, couché sous vos berceaux fertiles,
    Abriter mon repos obscur.

S'éveiller le cœur pur, au réveil de l'aurore,
Pour bénir au matin le Dieu qui fit le jour,
Voir les fleurs du vallon sous la rosée éclore,
    Comme pour fêter son retour ;

Conduire la génisse à la source qu'elle aime,
Ou suspendre la chèvre au cytise embaumé,
Ou voir les blancs taureaux venir tendre d'eux-mêmes
    Leur front au joug accoutumé ;

Guider un soc tremblant dans le sillon qui crie,
Du pampre domestique émonder les berceaux,

Ou creuser mollement au sein de la prairie,
    Les lits murmurants des ruisseaux ;

Le soir, assis en paix au seuil de la chaumière,
Tendre au pauvre qui passe un morceau de ton pain,
Et, fatigué du jour, y fermer sa paupière,
    Loin des soucis du lendemain ;

Sentir, sans les compter, dans leur ordre paisible,
Les jours suivre les jours, sans faire plus de bruit
Que ce sable léger dont la fuite insensible
    Nous marque l'heure qui s'enfuit ;

Voir de vos doux vergers sur vos fronts les fruits pendre,
Les fruits d'un chaste amour dans vos bras accourir,
Et sur eux appuyé, doucement redescendre :
    C'est assez pour qui doit mourir[1] !

                        LAMARTINE.

1. Le poëte se propose de quitter la ville pour retourner aux champs qui l'ont vu naître ; la vie agitée des cités le fatigue ; il soupire après l'existence calme et les saines occupations de la campagne ; il jette sur ces occupations, dont on ne voit trop souvent que l'aspect rude et vulgaire, un voile de poésie qui n'a rien de mensonger. Les hommes se laissent trop souvent tromper par les séductions de la ville ; s'ils savaient mieux voir le fond des choses, ils reconnaîtraient tout ce qu'il y a de sain, de réconfortant et d'élevé dans la vie paisible de celui qui cultive la terre. Virgile l'a dit autrefois : « heureux les agriculteurs, s'ils connaissaient les biens qui sont leur partage ! » Voici ce qu'en dit en prose M. de Falloux, dans un passage que citait M. Gréard lors de sa réception à l'Académie française :

« C'est la vie des champs qui trompe le moins d'espérances ; le vrai campagnard est en même temps actif et sédentaire ; sensible à l'honneur, inaccessible à l'ambition, il sert son pays sans quitter son foyer. Son corps est robuste, parce que son âme est paisible. Jette-t-il les regards en arrière, il retrouve assurément des soucis et des peines, mais point de regrets. Quand ses jours sont comblés, il laisse autour de sa tombe un honnête souvenir de deux ou trois lieues de circonférence, et cette devise à ses successeurs : Vivre en travaillant, mourir en priant. »

---

116. La discrétion sur notre vie.

Il n'est pas bon, par une sincérité excessive[1], de trop fouiller sa conscience et d'en tirer tout ce qu'elle contient. Laissez dans l'ombre ce qui est dans l'ombre, et ne donnez pas à vos pensées, en les produisant à la lumière, une importance qu'elles n'avaient pas. Que j'aime mieux cet austère silence d'une âme tendre et humaine, mais pleine d'expérience, qui n'exprime au dehors que tout ce qui peut être noblement avoué, et qui n'achète pas l'indulgence pour les mille faiblesses qui la déchirent, au prix de sa dignité et de son énergie. O vous qui vous sentez défaillir dans les innombrables épreuves de la vie, n'avouez pas vos chutes intérieures ! Faites comme ce stoïcien qui bravait la douleur : montrez partout un front calme et une intelligence sereine. Outre les bienfaits que répandra autour de vous cette sérénité apparente, soyez sûr qu'elle amènera à sa suite la sérénité véritable. La discrétion sur ses propres sentiments est le meilleur moyen d'en devenir le maître.

P. JANET.

1. Il ne s'agit pas ici de dissimulation et d'hypocrisie, de vouloir paraître meilleur qu'on est, mais simplement de ne pas faire montre et étalage de ses sentiments intimes, de ses défaillances, de ses pensées ou inclinations les plus secrètes. Il y a souvent vanité pure dans certaines affectations d'humilité, et il y a telles franchises qui ne sont que brutalité et cynisme. L'âme a sa pudeur, qui veut être respectée.

117. Les pensées secrètes.

Tu dois éviter, dans l'enchaînement successif de tes pensées, tout ce qui est désordonné, tout ce qui est sans but, à plus forte raison encore tout ce qui est inutile et immoral. L'habitude qu'il faut prendre, c'est de ne penser jamais qu'à des choses telles que si l'on te demandait tout à coup : « A quoi penses-tu? » tu pusses immédiatement répondre en toute franchise : « Voici à quoi je pense. » Il faut qu'on voie à l'instant même, sans l'ombre d'un doute, que tous tes sentiments sont droits et bienveillants, comme il convient à un être destiné à vivre en société, qui ne songe point aux plaisirs et aux illusions de la jouissance, à quelque rivalité, à quelque vengeance, à quelque soupçon ; en un mot, qui ne songe à aucune de ces pensées dont on rougirait de faire l'aveu s'il fallait convenir qu'on les a dans le cœur.

Quand l'homme a pratiqué cette règle, sans rien négliger désormais pour compter entre tout ce qu'il y a de mieux au monde[1], il devient, on peut dire, le ministre et l'agent des dieux, en ·puyant sur le principe inébranlable qu'il porte ·· · de lui, et qui met l'homme à l'abri des sou ... ue la volupté, qui le rend invulnérable à toute souffrance, insensible à tout outrage, inaccessible à toute perversité, qui en fait l'athlète de la plus noble des luttes, de la lutte où l'on est vainqueur de toute passion, qui trempe l'homme profondément dans la justice, qui le dispose à aimer de toutes les forces de son âme ce qui lui arrive et lui échoit en partage, à ne s'occuper que bien rarement, et jamais sans une nécessité pressante d'intérêt commun, de ce que dit un autre, de ce qu'il fait, et de ce qu'il pense. Les seules affaires, en effet, dont il s'occupe, ce sont les siennes[2] ; il réfléchit perpétuellement à la part qui lui a été faite dans le vaste écheveau de l'univers, y trouvant des choses excellentes, et croyant d'une foi absolue que celles qu'il ne connait pas doivent être non moins bonnes. Puis, il se souvient que, si tous les êtres doués de raison ne forment qu'une seule famille, et s'il est conforme à la vraie nature de l'homme d'aimer tous les hommes en général, il ne faut pas, quant au jugement qui est à porter sur les choses, tenir compte de celui de tous les hommes sans exception; mais il faut regarder uniquement à l'opinion de ceux qui savent vivre conformément à la nature[3].

MARC-AURÈLE.

1. *Ce qu'il y a de mieux au monde*, c'est l'ordre, c'est la raison, ce sont les hommes qui vivent selon les préceptes de la sagesse.

2. *Ce sont les siennes;* pris à la lettre, ceci serait un précepte d'égoïsme. Marc-Aurèle ne méconnaît pas le devoir de s'occuper de l'intérêt commun, et d'aimer les hommes; il veut simplement dire ici que le sage ne perd pas son temps à scruter la vie d'autrui, qu'il a assez à faire à se préoccuper de perfectionner la sienne.

3. *Conformément à la nature*, c'est-à-dire à l'ordre et à la raison, qui sont la loi de la nature.

118. Le recueillement.

Cherchez un temps propre pour vaquer à vous-même[1], et pensez souvent aux bienfaits de Dieu. Laissez les choses purement curieuses[2], et faites un tel choix de vos lectures, qu'elles servent plus à toucher votre cœur qu'à occuper votre esprit. Si vous retranchez de vous les discours superflus et les visites inutiles, et si vous vous abstenez d'écouter les nouvelles et les bruits qui courent, vous ne manquerez pas de temps propre pour vous appliquer autant qu'il le faudra à de saintes méditations[3].

Un ancien a dit: « Je n'ai jamais été parmi les hommes que je n'en sois revenu moins homme[4] ».

C'est ce que nous expérimentons trop souvent, quand nous nous arrêtons en de longues conversations. Il est plus aisé de se taire tout à fait que de ne point trop parler. Il est plus aisé de se tenir caché dans sa retraite, que de se bien guider lorsqu'on se produit au dehors.

Aucun ne peut sûrement se produire, s'il n'aime à demeurer caché. Aucun ne peut parler sûrement s'il a de la répugnance à se taire. Aucun ne peut être dans l'élévation avec sûreté, s'il ne se soumet volontiers aux autres. Aucun ne peut sûrement commander, s'il n'a bien appris à obéir.

Personne ne peut goûter une joie bien assurée, que celui qui porte en soi le témoignage d'une bonne conscience.

Si vous voulez sentir le recueillement jusqu'au fond de votre cœur, entrez dans votre cellule [5], bannissez-en le tumulte du monde. Vous trouverez dans votre cellule ce que vous perdez souvent dehors. La cellule est douce si l'on continue à y demeurer; et elle devient ennuyeuse si on la garde mal.

Tel sort gaiement, qui revient avec tristesse; et la joie du soir fait trouver triste le matin du lendemain. Il en est ainsi de toutes les joies charnelles; elles s'insinuent agréablement, mais elles mordent et tuent à la fin. IMITATION DE J.-C.

1. *Vaquer à vous-même*, vous occuper de vous, de votre vie intérieure, de votre perfectionnement moral.
2. *Purement curieuses*, qui n'ont d'autre objet que de satisfaire une curiosité banale et stérile, que de distraire et d'amuser un moment.
3. *De saintes méditations*, des méditations propres à faire naître la sainteté; la sainteté est la traduction religieuse du mot de vertu; c'est la vertu prenant sa source en Dieu.
4. *Moins homme*, c'est-à-dire moins digne du nom d'homme, moins sérieux, moins viril, plus futile et plus vide. Les relations sont habituellement si superficielles, les conversations si frivoles, les hommes ont si peu souci de s'instruire

et de s'améliorer réciproquement, qu'il y a rarement profit à se répandre au dehors et à rechercher assidûment ce qu'on appelle la société. Ce qui ne veut pas dire qu'il faille vivre en misanthrope, fuir la compagnie de ses semblables ; seulement il y a un choix à faire et une sage retenue à garder.

5. *La cellule.* Rappelons que ceci était écrit pour des moines, très épris de la vie solitaire. Mais au lieu de cellule, mettez chambrette, et le conseil est bon pour tous. Il est bon de se ménager une retraite, de fuir le tumulte et les vaines agitations, de vivre avec soi-même, de se réfugier fréquemment dans le silence de sa chambre et d'y prendre un réel plaisir. Malheur à ceux qui ne savent pas goûter la solitude et qui redoutent de se trouver face à face avec eux-mêmes !

119. La tristesse.

Nos tristesses sont de même ordre que nos désirs, puisque nos désirs déçus les composent, et nos désirs c'est nous-mêmes. Quelles sont donc les causes de notre tristesse ? Sont-elles nobles, élevées, avouables ou égoïstes, misérables, bonnes à cacher loin de toute lumière ? Nos amis, notre pays, le désir trop souvent confondu de savoir la vérité, l'inutile effort vers le bien, le découragement inquiet de l'âme qui s'élance vers la lumière et qui retombe, sont-ils au fond de notre tristesse, mêlés, je le veux bien, à cette inévitable lie qui dort toujours dans le cœur de l'homme, ou bien cette lie est-elle tout notre cœur, et notre tristesse vient-elle seulement de l'inexécution de nos vœux injustes et de la soif inassouvie des plaisirs vulgaires ? Nous pouvons ainsi prendre notre mesure[1] ; savoir au vrai pourquoi l'on est triste, c'est être près de savoir ce qu'on vaut. PRÉVOST-PARADOL.

1. *Prendre notre mesure*, apprécier la valeur de notre être moral. La pensée est ingénieuse et profonde. On pourrait en dire autant de nos joies. Nous pouvons mesurer la valeur de notre moralité d'après le caractère même des choses qui nous rendent heureux.

120. Le rôle de la douleur.

Si l'effort est trop grand pour la faiblesse humaine
De pardonner les maux qui nous viennent d'autrui,
Épargne-toi du moins le tourment de la haine ;
A défaut du pardon[1], laisse venir l'oubli.

Les morts dorment en paix dans le sein de la terre :
Ainsi doivent dormir nos sentiments éteints.
Ces reliques du cœur[2] ont aussi leur poussière ;
Sur leurs restes sacrés ne portons pas les mains.

. . . .

Le coup dont tu te plains t'a préservé peut-être,
Enfant ; car c'est par là que ton cœur s'est ouvert.
L'homme est un apprenti, la douleur est son maître,
Et nul ne se connaît tant qu'il n'a pas souffert.

C'est une dure loi, mais une loi suprême,
Vieille comme le monde et la fatalité,
Qu'il nous faut du malheur recevoir le baptême,
Et qu'à ce triste prix tout doit être acheté.

Les moissons pour mûrir ont besoin de rosée ;
Pour vivre et pour sentir, l'homme a besoin des pleurs ;
La joie a pour symbole une plante brisée,
Humide encor de pluie et couverte de fleurs.

. . . .

Ne te disais-tu pas guéri de ta folie ?
N'es-tu pas jeune, heureux, partout le bienvenu ?
Et ces plaisirs légers[3] qui font aimer la vie,
Si tu n'avais pleuré, quel cas en ferais-tu ?...

Aimerais-tu les fleurs, les prés et la verdure,
Les sonnets de Pétrarque et le chant des oiseaux,
Michel Ange et les arts, Shakespeare et la nature,
Si tu n'y retrouvais quelques anciens sanglots ?

Comprendrais-tu des cieux l'ineffable harmonie,
Le silence des nuits, le murmure des flots,
Si quelque part là-bas la fièvre et l'insomnie
Ne t'avaient fait songer à l'éternel repos ?

De quoi te plains-tu donc ? L'immortelle espérance
S'est retrempée en toi sous la main du malheur.
Pourquoi veux-tu haïr ta jeune expérience
Et détester un mal qui t'a rendu meilleur ?

A. DE MUSSET[4].

1. *A défaut du pardon.* L'oubli est une sorte de pardon, moins le mérite moral de l'effort et de la volonté ; il est du dédain ou de la paresse de cœur ; le pardon est générosité. Il y a de la faiblesse morale à oublier pour s'épargner « le tourment de la haine » ; il y a de la grandeur à pardonner.

2. *Les reliques du cœur.* Le poète fait allusion à des affections trompées. Il a aimé ; il a été trahi ; ceci ne doit pas faire oublier cela. Il y a des souvenirs qu'il faut envelopper d'un voile de respect. Rien de hideux comme de poursuivre de ses outrages ceux que l'on a aimés.

3. *Les plaisirs légers.* Le poète veut dire qu'on goûte d'autant mieux toutes les joies, tous les plaisirs qui s'offrent, gais compagnons, art, poésie, charmes de la nature, qu'on a été plus profondément éprouvé et qu'on a cru que c'en était fait désormais de toute joie de la vie. Ce n'est pas juste de tout point : après certaines épreuves, il y a certains plaisirs qui n'ont plus de saveur. Mais il est vrai de dire que la douleur nous apprend à mieux apprécier les biens qui nous restent.

4. *Œuvres complètes,* Charpentier, éditeur.

121. Mystère de la douleur.

Il m'arrive quelquefois de me figurer que ma condition serait infiniment meilleure, si toutes mes facultés naturelles, au lieu d'être en désaccord et en lutte, atteignaient spontanément leurs objets, pour en jouir sans obstacle au sein d'une harmonie parfaite et d'une douce félicité.

C'est surtout dans les rudes labeurs d'une recherche difficile et dans les combats douloureux des passions l'une contre l'autre et de toutes contre le devoir[1], c'est dans ces moments d'angoisse qu'il m'arrive de m'écrier : Oh! qu'il serait doux de connaître la vérité sans effort et de faire le bien sans combat! Vœu indiscret, désir chimérique, rêve d'un cœur faible qui ne sait ce que c'est que la science, la vertu et tout ce qui donne à la vie humaine une véritable grandeur.

Sais-tu bien, mon âme, ce qui arriverait si les penchants de ton être étaient naturellement en harmonie et atteignaient leurs objets sans obstacle? Tu resterais éternellement dans l'enfance, ou plutôt tu ne serais pas même un enfant, car il y a déjà dans l'enfant la lutte et l'effort, nobles semences de l'homme; tu n'aurais rien de la personne, tu serais une chose [2].

Ce qui éveille en toi la personne, c'est le désaccord et la lutte de tes penchants; c'est le besoin d'intervenir dans le gouvernement de tes puissances[3], et de substituer à leur anarchie et à leur contradiction naturelles la mesure, la règle et la subordination. Faire régner l'harmonie dans tes penchants, tes amours, tes actions et dans toutes les parties de ta nature, voilà ta condition d'être moral, voilà ta dignité. C'est au prix de la douleur, il est vrai, que tu achètes la science et la vertu; mais, crois-moi, quand tu en auras bien connu le charme divin, jamais tu ne te plaindras de les avoir acquis à un trop haut prix.

SAISSET.

1. *De toutes contre le devoir.* Les passions sont toutes en lutte contre le devoir, ou du moins presque toutes. Il y a des exceptions; le devoir peut se trouver d'accord avec certaines passions généreuses, comme l'amour de la patrie, de la justice, du progrès. De telles passions sont, à vrai dire, la flamme sacrée qui éclaire et échauffe le devoir.

2. *Tu serais une chose.* Ce qui fait de l'homme une personne vivante et libre, c'est la lutte, c'est l'effort, c'est la victoire de la volonté sur les obstacles de la vie.

3. *Tes puissances*, tes facultés.

---

122. La maladie.

La maladie, considérée en elle-même et séparée du terme fatal[1] auquel elle peut aboutir, est déjà une épreuve sérieuse et suffit pour mettre en jeu toutes les forces d'une âme bien née. Supposez que le mal se prolonge et qu'il laisse à l'intelligence toute sa clarté, c'est une vie nouvelle qui commence pour le malade sevré de ses occupations habituelles et n'ayant plus d'autre affaire que de souffrir et de penser. Pline, écrivant de la campagne, et considérant de sa retraite les occupations multipliées de la ville, disait avec finesse : « Il semble que, pris à part et au moment où l'on s'en acquitte, chacun de ces actes soit indispensable, et pourtant, lorsqu'on les veut considérer de loin et tous ensemble, ils n'ont aucune importance et ne laissent aucun souvenir. »

La maladie ressemble à cette retraite ; elle suspend le mouvement de tous les jours et permet d'estimer à sa juste valeur cette agitation inquiète et stérile. L'homme est alors réduit à lui-même, et si les douleurs du corps s'apaisent, ou plutôt, comme il arrive d'ordinaire, s'émoussent par l'habitude, l'esprit se met à son tour en mouvement et réclame sa pâture.

Car que faire en un gîte, à moins que l'on ne songe ?

ou qu'on ne lise, ce qui est un secours pour songer. C'est alors, si on a l'esprit cultivé et le goût sain, qu'on sent le néant de ses lectures accoutumées, et le vide de ces œuvres légères que l'habitude du monde ou les devoirs de notre profession[2] nous obligent à parcourir d'un œil rapide, mais qu'une fois lues on ne saurait se décider à reprendre.

C'est le malade lettré[3] qui a, plus que personne, le droit de dire : « Je ne lis pas, je relis. » C'est pour lui, plus que pour aucun autre, que sont faits les livres éternels : j'entends par là ceux qui parlent avec le plus d'art des choses qui ne passent pas, qu'il s'agisse de Dieu ou de la nature, de l'homme ou de la société, des réalités de ce monde ou de nos aspirations vers l'autre.

Il nous faut alors des livres dont le fond soit vrai de tout temps, dont la forme soit belle à tous les yeux; nous allons droit aux œuvres qui sont la meilleure richesse et l'honneur le moins fragile de l'esprit humain. Retirés sur ces hauteurs, et volontairement enfermés dans ces régions sereines, nous pouvons tromper la maladie et gagner du temps jusqu'au moment solennel, si ce moment doit venir, où le rideau se déchire[4], où commence enfin, sans qu'on puisse s'y méprendre, la grande affaire de la mort.

PRÉVOST-PARADOL.

1. *Du terme fatal*, c'est la mort.

2. *Les devoirs de notre profession.* Prévost-Paradol était journaliste, et, comme tel, astreint à lire rapidement, pour en rendre compte, de nombreux ouvrages de valeur inégale, et la plupart peu dignes d'être conservés et relus.

3. *C'est le malade lettré.* Non pas celui-là seulement. On pourrait dire plutôt que les bons livres, ceux qui méritent d'être appelés les livres éternels, sont surtout faits pour les gens qui ne peuvent se livrer à d'innombrables lectures, et qui ont besoin d'arrêter leur esprit sur un petit nombre de pages, d'une valeur durable et vraiment substantielle.

4. *Où le rideau se déchire*, où la vie terrestre va cesser, où se déchire le voile qui nous sépare des mystères de l'au-delà.

---

123. Brièveté de la vie.

Les journées sont longues et les années sont courtes pour l'homme oisif; il se traîne péniblement du moment de son lever jusqu'au moment de son coucher; l'ennui prolonge sans fin cet intervalle de douze à quinze heures, dont il compte toutes les minutes. De jours d'ennui en jours d'ennui, est-il arrivé à la fin de l'année, il lui semble que le premier de janvier touche immédiatement au dernier de décembre, parce qu'il ne s'intercale dans cette durée aucune action qui la divise[1].

Travaillons donc; le travail, entre autres avantages, a celui de raccourcir les journées et d'étendre la vie. Le vieillard occupé, dont le travail assidu augmentera sans relâche la somme des connaissances, laissera toujours entre le jeune homme et lui à peu près la même différence d'instruction, et la société de celui-ci ne lui déplaira jamais. Il n'en est pas ainsi du vieillard oisif; il s'avance vers un moment où, honteux d'être devenu l'écolier d'un adolescent, il fuira un commerce où la supériorité qu'on aura prise sur lui par l'étude, et qui s'accroîtra par les progrès successifs de l'esprit humain, l'humiliera sans cesse et l'affligera. Lisons donc tant que nos yeux nous le permettront, et tâchons d'être au moins les égaux de nos enfants. Plutôt s'user que se rouiller[2].

Si le ciel nous exauçait, l'impatience de nos craintes, de nos espérances, de nos souhaits, de nos peines, de nos plaisirs, abrégerait notre vie des deux tiers. Être bizarre, tu crains la fin de ta vie, et en une infinité de circonstances, tu hâtes la célérité du temps[3]! Il ne tient pas à toi qu'entre l'instant où tu es et l'instant où tu voudrais être, les jours, les mois, les années intermédiaires ne soient anéanties : la chose que tu attends n'est rien peut-être, ou presque rien; et celle que tu sacrifierais[4] volontiers est tout!

DIDEROT.

1. *Aucune action qui la divise*, aucune action importante,

dont le souvenir reste gravé dans l'esprit, qui marque une date, une division dans l'uniformité du temps.

2. *Plutôt s'user que se rouiller.* Devise digne de passer en proverbe. L'instrument qui sert s'use sans doute, mais il est brillant et poli ; la rouille use aussi, mais sans profit pour personne.

3. *La célérité du temps.* Voici ce qu'en dit La Bruyère : « Chaque heure en soi, comme à notre égard, est unique : est-elle écoulée une fois, elle a péri entièrement, les millions de siècles ne la ramèneront pas. Les jours, les mois, les années s'enfoncent et se perdent sans retour dans l'abîme des temps. Le temps même sera détruit : ce n'est qu'un point dans les espaces immenses de l'éternité, et il sera effacé. Il y a de légères et frivoles circonstances du temps qui ne sont point stables, qui passent, et que j'appelle des modes, la grandeur, la faveur, les richesses, la puissance, l'autorité, l'indépendance, le plaisir, les joies, la superfluité. Que deviendront ces modes quand le temps même aura disparu ? La vertu seule, si peu à la mode, va au delà des temps. »

4. *Celle que tu sacrifierais,* c'est ta vie elle-même.

---

124. L'usage de la vie.

Tous se plaignent de la brefveté de la vie humaine, non seulement le simple populaire[1], qui n'en voudrait jamais sortir, mais encore, qui est plus estrange, les grands et sages en font le principal chef[2] de leurs plainctes...

Il n'y a point subjest à l'homme de se plaindre, mais bien de se courroucer contre luy : nous avons assez de vie, mais nous n'en sommes pas bons mesnagers[3] ; elle n'est pas courte, mais nous la faisons telle ; nous n'en sommes pas nécessiteux[4], mais prodigues. Nous la perdons, dissipons, et en faisons marché[5] comme de chose de néant et qui regorge ; nous tombons tous en l'une de ces trois fautes[6] : l'employer mal, l'employer à rien, l'employer en vain.

Personne n'estudie à vivre ; l'on s'occupe plutôt à

toute autre chose ; l'on ne sçaurait rien bien faire par acquit[7], sans soin et attention. Les autres réservent à vivre[8] jusqu'à ce qu'ils ne puissent plus vivre, à jouyr de la vie alors qu'il n'y aura plus que la lie et le marc ; quelle folie et misère ! Voire y en a[9] qui ont plus tôt achevé que commencé[10] à vivre, et s'en vont sans y avoir bien pensé.   CHARRON.

1. *Le simple populaire*, le peuple, les gens peu cultivés.
2. *Le principal chef*, le principal objet.
3. *Bons mesnagers*, bons dispensateurs ; nous ne savons pas bien ménager, bien employer notre vie.
4. *Nécessiteux*, pauvres, indigents.
5. *En faisons marché*, bon marché, nous la prodiguons comme chose de peu de valeur et qu'on a en abondance.
6. *Trois fautes* : employer sa vie à faire le mal, ou à ne rien faire du tout, ou à faire des choses vaines et nulles.
7. *Par acquit*. On dirait aujourd'hui : par manière d'acquit, négligemment, sans y attacher d'importance, uniquement pour en être quitte.
8. *Réservent à vivre*, remettent, renvoient, ajournent. Ils passent les années de la force et de la vigueur sans jouir réellement de la vie, sans l'employer à ce qui en fait la valeur et le prix, se réservant pour le temps où ils ne seront plus capables de rien de bon.
9. *Voire*, même ; on dit quelquefois : voire même. — *Y en a*, il y en a, il y a des gens.
10. *Achevé que commencé*. Il y a des gens qui ont achevé de vivre avant d'avoir commencé à vivre. Dans la première partie, vivre signifie accomplir les actes matériels de la vie ; dans la seconde, il veut dire vivre intellectuellement et moralement, comme doit vivre un homme digne de ce nom.

---

125. Vrai sens de la vie.

La vie n'est que d'un instant ; mais cet instant suffit à entreprendre des choses éternelles : la vérité, le bien, les affections commencées, qui doivent être continuées[1]. Nous avons tort de lui demander ce qu'elle ne peut pas donner, parce qu'elle ne l'a pas : la durée ; mais

LE SECRET DE LA VIE. 173

pendant qu'on se laisse aller à croire qu'elle durera, on pense, on aime, et c'est tout l'homme. Non, la vie ne nous trompe pas...

Il y a dans la conscience du devoir accompli quelque chose de plein qui fait sentir que malgré tout la vie est bonne...

L'homme n'est pas né pour être heureux ; mais il est né pour être un homme, à ses risques et périls. Comme cela est bon de se sentir dans sa loi[2], et, jusque dans les plus grandes agitations, combien il y a de vertu dans cette pensée, combien il y a de calme et de force !

BERSOT[3].

1. *Qui doivent être continuées* dans une autre existence.
2. *Se sentir dans sa loi*, c'est avoir le sentiment qu'on vit conformément à la loi qui est assignée à l'humanité, qu'on est dans l'ordre, dans la règle, qu'on obéit à sa vocation.
3. Perrin et Cie, éditeurs.

126. Le secret de la vie.

Quand Faust, dégoûté de la réflexion, las de la vaine image des choses[1], se jette à travers la vie, il ne fait de la vie que la suite de la science, il garde la folie des curiosités insatiables[2], il joue avec les sentiments comme il a joué avec les idées, il veut exprimer du cœur humain tout ce qu'il contient de larmes et d'ivresses ; ce n'est pas vivre encore ; c'est toujours rester en dehors de la vie, en dehors de soi-même ; regarder en soi l'être qui jouit, qui souffre, qui pleure, sans pouvoir se fondre avec lui dans la douleur ou dans la joie. Ni le plaisir vulgaire, ni l'amour, ni l'ambition, ni la possession de la beauté sereine et plastique[3] dont l'harmonie est plus douce à l'esprit qu'aux sens et au cœur, ne peuvent le réconcilier avec lui-même, lui donner ce bonheur sans angoisses, qui doit le tuer en lui donnant le secret de la vie. C'est à peine s'il trouve quelque repos à se mêler à la nature, à s'oublier, à se perdre, à s'évanouir en elle ; la force qu'il puise à son contact, le sang plus frais qui circule dans ses veines ne fait que réveiller en lui « la résolution puis- « sante de tendre toujours et sans cesse vers l'existence « la plus haute. » Mais quand, après avoir « promené « en tous sens le puissant tourbillon de sa vie », il en vient au travail, à l'action véritable, qui s'éprend du bien vers lequel elle s'efforce ; quand de sa pensée il anime mille bras et repousse la mer ; quand il fait passer son âme, une âme de vie et de fécondité, dans les espaces immenses de sable stérile, qu'il offre à l'activité des hommes ; au moment où il songe au bonheur de vivre sur « un sol libre au milieu d'un peuple libre », il a le secret de la vie, le dernier mot de la sagesse et, dans la jouissance de son œuvre désintéressée, dans le pressentiment de la félicité durable, dont il veut être le créateur, il a goûté la joie suprême, il a éprouvé la valeur de la vie. L'horloge s'arrête, l'aiguille tombe, le temps est accompli pour lui ; il appartient à l'enfer... Non, en comprenant la loi du travail, en trouvant le bonheur dans l'oubli de soi, dans le sacrifice, dans l'effort pour tous ; en réconciliant enfin la pensée, la raison et le sentiment dans l'action qui emploie toutes les ressources de l'intelligence à atteindre les fins que pose l'instinct, il a résolu le problème de la vie, il a prouvé « qu'un homme de bien dans son obscure « impulsion trouve enfin la conscience de la voie « droite ; » il s'est réconcilié avec les lois de la nature, et avec les desseins de Dieu, vers lequel son élan en se continuant l'emporte.

G. SÉAILLES.

1. *La vaine image des choses.* Faust, qui n'était pas sorti de son cabinet d'étude, ne connaissait le monde que par la réflexion, non par l'expérience ; il ne connaissait pas les

choses réelles, il n'en connaissait qu'une image vaine et vide.

2. *La folie des curiosités insatiables*, la folie de vouloir connaître ce qu'on ne peut connaître, ce qui dépasse la portée du savoir humain.

3. *La beauté plastique*, c'est-à-dire sculpturale, artistique, conforme aux règles de l'art, la beauté parfaite.

4. Cette page est une analyse, ou plutôt un rapide résumé de la grande tragédie de *Faust*, par Gœthe. Cette œuvre célèbre se divise en deux parties; la première et la plus connue est consacrée aux amours de Faust et de Marguerite. La seconde partie est étrange; c'est une série de tableaux fantastiques qui montrent Faust, ce docteur légendaire du moyen âge, traversant les mondes les plus divers à la recherche du bonheur, du secret de la vie; il ne doit mourir qu'après l'avoir connu. Esprit infatigable, âme ardente, il touche à tout, goûte tout; la nature, l'art, l'histoire, la fable, les plaisirs et les grandeurs, tout se présente à sa main, à son cœur, et rien ne le rassasie. Finalement, il comprend que le bonheur consiste dans le travail, dans l'activité généreuse et féconde pour le genre humain; il met la main à une entreprise gigantesque, qui consiste à changer en une terre sûre et fertile des espaces envahis par les eaux; c'est là le terme de sa carrière; il a trouvé le secret de la vie. Quand sa dernière heure sonne, et que le démon se hâte pour s'emparer de lui en exécution de leur pacte, les puissances célestes enlèvent son âme et chantent sa béatitude.

Cette seconde partie de Faust a été l'objet de commentaires sans fin; elle contient d'inexplicables mystères, caprices de poète; la leçon qu'en tire M. Séailles est intéressante et pratique; c'est tout ce que nous avons à lui demander.

---

127. La vie est un bien.

Tout nous crie que la vie est un bien : c'est un bien de voir la lumière du jour, de respirer l'air nourricier et rafraîchissant. C'est un bien, comme le dit un sage, de se réparer par une nourriture modérée et agréable, de charmer ses sens du parfum et de l'éclat verdoyant des plantes, d'orner même son vêtement, de jouir de la musique, des jeux, des spectacles et de tous les divertissements que chacun peut se donner sans dommage pour personne.

« Ces biens, dit-on, ne durent qu'un jour » : oui. Mais pendant ce jour ils ont leur prix. L'insecte appelé éphémère ne dure aussi que l'espace d'une journée ; mais, pendant ce jour, il est heureux, il jouit, il vole, il respire et, comme le dit un charmant poète, il s'élance dans l'air, joyeux et louant Dieu.

Ne doit-il pas louer Dieu aussi, cet être auquel il a donné non seulement ces biens fugitifs qu'il partage avec les animaux, mais les biens solides et éternels de l'âme et du cœur et qu'il a fait participer de la vérité et de la lumière intelligible, auquel il a communiqué une flamme divine allumée à l'éternel foyer de son cœur adorable et ineffable ; à qui, enfin, il a permis et ordonné de chercher à l'imiter de loin et de s'élever au ciel sur ces deux ailes dont parle l'*Imitation :* la simplicité et la pureté ?

Aimer, *prier*, *chanter*, tels sont les biens divins que le poète regrette en mourant : ajoutez-y ce qu'il oublie trop dans ses molles extases, *la recherche de la vérité et la pratique du bien*, et dites comme le misanthrope Jean-Jacques, qui sortait tout en larmes de la représentation d'Orphée[1] : « La vie est encore bonne à quelque chose. » Biens de la jeunesse, santé, plaisir, amour ; biens de l'âge mûr, science, gloire, vertu ; biens de la vieillesse, sagesse, souvenir, repos, paraissez, paraissez dans votre éclat et dans votre beauté, donnez-nous cet amour de la vie[2] sans lequel il est impossible de bien vivre.

P. JANET.

1. *Orphée*, un des plus beaux opéras de Gluck. La musique de cette belle œuvre enthousiasmait Jean-Jacques Rousseau, bien qu'il se trouvât dans un état maladif de misanthropie

et de désespérance, et le réconciliait momentanément avec la vie.

2. *Cet amour de la vie* n'est pas l'allégresse triomphante de l'insouciant qui ne connaît que le plaisir, ni le sentiment égoïste et peureux qui fait que l'homme s'attache désespérément à l'existence et serait capable de toutes les lâchetés pour la conserver; c'est un sentiment de reconnaissance intelligente pour tout ce qu'elle renferme de bon et de beau, mais qui n'exclut pas la résignation devant l'adversité ou la mort. L'amour de la vie, ainsi compris, donne au cœur de la joie, du courage, excite l'homme à bien vivre, à profiter de la vie pour poursuivre avec plus d'ardeur la justice, la vertu, le progrès, pour accomplir plus complètement et plus consciencieusement sa destinée; il est l'opposé de cette disposition chagrine et morose qui ne laisse voir de la vie que les épines et les désenchantements, et qui est aussi contraire, en définitive, au bonheur qu'à la vraie moralité.

---

128. La loi sainte.

(*A ma fille.*)

O mon enfant, tu vois, je me soumets.
Fais comme moi, vis du monde éloignée;
Heureuse? non; triomphante? jamais.
    — Résignée!

Sois bonne et douce, et lève un front pieux.
Comme le jour dans les cieux met sa flamme,
Toi, mon enfant, dans l'azur de tes yeux
    Mets ton âme!

Nul n'est heureux et nul n'est triomphant.
L'heure est pour tous une chose incomplète,
L'heure est une ombre, et notre vie, enfant,
    En est faite.

Oui, de leur sort, tous les hommes sont las.
Pour être heureux, à tous, destin morose! —
Tout a manqué. Tout, c'est-à-dire, hélas!
    Peu de chose.

Ce peu de chose est ce que, pour sa part,
Dans l'univers chacun cherche et désire :
Un mot, un nom, un peu d'or, un regard,
    Un sourire !

La gaîté manque au grand roi sans amours ;
La goutte d'eau manque au désert immense.
L'homme est un puits où le vide toujours
    Recommence.

Vois ces penseurs que nous divinisons,
Vois ces héros dont les fronts nous dominent,
Noms dont toujours nos sombres horizons
    S'illuminent !

Après avoir, comme fait un flambeau,
Ébloui tout de leurs rayons sans nombre,
Ils sont allés chercher dans le tombeau
    Un peu d'ombre.

Le ciel, qui sait nos maux et nos douleurs,
Prend en pitié nos jours vains et sonores.
Chaque matin, il baigne de ses pleurs
    Nos aurores.

Dieu nous éclaire, à chacun de nos pas,
Sur ce qu'il est et sur ce que nous sommes ;
Une loi sort des choses d'ici-bas
    Et des hommes !

Cette loi sainte, il faut s'y conformer,
Et la voici, toute âme y peut atteindre :
Ne rien haïr[1], mon enfant ; tout aimer
    Ou tout plaindre !

                    VICTOR HUGO.

1. *Ne rien haïr* signifie ici : Ne haïr personne. Car, quant aux choses et aux actes, il en est qu'il faut haïr d'une haine vigoureuse : le mal, le vice, la lâcheté, la tyrannie, etc. De même *tout aimer ou tout plaindre* signifie : aimer tous les

hommes, ou plaindre ceux qui sont tels qu'on ne puisse les aimer.

La vie n'est pour personne complètement heureuse, encore moins triomphante. Elle contient trop de misères, de faiblesses, de chutes, d'adversités pour que la note dominante ne soit pas celle qu'indique le poète, la résignation ; non une résignation morose, mais celle de l'âme qui ne se révolte pas contre l'inévitable, qui ne rejette pas ses déceptions sur les hommes, et qui reste, à travers tout, bonne et aimante.

---

129. La pensée de la mort.

Ce sera bientôt fait de vous ici-bas ; voyez en quelle disposition[1] vous êtes. L'homme qui vit aujourd'hui ne paraît plus demain, et quand il a disparu à nos yeux, il s'efface bientôt de notre pensée.

O dureté stupide du cœur humain, de ne penser qu'au présent, et de ne pas prévoir l'avenir ! Vous devriez vous comporter dans toutes vos actions et dans toutes vos pensées comme si vous deviez mourir aujourd'hui. Si votre conscience était pure, vous n'appréhenderiez pas beaucoup de mourir ; et il vaudrait bien mieux éviter le mal[2] que de fuir la mort. Si vous n'êtes pas aujourd'hui prêt à mourir, comment le serez-vous demain ? Ce demain est incertain, et que savez-vous s'il y en a un pour vous ?

Que nous revient-il de vivre longtemps, puisque nous nous corrigeons si peu ? Hélas ! une longue vie ne sert pas toujours à nous amender ; elle ne fait souvent qu'augmenter nos fautes. Plût à Dieu que nous eussions bien vécu en ce monde seulement pendant un jour[3] !

Si vous avez vu quelquefois un homme mourant, songez que vous passerez par le même chemin. Quand vous êtes au matin, pensez que vous n'irez peut-être pas jusqu'au soir ; et quand vous êtes au soir, ne vous flattez pas de voir le matin. Soyez donc toujours prêt, et vivez de telle sorte que la mort ne puisse pas vous prendre au dépourvu... Quand cette dernière heure sera venue, vous commencerez à juger bien autrement de toute votre vie passée, et vous aurez un grand regret d'avoir été si négligent et si lâche. Que celui-là est heureux et sage, qui tâche de devenir présentement ce qu'il veut être à l'heure de la mort!

Vous pouvez faire beaucoup de bien pendant que vous êtes en santé ; mais quand vous serez malade, je ne sais de quoi vous serez capable. Peu de gens s'amendent par les maladies ; de même que ceux qui font beaucoup de pèlerinages, rarement en reviennent plus saints [1].

Tâchez de vivre maintenant de telle sorte qu'à l'heure de la mort vous ayez plus sujet de vous réjouir que de craindre [5].

Insensé que vous êtes ! Pourquoi vous promettez-vous une longue vie, vous qui n'avez pas un seul jour d'assuré? Combien de personnes ont été trompées, et ont été arrachées de cette vie lorsqu'elles y pensaient le moins ! Combien de fois n'avez-vous pas ouï-dire : un tel a été tué d'un coup d'épée ; un tel s'est noyé ; un autre en tombant d'en haut s'est brisé la tête ; celui-ci est mort à table, cet autre en jouant ; l'un a péri par le feu, l'autre par le fer ; un autre par la peste, un autre par la main des voleurs ! Ainsi la mort est la fin de tous les hommes, et leur vie passe en un moment comme l'ombre.

Faites, faites maintenant, mon cher frère, tout ce qu'il vous est possible de faire, parce que vous ne savez ni le moment, ni les suites de votre mort [6]... Conservez votre cœur libre, et élevez-le vers Dieu, parce que vous n'avez point ici-bas de demeure stable.

IMITATION DE J.-C.

1. *Voyez en quelle disposition* etc., c'est-à-dire voyez si vous êtes prêt à mourir, si vous êtes dans les sentiments d'un homme dont la vie peut se terminer demain.

2. *Éviter le mal,* c'est-à-dire le mal moral. Au point de vue moral, la faute est un mal, la mort n'en est pas un.

3. *Seulement pendant un jour!* Ce qui importe, ce n'est pas de vivre longtemps, mais de bien vivre, de mener une vie pure et honnête, pendant le temps, court ou long, qui nous est assigné.

4. *Rarement en reviennent plus saints;* c'est-à-dire que ce ne sont pas les pratiques extérieures qui produisent la sainteté véritable, la vraie moralité. Observation bien remarquable chez un moine du moyen âge.

5. *Que de craindre.* L'homme qui a une bonne conscience ne craint pas la mort; il se réjouit plutôt d'être arrivé au terme de sa carrière terrestre.

6. *Ni les suites,* c'est-à-dire le jugement que Dieu portera sur votre vie.

---

130. L'Euthanasie [1].

Quelle différence entre les derniers jours de l'homme qui n'a vécu que pour soi, qui n'a vécu que de la vie animale et inférieure, et ceux de l'homme qui a vécu de la vie supérieure et vraiment humaine!

L'un est blasé longtemps avant que d'arriver à sa fin; il est à charge à lui-même et aux autres; il se reproche tant d'années passées dans l'inertie, traînées dans la débauche, et dont il aurait pu faire un bon et noble emploi; il se reproche les ressorts de son organisation, de son intelligence, de sa volonté, usés avant le temps, et s'écrie, mais trop tard, avec l'amertume d'un poète contemporain [2] : « Je commence à m'apercevoir que dans ce monde damné, il n'y a de bon que la vertu! »

L'autre ajoute chaque jour quelque chose à la somme de son bonheur, parce qu'il ajoute chaque jour un acte à un acte, une œuvre à une œuvre, et que, si les sensations passent, les œuvres restent et entrent dans le grand courant de la vie particulière d'abord, et ensuite de la vie collective, de la vie universelle. Il a soutenu énergiquement sa famille, il a élevé ses enfants, qui seront comme lui des citoyens utiles et qui font la consolation de sa vieillesse; il a payé à la patrie et à l'humanité son tribut par la pratique constante de la justice et du dévouement; il a écrit un livre qui a répandu les idées saines et les sentiments magnanimes parmi ceux de sa génération. Il peut s'endormir, le vaillant ouvrier! après sa journée laborieuse et bien remplie, dans sa couche d'honneur, content de ce qu'il a fait, et bien sûr que sa vie n'a pas été perdue. Aussi rien, suivant la belle expression du poète,

Rien ne trouble sa fin, c'est le soir d'un beau jour.

C'est la mort de Socrate, que ses amis, ses disciples, même en le voyant mourir condamné par ses concitoyens, même en le voyant mourir de la mort des scélérats, proclament, non seulement le plus vertueux, mais encore le plus heureux des hommes; c'est celle d'Epaminondas[4], qui répond à ceux qui le plaignent de ne pas laisser de postérité, qu'il laisse après lui Leuctres et Mantinée, deux filles immortelles, et qui, à la nouvelle que les siens sont vainqueurs, arrache lui-même le trait de sa blessure et meurt d'une mort triomphante, ayant la conscience d'avoir, dans sa vie, fait œuvre d'homme. Tant il est vrai que la belle mort, que l'*Euthanasie*, comme disaient les Grecs, est le couronnement naturel de la belle vie, et que la vie heureuse reste jusqu'à la fin indissolublement liée à la vie vertueuse.

FERRAZ[5].

1. *Euthanasie*, mot grec qui veut dire belle mort.
2. *Un poète contemporain*, c'est Byron, dans ses Mémoires.
3. *Le poète :* La Fontaine.
4. *Epaminondas*, général thébain, célèbre par de glorieuses campagnes, en particulier par la victoire de *Mantinée* sur les Arcadiens, par la victoire plus importante de

Leuctres et par une seconde victoire de *Mantinée*, toutes deux remportées sur les Spartiates, et qui donnèrent momentanément à Thèbes le premier rang dans le monde grec.

5. *Philosophie du devoir*, Perrin et C¹ᵉ, éditeurs.

LIVRE IV

LA FAMILLE

DEVOIRS DOMESTIQUES. — L'AMITIÉ. — MAITRES ET SERVITEURS.

---

131. Solidarité morale.

Je suis moralement solidaire de mes parents, qui l'étaient des leurs, et mes enfants le seront de moi. Je reçois, avec la vie, mon tempérament et le principal de mes facultés mentales ; je ne puis pas tout devenir indifféremment ; la fermeté de ma raison, la tendresse ou la dureté de mon cœur, l'ardeur de mon imagination, ma puissance de réflexion, et jusqu'à ma force de caractère, presque tout ce qui fera ma valeur morale est en germe chez moi dès le berceau. Ce naturel héréditaire, je pourrai le modifier, soit, mais dans des limites restreintes, avec plus ou moins de peine, et je le pourrai d'autant moins que cela deviendra plus urgent. J'hérite donc, non pas de vices déterminés, ni de vertus toutes faites, mais de dispositions profondes, matière première de ma moralité future, dont ma liberté devra faire mes vices et mes vertus. En même temps je trouve, préparée aussi par mes parents, une situation donnée, des conditions de vie dans lesquelles mon activité devra se déployer, desquelles du moins elle devra partir. Et quand, au milieu de ces conditions, je commence à manifester ma nature, à développer mes facultés, ce sont mes parents encore, eux de qui je tiens tout jusque-là, qui me font prendre mes premières habitudes, dirigent bien ou mal ma première croissance...

Remarquons que, si l'hérédité psychique[1] nous fait dépendants de nos parents, cette dépendance n'est point nécessairement ni exclusivement défavorable à la moralité. Non seulement ma moralité extérieure sera, toutes choses égales d'ailleurs, plus élevée s'ils me lèguent un naturel plus sain ; mais ma liberté même, élément essentiel de ma moralité intime, sera plus entière si j'hérite d'eux une raison plus droite, moins de passions basses, un plus heureux équilibre mental. Ce que je leur dois, dans ce cas, loin d'amoindrir ma responsabilité, l'accroît, car ma dépendance à leur égard assure précisément mon indépendance[2].

Si, pénétré de cette vérité, je considère ma situation d'intermédiaire entre le passé et l'avenir, il m'est impossible de ne pas reconnaître que la responsabilité dont je puis être tenté de me décharger sur mes ancêtres, en tant que je suis ce qu'ils m'ont fait, je la retrouve tout entière envers mes descendants, en tant que je contribue à les faire ce qu'ils seront. Même dans le cas où je serais le terme extrême de la série[3], je serais mal venu à me regarder exclusivement comme un produit fatal et inerte du passé : mon devoir serait encore, aussitôt averti, de discerner entre mes dons héréditaires, et d'employer tout ce que j'aurais d'énergie spontanée à en tirer le meilleur parti possible. Mais je suis tenu à une vigilance bien autrement active, comme anneau vivant dans la chaîne ininterrompue des générations. Si, d'une part, aboutit à moi toute l'histoire de mes ascendants, et si rien ne s'est perdu de leurs sentiments, de leurs pensées, de leurs œuvres bonnes ou mauvaises, mon histoire personnelle influera de même sur toute ma lignée, et, de ce que j'aurai inséré en bien ou en mal dans la série, rien ne sera perdu. Je travaille donc pour l'avenir, c'est-à-dire pour la future moralité et le bonheur futur de ma famille, de mon pays, de l'humanité, chaque fois que, par mon initiative, toute restreinte qu'elle est, je développe et modifie en mieux, si peu que ce soit, ma nature. Toutes les fois, au contraire, que je déchois, je sème pour l'avenir des difficultés, des fautes et des misères. Quelle pensée pourrait être plus propre à me faire considérer la vie avec gravité ?

H. MARION.

1. *Psychique*, intellectuelle et morale. *Psyché* est un mot grec qui signifie âme.

2. *Dépendance, indépendance.* Si je dépends de mes parents par les qualités qu'ils m'ont données, ces qualités mêmes me rendent plus libre, plus indépendant vis-à-vis de la puissance des choses, des passions, des tentations, plus capable de résister là où d'autres succombent facilement.

3. *Le terme extrême de la série*, c'est-à-dire si je ne laisse pas de postérité.

---

132. Le mariage.

De quelque voile brillant que puisse se couvrir l'union des sexes dans l'humanité, cette union n'est réellement morale que dans le mariage. Ici l'homme et la femme s'engagent solennellement devant la société, qu'ils prennent pour témoin et pour garant de leur engagement, à vivre désormais l'un pour l'autre et à élever en commun les enfants auxquels ils donneront le jour, assurent leur dignité réciproque et sauvegardent l'avenir des fruits de leur union.

Tel est en effet le double but du mariage : d'une part, en ramenant l'union de l'homme et de la femme à la règle morale, il la soustrait à l'empire de la bestialité et du caprice, empire également dégradant pour l'un et pour l'autre, mais particulièrement funeste à la femme ; et, d'autre part, il assure aux enfants les soins auxquels ils ont droit. Aussi le mariage accompagne-t-il le premier pas de l'humanité vers la civilisation. Les poètes et les philosophes de l'antiquité, quand ils chantaient ou décrivaient les commencements de la civilisation, sous quelque nom qu'ils la désignassent, ne manquaient pas de mettre le mariage en première ligne. « C'est toi, s'écrie Cicéron dans une éloquente invocation à la philosophie, qui sera tout à fait exacte si on l'applique en général à la civilisation, c'est toi qui as enfanté les villes, qui as appelé les hommes épars à vivre en société, qui les as unis entre eux, d'abord par le lien du domicile, ensuite par celui du mariage (*conjugiis*) ». L'établissement de ce lien est en effet le signe de l'élèvement des hommes aux idées morales. Le relâchement ou le mépris du lien conjugal est au contraire l'accompagnement et la marque de la décadence des sociétés. On peut mesurer l'état moral et présager l'avenir d'un peuple par le cas qu'il fait du mariage.

JULES BARNI[1].

1. *La Morale dans la démocratie*, F. Alcan, éditeur.

133. L'égalité dans le mariage.

L'Amérique est le pays du monde où l'on a pris le soin le plus continuel de tracer aux deux sexes des lignes d'action nettement séparées, et l'on a voulu que tous deux marchassent d'un pas égal, mais dans des chemins toujours différents. Vous ne verrez point d'Américaines diriger les affaires extérieures de la famille, conduire un négoce, ni pénétrer enfin dans la sphère politique ; mais on n'en rencontre pas non plus qui soient obligées de se livrer aux rudes travaux du labourage, ni à aucun des exercices pénibles qui exigent le développement de la force physique. Il n'y a pas de familles si pauvres qui fassent exception à cette règle. Si l'Américaine ne peut point s'échapper du cercle paisible des occupations domestiques, elle n'est, d'autre part, jamais contrainte d'en sortir.

De là vient que les Américaines, qui font souvent voir une mâle raison et une énergie toute virile, conservent en général une apparence très délicate, et restent toujours femmes par les manières, bien qu'elles se montrent hommes quelquefois par l'esprit et le cœur.

Jamais non plus les Américains n'ont imaginé que la conséquence des principes démocratiques fût de renverser la puissance maritale et d'introduire la confusion des autorités dans la famille. Ils ont pensé que toute association, pour être efficace, devait avoir un chef, et que le chef naturel de l'association était l'homme. Ils ne refusent donc point à celui-ci le droit de diriger sa compagne; et ils croient que, dans la petite société du mari et de la femme, ainsi que dans la grande société politique, l'objet de la démocratie est de régler et de légitimer les pouvoirs nécessaires, et non de détruire tout pouvoir.

Cette opinion n'est point particulière à un sexe et combattue par l'autre.

Je n'ai pas remarqué que les Américaines considérassent l'autorité conjugale comme une usurpation heureuse de leurs droits, ni qu'elles crussent que ce fût s'abaisser de s'y soumettre. Il m'a semblé voir, au contraire, qu'elles se faisaient une sorte de gloire du volontaire abandon de leur volonté, et qu'elles mettaient leur grandeur à se plier d'elles-mêmes au joug, et non à s'y soustraire.

Les Américains font voir sans cesse une pleine confiance dans la raison de leur compagne, et un respect profond pour sa liberté. Ils jugent que son esprit est aussi capable que celui de l'homme de découvrir la vérité toute nue, et son cœur assez ferme pour la suivre ; et ils n'ont jamais cherché à mettre la vertu de l'un plus que celle de l'autre à l'abri des préjugés[1], de l'ignorance ou de la peur.

Ainsi les Américains ne croient pas que l'homme et la femme aient le devoir ni le droit de faire les mêmes choses, mais ils montrent une même estime pour le rôle de chacun d'eux, et ils les considèrent comme des êtres dont la valeur est égale, quoique la destinée diffère. Ils ne donnent point au courage de la femme la même forme ni le même emploi qu'à celui de l'homme ; mais ils ne doutent jamais de son courage ; et s'ils estiment que l'homme et sa compagne ne doivent pas toujours employer leur intelligence et leur raison de la même manière, ils jugent, du moins, que la raison de l'une est aussi assurée que celle de l'autre, et son intelligence aussi claire.

Les Américains, qui ont laissé subsister dans la société l'infériorité de la femme, l'ont donc élevée de tout leur pouvoir, dans le monde intellectuel et moral, au niveau de l'homme ; et en ceci, ils me paraissent avoir admirablement compris la véritable notion du progrès démocratique[2].

A. DE TOCQUEVILLE.

1. *Mettre à l'abri des préjugés*, etc., ne veut pas dire ici : préserver des préjugés, abriter contre les préjugés, mais préserver au moyen des préjugés, abriter sous le couvert des préjugés, etc.

2. Ces pages de de Tocqueville sont extraites de son ouvrage sur *la démocratie en Amérique* c'est-à-dire dans les États-Unis de l'Amérique du Nord (Calmann-Lévy, éditeur). Depuis le temps où il écrivait, les mœurs américaines se sont sensiblement modifiées sur plusieurs points, mais l'ensemble reste exact ; d'autre part, depuis cette époque, les mœurs démocratiques ont commencé à s'implanter chez nous. Ce qui est intéressant dans ces passages, c'est l'application aux mœurs de la famille des principes de la démocratie, qui tendent de plus en plus à devenir ceux de la société moderne, et particulièrement de notre pays.

134. Sur les mariages contractés de bonne heure.

(Lettre de B. Franklin à John Alleyne.)

Londres, 9 avril 1768.

Cher John,

Vous voulez que je vous dise franchement ce que je pense des mariages précoces[1], pour répondre aux critiques sans nombre qu'on a faites du vôtre. Vous pouvez vous rappeler que, lorsque vous m'avez consulté à ce sujet, je vous ai dit que la jeunesse des deux côtés n'était pas une objection. Si j'en dois juger par les ménages que j'ai été à même d'observer, je serais porté à croire que les meilleures chances de bonheur sont pour ceux qui se marient jeunes. Les jeunes gens ont le caractère plus flexible, ils tiennent moins à leurs habitudes, ils s'accoutument donc plus aisément l'un à l'autre : ce qui écarte bien des occasions de querelle. Si de jeunes époux n'ont pas toute la prudence qu'exige la conduite d'un ménage, ils ont en général auprès d'eux des parents ou des amis plus âgés, qui peuvent les aider de leurs conseils, et qui sont prêts à suppléer au défaut d'expérience. Un mariage précoce habitue de meilleure heure les jeunes gens à une vie réglée et utile ; souvent même il prévient heureusement des accidents ou des liaisons qui nuisent à la santé ou à la réputation, quelquefois même à toutes deux.

Les mariages tardifs offrent cet autre inconvénient qu'ils n'offrent pas aux parents la même chance d'élever leur famille. « Les enfants venus tard sont de bonne heure orphelins », dit un proverbe espagnol. Triste sujet de réflexion pour les gens qui peuvent se trouver dans ce cas ! Chez nous, en Amérique, on se marie communément au matin de la vie ; nos enfants sont élevés et établis dans le monde vers notre midi, et quand nos affaires sont faites, nous avons encore une après-midi, une soirée pour jouir de notre loisir.

Au total, je suis charmé que vous soyez marié, et je vous en félicite cordialement. Vous voici en chemin de devenir un citoyen utile ; vous vous êtes soustrait à cet état d'éternel célibat, si contraire à la nature. C'est pourtant la destinée d'une foule de personnes, qui n'en avaient jamais eu l'intention ; mais qui, pour avoir trop tardé à changer de condition, finissent par trouver qu'il est trop tard pour y songer, et passent ainsi toute leur vie dans une situation qui fait perdre à l'homme une partie de sa valeur. Un volume dépareillé n'a pas le même prix que lorsqu'il fait partie d'une collection complète. Que ferez-vous de la moitié d'une paire de ciseaux ? Cela ne coupe plus, et fait à peine un mauvais racloir.

Je vous en prie, offrez mes compliments et mes meilleurs souhaits à votre jeune femme. Je suis vieux et lourd, autrement je les aurais offerts en personne. J'userai sobrement du privilège qu'ont les vieillards de donner des conseils à leurs jeunes amis. Traitez toujours votre femme avec respect, et vous serez respecté non seulement par elle, mais par tous ceux qui vous entourent. N'usez jamais envers elle de paroles piquantes même en badinant ; car des plaisanteries de cette nature, renvoyées de l'un à l'autre, dégénèrent souvent en disputes sérieuses. Soyez studieux dans votre état, vous deviendrez savant. Soyez laborieux et économe, vous deviendrez riche. Soyez sobre et tempérant, vous jouirez d'une bonne santé. Enfin soyez vertueux, et vous serez heureux, ou du moins, vous vous serez donné les meilleures chances de bonheur. Je prie Dieu qu'il vous bénisse tous deux, étant pour toujours

Votre ami affectionné, B. F.

1. *Précoces* ne veut pas dire ici prématurés, avant le temps, mais simplement contractés de bonne heure.

135. Conseils aux époux.

Une femme qui aime mieux commander à un mari dépourvu de sens et de raison, plutôt que d'accepter les conseils d'un époux sage et raisonnable, ressemble à ceux qui préfèrent conduire des aveugles, plutôt que de suivre des guides expérimentés et clairvoyants.

Il est des hommes que la faiblesse ou la poltronnerie empêchent de s'élancer sur leurs chevaux : ils ne savent que leur apprendre à se baisser et à s'agenouiller devant eux. Il en est aussi qui, mariés à des femmes bien nées[1] et d'une grande noblesse de cœur, les abaissent et les maîtrisent, au lieu de s'étudier à s'élever jusqu'à elles et à leur ressembler. Il faut que devant le cavalier le cheval[2] garde sa hauteur naturelle, et qu'auprès de son mari la femme conserve toute sa dignité.

A la manière des abeilles, butinez pour votre femme ce que vous jugerez pouvoir lui être utile, et rendez-lui amis et familiers les meilleurs propos et les meilleurs livres en les lui apportant vous même ; recueillez, amassez de tous côtés, car maintenant vous lui tenez lieu de père, et de frère, et de mère vénérée. Il n'est rien, en effet, de plus honorable pour un mari que d'entendre sa femme lui dire : « Vous êtes mon précepteur et mon maître en toutes bonnes et belles choses.» L'étude a pour premier avantage de détourner les femmes de toutes occupations indignes d'elles.

Les maris qui n'ont aucun souci de rendre agréable la vie de leurs épouses, et qui se refusent à faire partager à la compagne de leurs peines les divertissements auxquels ils se livrent, leur enseignent par là à chercher ailleurs le plaisir et le bonheur qu'elles ne trouvent pas dans leur maison.

PLUTARQUE.

1. *Bien nées*, c'est-à-dire douées par la nature de bonnes dispositions, de nobles facultés.

2. *Le cheval*. La comparaison du vieil auteur grec peut paraître désobligeante; elle ne l'est pas dans son esprit; l'explication qu'il en donne le montre bien : « Il faut qu'auprès de son mari la femme conserve toute sa dignité ».

136. Mœurs des Germains.

Rien n'inspire tant de courage aux Germains que la manière dont leurs troupes sont composées. Chaque corps n'est point un assemblage fortuit d'inconnus enrôlés à l'aventure. C'est une société d'hommes unis déjà par le sang; ce sont des familles entières. Ce qu'ils ont de plus cher au monde, ils le mènent avec eux, et du champ de bataille ils entendent les clameurs de leurs femmes et les cris de leurs enfants. Ce sont là les témoins dont les regards les touchent le plus, les panégyristes dont ils ambitionnent les éloges. S'ils sont blessés, ils vont trouver leurs femmes et leurs mères, qui sans s'effrayer, comptent les plaies et s'empressent de les sucer. Elles portent des vivres aux combattants et les exhortent à bien faire.

On rapporte que les femmes ont empêché quelquefois la déroute des armées qui commençaient à plier ; qu'elles ont rétabli le combat par leurs remontrances, par leurs prières opiniâtres, en présentant leur poitrine, en peignant les horreurs prochaines de la captivité. Les Germains la craignent bien plus vivement pour leurs femmes que pour eux-mêmes.

Le respect pour la sainteté du mariage est un des caractères distinctifs de la nation et celui qui mérite le plus nos éloges.

Les filles n'ont point de dot. Mais quand on en fait la demande, on offre des présents qui doivent leur en tenir lieu. La famille s'assemble et le mariage est conclu si les présents sont agréés. Ils ne consistent point dans ces superfluités inventées pour flatter la mollesse et la vanité des femmes, ils ne peuvent servir à parer la nouvelle épouse. Ce sont des bœufs, un cheval harnaché, une lance, une épée, un bouclier. En vertu de ces présents, la femme passe au pouvoir du mari, qui reçoit pareillement quelques armes de sa main. Voilà le lien sacré de leur union, leurs mystérieuses cérémonies, les dieux qui président à leur hyménée.

De tels auspices annoncent à la femme que son sexe ne la dispensera pas des vertus mâles, des vertus guerrières ; qu'elle est appelée à partager en tout temps avec son mari les travaux, les dangers, la bonne et la mauvaise fortune, à montrer dans les combats une audace digne de lui.

Ces bœufs attachés au joug, ce cheval équipé, ces armes, tout lui fait entendre quel sera le cours de sa vie, quelle en sera peut-être la fin. Ces armes doivent être soigneusement conservées, et s'ennoblir entre ses mains pour servir un jour de dot à sa belle-fille et passer à sa postérité.

Ainsi la vertu des femmes se trouve à l'abri même de l'occasion, loin de ces spectacles qui rendent le vice aimable, loin de ces festins qui réveillent les passions. Ni les hommes ni les femmes ne savent employer l'art de l'écriture à mener sourdement une intrigue. Dans une nation si nombreuse, rien de plus rare que l'adultère.

Quand une fille se déshonore, qu'elle n'espère point de grâce. Ni jeunesse, ni beauté, ni biens ne lui feraient trouver un parti : car on ne plaisante pas sur le vice chez les Germains. Là, corrompre et succomber sont des crimes qu'on n'excuse point en disant : « Tel est le siècle. »

Dans quelque maison que ce soit, on laisse les enfants nus. Ils sont allaités par leurs mères, qui n'ont point sous elles d'autres femmes pour en prendre soin ; et c'est ainsi que se forment ces hommes dont nous admirons la taille et la vigueur.

Les funérailles se font sans aucune pompe. Seulement on a l'attention de choisir certains bois pour brûler le corps des hommes illustres. Ils n'entassent sur le bucher ni vêtements ni parfums, et ne brûlent avec le mort que ses armes et tout au plus son cheval. Un simple tombeau de gazon tient lieu de ces superbes mausolées, dont la masse leur parait accablante pour celui qu'on veut honorer. Leurs larmes sont bientôt essuyées, mais leur douleur dure longtemps Le devoir des femmes est de pleurer les morts, celui des hommes de s'en souvenir[1].

TACITE.

1. Cette page de Tacite peut servir à montrer combien les principes de la morale, lorsqu'ils touchent à ce qu'il y a de plus sacré, sont universels sur la terre. Les Germains, à son époque, race barbare, sans lettres, sans philosophie, sans tradition scientifique, sans autre secours que la nature, sans autre guide que la conscience, appliquaient à la famille, au mariage, aux rapports de la jeunesse, au soin des enfants, aux morts, les règles de la plus pure moralité. En traçant ces lignes, Tacite faisait en même temps la critique la plus acérée du monde romain, que la corruption des mœurs avait fait choir dans la honteuse servitude de l'Empire.

---

137. Aux enfants.

Honorez, aimez le père qui vous a transmis sa vie, la mère qui vous a nourris dans son sein et allaités de ses mamelles. Y a-t-il un être plus maudit que celui qui brise le lien d'amour et de respect établi par Dieu même entre lui et ceux dont il tient le jour ?

Vous êtes à vos parents un grand sujet de soucis. N'ont-ils pas sans cesse devant les yeux vos besoins de toute sorte, et ne faut-il pas qu'ils fatiguent sans cesse afin d'y subvenir? Le jour ils travaillent pour vous; et la nuit encore, pendant que vous reposez, souvent ils veillent pour n'avoir pas, le lendemain, à vous répondre quand vous leur demanderez du pain : « Attendez ; il n'y en a pas. »

Si vous ne pouvez maintenant partager leur tâche, efforcez-vous au moins de la leur rendre moins rude par le soin que vous prendrez de leur complaire et de les aider, suivant votre âge, avec une tendresse toute filiale.

Vous manquez d'expérience et de raison : il est donc nécessaire que vous soyez guidés par leur raison et leur expérience, et ainsi, selon l'ordre naturel et la volonté de Dieu, vous devez leur obéir, prêter à leurs conseils, à leurs enseignements une oreille docile. Les petits mêmes des animaux n'écoutent-ils pas leur père et leur mère ; et ne leur obéissent-ils pas à l'instant lorsqu'ils les appelle, ou les reprennent, ou les avertissent de ce qui leur nuirait? Faites par devoir ce qu'ils font par instinct.

Il vient un temps où la vie décline, le corps s'affaiblit, les forces s'éteignent ; enfants, vous devez alors à vos vieux parents les soins que vous reçûtes d'eux dans vos premières années. Qui délaisse son père et sa mère en leurs nécessités, qui demeure sec et froid à la vue de leurs souffrances et de leur dévouement, je vous le dis en vérité, son nom est écrit au livre du souverain juge parmi ceux des parricides.

LAMENNAIS[1].

1. *Le livre du peuple*, Garnier frères, éditeurs.

138. Le fils ingrat.

Imaginez une chambre où le jour n'entre guère que par la porte quand elle est ouverte, ou que par une ouverture carrée pratiquée au-dessus de la porte, quand elle est fermée. Tournez les yeux autour de cette chambre triste et vous n'y verrez qu'indigence. Il y a pourtant sur la droite, dans un coin, un lit qui ne paraît pas trop mauvais; il est couvert avec soin. Sur le devant, du même côté, un grand confessionnal[1] de cuir noir où l'on peut être commodément assis : asseyez-y le père du fils ingrat. Attenant à la porte, placez un bas d'armoire, et tout près du vieillard caduc une petite table sur laquelle on vient de servir un potage.

Malgré le secours dont le fils ainé de la maison peut être à son vieux père, à sa mère et à ses frères, il s'est enrôlé; mais il ne s'en ira point sans avoir mis à contribution ces malheureux. Il vient avec un vieux soldat; il a fait sa demande. Son père en est indigné; il n'épargne pas les mots durs à cet enfant dénaturé qui ne connait plus ni père ni mère, ni devoirs, et qui lui rend injures pour reproches. On le voit au centre du tableau; il a l'air violent, insolent et fougueux; il a le bras droit élevé du côté de son père au-dessus de la tête d'une de ses sœurs; il se dresse sur ses pieds, il menace de la main; il a le chapeau sur la tête et son geste et son visage sont également insolents. Le bon vieillard qui a aimé ses enfants, mais qui n'a jamais souffert qu'aucun d'eux lui manquât, fait un effort pour se lever; mais une de ses filles à genoux devant lui le retient par les basques de son habit. Le jeune libertin est entouré de l'ainée de ses sœurs, de sa mère et d'un de ses petits frères. Sa mère le tient embrassé par le corps; le brutal cherche à s'en débarrasser et la repousse du pied. Cette mère a l'air accablé, désolé; la sœur ainée s'est aussi interposée entre son frère et son père; la mère et la sœur semblent, par leur attitude, chercher à les cacher l'un à l'autre. Celle-ci a saisi son frère par son habit et lui dit par la manière dont elle le tire : « Malheureux, que fais-tu? Tu repousses ta mère, tu menaces ton père, mets-toi à genoux et demande pardon. » Cependant le petit frère pleure, porte une main à ses yeux; et, pendu au bras droit de son grand frère, il s'efforce de l'entrainer hors de la maison. Derrière le fauteuil du vieillard, le plus jeune a l'air intimidé et stupéfait. A l'autre extrémité de la scène, vers la porte, le vieux soldat qui a enrôlé et accompagné le fils ingrat chez ses parents, s'en va, le dos tourné à ce qui se passe, son sabre sous le bras et la tête baissée.

DIDEROT.

1. *Confessionnal*, sorte de grand fauteuil.

---

139. Le retour du fils.

Il a fait la campagne. Il revient; et dans quel moment? Au moment où son père vient d'expirer. Tout a bien changé dans la maison. C'était la demeure de l'indigence : c'est celle de la douleur et de la misère. Le lit est mauvais et sans matelas. Le vieillard mort est étendu sur ce lit. Une lumière qui tombe d'une fenêtre n'éclaire que son visage, le reste est dans l'ombre. On voit à ses pieds, sur une escabelle de paille, le cierge béni qui brûle et le bénitier. La fille aînée, assise dans le vieux confessionnal de cuir, a le corps renversé en arrière dans l'attitude du désespoir, une main portée à sa tempe et l'autre élevée et tenant encore le crucifix qu'elle a fait baiser à son père. Un de ses petits enfants, effrayé, s'est caché le visage dans son sein. L'autre, les bras en l'air et les doigts écartés, semble concevoir les premières idées de la mort. La cadette, placée entre la fenêtre et le lit, ne saurait se persuader qu'elle n'a plus de père : elle est penchée vers lui, elle semble chercher ses derniers regards; elle soulève un de ses bras et sa bouche entr'ouverte crie : « Mon père! mon père! est que vous ne m'entendez plus? » La pauvre mère est debout vers la porte, le dos contre le mur, désolée, et ses genoux se dérobent sous elle.

Voilà le spectacle qui attend le fils ingrat. Il s'avance.

Le voilà sur le pas de la porte. Il a perdu la jambe dont il a repoussé sa mère et il est perclus du bras dont il a menacé son père.

Il entre. C'est sa mère qui le reçoit. Elle se tait; mais ses bras tendus vers le cadavre lui disent : « Tiens, vois, regarde; voilà l'état où tu l'as mis. »

Le fils ingrat paraît consterné; la tête lui tombe en avant et il se frappe le front avec le poing.

Quelle leçon pour les pères et pour les enfants[1] !

DIDEROT.

1. Ces pages de Diderot sont la description de deux tableaux de Greuze qui étaient exposés au Salon dont il était chargé de faire la critique, et qui, depuis, ont été popularisés par la gravure. En même temps qu'il décrit les tableaux, qu'il en fait ressortir le mérite artistique, qu'il fait vivre les personnages sous nos yeux, l'illustre « Salonnier » donne une saisissante leçon de morale ; il nous fait pénétrer dans le sein d'une famille que l'inconduite d'un fils a rendue malheureuse ; la familiarité même des détails rend la leçon plus vraie et plus poignante. C'est l'enseignement intuitif, c'est la morale en action. Un seul être, celui sur qui devrait reposer l'avenir et la sécurité de cette maison, suffit à la troubler jusqu'au désespoir, jusqu'à la ruine, jusqu'à la mort. Quand il revient, quand il se repent, il est trop tard ! Il a amassé sur sa tête des remords inexpiables jusqu'à la fin de ses jours.

---

140. L'enfant prodigue.

Un homme avait deux fils, et le plus jeune dit à son père : « Mon père, donne-moi la part du bien qui doit me revenir. » Et le père leur partagea le bien. Et après quelques jours, le plus jeune, rassemblant tout ce qu'il avait, émigra dans un pays lointain, et y dissipa son bien en vivant dans la débauche.

Lorsqu'il eût tout dépensé, il survint une grande famine dans ce pays-là, et il commença à se trouver dans le besoin. Et s'en allant, il se mit au service d'un des habitants de ce pays, qui l'envoya dans les champs garder les pourceaux. Et il désirait assouvir sa faim des gousses que les pourceaux mangeaient, mais personne ne lui en donnait. Rentrant donc en lui-même, il se dit : « Combien de mercenaires dans la maison de mon père ont du pain en abondance, et moi ici, je meurs de faim! Je me lèverai, j'irai vers mon père, et je lui dirai : Mon père, j'ai péché contre le ciel et contre toi; je ne suis plus digne d'être appelé ton fils; traite-moi comme l'un de tes mercenaires. »

Il se leva et s'en alla vers son père.

Comme il était encore loin, son père le vit, fut touché de compassion, courut au devant de lui, se jeta à son cou et l'embrassa. Le fils lui dit : « Mon père, j'ai péché contre le ciel et contre toi; je ne suis plus digne d'être appelé ton fils. » Le père dit à ses serviteurs : « Apportez la plus belle robe et l'en revêtez, mettez-lui un anneau au doigt et des souliers aux pieds; apportez le veau gras et le tuez, pour que nous le mangions et nous réjouissions : car mon fils que voilà était mort, et il revit; il était perdu, et il est retrouvé. » Et ils commencèrent à se réjouir.

Or, le fils aîné était dans les champs; comme il revenait et s'approchait de la maison, il entendit le bruit des chants et des danses, et, appelant un des serviteurs, il lui demanda ce que c'était. Celui-ci lui répondit : « Ton frère est revenu, et ton père a tué le veau gras, parce qu'il l'a recouvré en bonne santé. » Alors il s'emporta et ne voulut point entrer.

Son père donc sortit et chercha à l'apaiser. Mais il répondit à son père : « Voici, je te sers depuis tant d'années; je n'ai jamais manqué à tes ordres, et tu ne m'as jamais donné même un chevreau pour me réjouir avec mes amis. Mais lorsque ce fils, qui a mangé ton bien avec les courtisanes, est revenu, tu as tué pour lui le veau gras. » Le père lui dit : « Mon enfant, tu es toujours avec moi, et tout ce que j'ai t'appartient. Mais il fallait faire fête et se réjouir, parce que ton frère était mort, et il est vivant; il était perdu, et il est retrouvé.[1] »

(*Parabole de Jésus.*) TROISIÈME ÉVANGILE.

1. Cette parabole peut être envisagée sous trois aspects. Le premier sens, le sens primitif et historique, semble avoir trait à la situation religieuse des Juifs et des païens. Ceux-ci sont représentés par le fils prodigue; ils sont ramenés à la connaissance du vrai Dieu, après de longues erreurs, par la prédication évangélique; les Juifs, qui étaient restés fidèles à son culte, voient d'un mauvais œil l'admission des Gentils dans la nouvelle Église; cette parabole doit leur expliquer ce qui leur semblait d'abord une anomalie, une méconnaissance de leurs droits séculaires.

Le second sens est purement religieux et moral; c'est la comparaison entre l'homme égaré, qui revient par le repentir à de meilleurs sentiments, et qui trouve bon accueil, pardon et amour auprès du Père céleste, et l'homme qui ne s'est pas écarté de la bonne voie, et qui pourrait s'étonner de la miséricorde divine envers le pécheur pénitent.

En troisième lieu, on peut, si l'on veut, prendre le sens naturel et littéral du récit, et y voir un tableau de l'amour infatigable et miséricordieux du père de famille, de la joie ardente avec laquelle il ouvre ses bras et son cœur au fils qu'il avait pleuré et qui ne demande qu'à racheter sa faute, ainsi que de la tendresse profonde et paisible qu'il porte à ceux de ses enfants qui ne l'ont jamais délaissé ou offensé.

III. La mère.

Regardez: les enfants se sont assis en rond.
Leur mère est à côté, leur mère au jeune front
    Qu'on prend pour une sœur aînée;
Inquiète au milieu de leurs jeux ingénus,
De sentir s'agiter leurs chiffres inconnus,
    Dans l'urne de la Destinée.

Près d'elle naît leur rire et finissent leurs pleurs.
Et son cœur est si pur et si pareil aux leurs,

Et sa lumière[1] est si choisie[2],
Qu'en passant à travers les rayons de ses jours,
Sa vie aux mille soins laborieux et lourds
    Se transfigure en poésie.

Toujours elle les suit, veillant et regardant,
Soit que janvier rassemble au coin de l'âtre ardent,
    Leur joie aux plaisirs occupée,
Soit qu'un doux vent de mai, qui ride le ruisseau,
Remue au-dessus d'eux les feuilles, vert monceau,
    D'où tombe une ombre découpée.

Parfois, lorsque passant près d'eux, un indigent
Contemple avec envie un beau hochet d'argent
    Que sa faim dévorante admire,
La mère est là ; pour faire, au nom du Dieu vivant,
Du hochet une aumône, un ange de l'enfant[3],
    Il ne lui faut qu'un doux sourire.

                VICTOR HUGO.

1. *Sa lumière*, les sentiments qui éclairent, qui illuminent son âme.
2. *Si choisie*, si pure, si délicate.
3. *L'enfant* est *un ange* lorsque, triomphant de l'égoïsme naturel à sa condition, il s'élève d'un bond du cœur à la générosité et au sacrifice.

---

142. Le père et le fils.

Très cher fils, entre les dons, grâces et prérogatives desquelles le souverain plasmateur[1], Dieu tout-puissant, a endouairé[2] et orné l'humaine nature en son commencement, celle me semble singulière et excellente, par laquelle elle peut, en état mortel, acquérir espèce d'immortalité, et, en décours[3] de vie transitoire, perpétuer son nom et sa semence.

Ce qui est fait par lignée issue de nous en mariage légitime, d'où nous est aucunement[4] instauré ce que fut tollu⁵ par le péché de nos premiers parents, esquels⁶ fut dit, que parce qu'ils n'avaient été obéissants au commandement de Dieu le créateur, ils mourraient, et par mort serait réduite à néant cette tant magnifique plasmature⁷, en laquelle avait été l'homme créé.

Mais par ce moyen demeure ès⁸ enfants ce qu'était déperdu ès parents, et ès neveux⁹ ce que dépérissait ès parents, et ainsi de suite jusques à l'heure du jugement final ; car alors cesseront toutes générations et corruptions, et seront les éléments hors de leurs transmutations continues¹⁰, vu que la paix tant désirée sera consommée et parfaite et que toutes choses seront réduites à leur fin et période¹¹.

Non doncques sans juste et équitable cause je rends grâces à Dieu mon conservateur, de ce qu'il m'a donné pouvoir voir mon antiquité chenue ¹² refleurir en ta jeunesse. Car, quand par le plaisir de lui¹³ qui tout régit et modère ¹⁴, mon âme laissera cette habitation humaine, je ne me réputerai totalement mourir, ainsi ¹⁵ passer d'un lieu en ¹⁶ autre, attendu que en toi et par toi, je demeure en mon image visible en ce monde, vivant, voyant, et conversant entre gens d'honneur et mes amis, comme je soûlais ¹⁷.

Par quoi, ainsi comme en toi demeure l'image de mon corps, si pareillement ne reluisaient les mœurs de l'âme, l'on ne te jugerait être garde et trésor de l'immortalité de notre nom, et le plaisir que je prendrais, ce voyant¹⁸, serait petit, considérant que la moindre partie de moi, qui est le corps, demeurerait, et la meilleure, qui est l'âme et par laquelle demeure notre nom en bénédiction entre les hommes, serait dégénérant et abâtardie ¹⁹.

RABELAIS.

1. Créateur, qui a formé, du grec *plasma*, forme. — 2. Doté. — 3. Au cours de. — 4. En quelque sorte. — 5. Enlevé. 6. Auxquels. — 7. Forme. — 8. Dans les. — 9. Petits fils.

— 10. Les éléments cesseront de subir des transformations continuelles. — 11. Dernière période, terme suprême. — 12. Blanchie par la vieillesse. — 13. Lui, c'est-à-dire Dieu. — 14. Gouverne. — 15. Mais. — 16. Sous-entendu *un*. — 17. J'avais coutume. — 18. En voyant cela.

19. Lettre du roi Gargantua à son fils Pantagruel.— Sens général de la lettre : De toutes les prérogatives qui ont été attribuées par Dieu à la nature humaine, l'une des plus considérables est celle qui assure à l'homme sa survivance par sa postérité. Le père se voit revivre en ses enfants ; c'est une sorte d'immortalité terrestre qui sert de compensation à la loi de la mort. Mais la joie du père n'est complète que si son fils reproduit les meilleurs traits de sa nature, s'il est l'image de ses vertus, s'il honore par sa conduite le nom qui lui est laissé, si la ressemblance ne se rapporte pas seulement au corps, mais à l'âme.

Ces considérations, aussi ingénieuses qu'élevées, sont propres tout à la fois à inspirer aux fils le désir d'assurer à leurs pères cette noble survivance, et aux pères le désir d'être dignes d'un tel vœu.

143. Le père et la fille.

Elle avait pris ce pli dans son âge enfantin
De venir dans ma chambre un peu chaque matin.
Je l'attendais ainsi qu'un rayon qu'on espère ;
Elle entrait et disait : « Bonjour, mon petit père ; »
Prenait une plume, ouvrait mes livres, s'asseyait
Sur mon lit, dérangeait mes papiers, et riait,
Puis soudain s'en allait comme un oiseau qui passe.
Alors je reprenais, la tête un peu moins lasse,
Mon œuvre interrompue, et tout en écrivant,
Parmi mes manuscrits je rencontrais souvent
Quelque arabesque folle et qu'elle avait tracée,
Et mainte page blanche entre ses mains froissée,
Où, je ne sais comment, venaient mes plus doux vers.
Elle aimait Dieu, les fleurs, les astres, les prés verts,
Et c'était un esprit avant d'être une femme.
Son regard reflétait la clarté de son âme

Elle me consultait sur tout, à tous moments.
Oh ! que de soirs d'hiver radieux et charmants,
Passés à raisonner langue, histoire, grammaire,
Mes quatre enfants groupés sur mes genoux, leur mère
Tout près, quelques amis causant au coin du feu !
. . . .
J'appelais cette vie[1] être content de peu !...

VICTOR HUGO.

1. *Cette vie*, c'est la vie de famille, c'est-à-dire ce qu'il y a de plus doux, de plus profond, de plus complet sur la terre, le bien le plus souhaitable qui puisse être accordé aux hommes ; mais elle ne peut exister dans toute sa plénitude sans le travail, la bonté, la vertu ; le moindre trouble moral l'altère et l'affaiblit.

Il y a quelque chose de plus sérieux et de plus grave dans les rapports du père avec le fils que dans ceux du père et de la fille. Le morceau précédent et celui-ci font merveilleusement sentir la différence.

---

144. L'éducation des enfants.

La première condition et la plus importante, c'est que les parents donnent eux-mêmes à leurs enfants le modèle des vertus qu'ils veulent leur inculquer. Autrement les plus belles paroles, même illustrées par les plus beaux exemples, étant contredites par la conduite des parents, ou ne seront pas comprises, ou n'auront aucune action : les enfants ne manqueront pas de remarquer cette contradiction, et ils feront fi, comme de vains discours, des leçons qu'on voudra leur donner. Si, au contraire, les actions viennent confirmer les paroles, elles leur donneront un sens aux yeux de l'enfant et elles auront sur lui une réelle influence. Vous savez d'ailleurs combien les enfants sont portés à l'imitation ; aussi leur moralité future dépend-elle, le plus souvent, de celle de leurs parents ; c'est sur le modèle de celle-ci que se forme celle-là. De là ces vertus qui semblent se transmettre de père en fils et de là ces vices en quelque sorte héréditaires. Il y a des familles où se perpétue de génération en génération comme une atmosphère de vertu; dans d'autres, au contraire, cet atmosphère du vice altère, si je puis parler ainsi, les organes moraux de ceux qui ont le malheur de naître dans ce milieu, comme l'air insalubre de certaines régions vicie les organes physiques de leurs habitants. Il faut donc que les parents prêchent d'exemple, c'est là le premier point. C'est encore ce que Turgot avait parfaitement exprimé en regrettant que ce point ne fût pas mieux pratiqué : « Le gros de la morale, disait-il à ce sujet, est assez connu des hommes ; mais toutes les délicatesses de la vertu sont ignorées du grand nombre ; ainsi la plupart des pères donnent sans le savoir et sans le vouloir de mauvais exemples à leurs enfants. » La famille ne sera une véritable école de morale pour les enfants qu'à condition de l'être d'abord pour les parents.

JULES BARNI[1].

1. *La Morale dans la démocratie*, Alcan, éditeur.

145. Éducation des parents par les enfants.

Il n'est pas douteux que l'enfant ne développe chez le père et la mère une puissance morale qu'ils n'avaient pas auparavant. Il les attendrit et les fortifie : son sourire dilate l'âme la plus sèche ; ses besoins nous arrachent à l'égoïsme ; comme il nous force de penser à lui, il nous habitue à moins penser à nous-mêmes. Ses souffrances nous déchirent et ouvrent en nous la source de la pitié et de la compassion. Les anxiétés qu'il cause, les veilles, les alternatives de crainte et d'espoir que nous donne sa vie fragile, cette torture paternelle ou maternelle que ne peut pas même soupçonner celui qui ne l'a pas éprouvée, sont une école d'énergie morale dont rien n'approche. Ces nuits lentes et tristes, où l'œil fixe ne se détache pas de la figure décomposée de l'enfant, et y suit avec effroi le débat de la vie et de la mort, soit qu'elles se terminent par un dernier soupir douloureusement arraché, ou par un sourire ineffable, signe d'une résurrection inespérée, creusent l'âme jusqu'à des profondeurs inconnues et l'élèvent en même temps jusqu'aux plus hautes régions de la grandeur morale.

L'enfant n'est pas moins nécessaire à l'éducation des parents que les parents à l'éducation de l'enfant. Les parents qui aiment vraiment leurs enfants et tiennent à honneur de ne leur donner que de bons exemples, s'observeront davantage devant les enfants, tempéreront leur humeur, retiendront une parole indiscrète, lutteront contre la paresse et feront des efforts pour que leurs actions ne démentent pas leurs paroles. Cette habitude de veiller sur soi-même par sollicitude pour les enfants devient insensiblement un principe de perfectionnement et d'amélioration. L'enfant ramène la paix dans un ménage en discorde, la décence et l'honnêteté dans un ménage mal réglé, l'ordre et l'économie dans un ménage dissipateur. Devant cette créature pure et innocente, les passions se taisent, les vices se cachent, la famille se purifie ; et souvent, l'enfant qui croit avoir reçu la sagesse de ses parents, ne sait pas que, lui-même, il est la source de leur sagesse.

P. JANET[1].

1. *La Famille*, Calmann-Lévy, éditeur.

146. L'éducation dans la famille.

Quelle doit être au juste la part du père et celle de la mère dans cette éducation ? Le père et la mère se partageront-ils les enfants, le père se chargeant exclusivement de l'éducation des fils et la mère de celle des filles ? Il faut reconnaître que la première convient plus particulièrement au père et la seconde à la mère; aussi n'y a-t-il guère de plus grande infortune pour une jeune fille que de perdre sa mère : c'est un malheur irréparable et dont elle se ressentira toute sa vie, et ce n'est guère un moins grand malheur pour un jeune homme que de perdre son père. Mais s'il est vrai que la fille réclame surtout les soins et les conseils de la mère, et le fils ceux du père, il ne l'est pas moins que l'éducation, pour être parfaite, doit être l'œuvre commune de l'un et de l'autre. Non seulement il est bon que la mère vienne tempérer la sévérité et la rudesse du père, et le père, l'excessive indulgence ou la faiblesse naturelle de la mère; mais la fille a beaucoup à gagner aux leçons de son père et le fils à celles de sa mère. Ce que fait la nature elle-même en transmettant au fils quelque chose de la figure et du caractère de la mère et à la fille quelque chose du caractère et de la figure du père, une sage éducation le doit faire aussi. La mère communiquera au fils quelque chose de la délicatesse féminine[1]; le père communiquera à la fille quelque chose de l'énergie virile, et ainsi se formera un heureux mélange qui, sans faire perdre à chaque sexe son caractère essentiel, en tempérera les excès ou en corrigera les défauts. Et ce mélange influera lui-même heureusement sur la société démocratique qui ne doit être ni efféminée ni grossière. JULES BARNI[2].

1. *Délicatesse féminine*, c'est-à-dire délicatesse des sentiments, politesse des manières; *énergie virile*, c'est-à-dire vigueur de la volonté et non rudesse des allures.
2. *La Morale dans la démocratie*, Alcan, éditeur.

147. L'éducation libérale.

Si j'avais un enfant à élever, de quoi m'occuperais-je d'abord? Serait-ce de le rendre honnête homme ou grand homme? et je me suis répondu : De le rendre honnête homme. Qu'il soit bon, premièrement; il sera grand après, s'il peut l'être. Je l'aime mieux pour lui, pour moi, pour tous ceux qui l'environneront, avec une belle âme, qu'avec un beau génie...

Je me suis demandé comment je le rendrais bon ; et je me suis répondu : En lui inspirant certaines qualités de l'âme qui constituent spécialement la bonté.

Et quelles sont ces qualités? La justice et la fermeté : la justice, qui n'est rien sans la fermeté ; la fermeté, qui peut être un grand mal sans la justice ; la justice, qui prévient le murmure et qui règle la bienfaisance ; la fermeté, qui donnera de la teneur[1] à sa conduite, qui le résignera à sa destinée, et qui l'élèvera au-dessus des revers.

Voilà ce que je me suis répondu. J'ai relu ma réponse ; et j'ai vu avec satisfaction que les mêmes vertus qui servaient de base à la bonté, servaient également de base à la véritable grandeur ; j'ai vu qu'en travaillant à rendre mon enfant bon, je travaillerais à le rendre grand ; et je m'en suis réjoui.

Je me suis demandé comment on inspirait la fermeté à une âme naturellement pusillanime ; et je me suis répondu : En corrigeant une peur par une peur ; la peur de la mort, par celle de la honte. On affaiblit l'une en portant l'autre à l'excès[2]. Plus on craint de se déshonorer, moins on craint de mourir.

Tout bien considéré, la vie étant l'objet le plus précieux, le sacrifice le plus difficile, je l'ai prise pour la mesure la plus forte de l'intérêt de l'homme, et je me suis dit : Si le fantôme exagéré de l'ignominie, si la valeur outrée[3] de la considération publique ne donnent pas le courage de l'organisation[4], ils le remplacent par le courage du devoir, de l'honneur, de la raison. On ne fera jamais un chêne d'un roseau ; mais on entête le roseau, et on le résoud à se laisser briser. Heureux celui qui a les deux courages. Il verra le monde s'ébranler sans frémir...

Agir devant ses enfants, et agir noblement, sans se proposer pour modèle ; les apercevoir sans cesse, sans les regarder ; parler bien, et rarement interroger ; penser juste et penser tout haut ; s'affliger des fautes graves, moyen sûr de corriger un enfant sensible ; les ridicules ne valent que les petits frais[5] de la plaisanterie, n'en pas faire d'autres ;... être leur ami, et par conséquent obtenir leur confiance sans l'exiger ; s'ils déraisonnent, comme il est de leur âge, les mener imperceptiblement jusqu'à quelque conséquence bien absurde, et leur demander en riant : Est-ce là ce que vous vouliez dire ? En un mot leur dérober sans cesse leurs lisières, afin de conserver en eux le sentiment de la dignité, de la franchise, de la liberté, et de les accoutumer à ne reconnaître de despotisme que celui de la vertu et de la vérité.

...Surtout gardez-vous de lui prêcher toutes les vertus et de lui vouloir trop de talents. Lui prêcher toutes les vertus, serait une tâche trop forte pour vous et pour lui. Tenez-vous en à la véracité ; rendez-le vrai[6], mais vrai sans réserve ; et comptez que cette seule vertu amènera avec elle le goût de toutes les autres.

Cultiver en lui tous les talents, c'est le moyen sûr qu'il n'en ait aucun. N'exigez de lui qu'une chose, c'est de s'exprimer toujours purement et clairement ; d'où résultera l'habitude d'avoir bien vu dans sa tête avant de parler, et de cette habitude, la justesse de l'esprit.

Je ne sais ce que c'est que l'éducation libérale, ou la voilà.

DIDEROT.

1. *De la teneur*, de la suite, de la consistance.

2. *A l'excès :* non ; il ne faut rien porter à l'excès ; il faut dire ici : à un très haut degré.

3. *Le fantôme exagéré, la valeur outrée,* etc., sont des expressions inexactes ; il n'y a rien d'exagéré à redouter l'ignominie ; on ne doit pas outrer la valeur de la considération publique ; c'est assez de l'estimer son prix, de ne la

vouloir conquérir que par des moyens légitimes. Il y a une opinion qu'on peut dédaigner, c'est celle du vulgaire, celle de la mode; une autre à laquelle il faut tenir, celle des honnêtes gens, des esprits droits et éclairés; celle-là suffit à nous tenir en bride et à nous inspirer le courage nécessaire.

4. *Le courage de l'organisation*, c'est-à-dire le courage spontané, naturel, celui que nous tenons de notre tempérament. L'autre, celui du devoir, de l'honneur, de la raison, est infiniment plus méritoire.

5. *Les petits frais*, etc., c'est-à-dire qu'il ne faut pas prendre les ridicules au tragique, s'armer d'une massue d'Hercule pour les écraser, les traiter comme un grave manquement. Il y a des parents qui en sont plus émus que de fautes réellement inquiétantes.

6. *Rendez-le vrai*, faites qu'il devienne véridique, sincère.

7. *Purement;* ce n'est pas seulement au point de vue de la grammaire, mais de l'exactitude et de la justesse. *Purement et clairement* suppose des connaissances nettes, précises, des habitudes d'esprit méthodiques et consciencieuses.

---

148. Devoirs des pères.

Il y a des pères qui traitent souvent leurs enfants avec empire[1]; ils ne leur rendent jamais justice; ils les outragent sans sujet; au lieu de les soumettre à la raison après les avoir éclairés, ils s'imaginent que la loi inviolable d'un enfant, c'est la volonté d'un père. Mais le père mort, quelle sera la loi du fils? Ce sera sans doute sa volonté propre; car on ne lui aura point appris qu'il y a une loi immortelle, l'ordre immuable; on ne l'aura point accoutumé à y obéir. Le fils n'attendra pas même le décès du père, sa vieillesse, son impuissance à le tenir dans la servitude, pour se faire à lui-même sa loi. Il la trouvera naturellement dans ses plaisirs, car cette loi injuste et brutale vaut peut-être encore mieux que les volontés d'un père déraisonnable; du moins est-elle plus agréable et plus commode. Un jeune homme en demeurera convaincu dès qu'il en aura goûté la doucœur. Et alors, que le père soit mort ou vivant, le jeune homme trouvera bien moyen d'obéir à cette loi et de se soumettre à ses charmes.

Il regardera son père comme son ennemi et son tyran, s'il a encore assez de fermeté pour le troubler dans ses plaisirs et l'inquiéter dans ses débauches ; et convaincu par l'exemple et la conduite du père qu'il faut que tout obéisse à nos désirs, il fera servir toutes les personnes à qui il aura le droit de commander, à les satisfaire ; car, encore un coup, il se sentira actuellement [2] heureux en s'abandonnant aux plaisirs, et il n'aura point assez d'éducation et d'expérience pour en appréhender les suites funestes.

Il faut donc conduire les enfants par la raison, autant qu'ils en sont capables. Ils ont tous les mêmes inclinations que les hommes faits, quoique les objets de leurs désirs soient différents, et ils ne seront jamais solidement vertueux, s'ils ne sont accoutumés à obéir à une loi qui ne meurt point[3], si leur esprit, formé sur la raison universelle [4], n'est réformé sur cette même raison rendue sensible par la loi. Qu'un père ne s'imagine pas que sa qualité de père lui donne sur son fils une souveraineté absolue et indépendante.

MALEBRANCHE.

1. *Avec empire*, avec une dure autorité, d'une manière impérieuse.

2. *Actuellement*, pour le moment présent, sans se préoccuper de l'avenir.

3. *Une loi qui ne meurt point*, c'est la loi morale, par opposition à la loi capricieuse de la volonté du père, qui mourra un jour, ou à la loi changeante du plaisir.

4. *Formé sur la raison*. L'esprit de l'homme est formé par la nature d'après la raison universelle ; l'éducation a pour objet de le ramener sans cesse à cette règle, de le réformer quand il se corrompt, en lui donnant pour principe constant la loi durable de la raison, substituée à la loi mobile de l'intérêt ou du caprice.

149. L'éducation des femmes.

On se défie beaucoup trop d'ordinaire de l'intelligence de la femme. Elle se distingue sans doute de celle de l'homme ; j'accorde, en mettant à part les exceptions, qu'elle a, en général, moins d'étendue, de suite et d'impartialité[1], et qu'elle est, par là même, moins capable de s'appliquer aux sciences abstraites comme les mathématiques, la métaphysique, la logique, etc., ou aux questions générales, comme celles de haute politique ; mais les sciences naturelles, mais l'histoire et la géographie, mais la morale pratique, mais les langues, mais la littérature, tout cela enseigné comme il convient aux femmes, c'est-à-dire d'une manière propre à les intéresser et à les toucher (ce qui est, il est vrai, un art délicat et rare par conséquent), tout cela n'est pas au-dessus de leur sphère ; elles y montrent même souvent plus de facilité que les hommes.

La culture de l'esprit n'exclut pas d'ailleurs, quand elle est solide, le développement des qualités du cœur, et il faut convenir que c'est surtout par là que la femme doit briller ; là est son vrai trésor. Mais il ne suffit pas qu'elle ait le cœur bon, compatissant, charitable ; il faut aussi qu'elle l'ait élevé et fier, de telle sorte qu'elle puisse soutenir son mari dans l'adversité et dans les disgrâces de la vie, et qu'elle soit la première à l'encourager aux mâles résolutions.

JULES BARNI[2].

1. *Moins d'impartialité*, parce qu'elle est plus accessible aux impressions du sentiment.
2. *La Morale dans la démocratie*, Alcan, éditeur.

---

150. Le rôle des femmes.

Quel est le rôle particulier des femmes dans ce monde-ci ? Selon nous, elles sont appelées à perfectionner la vie privée dans les limites imposées par la loi de Dieu. Ceci s'applique à tous les états.

Pauvres ou riches, mariées ou libres, les femmes ont de l'influence sur la vie privée; le bonheur des familles dépend d'elles en grande partie; nous disons la vie privée par opposition à la vie politique, aux fonctions publiques; car nous n'entendons nullement que l'action des femmes doive se renfermer dans l'enceinte de leur domicile; nous les croyons au contraire destinées à produire un bien fort étendu; mais toujours leur influence est du même genre.

C'est toujours aux âmes considérées séparément qu'elles s'adressent; leurs conseils regardent l'individu et les relations qu'il soutient avec ses proches. Sans rapport direct avec le public, elles sont libres aussi de tout engagement à l'égard des masses. Leur sort est toujours de n'être soumises ici-bas qu'à un chef unique : leur père ou leur époux, voilà leur maître[1]; ainsi l'ont voulu leurs affections et la société.

Cette vocation est belle néanmoins. Perfectionner la vie privée, l'animer, l'embellir, la sanctifier, c'est là une grande et noble carrière.

Les femmes, selon nous, sont institutrices nées, car, tandis qu'elles ont immédiatement entre les mains la moralité des enfants, ces futurs souverains de la terre, l'exemple qu'elles peuvent donner, le charme qu'elles peuvent répandre sur la destinée des autres âges, leur fournissent des moyens d'amélioration de tous les moments. Sous le toit domestique se forment ces opinions et ces mœurs qui soutiennent les institutions ou qui en préparent la chute. Tout ce qui, dans l'organisation politique, ne se fonde pas sur les vrais intérêts de la famille, dépérit bientôt ou ne produit que du mal.

Et comme ces intérêts sont pour la plupart confiés aux femmes; comme ils le sont d'autant plus que l'attention des hommes s'est portée ailleurs; comme dans l'ordre matériel, c'est aux femmes que sont dévolus les soins de la santé et les soins de la conservation des fortunes, et que, dans l'ordre spirituel, ce sont elles qui communiquent et raniment les sentiments, vie de l'âme, mobiles éternels des actions, — il leur est assigné un rôle obscur peut-être, mais immense, dans les vicissitudes de la destinée qui se déploient sous nos yeux.

Madame NECKER DE SAUSSURE.

1. *Voilà leur maître*, bien entendu, sous la réserve de leur dignité et de la liberté de leur conscience. Il s'agit purement d'une subordination de famille, d'affection. Il y a des femmes qui n'ont ni père, ni époux, qui ne sont responsables que vis-à-vis d'elles-mêmes ; elles ne sont pas pour cela soustraites à la vocation spéciale qui est indiquée ici.

---

151. La vocation des femmes.

Si j'avais à donner en peu de mots une définition de la femme, je ne trouverais rien de mieux que de l'appeler l'ange gardien de la famille ou le bon génie du foyer. La famille est son élément, son domaine, son champ de travail, son horizon. Sans vouloir condamner absolument celles qui, douées de facultés exceptionnelles, se croiraient appelées à franchir ces limites pour remplir dans le monde un rôle plus apparent, je maintiens comme règle générale que la femme doit se renfermer dans le cercle de la famille, et travailler à faire de ce royaume un royaume de Dieu [1].

Dieu a gravé lui-même cette vocation dans la nature de la femme. Les facultés qu'il lui a données lui assignent une sphère moins vaste, mais mieux remplie [2] que celle de l'homme, une vocation plus modeste, mais plus parfaite. Elle est moins robuste, mais plus délicate, moins forte, mais plus adroite et plus souple, ses traits sont moins accentués, mais plus purs, son esprit moins profond, mais plus fin, sa volonté moins puissante, mais plus patiente. Il y a dans tout son être moins de hardiesse, mais plus de perfection : elle est évidemment destinée à dépenser moins d'énergie mais plus de soins, à faire moins, mais à faire mieux.

N'est-ce pas dire qu'elle est prédestinée à la vie privée comme l'homme à la vie publique? Loin du foyer, elle risque de rencontrer des obligations au-dessus de ses forces, ou, ce qui n'est pas moins fâcheux, de sortir de son caractère. Mais dans la famille tout est à sa portée et tout la réclame, et il ne faut pas moins que la souplesse merveilleuse de sa nature et l'infinie variété de ses aptitudes pour suffire à tout.

Depuis les détails les plus minutieux et les plus vulgaires du ménage jusqu'au gouvernement général de la maison et à l'éducation des enfants, tout dépend d'elle, tout repose en grande partie sur elle, sinon en totalité. Car l'homme est tout à fait inhabile à ces soins, et, en fût-il capable, que le temps lui manquerait. Retenu d'ordinaire par son travail hors de la famille, il n'y rentre que pour s'y reposer et se retremper. C'est donc à la femme que tout revient : c'est elle qui doit tout faire, tout diriger, tout surveiller, avoir l'œil sur tout, mettre la main à tout, en un mot, s'occuper de tout. Il n'est rien dans ce domaine qui, une fois ou l'autre, ne réclame son attention et ses soins. Or la famille, c'est le monde en petit, car tout ce qui se fait dans le monde est d'abord apparu et s'est préparé à l'ombre du toit domestique.

P. Goy.

1. *Un royaume de Dieu*, c'est-à-dire un domaine où habitent la paix, la justice, la bonté, où règnent l'ordre et l'harmonie.

2. *Mieux remplie*, justement, parce qu'elle est moins vaste, parce qu'il est plus facile de l'embrasser tout entière et d'y faire tout son devoir, de l'y faire sur tous les points.

152. La réserve qui convient aux femmes.

Y a-t-il au monde un spectacle aussi touchant, aussi respectable, que celui d'une mère de famille entourée de ses enfants, réglant les travaux de ses domestiques, procurant à son mari une vie heureuse, et gouvernant sagement la maison ? C'est là qu'elle se montre dans toute la dignité d'une honnête femme ; c'est là qu'elle impose vraiment du respect, et que la beauté partage avec honneur les hommages rendus à la vertu.

Une maison dont la maîtresse est absente est un corps sans âme, qui tombe bientôt en corruption ; une femme hors de la maison perd son plus grand lustre ; et, dépouillée de ses vrais ornements, elle se montre avec indécence. Si elle a un mari, que cherche-t-elle parmi les hommes ? Si elle n'en a pas, comment s'expose-t-elle à rebuter par un maintien peu modeste celui qui serait tenté de le devenir ?

Quoi qu'elle puisse faire, on sent qu'elle n'est pas à sa place en public ; et sa beauté même, qui plaît sans intéresser, n'est qu'un tort de plus[1] que le cœur lui reproche. Que cette impression[2] nous vienne de la nature ou de l'éducation, elle est commune à tous les peuples du monde ; partout on considère les femmes à proportion de leur modestie ; partout on est convenu qu'en négligeant les manières de leur sexe, elles en négligent aussi les devoirs ; partout on voit qu'alors, tournant en effronterie[3] la mâle et ferme assurance de l'homme, elles s'avilissent par cette odieuse imitation, et déshonorent à la fois leur sexe et le nôtre.

J.-J. ROUSSEAU.

1. *N'est qu'un tort de plus.* Sa beauté même fait regretter davantage qu'elle ne réserve pas ce don aux affections tendres et délicates de la famille ; le cœur lui reproche qu'elle se soit rendue indigne d'être aimée.

2. *Cette impression* nous vient de l'éducation en même

temps qu'elle prend sa source dans la nature ; chez tous les peuples du monde, la modestie et la décence sont considérées comme le devoir et l'honneur des femmes.

3. *En effronterie.* Ce qui est délicatesse et réserve chez la femme serait afféterie chez l'homme ; ce qui est mâle assurance chez l'homme devient effronterie chez la femme. Chacun doit rester à sa place et dans son caractère.

---

153. Universalité et spécialité.

Si vous avez jamais voyagé dans les montagnes, vous avez eu, tôt ou tard, le bonheur de contempler quelqu'un de ces lacs qui sont un des plus beaux ornements et l'un des plus grands bienfaits de la nature. La majesté et la grâce l'environnent, un calme profond règne au fond de ses eaux limpides, l'azur des cieux s'y réfléchit, les eaux bourbeuses et bruyantes du torrent s'y arrêtent, s'y apaisent, s'y purifient, s'y conservent, s'y rassemblent, s'y élèvent, jusqu'à ce que, atteignant enfin le sommet de la digue, elles s'épanchent en un fleuve majestueux qui va porter dans les plaines tous les bienfaits de la vie.

Ce lac me présente une image fidèle de la femme. Comme lui, elle a pour mission de recevoir la vie à son début[1], de la garder et de l'élever jusqu'à ce qu'elle soit devenue à la fois assez puissante, assez calme et assez pure pour aller porter au loin les bienfaits qu'elle a reçus. Si donc il est vrai qu'en toute chose, les commencements ont le plus d'importance, c'est bien de la femme surtout que dépendent les destinées de l'humanité. L'homme, lui, c'est le fleuve qui va se répandre au loin dans les vastes plaines, c'est l'ouvrier, c'est le virtuose de la vie. Voilà pourquoi il lui faut une spécialité. Il faut que les rives se rapprochent pour que le cours du fleuve s'étende, il faut que l'activité se restreigne pour devenir puissante, il faut cultiver une seule branche pour avoir de plus beaux fruits.

Voilà l'œuvre de l'homme ; autre est celle de la femme : prêtresse de la vie, sainte institutrice de l'humanité, la femme est vouée à la garde du sanctuaire et à l'entretien du feu sacré. Sa valeur est moins dans ce qu'elle fait que dans ce qu'elle inspire ; c'est pourquoi elle doit être universelle² afin de tout inspirer. C'est-à-dire que sa spécialité est de n'en pas avoir, sa distinction consiste à ne pas se faire distinguer, son éclat à ne pas briller, son ornement à ne pas paraitre, sa gloire à vivre dans l'ombre, et, pour tout exprimer par la parole d'un apôtre³ : « Sa parure doit être la vie cachée du cœur, la pureté inaltérable d'un esprit doux et paisible. »

P. GOY.

1. *Recevoir la vie à son début.* C'est la mère qui reçoit l'enfant à sa naissance, qui le garde et l'élève, qui le prépare à l'action.
2. *Universelle,* c'est-à-dire s'intéresser à tout, connaître les éléments de toutes les choses nécessaires, ne pas s'enfermer dans une spécialité d'étude, de métier, qui la rendrait impropre à sa tâche éducatrice.
3. Pierre, III, 4.

---

154. La bonne ménagère.

Le temps passé¹, quand on vouloit louer un homme, on le disoit bon laboureur. C'estoit aussi la plus grande gloire de la femme que d'estre estimée bonne mesnagere... Plus grande richesse ne peut souhaiter l'homme en ce monde, après la santé que d'avoir une femme de bien, de bon sens, bonne mesnagere. Telle² conduira et instruira bien sa famille, tiendra la maison remplie de tous biens pour y vivre commodement et honorablement. Despuis la plus grande dame jusques à la plus petite femmelette³, à toutes la vertu du mesnager⁴ reluit par-dessus toute aultre, comme instrument de nous conserver la vie. Une femme mesnagere entrant dans une pauvre maison, l'enrichit : une despenciere ou faineante destruit la riche⁵. La petite maison s'agrandit entre les mains de ceste là : et entre celles de ceste ci, la grande s'appetisse. Salomon⁶ faict paroistre le mary de la bonne mesnagere entre les principaux hommes de la cité : dict que la femme vaillante est la coronne⁷ de son mary, qu'elle bastit la maison⁸, qu'elle plante la vigne, qu'elle ne craint ni le froid ni la gelée, estant elle et ses enfants vestus comme d'escarlate⁹, que la maison et les richesses sont de l'heritage des peres, mais la prudente femme est de par l'Eternel¹⁰. A ces belles paroles profitera nostre mere de famille, et se plaira en son administration, si elle desire estre louee et honoree de ses voisins, reveree et servie de ses enfans, si elle faict plus d'estat¹¹ de l'honneste richesse¹² que de la sale pauvreté, si elle aime mieux prester qu'emprunter, si elle prend plaisir de voir toujours sa maison abondamment pourveuë de toutes commoditez, pour s'en servir au vivre ordinaire, au recueil des amis¹³, à la nécessité des maladies, à l'advancement des enfans, aux aumosnes des pauvres et aux journalières occurences¹⁴.

OLIVIER DE SERRES.

1. *Le temps passé*, autrefois.
2. *Telle*, une telle femme.
3. *La plus petite femmelette*, diminutif, la femme de la plus modeste condition, par opposition à la grande dame.
4. *La vertu du mesnager*, l'art de bien tenir une maison.
5. *La riche*, la maison riche.
6. *Salomon*, dans le livre des Proverbes, chap. XXXI.
7. *Coronne*, couronne.
8. *Elle bastit la maison*, au sens allégorique ; elle construit, par sa vigilance et ses soins, le foyer domestique ; ses économies lui permettent de faire planter une vigne ; elle met sa famille à l'abri des intempéries.
9. *L'écarlate* est la couleur des vêtements riches.
10. *De par l'Éternel*, c'est-à-dire, est un don de Dieu.
11. *Plus d'estat*, plus de cas, plus d'estime.

12. *L'honnête richesse*, la richesse honorable, qui provient de travail et d'économie.

13. *Au recueil des amis*, à recueillir, à recevoir des amis.

14. *Aux journalières occurences*, aux rencontres, aux accidents, aux besoins de chaque jour.

---

155. Le soin du ménage.

Cette chose si essentielle n'exclut pas d'ailleurs une certaine poésie. Oui, il y a une poésie du ménage. J'en prends à témoin les plus grands poètes, depuis le chantre de l'âge héroïque[1] qui représentait la fille du généreux Alcinoüs, Nausicaa, allant laver ses vêtements au bord du fleuve, sur le conseil de Minerve (la déesse de la sagesse), jusqu'à l'auteur de Werther[2] qui nous montre son héroïne Charlotte distribuant à ses jeunes frères des tartines de beurre; et je puis même invoquer le témoignage des meilleurs philosophes, depuis Socrate jusqu'à Rousseau. Eux aussi se sont plu à célébrer cette poésie. Voyez, par exemple, comment Xénophon dans le traité qu'il a consacré à *l'art du ménage* (*l'économique*), ou à ce qu'Étienne de la Boëtie, dans la traduction qu'il en a faite, appelle d'un mot *la mesnagerie*[3], voyez comment le disciple de Socrate fait parler son maître, racontant les leçons du sage Ischomachus à sa femme: « La belle chose à voir que des chaussures
« bien rangées de suite et selon leur espèce; la belle
« chose que des vêtements séparés suivant leur usage;
« la belle chose que des couvertures; la belle chose que
« des vases d'airain; la belle chose, enfin, malgré le
« ridicule qu'y trouverait un écervelé et non point un
« homme grave, la belle chose que de voir des mar-
« mites rangées avec intelligence et avec symétrie!
« Oui, tous les objets, sans exception, grâce à la symé-
« trie, paraissent plus beaux encore quand ils sont
« disposés avec ordre. Tous ces ustensiles semblent
« former un chœur... »

Cette poésie du ménage était en quelque sorte naturelle chez un peuple artiste comme le peuple grec, qui portait l'amour du beau dans les détails les plus vulgaires de la vie, et pour qui tout était art; mais il n'est pas besoin de remonter jusqu'aux anciens pour en retrouver la trace. Elle n'est pas devenue tout à fait étrangère à nos sociétés prosaïques, et vous pouvez la voir s'épanouir même parmi nos paysans, si peu artistes d'ailleurs. Entrez, par exemple, dans la maison d'une fermière de Normandie : voyez comme tout est propre et bien rangé, voyez ce buffet si bien poli, ces assiettes, ces plats, ces pots de faïence ou d'étain, tous ces vases de divers genres, si brillants qu'on pourrait s'y mirer, et disposés avec tant de symétrie que, suivant l'expression de Xénophon, ils semblent former un chœur, et dites s'il n'y a pas là un genre de beauté qui, tout en charmant les yeux, inspire de la sympathie pour la femme qui tient si bien sa maison.

Jules Barni [4].

1. *Le chantre de l'âge héroïque*, Homère, dans son poème de l'Odyssée.

2. *L'auteur de Werther*, le poète allemand Gœthe.

3. *Mesnagerie*, l'art de tenir un ménage, une maison, « l'art du ménage ». Le mot: Économie, *Économique*, signifie en grec : la règle, la loi dans la maison.

4. *La Morale dans la démocratie*, F. Alcan, éditeur.

---

156. La table du soir.

Cette table du soir, ce souper, l'attente du jour [1], c'est la plus forte école qui puisse être jamais. Le père apporte les nouvelles du dehors, les dit à la femme qui les commente sérieusement. Le temps est difficile, la vie est dure, l'enfant l'entrevoit bien, aux tristesses de sa mère. Le père craint d'en avoir trop dit, et voudrait être gai. « Oh! on s'en tirera. » De là, entre eux, certain débat sur les espoirs, les craintes, les remèdes, les voies et moyens. L'enfant regarde ailleurs, ou joue avec le chat. Mais rien ne lui échappe².

La soirée est déjà avancée. Laissons les affaires. Une petite lecture ferait du bien, calmerait tout, avant qu'on s'endormît. Les plus calmes seraient les lectures d'histoire naturelle. L'enfant en est avide. Les animaux, ses amis, camarades, l'intéressent beaucoup, lui ouvrent des côtés spéciaux de la vie, que l'homme résume comme dans une sphère générale. Les voyages sont bons (mais pas trop les naufrages qui le feraient rêver). Très bel enseignement, et meilleur que l'histoire, miroir de tant de vices, récit de tant de fautes. Ajournons-la un peu. La géographie nous vaut mieux, avec les bons voyages, l'excellent Robinson.

Peu de lectures, mais simples, fortes, qui laissent trace, qui lui servent de texte pour ses rêves et ses questions. Souvent on croit qu'il dort; il songe. Il est dans tel pays, et il repasse tel beau fait d'histoire naturelle, d'instinct des animaux, telle singularité de mœurs humaines. Et tout à coup il en parle à sa mère, demande explication. C'est à elle, sage et prudente, de lui montrer combien toute cette diversité d'usages est extérieure, combien au fond tout se rapproche, se ressemble réellement. A elle de lui donner l'idée, heureuse et consolante, ce grand appui du cœur, *l'accord du genre humain.*

Donc, nul trouble en son esprit. Tout s'harmonise en lui, pour y justifier son trésor intérieur, né avec lui, mais toujours agrandi: le sens du Bon moral, du Juste.

En son père, en sa mère, il voit les deux formes, les deux pôles, si bien concordants. *Lui*, la justice exacte, la loi en action, énergique et austère, l'héroïque bonté rectiligne. *Elle*, la douce justice des circonstances atténuantes, des ménagements équitables que conseille le cœur et qu'autorise la raison. MICHELET.

1. *L'attente du jour.* Toute la journée on a attendu cet heureux moment où la famille est enfin réunie autour du souper, où l'on peut se voir et causer à loisir.

2. *Rien ne lui échappe.* Ce sont ici des souvenirs personnels de Michelet; ce sont des scènes qu'il a vécues lui-même dans son enfance, alors que son père était un pauvre petit imprimeur d'un faubourg de Paris.

157. Le logis de famille.

Il faut tenir paré le logis de famille;
C'est l'œuvre de l'épouse et de la jeune fille.
L'homme à ses durs labeurs reviendra plus dispos,
Si dans l'ordre et la grâce il a pris son repos;
Si de frais vêtements, la table bien pourvue,
Ont réparé sa force et réjoui sa vue;
Si par les soins discrets et le riant accueil,
La modeste maison lui sourit dès le seuil.
Voyez nos champs, nos bois! Comme la Providence
Près de l'utilité mit partout l'élégance,
Et sans nuire aux doux fruits du travail de vos mains,
Comme elle orna de fleurs le séjour des humains!
Ainsi prêtant son charme au foyer domestique,
Un art peut embellir le toit le plus rustique,
Et Dieu garde au moins riche un merveilleux trésor,
La sainte propreté qui change tout en or[1].

V. DE LAPRADE [2].

1. *Qui change tout en or.* La propreté donne du prix à tout ce qu'elle touche; elle fait briller les plus modestes instruments du ménage; elle fait reluire les cuivres comme de l'or.

2. *Pernette.* Perrin et Cie, éditeurs.

158. La famille démocratique.

A mesure que les mœurs et les lois sont plus démocratiques, les rapports du père et du fils deviennent plus intimes et plus doux : la règle et l'autorité s'y rencontrent moins souvent ; la confiance et l'affection y sont souvent plus grandes, et il semble que le lien naturel se resserre [1], tandis que lien social se détend.

Dans la famille démocratique, le père n'exerce guère d'autre pouvoir que celui qu'on se plaît à accorder à la tendresse et à l'expérience d'un vieillard. Ses ordres seraient peut-être méconnus, mais ses conseils sont d'ordinaire pleins de puissance. S'il n'est point entouré de respects officiels, ses fils du moins l'abordent avec confiance. Il n'y a point de formule reconnue [2] pour lui adresser la parole ; mais on lui parle sans cesse, et on le consulte volontiers chaque jour. Le maître et le magistrat ont disparu ; le père reste.

Il suffit, pour juger de la différence des deux états sociaux sur ce point, de parcourir les correspondances domestiques que les aristocraties nous ont laissées. Le style en est toujours correct, cérémonieux, rigide et si froid que la chaleur naturelle du cœur peut à peine s'y sentir à travers les mots.

Il règne, au contraire, dans toutes les paroles qu'un fils adresse à son père chez les peuples démocratiques, quelque chose de libre, de familier et de tendre à la fois, qui fait découvrir au premier abord que des rapports nouveaux se sont établis au sein de la famille.

La démocratie attache aussi les frères les uns aux autres, mais elle s'y prend d'une autre manière.

Sous les lois démocratiques les enfants sont parfaitement égaux, par conséquent indépendants ; rien ne les rapproche forcément, mais aussi rien ne les écarte ; et comme ils ont une origine commune, qu'ils s'élèvent sous le même toit, qu'ils sont l'objet des mêmes soins et qu'aucune prérogative particulière ne les distingue ni ne les sépare, on voit aisément naître parmi eux la douce et juvénile intimité du premier âge. Le lien ainsi formé au commencement de la vie, il ne se présente

13.

guère d'occasions de le rompre ; car la fraternité les rapproche chaque jour sans les gêner.

Ce n'est donc point par les intérêts, c'est par la communauté des souvenirs et la libre sympathie des opinions et des goûts, que la démocratie attache les frères les uns aux autres. Elle divise leur héritage, mais elle permet que leurs âmes se confondent.

La douceur de ces mœurs démocratiques est si grande, que les partisans de l'aristocratie eux-mêmes s'y laissent prendre, et que, après l'avoir goûtée quelque temps, ils ne sont point tentés de retourner aux formes respectueuses et froides de la famille aristocratique. Ils conserveraient volontiers les habitudes domestiques de la démocratie, pourvu qu'ils pussent rejeter son état social et ses lois. Mais ces choses se tiennent et l'on ne saurait jouir des unes sans souffrir les autres

A. DE TOCQUEVILLE[3].

1. *Le lien naturel* se resserre, l'affection grandit ; le *lien social* se détend, la sujétion diminue.

2. *Formule reconnue.* Dans l'ancienne société, les fils disaient à leur père : Monsieur, et y ajoutaient le titre quand il y en avait : Monsieur le duc. Les fils du roi l'appelaient Sire, et Votre Majesté.

3. *La Démocratie en Amérique.* C. Lévy, éditeur.

150. Les vieux parents.

Ah ! qu'il faut peu de chose pour rendre défiants d'eux-mêmes un père, une mère avancés dans la vie ! Ils croient aisément qu'ils sont de trop sur la terre. A quoi se croiraient-ils bons pour vous, qui ne leur demandez plus de conseils? Vous vivez tout entiers dans le moment présent ; vous y êtes consignés[1] par une passion dominante, et tout ce qui ne se rapporte pas à ce moment vous paraît antique et suranné. Enfin, vous êtes tellement en votre personne[2] et de cœur et d'esprit, que, croyant former à vous seuls un point historique, les ressemblances éternelles entre le temps et les hommes échappent à votre attention ; et l'autorité de l'expérience vous semble une fiction ou une vaine garantie destinée uniquement au crédit des vieillards ou aux jouissances de leur amour propre. Quelle erreur est la vôtre ! Le monde, ce vaste théâtre, ne change pas d'acteurs ; c'est toujours l'homme qui se montre en scène, mais l'homme ne se renouvelle point, il se diversifie ; et comme toutes ses formes sont dépendantes ³ de quelques passions principales dont le cercle est depuis longtemps parcouru, il est rare que, dans les petites combinaisons de la vie privée, l'expérience, cette science du passé, ne soit la source féconde des enseignements les plus utiles.

Honneur donc aux pères et aux mères, honneur et respect, ne fût-ce que pour leur règne passé, pour ce temps dont ils ont été seuls maîtres, et qui ne reviendra plus ; ne fût-ce que pour ces années à jamais perdues, et dont ils portent sur le front l'auguste empreinte !

Voilà votre devoir, enfants présomptueux, et qui paraissez impatients de courir seuls dans la route de la vie. Ils s'en iront, vous n'en pouvez douter, ces parents qui tardent à vous faire place ; ce père dont les discours ont encore une teinte de sévérité qui vous blesse ; cette mère dont le vieil âge vous impose des soins qui vous importunent : ils s'en iront ces surveillants attentifs de votre enfance, et ces protecteurs animés de votre jeunesse ; ils s'en iront et vous chercherez en vain de meilleurs amis ; ils s'en iront, et dès qu'ils ne seront plus, ils se présenteront à vous sous un nouvel aspect, car le temps, qui vieillit les gens présents à notre vue, les rajeunit pour nous quand la mort les a fait disparaître ; le temps leur prête alors un éclat qui nous était inconnu : nous les voyons dans le tableau de l'éternité, où il n'y a plus d'âge, comme il n'y a plus de graduation[4]; et s'ils avaient laissé[5] sur la terre un souvenir de leur vertu, nous les ornerions en imagination d'un rayon céleste, nous les suivrions de nos regards dans le séjour des élus, nous les contemplerions dans ces demeures de gloire et de félicité, et près des vives couleurs dont nous composerions leur sainte auréole nous nous trouverions effacés, au milieu même de nos beaux jours, au milieu des triomphes dont nous sommes le plus éblouis.

Madame DE STAEL.

1. *Consignés*, enfermés, emprisonnés comme par une consigne.

2. *En votre personne*, pleins de vous-mêmes, enfermés en vous-mêmes.

3. *Toutes ses formes sont dépendantes...* C'est-à-dire toutes les formes que revêt la vie de l'homme, toutes les actions qu'il accomplit, tous les rôles qu'il joue dans le monde sont déterminés par quelques passions principales qui reviennent sans cesse de génération en génération, et que l'on connaît bien : c'est l'ambition, l'amour, la haine, l'avarice etc. Ce sont toujours les mêmes qui agissent sur toutes les combinaisons de l'existence ; par conséquent l'expérience de ceux qui ont déjà traversé la vie pourrait servir à ceux qui y entrent, en vertu de cet adage : il n'y a rien de nouveau sous le soleil.

4. *Graduation*, c'est plutôt gradation qu'il faut lire. Dans l'éternité, il n'y a plus d'âge ni de degré ; tout apparaît sur le même plan.

5. *S'ils avaient laissé*, c'est-à-dire, dans le cas où ils auraient laissé, etc.

---

160. Grand-père.

... Il est minuit. Grand-père est assis près du feu arrangé à l'ancienne mode. Toute la famille est au lit. Il rapproche du feu son vieux fauteuil. Sur la table qu'il tient de sa mère sont des chandeliers, aussi du bon vieux temps. Les bougies sont aux trois quarts brûlées, le feu s'éteint doucement dans la cheminée,

Grand-père a été pensif toute la journée, se parlant à lui-même, chantonnant un bout de psaume, fredonnant un vieux refrain. Il a embrassé, plus tendrement que de coutume, l'enfant gâté de la famille, sa dernière petite-fille, avant qu'elle gagnât son lit. Il tire de son sein un petit bracelet que personne ne voit jamais. Il y a dedans deux petites mèches de cheveux, cheveux ordinaires, qui pourraient être les vôtres ou les miens.

Mais lörsque Grand-père les contemple, ces cheveux deviennent toute une tête couverte de boucles parfumées. Il se rappelle les entrevues secrètes, les rencontres au clair de lune, et comme l'étoile du soir luisait doucement, et comment il pressait sa bien-aimée contre son cœur. « C'est vous qui êtes mon étoile du soir, » lui disait-il. Il se rappelle aussi les claires fontaines et les bois silencieux. Il pense à l'heure de ses fiançailles.

La grande ville sommeille paisiblement. La vie ne se manifeste plus que par ce souffle régulier qui entr'ouvre des cent milliers de lèvres, et le silence autour de lui est complet. Mais la cloche de l'église, de son doigt de métal, frappe gravement les douze coups de minuit. Il regarde encore son bracelet. Les autres cheveux sont ceux de son fils premier-né. A cette même heure de minuit, il y a maintenant bien des années de cela, une longue torture avait cessé, et lui, tombant à genoux, priait en disant : « Mon Dieu, je te rends grâce de ce que je suis père et encore époux ! Oh ! qu'ai-je fait, que suis-je, pour que tu m'aies donné une vie ! et que tu m'aies conservé celle de la mère ! » Maintenant il a des enfants et des enfants de ces enfants, la joie de sa vieillesse. Mais voilà plusieurs années que sa femme le contemple de plus haut que l'étoile du soir.

Oh ! elle est toujours son étoile du soir, plus belle encore, une étoile qui ne s'éteint plus, non plus une mortelle, mais un ange; et Grand-père dit : « Seigneur! quand laisseras-tu ton serviteur s'en aller en paix pour que mes yeux voient ton salut? »

Le dernier tison s'est rompu sur les chenets de fer. Deux charbons fumants sont tombés des deux côtés. Grand-père les rapproche, la flamme reparait, les deux fumées ne sont plus qu'une flamme. « Puisse-t-il en être ainsi dans les cieux, » dit Grand-père.

Th. Parker.

1. *Donné une vie*, c'est-à-dire la vie de son fils, de son premier-né ; c'est une vie de plus, un être de plus à son foyer.

161. Le coin du grand-père.

Ce coin près du foyer, c'est le coin du grand-père.
C'est là, je m'en souviens, qu'il aimait à s'asseoir,
Les pieds sur les chenets, dans sa vieille bergère,
Là qu'il lisait le jour et sommeillait le soir.

Je crois le voir encore. Sa tête couronnée
De beaux cheveux blanchis par l'âge et le chagrin
Se penchait en avant, doucement inclinée ;
Son visage était grave à la fois et serein.

Son cœur était ouvert à tous. On pouvait lire
Le calme sur son front, la bonté dans ses yeux ;
Et lorsque sur sa bouche il passait un sourire,
On croyait voir briller comme un rayon des cieux.

Puis il était si bon pour moi ! Dès que décembre,
Neigeux, humide et froid, me fermait le jardin,
Souvent à ses côtés, je jouais dans la chambre :
Vénérable grand-père, et petit-fils mutin !

Puis lorsque j'étais las de jouer : « Une histoire,
Grand-père! » Et me voilà sur ses genoux assis.
Lui, cherchait un moment dans sa vieille mémoire,
Et, me baisant au front, commençait ses récits.

Maintenant son fauteuil est vide. Le grand-père
Ne viendra plus jamais s'asseoir au coin du feu !
Mais sa place est meilleure au ciel que sur la terre :
Il ne nous a quittés que pour aller à Dieu !

TOURNIER.

162. La grand'mère.

Je la vois encore, avec son modeste costume du pays, qu'elle n'avait jamais voulu quitter, sa taille légèrement courbée, sa démarche mesurée, son geste tempéré ; mais je la vois surtout avec son sérieux et doux regard, son sourire sérieux et grave, son air de bonté, mais de volonté dans la bonté, grand attrait en elle, et grand moyen pour porter au bien ceux qu'elle aimait.

L'aîné de mes frères, elle m'avait en particulière affection, et je le lui rendais ; elle avait fait de moi son petit compagnon, et je ne la quittais guère. Le soir, par exemple, aux longues veillées de l'hiver, près du foyer, ou quand il faisait grand froid, dans la tiède atmosphère de l'étable à bœufs, en un lieu disposé pour cet usage, parmi tout ce monde de serviteurs et de servantes qu'elle présidait (nous étions à la campagne, dans le Beaujolais), elle-même, sa quenouille en main, elle m'avait à côté d'elle, sous son impression, en quelque sorte, me parlant peu, mais ne me disant rien qui ne me restât dans l'esprit, m'avertissant, me conduisant d'un mot, d'un signe de tête, d'un sourire.

Le printemps venu, et par les beaux jours qu'il amenait, elle m'associait aux visites qu'elle faisait à mes oncles, à mes tantes et à quelques amis ; et alors, tout en cheminant dans ces sentiers fleuris ou ces fraîches grandes routes que nous parcourions ensemble, le plus souvent à pied, elle me continuait cette éducation de peu de mots, mais de beaucoup d'action, qui est la plus profonde et la plus durable de toutes, parce que c'est alors l'âme qui parle à l'âme, qui y gouverne et y règne du droit divin de la bonté.

Ainsi m'élevait ma grand'mère, ainsi ai-je beaucoup reçu et beaucoup retenu d'elle.

Ce qu'elle m'enseignait, du reste, était bien simple : ne pas offenser Dieu ; c'était son mot ; elle ne le prodiguait pas, mais elle savait le faire écouter et respecter, et elle en tirait, à l'occasion, toute une morale et toute une religion à l'usage de l'enfant qu'elle avait sous sa garde et comme sous son aile ; et aujourd'hui que j'ai un peu plus appris et recueilli de toute main, je trouve que c'est encore à elle que je dois mon premier fonds de sagesse, et peut-être le plus pur et le plus persistant de mes croyances.

DAMIRON.

163. Vœux d'un vieillard.

Heureuses les sociétés où les vieillards comprennent et respectent l'avenir, où les jeunes gens comprennent et respectent le passé ! et ne dites pas d'un ton sceptique : « Qui enseignera le respect de l'avenir aux vieillards et le respect du passé aux jeunes gens ? » Il y a dans les plus pauvres familles, dans les plus obscures chaumières, des autels domestiques et sacrés qui nous rappellent ces pieuses vérités : c'est le lit de l'aïeul et le berceau du nouveau-né, le lieu où l'homme achève sa carrière et le lieu où il la commence. Heureuses, encore un coup, les sociétés, heureuses les familles où le lit de l'aïeul malade est entouré de soins et de sollicitude ! C'est ainsi que le présent, qui est si court pour chacun de nous, s'allonge et s'étend dans le passé par le respect qu'en ont les jeunes gens, et dans l'avenir par la joie intelligente qu'en ont les vieillards, puisqu'il appartiendra à leurs enfants. Quel jeune homme peut voir un vieillard sans songer au passé qu'il doit honorer et méditer, puisque ce passé a contenu toutes les épreuves de la vie? Quel vieillard peut voir un jeune homme sans songer à l'avenir dans lequel il ne sera pas et dans lequel il doit préparer les âmes dont Dieu lui a confié l'éducation? Jeunes ou vieux n'aimerons-nous donc que le présent, ce point imperceptible dans le grand abime des ans, comme dit Bossuet? Et des trois parts[1] que Dieu a faites du temps, les deux parts qui ne sont accessibles que par la pensée seront-elles mises par nous en oubli, quand nous sommes jeunes, parce que nous n'étions pas dans le passé, quand nous sommes vieux, parce que nous serons pas dans l'avenir? Quelle supériorité morale donnent au vieillard le goût et l'habitude

De se donner des soins pour le plaisir d'autrui!

Quel bonheur pour nos derniers jours de planter des arbres à l'ombre desquels nos enfants s'entretiendront de notre souvenir! A défaut de la terre, plantons dans dans l'âme et dans l'esprit des jeunes gens, heureux de songer à la moisson que nous ne verrons pas et que nous espérons d'autant plus belle, heureux de travailler pour un avenir où nous n'aurons point de part. Les meilleurs sentiments de l'homme sont ceux où le moi n'a point de place [2].

SAINT-MARC GIRARDIN.

1. *Des trois parts*, c'est-à-dire le passé, le présent et l'avenir; le présent seul est tangible; le passé et l'avenir ne nous sont accessibles que par la pensée.

2. *Où le moi n'a point de place*, les sentiments désintéressés.

164. L'esprit de famille.

Je ne crains rien du jeune homme qui a conservé l'esprit de famille; plein d'amour pour ses parents, il craindra de rien faire qui puisse les faire rougir ou pleurer. Présente, la famille impose au jeune homme le respect de lui-même; absente, il pourra l'oublier un instant; mais une lettre du père, la pensée des larmes d'une mère, l'arrêteront sur la pente d'une mauvaise action; et si l'un et l'autre ont disparu, leur mémoire sera encore puissante, et il la respectera d'autant plus qu'ils ne sont plus là pour lui pardonner.

Qu'est-ce que l'esprit de famille? C'est un mélange de crainte affectueuse pour le père, de tendresse craintive pour la mère, de respect pour tous les deux, d'admiration pour leurs vertus, de volontaire aveuglement pour leurs travers, de reconnaissance pour leurs bienfaits, de compassion pour leurs souffrances, de pitié pour leurs sacrifices. De tous ces sentiments se forme un sentiment unique et complexe, le sentiment de la vénération, dont Gœthe a dit : « Celui qui n'a point éprouvé de vénération dans sa jeunesse ne sera point lui-même l'objet de la vénération dans ses vieux jours. »

L'esprit de famille éloigne le jeune homme des passions flétrissantes, et il adoucit les passions violentes ; car dans la paix du foyer domestique, l'imagination se purifie et le désordre des sentiments s'apaise de lui-même. Il guérit l'esprit de raillerie : qui ne s'arrêterait pas devant un père, une mère? Il guérit le mépris des grandes choses; car celui qui éprouve de la vénération dans le sein de la famille, est disposé à admirer et à aimer tout ce qui est vénérable. Il guérit la fausse exaltation ; car les idées redeviennent saines et tranquilles dans ce milieu vrai, naturel et pacifique. Il guérit l'orgueil ; car involontairement la présomption s'abat et s'humilie à la table de famille sous la douce ironie des vieux parents.

P. JANET.

165. L'intimité.

Dans la famille, l'homme est seul sans être seul : il est à lui-même sans être enfermé en lui-même ; il voit et il entend la vie autour de soi, sans sacrifier sa propre vie. Le chez-soi a une puissance singulière d'apaisement et d'ennoblissement : c'est un je ne sais quoi d'absolu[1] au sein de la fugitive dissipation des choses extérieures ; c'est la substance de la vie, dont les accidents extérieurs ne sont que la surface. Ce fonds lui-même est, hélas ! bien peu solide ; il fuit comme le reste. Mais, dans le flot universel qui nous emporte, la vie domestique, la famille, est comme la barque qui coule sur l'eau avec nous, mais qui nous accompagne, nous soutient et nous conduit. Sans doute il arrive quelquefois que la barque périt avant nous ou ne nous laisse que quelques débris ; mais, tant qu'elle dure, elle nous donne l'illusion d'un sol immobile sur les flots mobiles. De là les profondes attaches de la famille pour ceux qui voudraient trouver quelque part le roc et la terre ferme au milieu des sables mouvants qui nous entourent et nous emportent...

Oh ! le doux oubli du moi dans l'intimité ! Le doux plaisir de s'effacer, de n'être rien[2] ! Il vient cependant un moment où l'âme se relève : ce n'est plus alors ce moi du dehors[3], composé, arrangé, classé, superficiel, qui se promène dans les réunions. Non, c'est le moi viril, agissant, le moi du dévouement, du courage, du travail et de l'amour. Celui-là, sans doute, connaît des douleurs dont rien n'approche ici-bas ; mais aussi il a touché à ce qu'il y a de plus profond dans les abîmes de la vie.

P. JANET.

1. *D'absolu*, d'indépendant, de durable, de résistant.
2. *De n'être rien*, c'est-à-dire de se sentir mêlé aux autres de faire partie d'un tout, de se fondre dans l'ensemble de la famille.

3. *Ce moi du dehors*, le personnage que l'on montre, dont on ne laisse voir que la surface, que l'on arrange, dont on compose les traits et le costume en vue des spectateurs, qui joue un rôle, qui est classé, non d'après ce qu'il est, mais d'après ce qu'il paraît.

166. La bonne humeur.

Il n'est peut-être pas inutile de dire un mot d'un devoir, léger en apparence, très sérieux au fond, le devoir de bonne humeur dans la famille.

Rien de plus rare que cette vertu[1]. Je ne parle pas des personnes qui n'ont point reçu une bonne éducation, et qui, jugeant qu'on n'a pas à se gêner dans la famille, y sont à l'envi bourrues, désagréables et grossières. Il est des familles même distinguées, où l'union est parfaite et l'esprit de solidarité remarquable, où l'on est disposé à se soutenir mutuellement, à faire les uns pour les autres de sérieux sacrifices, et où cependant les relations quotidiennes ont toujours quelque chose d'un peu tendu. Si l'on ne se dispute pas tout à fait, on ne se parle que sur un ton aigre et désagréable. Il semble que l'amabilité et la grâce soient une monnaie que l'on réserve pour les indifférents, et qui ne saurait avoir cours dans la famille.

Si bien que Fontenelle[2], dans un de ses *Éloges*, voulant faire le portrait le plus favorable du personnage qu'il loue, termine par ce trait qu'il paraît mettre au-dessus de tout le reste : « Enfin, il était d'une humeur agréable, même dans son intérieur. »

On a beau dire que ce n'est que sur les petites choses qu'on se dispute, il n'y a pas de petites choses dans la vie de famille, par la raison qu'elle n'est presque faite que de petites choses. Si l'on est insupportable dans tous les détails de la vie, sous prétexte que cela est sans importance, à quel moment se réserve-t-on d'être bon et affectueux? Quand on s'observe si peu dans les petites choses, où il est facile d'être ce qu'on doit, est-on bien sûr d'être irréprochable quand viendront les occasions sérieuses? Chacun devrait donc faire tout son possible pour corriger un tel état de choses, pénible pour tous, et qui dissimule souvent, au point d'en faire douter, des qualités profondes et de solides vertus.

H. MARION.

1. *Cette vertu.* La bonne humeur, la bonne grâce, l'affabilité sont une vertu parce qu'elles exigent un certain effort sur l'égoïsme, sur la paresse, sur les mouvements de chagrin et d'irritation. Il est plus naturel, plus facile, moins coûteux de se laisser aller à son impulsion d'aigreur, à son mécontentement, à sa fatigue, de faire payer aux siens les ennuis du dehors, de livrer passage à des paroles sèches, dures, ou de se renfrogner dans un silence maussade. C'est une vertu de vaincre de telles dispositions, et l'habitude se forme peu à peu de présenter un visage serein, de tenir un langage enjoué, de respirer et de répandre « la bonne humeur » au sein de sa famille.

2. *Fontenelle*, écrivain et savant français, neveu du grand Corneille, secrétaire perpétuel de l'Académie, mort centenaire en 1757, a écrit les *Éloges historiques des Académiciens* décédés de son temps.

---

167. L'union des frères.

Un vieillard près d'aller où la mort l'appelait :
« Mes chers enfants, » dit-il (à ses fils il parlait),
« Voyez si vous romprez ces dards¹ liés ensemble :
« Je vous expliquerai le nœud qui les assemble. »
L'aîné les ayant pris, et fait tous ses efforts,
Les rendit en disant : « Je le donne aux plus forts. »
Un second lui succède et se met en posture ;
Mais en vain ; un cadet tente aussi l'aventure.
Tous perdirent leur temps, le faisceau résista ;
De ces dards joints ensemble un seul ne s'éclata ².
« Faibles gens, dit le père, il faut que je vous montre,

« Ce que ma force peut en semblable rencontre. »
On crut qu'il se moquait, on sourit, mais à tort.
Il sépare les dards, et les rompt³ sans effort.
« Vous voyez, reprit-il, l'effet de la concorde.
« Soyez joints, mes enfants, que l'amour vous accorde. »
Tant que dura son mal, il n'eut d'autre discours⁴.
Enfin, se sentant près de terminer ses jours,
« Mes chers enfants, dit-il, je vais où sont nos pères ;
« Adieu ; promettez-moi de vivre comme frères ;
« Que j'obtienne de vous cette grâce en mourant. »
Chacun de ses trois fils l'en assure en pleurant.
Il prend à tous les mains : il meurt ; et les trois frères
Trouvent un bien fort grand, mais fort mêlé d'affaires.
Un créancier saisit, un voisin fait procès :
D'abord notre trio s'en tire avec succès...
  Leur amitié fut courte autant qu'elle était rare.
Le sang les avait joints, l'intérêt les sépare.
L'ambition, l'envie, avec les consultans⁵,
Dans la succession entrent en même temps.
On en vient au partage, on conteste, on chicane :
Le juge, sur cent points, tour à tour, les condamne.
Créanciers et voisins reviennent aussitôt,
Ceux-là sur une erreur, ceux-ci sur un défaut.
Les frères désunis sont tous d'avis contraire :
L'un veut s'accommoder, l'autre n'en veut rien faire.
Tous perdirent leur bien, et voulurent trop tard
Profiter de ces dards unis⁶ — et pris à part.

LA FONTAINE.

1. *Dards*, bâtons armés de pointes, traits, sorte de flèches.
2. *Ne s'éclata*, pas un seul ne se rompit, ne se brisa.
3. *Les rompt*, séparément, l'un après l'autre.
4. *D'autres discours* ; il ne parla pas d'autre chose que des avantages de la concorde.
5. *Les consultans*, les avocats consultants, avoués, gens de la loi.
6. *De ces dards unis* etc., de la leçon que leur avait donnée

leur père, en leur montrant la force des dards unis et la faiblesse des dards séparés.

168. L'amitié.

L'amitié est un sentiment très vif et très doux, qui contribue puissamment à rendre la vie heureuse et vertueuse. Elle naît presque toujours d'une conformité réelle ou supposée de goûts et de sentiments, et ne rapproche jamais que des âmes honnêtes. Les liaisons des méchants ne sont que l'association de leurs intérêts ou l'effet d'un goût passager; que l'intérêt disparaisse ou que le caprice passe, et cette amitié prétendue fait place à l'indifférence, souvent à la haine. Comment pourrait-on aimer ce qu'on méprise? La véritable amitié ne comporte pas seulement l'estime, mais le respect; il faut que l'on sente, jusque dans les épanchements de l'intimité, la présence et la dignité de la vertu.

L'amitié ne cherche pas l'égalité, mais elle la produit. Elle met tout en commun entre les amis : la fortune, les qualités de l'esprit, les sentiments du cœur. Quoiqu'elle se manifeste ordinairement par un échange constant de bons offices, ce n'est pas en vue de l'utilité qu'elle est formée, c'est par un penchant naturel qui nous attire l'un vers l'autre et qui nous fait trouver notre bonheur dans le repos, la sécurité et l'intimité de cette liaison.

Elle se fortifie doublement par l'habitude, parce que cette vie, que nous associons à la nôtre, nous apporte comme un héritage toutes les joies et toutes les douleurs. On ne peut dire si un ami nous est plus nécessaire dans la bonne ou dans la mauvaise fortune; dans la mauvaise, pour nous consoler, dans la bonne, pour nous avertir. C'est un témoin à la fois bienveillant et austère; c'est notre conscience personnifiée et rendue visible, dont les conseils doivent être donnés avec fermeté et reçus avec douceur. Nous offensons l'amitié quand nous prostituons ce nom aux vaines grimaces et aux relations éphémères du monde.

Ces relations superficielles ne nous donnent que des flatteurs ou des compagnons.

Il est rare qu'une amitié dure toujours[1]. Les intérêts et les passions viennent à l'encontre et brisent des liens qu'on croyait durables. Trop souvent les âmes se retirent en arrière avec le même empressement qu'elles avaient mis à s'embrasser, et l'amitié se tourne en haine. Faut-il en conclure, comme on l'a fait, qu'on doit se conduire avec un ami comme avec un ennemi futur? Non ; mais qu'on doit se donner rarement, ne pas avoir un cœur banal, et hésiter longtemps avant de se livrer. Une fois le cœur ouvert, il est trop tard pour se rétracter.

JULES SIMON.

1 *Il est rare qu'une amitié dure toujours.* Le mot est triste et sûrement excessif. Il y a hélas! beaucoup d'amitiés passagères, mais il en est beaucoup de durables; il y a celles de l'enfance, qui résistent à bien des assauts et qui, à travers les vicissitudes les plus variées, se prolongent souvent jusqu'à la vieillesse; il y a les amitiés de choix et de sympathie, celles qui ne se rétractent jamais; quelques unes sont traversées de nuages et peuvent subir des refroidissements momentanés, par suite d'absence ou de circonstances diverses ; il en est, de plus nombreuses qu'on ne le croit d'ordinaire, qui restent sereines et inaltérables à travers toute la vie.

---

169. Les amis.

Il n'y a rien qui contribue davantage à la douceur de la vie que l'amitié ; il n'y a rien qui en trouble plus le repos que les amis, si nous n'avons pas assez de discernement pour les bien choisir.

Les amis importuns font souhaiter des indifférents

agréables. Les difficiles[1] nous donnent plus de peine par leur humeur qu'ils ne nous apportent d'utilité par leurs services. Les impérieux nous tyrannisent : il faut haïr ce qu'ils haïssent, fût-il aimable ; il faut aimer ce qu'ils aiment, quand nous le trouverions désagréable et fâcheux ; il faut faire violence à notre naturel, asservir notre jugement, renoncer à notre goût, et, sous le beau nom de complaisance, avoir une soumission générale pour tout ce qu'impose leur autorité. Les jaloux nous incommodent : ennemis de tous les conseils qu'ils ne donnent pas, chagrins du bien qui nous arrive sans leur entremise, joyeux et contents du mal qui nous arrive par le ministère des autres.

Il y a des amis de profession[2], qui se font un honneur de prendre votre parti sur tout ; et ces vains amis ne servent à autre chose qu'à aigrir le monde contre nous, par des contestations indiscrètes. Il y en a d'autres qui nous justifient, quand personne ne nous accuse, qui, par une chaleur imprudente, nous mettent en des affaires où nous n'étions pas, et nous en attirent que nous voudrions éviter. Se contente qui voudra de ces amitiés : pour moi, je ne me satisfais pas d'une bonne volonté nuisible, et je veux que cette bonne volonté soit accompagnée de discrétion[3] et de prudence.

SAINT-ÉVREMOND.

1. *Les difficiles*, les amis d'un caractère difficile, incommode.

2. *Des amis de profession*, qui font profession de leur amitié, qui en font étalage, dont il semble que ce soit leur métier et qui ne perdent aucune occasion de l'exercer. Ce sont de *vains amis*, par opposition à des amis sérieux, véritables. *Ils aigrissent le monde contre nous* en élevant, sous prétexte de nous défendre, des *contestations indiscrètes*, des querelles sans objet, qui manquent d'utilité, d'à-propos, et dont la responsabilité retombe sur nous.

3. *Discrétion*, réserve, tact.

170. Un ami solide.

Un ami solide : belle qualité. Un ami qui, sans s'arrêter à des paroles, à de spécieuses[1] démonstrations, à de vains sentiments d'une affection et d'une tendresse puériles, agit efficacement pour son ami dans toutes les rencontres, et ne lui manque jamais au besoin ; caractère digne d'une âme bien née et qu'on ne peut assez estimer. Mais dans ce caractère si estimable, il y a néanmoins des limites où il faut se contenir et des extrémités dont on doit se garantir : or ce sont ces limites que le monde ne connaît point, et c'est dans ces extrémités[2] même que le monde met la perfection de l'amitié. Car, qu'est-ce qu'un solide ami selon les principes du monde ? qu'est-ce qu'un ami sur qui l'on compte, de qui l'on se tient assuré comme de soi-même, en qui l'on a une confiance sans réserve, et dont on ne saurait trop exalter la droiture, la fidélité, le bon cœur ? qu'est-ce, dis-je, que cet ami ? C'est un homme prêt à entrer dans tous les intérêts de son ami, fussent-ils les plus mal fondés et les plus injustes ; prêt à entrer dans toutes les passions de son ami, fussent-elles les plus déréglées et les plus violentes ; prêt même à entrer dans toutes les erreurs de son ami, fussent-elles les plus contraires à la religion et les plus fausses. Voilà ce que le monde appelle être solidement ami ; voilà, selon le monde, le modèle des amis ; mais quel renversement[3] !

Je veux un ami véritable, et, autant qu'il se peut, un ami sincère, et tel dans le fond de l'âme qu'il est dans les apparences, un ami zélé pour mon bien, et désintéressé pour lui-même, qui s'attache à ma personne, et non à ma fortune, à mon crédit, à mon rang, à tout ce qui est hors de moi et qui n'est point moi ; un ami vigilant, prévenant, compatissant, auprès de qui je trouve de la consolation dans toutes mes peines et du soutien dans toutes mes disgrâces ; un ami fidèle, sur qui je puisse compter ; discret, à qui je puisse me confier ; prudent et sage, que je puisse consulter, et qui soit capable de me conduire et de m'éclairer ; droit, juste, équitable, qui m'inspire la vertu, et avec qui je puisse utilement et saintement communiquer ; un ami constant, que l'humeur ne domine point, que le caprice ne change point, toujours le même malgré la diversité des temps, des événements, des conjonctures et des situations où je puis me rencontrer ; enfin, un ami qui, seul et jusques au dernier moment de ma vie, ait de quoi me suffire [4], quand il ne me resterait nulle autre ressource, et que je ne pourrais attendre d'ailleurs ni recevoir aucun secours.

BOURDALOUE.

1. *Spécieuses*, qui ont bonne apparence, manifestations purement extérieures, qui font l'illusion d'une véritable amitié.

2. *Extrémités*, excès de zèle, qui font dépasser la limite de la vérité et de la justice.

3. *Quel renversement !* C'est-à-dire que l'ami véritable veut le vrai bien de son ami ; il veut qu'il soit juste, sage, bon, vertueux ; il cherche à le préserver du mal, à le maintenir dans la droite voie ; agir en sens contraire, c'est le renversement de l'amitié.

4. *Ait de quoi me suffire*. Au fond Bourdaloue veut dire qu'un tel ami ne se trouve pas sur la terre, que Dieu seul peut être pour l'homme cet ami solide qui soit en état de lui suffire quand tout le reste viendrait à lui manquer. Mais ce n'en est pas moins l'idéal sublime de l'amitié ; il est permis à l'honnête homme de chercher des amis qui y répondent, et d'essayer à son tour d'être pour eux ce qu'il voudrait qu'ils fussent pour lui.

171. Deux amis.

(Amitié de Montaigne et de La Boétie.)

Ce que nous appellons ordinairement amis et amitiés, ce ne sont qu'accointances[1] et familiarités nouées par quelque occasion ou commodité, par le moyen de laquelle nos âmes s'entretiennent[2]. En l'amitié de quoi[3] je parle, elles se meslent et se confondent l'une en l'aultre d'un meslange si universel, qu'elles effacent et ne retrouvent plus la couture qui les a joinctes. Si on me presse de dire pourquoi je l'aimois, je sens que cela ne se peut exprimer qu'en respondant « parce que c'estoit lui, parce que c'estoit moi[4]. »

L'ancien Menander[5] disait celui-là heureux qui avait pu rencontrer seulement l'ombre d'un ami; il avait certes raison de le dire, mesme s'il en avoit tasté[6]. Car à la vérité, si je compare tout le reste de ma vie, quoi qu'avec la grâce de Dieu je l'aie passée doulce, aisée, et, sauf la perte d'un tel ami, exempte d'affliction poisante[7], pleine de tranquillité d'esprit; si je la compare, dis-je, toute, aux quatre années qu'il m'a esté donné de jouir de la doulce compaignie et société de ce personnage, ce n'est que fumée, ce n'est qu'une nuict obscure et ennuyeuse. Depuis le jour que je le perdis, je ne fais que trainer languissant; et les plaisirs mesmes qui s'offrent à moi, au lieu de me consoler, me redoublent le regret de sa perte; nous estions à moitié de tout; il me semble que je lui desrobbe sa part; j'estois déjà si faict et accoutumé à estre deuxiesme partout[8], qu'il me semble n'estre plus qu'à demi.

MONTAIGNE.

1. *Accointances*, rapprochements.
2. *S'entretiennent*, se tiennent réciproquement, se lient, s'unissent.
3. *L'amitié de quoi je parle*, de laquelle je parle; c'est son

amitié pour Étienne de La Boétie, jeune collègue de Montaigne au Parlement de Bordeaux. Il mourut en 1563, âgé de trente-trois ans seulement, laissant un petit livre très remarquable intitulé : *Discours sur la servitude volontaire*. C'était un esprit cultivé, un écrivain, un poète, une âme élevée ; il vivra surtout dans la mémoire des hommes par l'amitié profonde et passionnée que lui avait vouée Montaigne.

4. *Parce que c'estoit lui*, etc. Paroles touchantes, et des plus fortes qui puissent se dire sur l'amitié.

5. *Menander*, poète comique, qui vécut à Athènes dans le troisième siècle avant notre ère, contemporain et ami du philosophe Épicure.

6. *Mesme s'il en avoit tasté*, goûté, même s'il en avait fait l'épreuve personnellement. Montaigne veut dire que souvent on estime qu'une chose est excellente aussi longtemps qu'on ne l'a pas eue en partage, et qu'on change d'avis quand on en a goûté ; il n'en est pas de même des douceurs de l'amitié ; c'est au contraire quand on les a connues qu'on les apprécie à leur réelle valeur.

7. *Poisante*, pesante, lourde.

8. *Estre deuxiesme partout*, avoir tout en partage avec mon ami, n'aller jamais sans lui, ne jouir de rien sans lui. — Cette page est classique ; c'est une des plus belles qu'on ait écrites sur l'amitié ; elle fait aimer son auteur.

---

172. Devoirs des maîtres envers leurs serviteurs.

Que vos gens [1] soient assurés de trouver en vous du conseil et de la compassion : ne les reprenez point aigrement de leurs défauts ; n'en paraissez ni surpris ni rebuté tant que vous espérez qu'ils ne sont pas incorrigibles ; faites-leur entendre doucement raison, et souffrez souvent d'eux pour le service [2] afin d'être en état de les convaincre de sang-froid que c'est sans chagrin et sans impatience que vous leur parlez, bien moins pour votre service que pour leur intérêt... On se croit d'une autre nature que les valets ; on suppose qu'ils sont faits pour la commodité de leurs maîtres.

Tâchez de montrer combien ces maximes sont contraires à la modestie pour soi, et à l'humanité pour son prochain. Faites entendre[3] que les hommes ne sont point faits pour être servis; que c'est une erreur brutale de croire qu'il y ait des hommes nés pour flatter la paresse et l'orgueil des autres ; que, le service étant établi contre l'égalité naturelle des hommes, il faut l'adoucir autant qu'on le peut; que les maîtres, qui sont mieux élevés que leurs valets, étant pleins de défauts, il ne faut pas s'attendre que les valets n'en aient point, eux qui ont manqué d'instruction et de bons exemples.

FÉNELON.

1. *Vos gens*, c'est le style de l'ancien régime, les gens de la maison; on appelle encore les domestiques « les gens de maison ». L'idée qu'on se faisait autrefois de la domesticité s'est modifiée. M. de Tocqueville expose dans le morceau suivant les conditions du service dans une société démocratique. Fénelon, par son sentiment de l'égalité naturelle des hommes devant Dieu, dépasse les idées de son époque et se rapproche singulièrement des vues modernes. Il y joint une élévation morale qui convient à tous les temps.

2. *Souffrez souvent d'eux pour le servire*, c'est-à-dire supportez des irrégularités et des fautes dans le service qui ne regarde que votre personne, afin d'avoir plus d'autorité à leurs yeux pour reprendre en eux des fautes contre la morale et, par conséquent, contre leur véritable intérêt.

3. *Faites entendre*, non pas aux valets, mais aux maîtres, à ceux qui se croient faits pour être servis.

---

173. Serviteurs et maîtres.

L'égalité des conditions fait du serviteur et du maître des êtres nouveaux et établit entre eux de nouveaux rapports.

Lorsque les conditions sont presque égales, les hommes changent sans cesse de place; il y a encore une classe de valets et une classe de maîtres ; mais ce ne sont pas toujours les mêmes individus, ni surtout les mêmes familles qui les composent; et il n'y a pas plus de perpétuité dans le commandement que dans l'obéissance.

Dans les démocraties, les serviteurs ne sont pas seulement égaux entre eux, on peut dire qu'ils sont, en quelque sorte¹, les égaux de leurs maîtres.

A chaque instant le serviteur peut devenir maître et aspire à le devenir; le serviteur n'est donc pas un autre homme que le maître.

Pourquoi donc le premier a-t-il le droit de commander et qu'est-ce qui force le second à obéir? L'accord momentané et libre de leurs deux volontés. Naturellement ils ne sont point inférieurs l'un à l'autre, ils ne le deviennent momentanément que par l'effet du contrat. Dans les limites de ce contrat l'un est le serviteur et l'autre le maître ; en dehors ce sont deux citoyens, deux hommes.

Lorsque la plupart des citoyens ont depuis longtemps atteint une condition à peu près semblable, et que l'égalité est un fait ancien et admis, le sens public, que les exceptions n'influencent jamais, assigne, d'une manière générale, à la valeur de l'homme de certaines limites au-dessus ou au-dessous desquelles il est difficile qu'aucun homme reste longtemps placé.

En vain la richesse et la pauvreté, le commandement et l'obéissance mettent accidentellement de grandes distances entre deux hommes, l'opinion publique, qui se fonde sur l'ordre ordinaire des choses les rapproche du commun niveau et crée entre eux une sorte d'égalité imaginaire en dépit de l'inégalité réelle de leurs conditions.

Cette opinion toute puissante finit par pénétrer dans l'âme même de ceux que leur intérêt pourrait armer contre elle; elle modifie leur jugement en même temps qu'elle subjugue leur volonté.

Au fond de leur âme le maître et le serviteur n'aperçoivent plus entre eux de dissemblance profonde et ils n'espèrent ni ne redoutent d'en rencontrer jamais. Ils sont donc sans mépris et sans colère et ils ne se trouvent ni humbles ni fiers en se regardant.

Le maître juge que, dans le contrat, est la seule origine de son pouvoir, et le serviteur y découvre la seule cause de son obéissance. Ils ne se disputent point entre eux sur la position réciproque qu'ils occupent ; mais chacun voit aisément la sienne et s'y tient.

Dans nos armées, le soldat est pris à peu près dans les mêmes classes que les officiers et peut parvenir aux mêmes emplois ; hors des rangs il se considère comme parfaitement égal à ses chefs, et il l'est en effet ; mais sous le drapeau il ne fait nulle difficulté d'obéir, et son obéissance, pour être volontaire et définie, n'est pas moins prompte, nette et facile.

Ceci donne une idée de ce qui se passe dans les sociétés démocratiques entre le serviteur et le maître.

A. DE TOCQUEVILLE[2].

1. *En quelque sorte.* Ils le sont moralement, par suite de leur condition d'hommes ; ils le sont virtuellement, par suite des changements possibles dans leur fortune réciproque.

2. *La Démocratie en Amérique.* C. Lévy, éditeur.

LIVRE V

LA SOCIÉTÉ

DEVOIRS SOCIAUX, — DE JUSTICE, — DE SOLIDARITÉ, DE CHARITÉ.

---

174. La tradition des gens de bien.

Ne calomnions pas la nature humaine, et reconnaissons que notre âme est essentiellement[1] dirigée vers le bien. C'est la gloire propre de l'homme. Mais il n'est pas toujours facile de discerner le bien, ni de le faire. Que de causes trop souvent l'obscurcissent à nos yeux, ou nous en détournent, en dépit des meilleures intentions !

Aussi devons-nous une gratitude profonde à ceux qui nous ont tracé la voie par leurs écrits ou par leurs exemples ; leurs efforts encouragent et soutiennent les nôtres. Quelque puissante que soit notre raison, quelque droite que soit notre conscience, nous ne pouvons nous suffire entièrement et nous contenter de nos méditations solitaires ; les méditations d'autrui nous sont indispensables pour augmenter nos lumières et nos forces.

Il n'est que faire[2] de s'examiner bien longuement pour s'apercevoir que l'on doit presque tout ce qu'on pense à la société dans laquelle on naît, et aux traditions sans nombre que cette société a reçues, pour les accroître encore à son tour. Ce serait un aveugle orgueil et une erreur fatale, de croire que l'on tire tout de son fonds personnel, et qu'on peut impunément ignorer les trésors amassés par l'expérience et la sagesse des âges écoulés. Même, parmi les plus hardis rénovateurs de l'esprit humain, fondateurs de religions ou fondateurs de systèmes, aucun n'a eu cette prétention excessive, et n'a méconnu qu'il empruntait beaucoup au passé, en le réformant. Le christianisme lui-même, qui est si parfaitement original, asseoit le Nouveau Testament sur l'Ancien.

A plus forte raison, chacun de nous, dans sa sphère étroite, en est-il là; et c'est une étude équitable et utile que de consulter, avec un respect qui n'enlève rien à l'indépendance, des prédécesseurs qui ont fourni sûrement la carrière que nous avons à parcourir ainsi qu'eux, au risque de périls semblables, et dans l'espoir des mêmes triomphes. Le combat de la vie, comme disait Socrate il y a plus de deux mille ans, est le plus beau et le plus difficile des combats. Socrate en est sorti vainqueur, nous savons à quel prix; et il put à jamais en instruire d'autres à tenter et à remporter peut-être, sur ses traces, d'aussi nobles victoires.

J. Barthélemy Saint-Hilaire.

1. *Essentiellement*, par suite de son essence, de sa nature. La nature de l'homme est faite pour le bien, mais il trouve soit dans ses instincts inférieurs, soit dans les circonstances, mille difficultés pour le connaître ou pour l'accomplir.

2. *Il n'est que faire*, il n'est pas nécessaire, il n'y a pas besoin.

---

175. Le respect de la propriété.

La justice commande de respecter le droit d'autrui et quelquefois la charité veut que l'on abandonne le sien même, à cause de la paix ou de quelque autre bien.

Que serait le monde si le droit cessait d'y régner, si chacun n'était en sûreté de sa personne et ne jouissait sans crainte de ce qui lui appartient?

Mieux vaudrait vivre au sein des forêts que dans une société ainsi livrée au brigandage.

Ce que vous prendrez aujourd'hui, un autre vous le prendra demain. Les hommes seront plus misérables que les oiseaux du ciel, à qui les autres oiseaux ne ravissent ni leur pâture ni leur nid[1].

Qu'est-ce qu'un pauvre ? C'est celui qui n'a point encore de propriété.

Que souhaite-t-il ? De cesser d'être pauvre, c'est-à-dire d'acquérir une propriété.

Or, celui qui dérobe, qui pille, que fait-il, sinon abolir autant qu'il est en lui le droit même de propriété ?

Piller, voler, c'est donc attaquer le pauvre aussi bien que le riche ; c'est renverser le fondement de toute société parmi les hommes.

Quiconque ne possède rien ne peut arriver à posséder que parce que d'autres possèdent déjà : puisque ceux-là seuls peuvent lui donner quelque chose en échange de son travail.

L'ordre est le bien, l'intérêt de tous.

Ne buvez point à la coupe du crime[2] : au fond est l'amère détresse et l'angoisse et la mort.

LAMENNAIS[3].

1. *Ni leur pâture, ni leur nid.* Ceci est purement imaginaire ; l'état de guerre est permanent dans le règne animal ; aussi la civilisation a-t-elle pour objet d'élever l'humanité au-dessus des violences et des rapines de l'animalité.

2. *A la coupe du crime.* Toute violation du droit et de la propriété d'autrui participe du crime, en a le caractère.

3. *Paroles d'un croyant,* Garnier frères, éditeurs.

---

176. La véracité.

Quelle n'est pas, pour tout être humain, l'importance de la vérité du caractère ! L'influence de cette qualité sur l'ensemble de la moralité est si grande, qu'il semble inutile de la signaler. L'enchaînement du vice et de la fausseté est inévitable. On s'apprend d'abord à dissimuler, parce qu'on a fait le mal; on continue à faire le mal parce qu'on s'est appris à dissimuler.

Personne ne conteste ces observations; ce sont des maximes reconnues; chacun sait que la sincérité est une vertu garante de toutes les autres; mais ce qu'on ne sait pas assez dans l'éducation, c'est à quel point la possession de cette vertu est un intérêt pressant, immédiat, personnel pour chaque élève. On ne s'aperçoit pas du rang que l'opinion même la plus frivole accorde par le fait à la véracité. Ceci demande quelque développement.

Invisible et immatérielle par son essence, l'âme ne se donne à connaître au dehors que par les actions et le langage. Il est des actions marquantes, décisives, qui suffisent à manifester le mérite intérieur aux yeux de tous; mais celles-là sont rares dans la vie. La plupart des destinées humaines, enchaînées par la nécessité, par les habitudes, s'écoulent sans que la nature intime du cœur se soit révélée dans la conduite.

Il nous est néanmoins bien important de nous connaître les uns les autres. Les événements sont si incertains, les relations se combinent, se multiplient de tant de manières, que nul ne peut dire si les plus faibles liens ne viendront pas tout à coup à se resserrer, et si tel individu n'influera pas sur votre vie. Il y a un caractère moral[1] à démêler chez les peuples, dans les gouvernements, dans les familles; aussi, sous des rapports plus ou moins généraux, cette question occupe la société tout entière, et, depuis le commérage le plus futile jusqu'à la politique la plus relevée, donne de l'exercice à tous les esprits.

Nos projets pour l'avenir, bien que fondés sur des

conjectures, reposent néanmoins sur quelques données. Nous croyons savoir quelle sera, dans telle occasion, la conduite de telle personne, et cette connaissance plus ou moins exacte, c'est à l'étude de son caractère que nous la devons. Si une pareille étude était impossible, si une profonde obscurité nous dérobait complètement la vue d'un être moral, dès lors il cesserait d'exister pour nous. Ne pouvant jamais compter sur lui, nous le laisserions de côté sans mot dire, et nous irions chercher de la certitude autre part.

C'est là ce qui nous arrive avec les êtres faux, affectés [2], avec tous ceux qui ont coupé le pont de communication entre leur âme et celle des autres. Ils sont frappés de nullité, quoi qu'ils fassent. S'ils nous amusent ou nous instruisent, c'est à la manière des livres [3]; s'ils nous servent, c'est à la manière des instruments. Mais eux, ce ne sont plus des personnes; ils n'ont pas pour nous de réalité. En abolissant leur témoignage, ils ont commis en quelque sorte un suicide moral, et leur existence reste inaperçue. Voyez-les se débattre dans le néant, entasser les gestes, les expressions fortes; nul ne prend garde à eux; l'on sourit et l'on passe.

Les paroles, ce moyen de s'entendre si charmant, si facile, les paroles n'ont pas par elles-mêmes de valeur fixe; elles en prennent chez chaque individu une particulière dont on est averti par des indices très délicats, mais qui, dans leur ensemble, trompent rarement.

Cette valeur peut être fort élevée. Tel mot, prononcé par tel homme, répond de sa conduite à jamais; ce mot est *lui;* il saura le soutenir, quoi qu'il en coûte; il empreint sa moindre expression du sceau de son âme auguste, et produit une impression profonde en la prononçant. En revanche, les protestations les plus fortes de tel autre homme ne comptent pas; ce sont des assignats démonétisés[4] dont on ne regarde plus le chiffre.

Madame NECKER DE SAUSSURE.

1. *Il y a un caractère moral...* Rechercher le caractère moral des peuples, des familles, etc., c'est l'occupation constante de la société; si on ne le démêle, on ne peut rien prévoir, il est impossible d'avoir aucune base sérieuse d'action. Il en est de même pour les individus : si on ne sait à qui l'on a affaire, il n'y a plus de projets ni de relations possibles; or, c'est par les actions et par le langage qu'on connait les hommes. Si donc leur langage est faux, tout devient incertain et obscur.

2. *Affectés*, qui ne sont pas naturels, qui affectent, qui feignent des sentiments qu'ils n'ont pas.

3. *A la manière des livres*, c'est-à-dire comme des êtres impersonnels; on les feuillette, on prend et on laisse ; ils ne font pas l'impression d'une personne vivante et sûre.

4. *Assignats démonétisés*, papier-monnaie de l'époque de la Révolution, qui, émis en trop grande quantité et imité par des faussaires, avait fini par perdre toute sa valeur. La comparaison est parfaite.

---

177. Le mensonge.

En vérité, le mentir est un maudit vice. Nous ne sommes hommes et ne nous tenons les uns aux autres que par la parole. Si nous en connaissions l'horreur et le poids[1], nous le poursuivrions à feu[2], plus justement que d'autres crimes. Je trouve qu'on s'amuse ordinairement à chastier aux enfants des erreurs innocentes, très mal à propos, et qu'on les tourmente pour des actions téméraires[3] qui n'ont ny impression ny suitte[4]. La menterie seule, et, un peu au-dessoubs, l'opiniastreté, me semblent estre celles desquelles on debvroit à toute instance[5] combattre la naissance et le progrès : elles croissent quant et eux[6]; et depuis qu'on a donné ce fauls train[7] à la langue, c'est merveille combien il est impossible de l'en retirer : par où il advient que nous veoyons des honnestes hommes d'ailleurs y estre subjets et asservis. J'ai un bon garçon de tailleur à qui je n'ouy jamais dire une vérité, non pas quand elle s'offre pour luy servir utilement.

Si, comme la vérité, le mensonge n'avoit qu'un visage, nous serions en meilleurs termes[8] ; car nous prendrions pour certain l'opposé de ce que diroit le menteur ; mais le revers de la vérité a cent mille figures et un champ indéfini. Les pythagoriciens[9] font le bien certain et fini, le mal infini et incertain. Un ancien Père dit que nous sommes mieux en la compaignie d'un chien cogneu, qu'en celle d'un homme dont le langage nous est incogneu. Et de combien est le langage fauls moins sociable que le silence !

MONTAIGNE.

1. *Le poids*, la gravité.
2. *A feu*, au moyen du feu, jusqu'au bûcher. Le bûcher était, comme on sait, un des instruments de supplice de cette époque.
3. *Téméraires*, imprudentes, irréfléchies.
4. *Impression, suitte;* qui ne laissent pas de trace, qui n'entraînent pas de conséquence sérieuse.
5. *A toute instance*, avec un soin extrême, pressant.
6. *Quant et eux*, en même temps qu'eux, avec eux.
7. *Ce fauls train*, cette fausse direction.
8. *En meilleurs termes*, dans une meilleure situation.
9. *Les pythagoriciens font le bien certain*, c'est-à-dire déclarent que le bien est une chose certaine, est défini, n'est pas vague et indécis ; ils lui donnaient pour symbole le nombre, qui a une limite précise. Montaigne rattache à cette idée des philosophes grecs son affirmation que la vérité, qui est un bien, est une, tandis que le mensonge, qui est un mal, est multiple et infini.

---

178. La duplicité.

C'est le vice propre de l'homme double ; et l'homme double est un méchant qui a toutes les démonstrations de l'homme de bien, c'est-à-dire belle apparence et mauvais jeu.

La duplicité de caractère suppose, ce me semble, un mépris décidé de la vertu. L'homme double s'est dit à lui-même qu'il faut toujours être assez adroit pour se montrer honnête homme, mais qu'il ne faut jamais faire la sottise de l'être.

Je croirais volontiers qu'il y'a deux sortes de duplicité; l'une systématique et raisonnée, l'autre naturelle et pour ainsi dire animale; on ne revient guère de la première; on ne revient jamais de la seconde[1]. Je doute qu'il y ait un homme d'une duplicité assez consommée pour ne s'être point décelé[2].

Il y a des circonstances où la finesse est bien voisine de la duplicité. L'homme double vous trompe, et l'homme fin, au contraire, fait que vous vous trompez vous-même[3]. Il faudrait quelquefois avoir égard au ton, au geste, au visage, à l'expression, pour savoir si un homme a mis de la duplicité dans une action, ou s'il n'y a mis que de la finesse. Quoique l'on puisse dire en faveur de la finesse, elle sera toujours une nuance de la duplicité.

DIDEROT.

1. *On ne revient jamais de la seconde.* Il n'y a point, dans la vie morale, de condamnation sans appel; quelque difficile qu'il soit de réagir contre ses instincts, de corriger sa nature, ce n'est point chose impossible.

2. *Décelé,* trahi; pour n'avoir point laissé voir qu'il trompe.

3. *Que vous vous trompez vous-même.* La différence est bien subtile; quand la finesse vise à faire que les gens se trompent eux-mêmes, elle n'est plus autre chose que de la duplicité; l'une peut être plus grossière, l'autre plus habile; mais, Diderot le reconnaît, l'une n'est toujours qu'une nuance de l'autre.

179. La politesse.

La politesse n'est guère préconisée, en général, que comme un devoir secondaire et presque insignifiant : c'est là une idée fausse. La politesse, dans l'acception pleine et forte du mot, est la qualité de l'homme véritablement policé, c'est-à-dire digne de vivre dans une société civilisée. Elle consiste essentiellement dans le respect délicat des personnes, et plus particulièrement dans le respect de leur sensibilité. Ne rien faire qui puisse choquer les personnes avec qui nous vivons, être attentif à ne pas les heurter dans leur manière d'être et de voir, faire des actes de déférence à leur égard, qui témoignent de notre disposition à accomplir tous nos devoirs envers elles, et à reconnaître tous leurs droits : voilà la politesse. C'est une façon gracieuse et empressée de témoigner qu'on est d'humeur à traiter les personnes comme des personnes, avec les égards qui leur sont dus.

La politesse touche à la charité, en ce qu'elle tient en grande partie à la bonté du cœur; et c'est là surtout ce qui la fait aimer, comme l'a bien vu Voltaire :

> La politesse est à l'esprit
> Ce que la grâce est au visage;
> De la bonté de cœur elle est la douce image.
> Et c'est la bonté qu'on chérit.

Elle va un peu au delà de la stricte justice, en ce qu'elle nous demande le sacrifice de certains droits apparents : droit pour chacun de prendre ses aises, droit de n'être ni obligeant, ni gracieux pour des indifférents, etc.

Mais qu'on ne s'y méprenne point, la violation des règles de la politesse n'est pas loin de l'injustice proprement dite. Celui, en effet, qui étale trop complaisamment ses droits et n'en veut rien rabattre est bien près d'empiéter sur ceux des autres. Si, au contraire, on est vraiment à l'égard des autres personnes dans les dispositions où l'on doit être, si l'on est prêt à faire pour elles tout ce qu'on doit, et même un peu plus, cela se témoigne naturellement par des actes de déférence gracieuse, par un empressement à les honorer et à se faire modeste en leur présence. Telle est la signification du salut, qui n'est qu'une façon ostensible de nous incliner devant les droits d'autrui, et de reconnaitre la dignité humaine.

Bref, celui-là est toujours poli, qui est assez juste et assez bienveillant ; celui qui se rend impoli, au contraire, manque à coup sûr de bienveillance et de charité, et il n'est pas loin de manquer de justice. — Il est vrai que la politessse peut être toute extérieure et superficielle, ce qui lui ôte toute valeur morale ; mais c'est déjà quelque chose que le soin de paraître au dehors tel qu'on devrait être intérieurement.

H. Marion.

180. Origine et bienfaits de la politesse.

Pour découvrir l'origine de la politesse, il faudrait la savoir bien définir, et ce n'est pas une chose aisée. On la confond presque toujours avec la civilité et la flatterie, dont la première est bonne, mais moins excellente et moins rare que la politesse, et la seconde, mauvaise et insupportable, lorsque cette même politesse ne lui prête pas ses agréments. Tout le monde est capable d'apprendre la civilité, qui ne consiste qu'en certains termes et certaines cérémonies arbitraires, sujettes, comme le langage, aux pays et aux modes ; mais la politesse ne s'apprend point sans une disposition naturelle, qui, à la vérité, a besoin d'être perfectionnée par l'instruction et par l'usage du monde. Elle est de tous les temps et de tous les pays; et ce qu'elle emprunte d'eux lui est si peu essentiel qu'elle se fait sentir au travers du style ancien et des coutumes les plus étrangères. La flatterie n'est pas moins naturelle ni moins indépendante des temps et des lieux, puisque les passions qui la produisent ont toujours été et seront toujours dans le monde. Il semble que les conditions élevées devraient garantir de cette bassesse ; mais il se trouve des flatteurs dans tous les états. Quand l'esprit et l'usage du monde enseignent à déguiser ce défaut sous le masque de la politesse, en se rendant agréable il devient plus pernicieux; mais toutes les fois qu'il se montre à découvert il inspire le mépris et le dégoût, souvent même aux personnes en faveur desquelles il est employé : il est donc autre chose que la politesse qui plaît toujours et qui est toujours estimée. En effet, on juge de sa nature par le terme dont on se sert pour l'exprimer, on n'y découvre rien que d'innocent et de louable. Polir un ouvrage, dans le langage des artisans, c'est en ôter tout ce qu'il y a de rude et d'ingrat, y mettre le lustre et la douceur dont la matière qui le compose se trouve susceptible, en un mot le finir et le perfectionner. Si l'on donne à cette expression un sens spirituel, on trouve de même que ce qu'elle renferme est bon et louable. Un discours, un sens poli[1], des manières et des conversations polies, cela ne signifie-t-il pas que ces choses sont exemptes de l'enflure, de la rudesse et des autres défauts contraires au bon sens et à la société civile, et qu'elles sont revêtues de la douceur, de la modestie et de la justice que l'esprit cherche, et dont la société a besoin pour être paisible et agréable? Tous ces effets renfermés dans de justes bornes ne sont-ils pas bons, et ne conduisent-ils pas à conclure que la cause qui les produit ne peut-être aussi que bonne? Je ne sais si je la connais bien, mais il me semble qu'elle est dans l'âme une inclination douce et bienfaisante, qui rend l'esprit attentif, et lui fait découvrir avec délicatesse tout ce qui a rapport avec cette inclination, tant pour le sentir dans ce qui est hors de soi que pour le produire soi-même suivant sa portée; parce qu'il me paraît que la politesse, aussi bien que le goût dépend de l'esprit plutôt que de son étendue, et que, comme il y a des esprits médiocres qui ont le goût très sûr dans tout ce qu'ils sont capables de connaître, et d'autres très élevés qui l'ont mauvais ou incertain, il se trouve de même des esprits de la première classe[2] dépourvus de politesse, et de communs qui en ont beaucoup. On n'en finirait point si on examinait en détail combien ce défaut de politesse se fait sentir, et combien, s'il est permis de parler ainsi, elle embellit tout ce qu'elle touche. Quelle attention ne faut-il pas avoir pour pénétrer les bonnes choses sous une enveloppe grossière et mal polie ? Combien de gens d'un mérite solide, combien d'écrits et de discours bons et savants qui sont fuis et rejetés et dont le mérite ne se découvre qu'avec travail par un petit nombre de personnes, parce que cette aimable politesse leur manque ? Et au contraire qu'est-ce que cette aimable politesse ne fait pas valoir ? Un geste, une parole, le silence même, enfin les moindres choses guidées par elle, sont toujours accompagnées de grâce, et deviennent souvent considérables. En effet, sans parler du reste, de quel usage n'est pas quelquefois ce silence poli dans les conversations même les plus vives ? C'est lui qui arrête les railleries précisément au terme qu'elles ne pourraient passer sans devenir piquantes, et qui donne aussi des bornes aux discours qui montreraient plus d'esprit que les gens avec qui on parle n'en veulent trouver dans les autres[3]. Ce même silence ne supprime-t-il pas aussi fort à propos plusieurs réponses spirituelles, lorsqu'elles peuvent devenir ridicules ou dangereuses, soit en prolongeant trop les compliments, soit en évitant quelques disputes? Ce dernier usage de la politesse la relève infiniment, puisqu'il contribue à entretenir la paix et que, par là, il devient, si on l'ose dire, une espèce de préparation à la charité. Il est encore bien glorieux[1] à la politesse d'être souvent employée dans les écrits et dans les discours de morale, ceux même de la morale chrétienne, comme un véhicule qui diminue en quelque sorte la pesanteur et l'austérité des principes et des corrections les plus sévères. J'avoue que cette même politesse, étant profanée et corrompue, devient souvent un des plus dangereux instruments de l'amour-propre mal réglé, mais en convenant qu'elle est corrompue par quelque chose d'étranger, on prouve, ce me semble, que de sa nature elle est pure et innocente.

Il ne m'appartient pas de décider, mais je ne puis m'empêcher de croire que la politesse tire son origine de la vertu, qu'en se renfermant dans l'usage qui lui est propre elle demeure vertueuse; et que, lorsqu'elle sert aux vices, elle éprouve le sort des meilleures choses, dont les hommes vicieux corrompent l'usage. La beauté, l'esprit, le savoir, toutes les créatures en un mot, ne sont-elles pas souvent employées au mal, et perdent-elles pour cela leur bonté naturelle? Tous les abus qui naissent de la politesse n'empêchent pas qu'elle ne soit essentiellement un bien, tant dans son origine que dans ses effets, lorsque rien de mauvais n'en altère la simplicité.

DIDEROT.

1. *Un sens poli*, un esprit délicat, plein de tact.

2. *Des esprits de la première classe*, de premier ordre, des esprits éminents.

3. *N'en veulent trouver dans les autres.* C'est manque de politesse et de bonté que de pousser trop loin ses avantages, que de blesser les gens par une affectation de supériorité d'esprit.

4. *Il est encore bien glorieux.* Ce passage est ironique : Diderot blâme en réalité les procédés anodins de certains prédicateurs et moralistes, qui adoucissent et atténuent leurs leçons par complaisance pour des vices qu'ils n'osent attaquer en face. Ce n'est pas de la politesse que réclame l'enseignement moral; c'est de la franchise ; s'il s'agit d'observations ou de réprimandes personnelles et directes, rien n'empêche que cette franchise soit tempérée de bienveillance et de modestie.

181. L'incivilité.

L'incivilité n'est pas un vice de l'âme; elle est l'effet de plusieurs vices, de la sotte vanité, de l'ignorance de ses devoirs, de la paresse, de la stupidité, de la distraction, du mépris des autres, de la jalousie : pour ne se répandre que sur les dehors, elle n'en est que plus haïssable, parce que c'est toujours un défaut visible et manifeste; il est vrai cependant qu'il offense plus ou moins selon la cause qui le produit.

Dire d'un homme colère, inégal, querelleur, chagrin, pointilleux, capricieux : « c'est son humeur », n'est pas l'excuser, comme on le croit, mais avouer sans y penser que de si grands défauts sont irrémédiables.

Ce qu'on appelle humeur est une chose trop négligée parmi les hommes; ils devraient comprendre qu'il ne leur suffit pas d'être bons, mais qu'ils doivent encore paraître tels, du moins s'ils tendent à être sociables, capables d'union et de commerce [1], c'est-à-dire à être des hommes. L'on n'exige pas des âmes malignes qu'elles aient de la douceur et de la souplesse; elle ne leur manque jamais, et elle leur sert de piège pour surprendre les simples, et pour faire valoir leurs artifices : l'on désirerait de ceux qui ont un bon cœur qu'ils fussent toujours pliants, faciles, complaisants, et qu'il fût moins vrai quelquefois que ce sont les méchants qui nuisent, et les bons qui font souffrir [2].

LA BRUYÈRE.

1. *Commerce*, relations sociales, échange de relations.
2. *Les bons qui font souffrir*, par la rudesse et l'âpreté de leurs rapports.

---

182. Les bonnes manières.

« La civilité[1], dit Saint-Évremond, est un jargon[2] établi par les hommes pour cacher leurs mauvais sentiments; » elle est encore, selon Fléchier, « un commerce continuel de mensonges ingénieux. » C'est là confondre l'abus avec la légitime pratique d'une vertu — nous irons volontiers jusqu'à ce mot — qui est la condition même de la sociabilité.

Bien plus judicieusement La Bruyère remarque « qu'avec de la vertu, de la capacité et une bonne conduite, on peut être insupportable. » C'est presque le cas du *Misanthrope* de Molière. « Les manières, que l'on néglige comme de petites choses, ajoute encore La Bruyère, sont souvent ce qui fait que les hommes décident de vous en bien ou en mal. » Et, en effet, faute de meilleures preuves, ils y sont bien obligés; et s'ils se trompent en cela, ce n'est point la faute des manières, mais de ceux qui, rendant hommage à leur légitime influence, s'en servent souvent comme d'un masque pour paraître autres qu'ils ne sont.

Ne pas couvrir la voix du voisin dans un cercle ou une compagnie, donner ou rendre le salut à ceux à qui nous le devons; s'arrêter pour céder le pas ou le haut du pavé à une femme, à un vieillard; leur laisser les fauteuils et se contenter d'une chaise; s'asseoir décemment et convenablement, et ne pas s'étendre sur un divan ou sur un siège; ne pas s'approcher de la cheminée de manière à empêcher les autres de se chauffer; ne pas interrompre ceux qui parlent devant vous ou avec vous; ne pas mettre de brusquerie dans les discussions; éviter toute apparence d'incongruité, de malpropreté : voilà, entre bien d'autres, des actes qui témoignent de cette justesse dans l'esprit et de cette bienveillance dans les sentiments sans lesquels il ne saurait y avoir de bonnes relations sociales. C'est là qu'est la véritable civilité et la véritable politesse, beaucoup plus que dans la manière de rompre son pain, de tenir sa cuiller ou de mettre sa serviette.

C. DEFODON.

1. *La civilité.* Diderot a indiqué dans un des morceaux précédents (p. 258) la nuance qui sépare la civilité de la politesse; l'une réside surtout dans les manières, l'autre est plus étendue et plus générale. L'usage de la langue les confond souvent, comme font dans ces citations Saint-Évremond et Fléchier. Dans cette page, il s'agit de la civilité proprement dite, qui est une des formes de la politesse.

2. *Jargon*, langage corrompu, ou affecté, ou de convention; c'est dans le dernier sens qu'il faut le prendre ici.

---

183. L'aménité dans la discussion.

C'est un défaut si visible que de s'emporter dans la dispute à des termes injurieux et méprisants, qu'il n'est pas nécessaire d'en avertir. Mais il est bon de remarquer qu'il y a de certaines rudesses et de certaines incivilités qui tiennent du mépris quoiqu'elles puissent venir d'un autre principe. C'est bien assez que l'on persuade à ceux que l'on contredit qu'ils ont tort et qu'ils se trompent, sans leur faire encore sentir par des termes humiliants qu'on ne leur trouve pas la moindre étincelle de raison. Et le changement d'opinion où l'on veut les réduire est assez dur à la nature sans y ajouter encore de nouvelles duretés. Ces termes ne peuvent être bons que dans les réfutations que l'on fait par écrit, et où l'on a plus de dessein de persuader ceux qui les lisent du peu de lumière de celui qu'on réfute que de l'en persuader lui-même.

Enfin, la sécheresse qui ne consiste pas tant dans la dureté des termes que dans le défaut de certains adoucissements, choque aussi pour l'ordinaire, parce qu'elle enferme quelque sorte d'indifférence et de mépris. Car elle laisse la plaie que la contradiction fait sans aucun remède qui en puisse diminuer la douleur. Or ce n'est pas avoir assez d'égards pour les hommes que de leur faire quelque peine sans la ressentir et sans essayer de l'adoucir ; et c'est ce que la sécheresse ne fait point, parce qu'elle consiste proprement à ne le point faire, et à dire durement les choses dures. On ménage ceux que l'on aime et que l'on estime, et ainsi on témoigne proprement à ceux que l'on ne ménage point qu'on n'a ni amitié ni estime pour eux.

NICOLE.

184. De la conversation.

Il ne faut jamais rien dire avec un air d'autorité, ni montrer aucune supériorité d'esprit. Fuyons les expressions trop recherchées, les termes durs ou forcés, et ne nous servons point de paroles plus grandes que les choses.

Il n'est pas défendu de conserver ses opinions, si elles sont raisonnables. Mais il faut se rendre à la raison aussitôt qu'elle parait, de quelque part qu'elle vienne ; elle seule doit régner sur nos sentiments, mais suivons-la sans heurter les sentiments des autres, et sans faire paraître du mépris de ce qu'ils ont dit. Il est dangereux de vouloir être toujours le maître de la conversation et de pousser trop loin une bonne raison quand on l'a trouvée. L'honnêteté veut que l'on cache quelquefois la moitié de son esprit et qu'on ménage un opiniâtre qui se défend mal, pour lui épargner la honte de céder.

On déplaît sûrement quand on parle trop longtemps et trop souvent d'une même chose, et que l'on cherche à détourner la conversation sur des sujets dont on se croit plus instruit que les autres. Il faut entrer indifféremment en conversation sur tout ce qui leur est agréable, s'y arrêter autant qu'ils le veulent, et s'éloigner de tout ce qui ne leur convient pas[1].

Toute sorte de conversation, quelque spirituelle qu'elle soit, n'est pas également propre à toute sorte de gens d'esprit. Il faut choisir tout ce qui est de leur goût, et ce qui est convenable à leur condition, à leur sexe, à leurs talents, et choisir même le temps de le dire.

Observons le lieu, l'occasion, l'humeur où se trouvent les personnes qui nous écoutent : car, s'il y a beaucoup d'art à savoir parler à propos, il n'y en a pas moins à se taire.

LA ROCHEFOUCAULD.

1. *S'éloigner de tout ce qui ne leur convient pas.* C'est une règle fort juste, comme tout ce qui précède et ce qui suit, tant qu'il s'agit de la « conversation », qui occupe légitimement une si grande place dans les relations sociales; mais il y a entre les hommes d'autres genres d'entretien plus sérieux, auxquels ces règles ne pourraient toutes s'appliquer, et où le devoir impose de se préoccuper de vérité et de justice plus que d'agrément.

---

185. De l'esprit de conversation.

En Orient, quand on n'a rien à se dire, on fume du tabac de rose ensemble, et de temps en temps on se salue les bras croisés sur la poitrine, pour se donner un témoignage d'amitié; mais dans l'Occident on a voulu se parler tout le jour, et le foyer de l'âme s'est souvent dissipé dans les entretiens où l'amour-propre est sans cesse en mouvement pour faire effet tout de suite, et selon le goût du moment et du cercle où l'on se trouve.

Il me semble reconnu que Paris est la ville du monde où l'esprit et le goût de la conversation sont le plus généralement répandus; et ce qu'on appelle le mal du pays[1], ce regret indéfinissable de la patrie, qui est indépendant des amis mêmes qu'on y a laissés, s'applique particulièrement à ce plaisir de causer, que les Français ne retrouvent nulle part au même degré que chez eux. Volney raconte que des Français émigrés voulaient, pendant la Révolution, établir une colonie et défricher des terres en Amérique ; mais de temps en temps ils quittaient toutes leurs occupations pour aller, disaient-ils, « causer à la ville »; et cette ville, la Nouvelle-Orléans, était à six cents lieues de leur demeure. Dans toutes les classes, en France, on sent le besoin de causer : la parole n'y est pas seulement, comme ailleurs, un moyen de se communiquer ses idées, ses sentiments et ses affaires, mais c'est un instrument dont on aime à jouer, et qui ranime les esprits, comme la musique chez quelques peuples, et les liqueurs fortes chez quelques autres.

Le genre de bien-être[2] que fait éprouver une conversation animée ne consiste pas précisément dans le sujet de cette conversation; les idées ni les connaissances qu'on peut y développer n'en sont pas le principal intérêt : c'est une certaine manière d'agir les uns sur les autres, de se faire plaisir réciproquement et avec rapidité, de parler aussitôt qu'on pense, de jouir à l'instant de soi-même, d'être applaudi sans travail, de manifester son esprit dans toutes les nuances par l'accent, le geste, le regard, enfin de produire à volonté comme une sorte d'électricité qui fait jaillir des étincelles, soulage les uns de l'excès même de leur vivacité, et réveille les autres d'une apathie pénible.

Madame DE STAËL.

1. *Le mal du pays*, ce regret et ce désir de Paris, de la ville de la conversation, madame de Staël, exilée par l'empereur Napoléon Ier, l'a ressenti au plus haut degré. Au milieu des splendeurs de la Suisse, où elle vivait à Coppet, elle soupirait après « le ruisseau de la rue du Bac. »

2. *Le genre de bien-être*. La conversation est un plaisir, et

comme tous les plaisirs, doit être contenue dans certaines limites ; il ne faut pas prendre ce plaisir au détriment d'autrui, en se livrant au dénigrement ou à la calomnie ; il ne faut pas que ce plaisir empiète sur nos heures de travail et sur nos devoirs ; il ne faut pas qu'il nous livre à la vanité, à la frivolité, et qu'il « dissipe le foyer de l'âme. » Sous ces réserves, c'est un des plaisirs les plus délicats et les plus charmants que l'on puisse goûter.

186. La tolérance.

Est-ce une nécessité aux législateurs d'être sévères ? C'est une question débattue[1], ancienne et très contestable, puisque de puissantes nations ont fleuri sous des lois très douces ; mais on n'a jamais mis en doute que la tolérance ne fût un devoir pour les particuliers.

C'est elle qui rend la vertu aimable, qui ramène les âmes obstinées, qui apaise les ressentiments et les colères, qui, dans les villes et dans les familles, maintient l'union et la paix, et fait le plus grand charme de la vie civile.

Se pardonnerait-on les uns aux autres, je ne dis pas des mœurs différentes, mais même des maximes opposées, si on ne savait tolérer ce qui nous blesse ? Et qui peut s'arroger le droit de soumettre les autres hommes à son tribunal ? Qui peut être assez impudent pour croire qu'il n'a pas besoin de l'indulgence qu'il refuse aux autres ?

J'ose dire qu'on souffre[2] moins des vices des méchants que de l'austérité farouche et orgueilleuse des réformateurs, et j'ai remarqué qu'il n'y avait guère de sévérité qui n'eût sa source dans l'ignorance de la nature, dans un amour-propre excessif, dans une jalousie dissimulée, enfin, dans la petitesse du cœur.

VAUVENARGUES.

1. *C'est une question débattue*, mais résolue. L'adoucissement des mœurs amène forcément l'adoucissement des

lois, et l'on peut ajouter réciproquement que des lois douces, pourvu qu'elles soient fermement appliquées, font plus pour la correction des mœurs que les plus impitoyables rigueurs. Les odieuses cruautés de l'ancienne législation n'avaient pas diminué le nombre des crimes ; elles ne servaient qu'à endurcir les cœurs.

2. *On souffre moins*, etc. C'est à peu près la parole de La Bruyère : « Ce sont les bons qui font souffrir. » Les cœurs vraiment bons et honnêtes sont sévères pour eux-mêmes ; ils ont des trésors d'indulgence pour autrui, connaissant par expérience les tentations et les faiblesses de la nature humaine.

---

187. L'envie.

Si l'homme est créé libre, il doit se gouverner ;
Si l'homme a des tyrans, il les doit détrôner.
On ne le sait que trop, ces tyrans sont les vices.
Le plus cruel de tous dans ses sombres caprices,
Le plus lâche à la fois, et le plus acharné,
Qui plonge au fond du cœur un trait empoisonné,
Ce bourreau de l'esprit, quel est-il ? C'est l'Envie.
L'Orgueil lui donna l'être au sein de la Folie ;
Rien ne peut l'adoucir, rien ne peut l'éclairer ;
Quoiqu'enfant de l'Orgueil, il craint de se montrer [1].
Le mérite étranger est un poids qui l'accable ;
Semblable à ce géant [2] si connu dans la fable,
Triste ennemi des dieux, par les dieux écrasé,
Lançant enfin les feux dont il est embrasé ;
Il blasphème, il s'agite en sa prison profonde ;
Il croit pouvoir donner des secousses au monde ;
Il fait trembler l'Etna dont il est oppressé :
L'Etna sur lui retombe, il en est terrassé.

. . . .

Cœurs jaloux ! à quels maux êtes-vous donc en proie ?
Vos chagrins sont formés de la publique joie.
Convives dégoûtés ! l'aliment le plus doux,
Aigri par votre bile est un poison pour vous.

O vous qui de l'honneur entrez dans la carrière[3],
Cette route à vous seul appartient-elle entière?
N'y pouvez-vous souffrir les pas d'un concurrent?
Voulez vous ressembler à ces rois d'Orient
Qui, de l'Asie esclave oppresseurs arbitraires,
Pensent ne bien régner qu'en étranglant leurs frères?

VOLTAIRE.

1. *Il craint de se montrer*. L'envie est un vice que l'on n'avoue pas.

2. *Ce géant*, Typhée, personnage de la mythologie grecque, fils du fleuve Tartare et de la Terre, chef des Titans, vaincu et foudroyé par Jupiter, et enfermé par lui dans le mont Etna.

3. *La carrière de l'honneur*, la carrière de la vie publique, soit militaire, soit littéraire, soit politique.

---

188. La jalousie.

On dispute tout haut, à ceux dont on regarde l'élévation avec des yeux d'envie, des talents et des qualités louables qu'on est bien forcé de leur accorder en secret. On trouve à leurs vertus mêmes un mauvais côté, quand on ne peut les travestir en vices. La même jalousie nous éclaire sur ce qu'ils ont d'estimable, et nous le fait mépriser[1]. On est ravi de mettre le public contre eux, tandis que notre conscience, mieux instruite, les justifie. Ainsi le plaisir qu'on a de tromper les autres à leur égard n'est jamais parfait, parce qu'on ne saurait réussir à se tromper soi-même.

On se glorifie des autres passions : un ambitieux se fait honneur de ses prétentions et de ses espérances; un vindicatif met sa gloire à faire éclater ses ressentiments; un voluptueux se vante de ses excès et de ses débauches : mais il y a je ne sais quoi de bas dans la jalousie, qui fait qu'on se la cache à soi-même.

C'est la passion des âmes lâches; c'est un aveu qu'on

se fait à soi-même de sa propre médiocrité; c'est un aveuglement qui nous ferme les yeux sur tout ce qu'il y a de plus bas et de plus indigne. On est capable de tout, dès qu'on peut être ennemi du mérite et de l'innocence.

Tous les traits les plus odieux semblent se réunir dans un cœur où domine la jalousie. Il n'est pas de bassesse que cette passion ou ne consacre ou ne justifie; elle éteint même les sentiments les plus nobles de l'éducation et de la naissance; et dès que ce poison a gagné le cœur, on trouve des âmes de boue, où la nature avait d'abord placé des âmes grandes et bien nées.

Les hommes les plus décriés et les plus perdus, on les adopte, dès qu'ils veulent bien adopter et servir l'amertume secrète qui nous dévore. Ils nous deviennent chers, dès qu'ils veulent bien devenir les vils instruments de notre passion : et ce qui devait les rendre encore plus hideux à nos yeux, efface en un instant toutes leurs taches. On érige en mérite le zèle qu'ils étalent pour nos intérêts, et on leur fait une vertu d'un ministère infâme[2] dont on rougit tout bas soi-même[3].

MASSILLON.

1. *Nous le fait mépriser*, nous fait parler avec mépris des qualités estimables que nous sommes obligés de leur reconnaître.

2. *Un ministère infâme*, les basses complaisances de ceux qui servent notre passion en décriant les gens dont nous sommes jaloux.

3. Voici, sur le même sujet, quelques lignes intéressantes de Vauvenargues : « C'est une maxime inventée par l'envie et trop légèrement adoptée par les philosophes, *qu'il ne faut point louer les hommes avant leur mort.* Je dis au contraire que c'est pendant leur vie qu'il faut les louer, lorsqu'ils ont mérité de l'être. C'est pendant que la jalousie et la calomnie, animées contre leur vertu ou leurs talents, s'efforcent de les dégrader qu'il faut oser leur rendre témoignage. Ce

sont les critiques injustes qu'il faut craindre de hasarder et non les louanges sincères.

» L'envie ne saurait se cacher. Elle accuse et juge sans preuves; elle grossit les défauts, elle a des qualifications énormes pour les moindres fautes. Son langage est rempli de fiel, d'exagération et d'injure. Elle s'acharne avec opiniâtreté et avec fureur contre le mérite éclatant. Elle est aveugle, emportée, insensée, brutale. »

189. La jalousie et l'émulation.

La jalousie et l'émulation s'exercent sur le même objet qui est le bien ou le mérite des autres; avec cette différence, que celle-ci est un sentiment volontaire, courageux, sincère, qui rend l'âme féconde, qui la fait profiter des grands exemples, et la porte souvent au-dessus de ce qu'elle admire; et que celle-là, au contraire, est un mouvement violent et comme un aveu contraint du mérite qui est hors d'elle; qu'elle va même jusques à nier la vertu dans les sujets où elle existe, ou qui, forcée de la reconnaître, lui refuse les éloges ou lui envie les récompenses; une passion stérile[1] qui laisse l'homme dans l'état où elle le trouve, qui le remplit de lui-même, de l'idée de sa réputation, qui le rend froid et sec sur les actions ou sur les ouvrages d'autrui, qui fait qu'il s'étonne de voir dans le monde d'autres talents que les siens, ou d'autres hommes avec les mêmes talents dont il se pique : vice honteux et qui par son excès rentre toujours dans la vanité ou dans la présomption, et ne persuade pas tant à celui qui en est blessé qu'il a plus d'esprit et de mérite que les autres, qu'il leur fait croire qu'il a lui seul de l'esprit et du mérite.

L'émulation et la jalousie ne se rencontrent guère que dans les personnes du même art, de même talent et de même condition. Les plus vils artisans[2] sont les plus sujets à la jalousie. Ceux qui font profession des arts libéraux ou des belles-lettres, les peintres, les musiciens, les orateurs, les poètes, tous ceux qui se mêlent d'écrire ne devraient être capables que d'émulation.

Toute jalousie n'est point exempte de quelque sorte d'envie, et souvent même ces deux passions se confondent. L'envie, au contraire, est quelquefois séparée de la jalousie, comme est celle qu'excitent dans votre âme les conditions fort élevées au-dessus de la nôtre, les grandes fortunes, la faveur, le ministère.

L'envie et la haine s'unissent toujours, et se fortifient l'une l'autre dans un même sujet; et elles ne sont reconnaissables entre elles qu'en ce que l'une s'attache à la personne, l'autre à l'état et à la condition.

LA BRUYÈRE.

1. *Une passion stérile.* Il y a des passions généreuses et fécondes, qui portent l'homme à l'action, au travail, à l'effort, au sacrifice, qui l'élèvent au-dessus de lui-même : l'amour de la patrie, de l'art, de la justice, de la gloire, etc.

2. *Les plus vils artisans* : cette expression sent son ancien régime, et n'est pas digne d'un vrai moraliste. Il n'y a pas de vil métier, il y a des sentiments vils. Les plus humbles métiers n'excluent pas les plus nobles sentiments. L'émulation, le désir de faire aussi bien, de faire mieux que les autres peuvent s'associer à toute espèce de travail; ce qui est vrai, c'est que de telles pensées trouvent plus d'occasions de naître dans les travaux de l'esprit, dans ceux qui touchent à l'art, à la littérature, qui s'exercent sous les yeux du public et pour conquérir l'opinion.

---

190. La calomnie.

La calomnie[1], monsieur! Vous ne savez guère ce que vous dédaignez; j'ai vu les plus honnêtes gens près d'en être accablés. Croyez qu'il n'y a pas de plate méchanceté, pas d'horreurs, pas de conte absurde qu'on ne fasse adopter aux oisifs d'une grande ville en s'y pre-

nant bien, et nous avons ici des gens d'une adresse !
D'abord un bruit léger, rasant le sol comme l'hirondelle
avant l'orage, *pianissimo*[2], murmure et file et sème en
courant le trait empoisonné. Telle bouche le recueille,
et *piano, piano*, vous le glisse en l'oreille adroitement.
Le mal est fait ; il germe, il rampe, il chemine, et
rinforzando de bouche en bouche, il va le diable : puis
tout à coup, ne sais comment, vous voyez la calomnie
se dresser, siffler, s'enfler, grandir à vue d'œil. Elle
s'élance, étend son vol, tourbillonne, enveloppe,
arrache, entraîne, éclate et tonne, et devient, grâce au
ciel[3], un cri général, un *crescendo* public, un *chorus*
universel de haine et de proscription. Qui diable y
résisterait[4] ?

BEAUMARCHAIS.

La calomnie est comme la guêpe qui vous importune,
et contre laquelle il ne faut faire aucun mouvement[5], à
moins qu'on ne soit sûr de la tuer, sans quoi elle revient
à la charge plus furieuse que jamais.

CHAMFORT.

1. *La calomnie.* Ces paroles sont extraites d'une des pièces
de Beaumarchais, le *Barbier de Séville*. Le personnage qui
les prononce, don Basile, est le type achevé du calomniateur, et il donne ici la recette et la formule de la calomnie,
sans paraître se douter de ce qu'elle a d'abominable. Cette
légèreté de ton fait mieux ressortir encore la noirceur du
procédé et la gravité du crime ; ce mot n'est pas trop fort
pour qualifier la calomnie.

2. *Pianissimo*, etc. Ces expressions, trop connues pour
qu'il y ait besoin de les expliquer, sont tirées du vocabulaire musical : Don Basile est un « maître à chanter », un
professeur de musique.

3. *Grâce au ciel.* Le calomniateur a tellement pris l'habitude du mal et tellement endurci sa conscience qu'il ne
craint pas de calomnier le ciel lui-même.

4. *Qui diable y résisterait ?* C'est un cri de triomphe. Et
c'est aussi, hélas ! l'expression de la vérité : la calomnie

persévérante écrase infailliblement ceux qu'elle a choisis pour victimes!

5. *Faire aucun mouvement*. Ceci est une boutade; car il est toujours plus sûr de répondre à la calomnie et de la confondre chaque fois qu'on la rencontre; c'est le silence qui l'enhardit.

---

191. La médisance.

La médisance est un vice que nulle circonstance ne saurait jamais excuser; cependant c'est celui qu'on est le plus ingénieux à se déguiser à soi-même...

La langue des détracteurs est un feu dévorant qui flétrit tout ce qu'il touche, qui exerce sa fureur sur le bon grain comme sur la paille, sur le profane comme sur le sacré; qui ne laisse partout où il a passé que la ruine et la désolation; qui creuse jusque dans les entrailles de la terre et va s'attacher aux choses les plus cachées; qui change en de viles cendres ce qui nous avait paru, il n'y a qu'un moment, si précieux et si brillant; qui noircit ce qu'il ne peut consumer, et qui sait plaire et briller quelquefois avant de nuire.

Il est une sorte de médisants qui condamnent la médisance, et qui se la permettent; qui déchirent sans égard leurs frères, et qui s'applaudissent encore de leur modération et de leur réserve, qui portent le trait jusqu'au cœur, mais parce qu'il est plus brillant et plus affilé, ne voient pas la plaie qu'il a faite.

La médisance est un assemblage d'iniquités : une envie basse qui, blessée des talents ou de la prospérité d'autrui, en fait le sujet de sa censure, et s'étudie à obscurcir l'éclat de tout ce qui l'efface; une haine déguisée, qui répand sur les paroles l'amertume cachée dans le cœur; une duplicité indigne, qui loue en face et déchire en secret; une légèreté honteuse, qui ne sait pas se vaincre et se retenir sur un mot, et qui sacrifie souvent sa fortune et son repos à l'imprudence d'une censure qui sait plaire; une barbarie de sang-froid, qui va percer un frère absent; une injustice, où nous lui ravissons ce qu'il a de plus cher.

La médisance est un mal inquiet, qui trouble la société; qui désunit les amitiés les plus étroites; qui est la source des haines et des vengeances; qui remplit tous les lieux où elle entre de désordre et de confusion; partout ennemie de la paix, de la douceur, de la politesse.

C'est une source pleine d'un venin mortel; tout ce qui en part est infecté, et infecte tout ce qui l'environne. Ses louanges même sont empoisonnées, ses applaudissements malins, son silence criminel; ses gestes, ses mouvements, ses regards, tout a son poison et le répand à sa manière.

MASSILLON.

192. L'indiscrétion.

L'indiscrétion, quand elle consiste à dire les secrets des autres, surtout ceux qui nous ont été directement confiés, est une véritable violation d'un engagement tacite. Par cela seul qu'on reçoit confidence d'un secret, ne s'engage-t-on pas à le garder?

Mais, il est une autre forme de l'indiscrétion, non moins grave : elle consiste dans une curiosité malsaine, qui nous fait chercher à savoir ce qui ne nous regarde pas, qui nous fait lire, par exemple, une lettre trouvée par hasard. Cela paraît être sans conséquence : c'est là pourtant à la fois une imprudence et une injustice.

Une imprudence : est-on sûr, en effet, de ne rien trouver dans cette lettre qu'on eût dû toujours ignorer? N'y lira-t-on pas quelque chose qui peut-être changera pour jamais nos sentiments envers une personne qui ne peut se défendre? Mais c'est surtout une injustice; car n'est-il pas admis, n'est-il pas impliqué dans la nature des choses, que le contenu d'une lettre est secret, excepté pour celui à qui elle est destinée? La lettre dont nous violons ainsi le secret contient peut-être la pensée la plus intime de la personne qui l'a écrite; et nous nous glissons traîtreusement entre cette personne et celle à qui elle se confie. La faute est la même, si elle n'est pire, que d'écouter aux portes ou de regarder par les serrures, indiscrétions si grossières, qu'elles n'inspirent que du dégoût à tout homme qui se respecte.

H. MARION.

193. La moquerie.

Il semble que l'on ne puisse rire que des choses ridicules : l'on voit néanmoins de certaines gens qui rient également des choses ridicules et de celles qui ne le sont pas. Si vous êtes sot et inconsidéré, et qu'il vous échappe devant eux quelque impertinence, ils rient de vous : si vous êtes sage, et que vous ne disiez que des choses raisonnables et du ton qu'il faut pour les dire, ils rient de même.

Ceux qui nous ravissent les biens par la violence ou par l'injustice, et qui nous ôtent l'honneur par la calomnie, nous marquent assez leur haine pour nous, mais ils ne nous prouvent pas qu'ils aient perdu à notre égard toute sorte d'estime; aussi ne sommes-nous pas incapables de quelque retour pour eux, et de leur rendre un jour notre amitié.

La moquerie, au contraire, est de toutes les injures celle qui se pardonne le moins; elle est le langage du mépris, et l'une des manières dont il se fait le mieux entendre; elle attaque l'homme dans son dernier retranchement, qui est l'opinion qu'il a de soi-même; elle veut le rendre ridicule à ses propres yeux, et ainsi elle le convainc de la plus mauvaise disposition où l'on puisse être pour lui, et le rend irréconciliable.

C'est une chose monstrueuse [1] que le goût et la facilité qui est en nous de railler, d'improuver et de mépriser les autres ; et tout ensemble la colère que nous éprouvons contre ceux qui nous raillent, nous improuvent et nous méprisent.

LA BRUYÈRE.

1. *C'est une chose monstrueuse*, c'est-à-dire prodigieuse, effrayante, contradictoire, que nous soyons si prompts à nous moquer des autres, et si furieux lorsqu'ils se moquent de nous.

---

194. Le duel.

Gardez-vous [1] de confondre le nom sacré de l'honneur avec ce préjugé féroce qui met toutes les vertus à la pointe d'une épée, et n'est propre qu'à faire de braves scélérats [2]... Que penser de celui qui s'expose à la mort pour s'exempter d'être honnête homme? Ne voyez-vous pas que les crimes que la honte et l'honneur n'ont point empêchés sont couverts et multipliés par la fausse honte et la crainte du blâme. C'est elle qui rend l'homme hypocrite et menteur ; c'est elle qui lui fait verser le sang d'un ami pour un mot indiscret qu'il devrait oublier, pour un reproche mérité qu'il ne peut souffrir.

Rentrez donc en vous-même, et considérez s'il vous est permis d'attaquer de propos délibéré la vie d'un homme et d'exposer la vôtre pour satisfaire une barbare et dangereuse fantaisie qui n'a nul fondement raisonnable, et si le triste souvenir du sang versé dans une pareille occasion peut cesser de crier vengeance au fond du cœur de celui qui l'a fait couler. Connaissez-vous aucun crime égal à l'homicide volontaire? et si la base de toutes les vertus est l'humanité, que penserons-nous de l'homme sanguinaire et dépravé qui l'ose attaquer dans la vie de son semblable? Avez-vous oublié que le citoyen doit sa vie à la patrie, et n'a pas le droit d'en disposer sans le congé[3] des lois, à plus forte raison contre leur défense?

Vous n'osez donc sacrifier le ressentiment au devoir, à l'estime, à l'amitié[4], de peur qu'on ne vous accuse de craindre la mort? Pesez les choses, mon ami, et vous trouverez bien plus de lâcheté dans la crainte de ce reproche que dans celle de la mort même. Le fanfaron, le poltron veut à toute force passer pour brave.

Celui qui feint d'envisager la mort sans effroi ment. Tout homme craint de mourir, c'est la grande loi des êtres sensibles, sans laquelle toute espèce mortelle serait bientôt détruite. Cette crainte est un simple mouvement de la nature, non seulement indifférent, mais bon en lui-même et conforme à l'ordre : tout ce qui la rend honteuse et blâmable, c'est qu'elle peut nous empêcher de bien faire et de remplir nos devoirs...

Quand il serait vrai qu'on se fait mépriser en refusant de se battre, quel mépris est le plus à craindre, celui des autres en faisant bien ou le sien propre en faisant mal? Croyez-moi, celui qui s'estime véritablement lui-même est peu sensible à l'injuste mépris d'autrui, et ne craint que d'en être digne; car le bon et l'honnête ne dépendent pas du jugement des hommes mais de la nature des choses; et quand toute la terre approuverait l'action que vous allez faire, elle n'en serait pas moins honteuse. Mais il est faux qu'à s'en abstenir par vertu on se fasse mépriser. L'homme droit, dont toute la vie est sans tache et qui ne donna jamais aucun signe de lâcheté, refusera de souiller sa main d'un homicide et n'en sera que plus honoré. Toujours prêt à servir la patrie, à protéger le faible, à remplir les devoirs les plus dangereux, et à défendre, en toute rencontre juste et honnête, ce qui lui est cher, au prix de son sang, il met dans ses démarches cette inébranlable fermeté qu'on n'a point sans le vrai courage. Dans la sécurité de sa conscience, il marche la tête levée, il ne fuit ni ne cherche son ennemi; on voit aisément qu'il craint moins de mourir que de mal faire, et qu'il redoute le crime et non le péril. Si les vils préjugés s'élèvent un instant contre lui, tous les jours de son honorable vie sont autant de témoins qui les récusent; et, dans une conduite si bien liée[5], on juge d'une action sur toutes les autres.

Mais savez-vous ce qui rend cette modération si pénible à un homme ordinaire? C'est la difficulté de la soutenir dignement; c'est la difficulté de ne commettre ensuite aucune action blâmable... Car si la crainte de mal faire ne retient pas dans ce dernier cas, on se moque avec raison d'un scrupule qui ne vient que dans le péril. N'avez-vous point remarqué que les hommes si ombrageux et si prompts à provoquer les autres sont pour la plupart de très malhonnêtes gens; qui, de peur qu'on ose leur montrer ouvertement le mépris qu'on a pour eux, s'efforcent de couvrir de quelque affaire d'honneur l'infamie de leur vie entière?...Laissez battre tous ces gens-là. Rien n'est moins honorable que cet honneur dont ils font si grand bruit; ce n'est qu'une mode insensée, une fausse imitation de vertu, qui se pare des plus grands crimes. L'honneur d'un homme (comme vous) n'est point au pouvoir d'un autre; il est en lui-même et non dans l'opinion du peuple; il ne se défend ni par l'épée, ni par le bouclier, mais par une vie intègre et irréprochable; et ce combat vaut bien l'autre en fait de courage.

Je veux que la valeur se montre dans les occasions légitimes et qu'on ne se hâte pas d'en faire hors de propos une vaine parade, comme si l'on avait peur de ne pas la retrouver au besoin. Tel fait un effort et se présente une fois, pour avoir le droit de se cacher le reste de sa vie. Le vrai courage a plus de constance et moins d'empressement : il est toujours ce qu'il doit être; il ne faut ni l'exciter ni le retenir; car l'homme de bien le porte partout avec lui, au combat contre l'ennemi, dans un cercle en faveur des absents et de la vérité, dans son lit contre les attaques de la douleur et de la mort. La force de l'âme qui l'inspire est d'usage dans tous les temps; elle met toujours la vertu au-dessus des événements et ne consiste pas à se battre, mais à ne rien craindre. Telle est, mon ami, la sorte de courage que j'ai souvent louée et que j'aime à trouver en vous. Tout le reste n'est qu'étourderie, extravagance, férocité; c'est une lâcheté de s'y soumettre; et je ne méprise pas moins celui qui cherche un péril inutile que celui qui fuit un péril qu'il doit affronter.

J.-J. ROUSSEAU.

1. *Gardez-vous.* C'est un homme d'un certain âge qui écrit à un jeune homme son ami, pour le dissuader de donner suite à un projet de duel. Le morceau est un peu long, mais il est si plein de raisonnements serrés, de hautes vues, il est d'une éloquence si passionnée, qu'il vaut la peine de le laisser dans son entier.

2. *De braves scélérats,* cette antithèse fait mieux comprendre la pensée de l'écrivain : la bravoure n'exclut pas le crime; elle ne suffit pas à faire un honnête homme.

3. *Sans le congé,* sans la permission.

4. *A l'estime* que j'aurais pour vous, si vous renonciez à votre projet de duel, *à l'amitié* que je vous ai vouée et au nom de laquelle je vous demande de sacrifier votre ressentiment.

5. *Une conduite si bien liée,* si conséquente avec elle-même, dont tous les actes se tiennent, sont unis par un lien commun, sont conformes au même principe.

---

195. Le mépris des injures.

Il serait à souhaiter que les philosophes modernes, sourds aux cris de l'envie, et connaissant mieux le prix et la douceur du repos, suivissent l'exemple du sage

Fontenelle; se fissent, comme lui, un système de bonheur indépendant du jugement et des opinions du vulgaire et se disent froidement : « Je n'ai jamais lu[1] aucun des ouvrages de mes ennemis ; je n'ai ni le droit de les mépriser, parce que j'ignore s'ils ont du talent ou s'ils en manquent ; ni celui de les haïr, puisqu'ils ne m'ont pas fait le moindre mal, puisqu'ils ne m'ont pas donné un instant d'humeur pendant le jour, ni un quart d'heure d'insomnie pendant la nuit. Où en serions-nous si des hommes pervers pouvaient rendre faux ce qui est vrai, mauvais ce qui est bon, laid ce qui est beau? Le vrai, le bon et le beau forment à mes yeux un groupe de trois grandes figures, autour desquelles la méchanceté peut élever des tourbillons de poussière qui les dérobe un moment aux regards des gens de bien ; mais le moment qui suit, le nuage disparait, et elles se montrent aussi vénérables que jamais. Si j'ai raison, il est inutile que je me défende ; si j'ai tort, ma défense ne me donnera pas raison. Je me suis fait un oreiller sur lequel il est difficile de troubler mon repos : et qui est-ce qui sait mieux que moi ce qu'il faut que je me dise et ce qu'il faudrait que je fisse pour me rendre meilleur ? »

DIDEROT.

1. *Je n'ai jamais lu...* Cela n'est pas ordinaire ; il n'est guère possible qu'un homme ignore absolument le mal que ses ennemis ont écrit ou dit de lui ; s'il n'avait aucune idée de leurs injures, il ne pourrait pas les mépriser. La vérité est que l'homme sage ne les rumine pas, ne s'y attache pas avec souci, ne s'en croit pas atteint dans sa personne ou dans son mérite. Il les connaît, il les sent, mais s'élève au-dessus d'elles ; elles sont pour lui comme si elles n'étaient pas.

---

196. Les vertus de l'adolescence.

J'ai toujours vu que les jeunes gens corrompus de bonne heure étaient inhumains et cruels ; leur imagination, pleine d'un seul objet[1], se refusait à tout le reste ; ils ne connaissaient ni pitié, ni miséricorde; ils auraient sacrifié père et mère et l'univers entier au moindre de leurs plaisirs.

Au contraire, un jeune homme élevé dans une heureuse simplicité est porté par les premiers mouvements de la nature vers les passions tendres et affectueuses : son cœur compatissant s'émeut sur les peines de ses semblables; il tressaille d'aise quand il revoit son camarade; ses bras savent trouver des étreintes caressantes, ses yeux savent trouver des larmes d'attendrissement; il est sensible à la honte de déplaire, au regret d'avoir offensé.

Si l'ardeur d'un sang qui s'enflamme, le rend vif, emporté, colère, on voit, le moment d'après, toute la bonté de son cœur dans l'effusion de son repentir; il pleure, il gémit sur la blessure qu'il a faite; il voudrait, au prix de son sang, racheter celui qu'il a versé; tout son emportement s'éteint, toute sa fierté s'humilie devant le sentiment de sa faute. Est-il offensé lui-même, au fort de sa fureur, une excuse, un mot le désarme; il pardonne les torts d'autrui d'aussi bon cœur qu'il répare les siens.

L'adolescence n'est l'âge ni de la vengeance ni de la haine; elle est celui de la commisération, de la clémence, de la générosité.

J.-J. ROUSSEAU.

1. *Pleine d'un seul objet*, l'amour du plaisir.

---

197. L'égoïste.

Ruflin commence à grisonner, mais il est sain, il a un visage frais et un œil vif qui lui promettent encore vingt années de vie ; il est gai, jovial, familier, indifférent ; il rit de tout son cœur et il rit tout seul et sans sujet ; il est content de soi, des siens, de sa petite fortune ; il dit qu'il est heureux. Il perd son fils unique, jeune homme de grande espérance et qui pouvait un jour être l'honneur de sa famille: il remet sur d'autres le soin de le pleurer ; il dit : mon fils est mort, cela fera mourir sa mère ; et il est consolé. Il n'a point de passions, il n'a ni amis ni ennemis ; personne ne l'embarrasse, tout le monde lui convient, tout lui est propre, il parle à celui qu'il voit une première fois avec la même liberté et la même confiance qu'à ceux qu'il appelle de vieux amis, et il lui fait part bientôt de ses quolibets et de ses historiettes : on l'aborde, on le quitte sans qu'il y fasse attention, et le même conte qu'il a commencé de faire à quelqu'un, il l'achève à celui qui prend sa place.

LA BRUYÈRE.

198. La personnalité.

(Condorcet à sa fille.)

Si tu veux que la société répande sur ton âme plus de plaisirs ou de consolations que de chagrins ou d'amertumes, sois indulgente et préserve-toi de la personnalité[1] comme d'un poison qui en corrompt toutes les douceurs. L'indulgence n'est pas cette facilité qui, née de l'indifférence ou de l'étourderie, ne pardonne tout que parce qu'elle n'aperçoit ou ne sent rien. J'entends cette indulgence fondée sur la justice, sur la raison, sur la reconnaissance de sa propre faiblesse, sur cette disposition heureuse qui porte à plaindre les hommes plutôt qu'à les condamner[2]. Veux-tu prendre l'habitude de l'indulgence? Avant de juger un autre avec sévérité, avant de t'irriter contre ses défauts, de te révolter contre ce qu'il vient de dire ou de faire, consulte la justice: ne crains point de faire un retour sur tes propres fautes ; interroge ta raison ; écoute surtout la bonté naturelle, que tu trouveras sans doute au fond de ton cœur ; car si tu ne l'y trouves pas, tous ces conseils seraient inutiles; mon expérience et ma tendresse ne pourraient rien pour ton bonheur.

La personnalité dont je voudrais te préserver n'est pas cette disposition constante à nous occuper sans distraction, sans relâche, de nos intérêts personnels, à leur sacrifier les intérêts, les droits, le bonheur des autres. Cet égoïsme est incompatible avec toute espèce de vertu, et même de sentiments honnêtes ; je serais trop malheureux si je pouvais croire avoir besoin de t'en préserver. Je parle de cette personnalité qui, dans les détails de la vie, nous fait tout rapporter aux intérêts de notre santé, de notre commodité, de nos goûts, de notre bien-être ; qui nous tient en quelque sorte toujours en présence de nous-mêmes ; qui se nourrit de petits sacrifices qu'elle impose aux autres, sans en sentir l'injustice, et presque sans le savoir ; qui trouve naturel et juste tout ce qui lui convient, injuste et bizarre tout ce qui la blesse ; qui crie au caprice et à la tyrannie si un autre, en la ménageant, s'occupe un peu de lui-même.

Ce défaut éloigne la bienveillance, afflige et refroidit l'amitié. On est mécontent des autres, dont jamais l'abnégation d'eux-mêmes ne peut être assez complète. On est mécontent de soi parce qu'une humeur vague et sans objet devient un sentiment constant et pénible dont on n'a plus la force de se délivrer. Si tu veux éviter ce malheur, fais que le sentiment de l'égalité et celui de la justice deviennent une habitude de ton âme, et n'attends, n'exige des autres qu'un peu au-dessous[3] de ce que tu ferais pour eux.

CONDORCET.

1. Voir la note p. 63.
2. *Plutôt qu'à les condamner.* C'est le sentiment qui a dicté le vers de Victor Hugo : « Tout aimer — ou tout plaindre. » Voir p. 178.
3. *Un peu au-dessous* est joliment dit et sagement pensé:

cette règle est une de celles qui peuvent le mieux servir au bonheur de la vie.

199. La générosité.

La générosité est un dévouement aux intérêts des autres, qui porte à leur sacrifier ses avantages personnels. En général, au moment où l'on relâche de ses droits en faveur de quelqu'un, et qu'on lui donne plus qu'il ne peut exiger, on devient généreux.

La nature, en produisant l'homme au milieu de ses semblables, lui a prescrit des devoirs à remplir envers eux. C'est dans l'obéissance à ces devoirs que consiste l'honnêteté, et c'est au delà de ces devoirs que commence la générosité. L'âme généreuse s'élève donc au-dessus de l'intention que la nature semblait avoir en la formant[1]. Quel bonheur pour l'homme de pouvoir ainsi devenir supérieur à son être[2]! et quel prix ne doit point avoir à ses yeux la vertu qui lui procure cet avantage!

On peut donc regarder la générosité comme le plus sublime de tous les sentiments, comme le mobile de toutes les belles actions, et peut-être comme le germe de toutes les vertus ; car il y en a peu qui ne soient essentiellement le sacrifice d'un intérêt personnel à un intérêt étranger.

Il ne faut pas confondre la grandeur d'âme, la générosité, la bienfaisance et l'humanité : on peut n'avoir de la grandeur d'âme que pour soi, et l'on n'est jamais généreux qu'envers les autres ; on peut être bienfaisant sans faire de sacrifices, et la générosité en suppose toujours ; on n'exerce guère l'humanité qu'envers les malheureux et les inférieurs, et la générosité a lieu envers tout le monde. D'où il suit que la générosité est un sentiment aussi noble que la grandeur d'âme, aussi utile que la bienfaisance, aussi tendre que l'humanité : elle est le résultat de la combinaison de ces trois vertus ; et, plus parfaite qu'aucune d'elles, elle y peut suppléer...

La générosité est de tous les états ; c'est la vertu dont la pratique satisfait le plus l'amour-propre[3]. Il est un art d'être généreux : cet art n'est pas commun ; il consiste à dérober le sacrifice que l'on fait.

La générosité ne peut guère avoir de plus beau motif que l'amour de la patrie et le pardon des injures.

La libéralité n'est autre chose que la générosité restreinte à un objet pécuniaire ; c'est cependant une grande vertu lorsqu'elle se propose le soulagement des malheureux.

VOLTAIRE.

1. *L'intention que la nature semblait avoir en formant l'homme*, si l'on s'en tient aux pures apparences, pouvait bien être de lui donner tout juste les aptitudes nécessaires pour maintenir son espèce en société ; mais si l'on va au fond des choses, elle l'a formé pour un plus noble but ; elle l'a appelé à devenir le théâtre et le héros de la lutte entre le bien et le mal, entre les instincts égoïstes et les élans de la charité. Ce n'est donc pas mentir aux intentions de la nature ni les dépasser que de monter peu à peu des basfonds de l'animalité aux sommets radieux de la vertu et du sacrifice.

2. *Supérieur à son être*. Ceci n'est pas exact. La générosité n'est ni étrangère ni supérieure à l'homme ; elle lui est inhérente ; il en porte le germe, il en a l'instinct sublime. Les devoirs que la nature a prescrits à l'homme envers ses semblables ne s'enferment pas dans la stricte justice : ils vont plus loin, ils vont jusqu'à la compassion, jusqu'à la bonté, jusqu'au dévouement, jusqu'à la générosité. On peut dire que par ces vertus l'homme est supérieur à son être dans ce sens seulement qu'elles dépassent la mesure ordinaire et vulgaire de ses actions, le niveau de l'égoïsme calculateur qui a pour devise : donnant, donnant.

3. *Satisfait le plus l'amour-propre*. Elle donne à la conscience une satisfaction d'autant plus complète et plus pure que l'amour-propre y joue un moindre rôle ; la vraie grandeur de la générosité se mesure à la part de sacrifice et de désintéressement qu'elle renferme.

200. La compassion.

Les âmes les plus généreuses et les plus tendres se laissent quelquefois porter par la contrainte des événements jusqu'à la dureté et à l'injustice ; mais il faut peu de chose pour les ramener à leur caractère, et les faire rentrer dans leurs vertus.

La vue d'un animal malade, le gémissement d'un cerf poursuivi dans les bois par des chasseurs, l'aspect d'un arbre penché vers la terre et traînant ses rameaux dans la poussière, les ruines méprisées d'un vieux bâtiment, la pâleur d'une fleur qui tombe et qui se flétrit, enfin toutes les images du malheur des hommes réveillent la pitié d'une âme tendre, contrisent le cœur et plongent l'esprit dans une rêverie attendrissante.

L'homme du monde même le plus ambitieux[1], s'il est né humain[2] et compatissant, ne voit pas sans douleur le mal que les dieux lui épargnent[3] ; fût-il même peu content de sa fortune, il ne croit pourtant pas la mériter encore, quand il voit des misères plus touchantes que la sienne ; comme si c'était sa faute qu'il y eût d'autres hommes moins heureux que lui, sa générosité l'accuse en secret de toutes les calamités du genre humain et le sentiment de ses propres maux[4] ne fait qu'aggraver la pitié dont les maux d'autrui le pénètrent.

VAUVENARGUES.

1. *Même le plus ambitieux*, c'est-à-dire le plus porté à sacrifier les autres à son ambition, celui à qui la compassion paraît devoir être le plus étrangère.

2. *S'il est né humain.* Il y a sans doute une disposition primitive qui porte certaines natures plus que d'autres à éprouver des sentiments d'humanité et de bonté ; mais cette disposition se trouve plus ou moins dans tous les cœurs ; c'est à l'éducation et à la volonté qu'il appartient de la développer, d'affaiblir ou de détruire les penchants qui la combattent. Nul ne peut chercher la justification de sa

dureté dans les décrets de la nature : nous sommes maîtres et responsables de nos sentiments et de nos actes.

3. *Le mal que les dieux lui épargnent*, les maux qui frappent les autres et dont il est lui-même préservé. *Les dieux* sont une expression littéraire empruntée à l'antiquité ; elle équivaut à la Providence, la volonté divine.

4. *Le sentiment de ses propres maux*. La Bruyère a dit : « Les gens déjà chargés de leur propre misère sont ceux qui entrent davantage, par la compassion, dans celle d'autrui. » C'est le mot de Didon dans l'*Énéide* de Virgile : « Ayant l'expérience du malheur, je sais venir en aide aux malheureux. »

---

201. L'homme juste et pacifique.

Commencez par bien établir la paix[1] en vous-même, et vous pourrez ensuite la procurer aux autres. L'homme pacifique rend au prochain plus de services que l'homme savant.

L'homme passionné croit aisément le mal, et change même le bien en mal ; mais l'homme juste et pacifique tourne tout en bien. Celui qui est bien établi dans la paix ne soupçonne point les autres ; mais un homme mécontent et inquiet est agité de divers soupçons, et ne peut demeurer en paix ni y laisser les autres. Il dit souvent ce qu'il devrait taire et il ne fait pas ce qu'il serait expédient de pratiquer. Il considère ce que les autres doivent faire, et il néglige ce qu'il est obligé de faire lui-même.

Exercez donc votre zèle premièrement sur vous-même, et vous pourrez ensuite l'employer justement à l'égard du prochain.

Vous savez si bien donner de belles couleurs et des excuses à ce que vous faites, et vous n'en voulez point recevoir des autres : il serait bien plus équitable de vous accuser vous-même et d'excuser votre frère. Supportez les autres, si vous voulez qu'on vous supporte.

Ce n'est pas une grande vertu de vivre avec des

personnes douces et paisibles ; car cela plaît naturellement à tout le monde : chacun est bien aise de vivre en paix et nous aimons davantage ceux qui pensent comme nous. Mais c'est l'effet d'une grande grâce et d'une vertu mâle et héroïque, de pouvoir vivre paisiblement avec des personnes dures, mauvaises, déréglées, ou qui nous contredisent.

Il y en a qui se maintiennent dans la paix, et qui la conservent avec les autres. Il y en a qui ne sont point en paix, et qui ne peuvent y laisser les autres ; et qui, étant insupportables aux autres, le sont toujours davantage à eux-mêmes. Il y en a aussi qui, se conservant dans la paix, tâchent d'y ramener ceux qui ne l'ont plus.

IMITATION DE J.-C.

1. *La paix*; il s'agit de la paix intérieure, la paix de l'âme, celle qui vient d'une bonne conscience, d'un esprit ferme qui ne se laisse pas agiter par le souffle des moindres incidents, d'un cœur droit, qui sait ce qu'il veut et qui le veut bien. Celui qui a établi cette paix en lui-même, juge les hommes et les choses avec sérénité, avec impartialité ; il supporte tranquillement ce qui mettrait en ébullition les âmes légères ou passionnées. Il est juste parce qu'il est clairvoyant et il est clairvoyant parce qu'il est pacifique.

202. L'indulgence coupable.

Peut-être est-il permis de signaler, parmi les habitudes funestes, une disposition exagérée de l'indulgence. On met trop souvent un vice sous le nom d'une vertu. Parce qu'on se sent incapable de rompre résolument et courageusement avec les vicieux, on se persuade qu'il est possible de garder son honneur intact, en usant avec eux de ménagements, en accueillant leurs avances, en maîtrisant l'indignation qu'inspirent leurs maximes et leur conduite. Quelquefois on se donne pour excuse la honte même qu'ils subissent justement ; ou bien on descend envers eux au rôle de courtisan par pitié[1] pour les opprimés, comme si ce n'était pas reconnaître la légitimité d'une force, que de l'implorer pour ceux qu'on opprime.

Ces capitulations ont d'abord et avant tout le tort d'être des capitulations, et elles ont de plus le malheur d'exercer sur les âmes qui s'y livrent une influence délétère. On commence par une concession, on finit par une adhésion. Ce qui n'était d'abord qu'une faiblesse, devient une lâcheté avec le temps et l'accoutumance.

Il y a en nous comme une troupe[2] de courtisans, de flatteurs, de parasites, qui nous assiègent sans cesse et nous fournissent secrètement des apologies pour toutes nos fautes.

Restons entiers, si nous voulons rester droits. Ne permettons pas aux lâches faiblesses de pénétrer dans notre cœur, car elles le gâteraient. De toutes les choses difficiles, la plus difficile est de saisir ce qui sépare la la bonté de la faiblesse. Corrigeons la pitié que nous inspirent les hommes par une haine vigoureuse contre le vice et le crime.

JULES SIMON.

1. *Courtisan par pitié…* L'auteur veut dire qu'on se laisse quelque fois aller à flatter les puissants, les oppresseurs, à vanter leur magnanimité, pour obtenir d'eux quelque adoucissement en faveur de leurs victimes. C'est, dit-il, une capitulation coupable.

2. *Comme une troupe…* L'auteur compare à une troupe de courtisans et de flatteurs les sentiments de complaisance et de faiblesse que nous nourrissons en nous pour nos propres fautes.

---

203. Comment il faut vivre avec les hommes.

Comment faut-il vivre avec les hommes? Que faisons-nous? Quels préceptes donnons-nous? De ne point verser le sang humain? C'est peu de chose. De ne pas nuire à celui que nous devrions aider? Oh! la belle louange à un homme d'être doux envers un homme! Lui enseignerons-nous à tendre la main à celui qui a fait naufrage, à montrer le chemin à celui qui est égaré, et à partager son pain avec celui qui meurt de faim?

Pourquoi m'amuserais-je à déduire tout ce qu'il faut faire ou éviter, puisqu'en peu de mots je puis enseigner tous les devoirs de l'homme en cette forme [1].

Ce monde, que tu vois, qui enferme les choses divines et les choses humaines, n'est qu'un. Nous sommes les membres de ce grand corps. Sa nature nous a rendus tous parents en nous engendrant d'une même manière et pour une même fin. Elle nous a inspiré un amour mutuel et nous a tous rendus sociables. C'est elle qui a établi la justice et l'équité; selon ses constitutions[2], c'est un plus grand mal de faire une injure que d'en recevoir; c'est par son ordre que les mains doivent être toujours prêtes à donner secours. Ayons ce vers dans la bouche et dans le cœur :

Je suis homme; rien de ce qui intéresse un homme ne m'est indifférent[3].

Nous sommes nés pour vivre en commun; notre société est une voûte de pierres liées ensemble qui tomberait si l'une ne soutenait l'autre.

SÉNÈQUE.

1. *En cette forme*, sous la forme suivante, sous la formule générale que je vais dire. — Sénèque a raison de chercher un principe général, une règle supérieure de la moralité. Cette règle étant connue, il sera facile d'en déduire les applications particulières. Il trouve cette règle dans l'ordre universel de la nature, dans l'unité et la solidarité de la race humaine.

2. *Ses constitutions*, c'est-à-dire ses lois.

3. Vers de Térence dans la pièce : *L'homme qui se châtie lui-même.*

204. La charité.

Il ne s'agit point d'épuiser sa bourse et de verser l'argent à pleines mains ; je n'ai jamais vu que l'argent fît aimer personne. Vous aurez beau ouvrir vos coffres, si vous n'ouvrez aussi votre cœur, celui des autres vous restera toujours fermé. C'est votre temps, ce sont vos soins, vos affections, c'est vous-même qu'il faut donner ; car, quoi que vous puissiez faire, on sent toujours que votre argent n'est point vous. Il y a des témoignages d'intérêt et de bienveillance qui font plus d'effet et sont réellement plus utiles que tous les dons : combien de malheureux, de malades, ont plus besoin de consolations que d'aumônes ! Combien d'opprimés à qui la protection sert plus que l'argent ! Raccommodez les gens qui se brouillent, prévenez les procès ; portez les enfants au devoir, les pères à l'indulgence ; favorisez d'heureux mariages ; empêchez les vexations. Déclarez-vous hautement le protecteur des malheureux. Soyez juste, humain, bienfaisant. Ne faites pas seulement l'aumône, faites la charité : les œuvres de miséricorde soulagent plus de maux que l'argent : aimez les autres, et ils vous aimeront ; servez-les et ils vous serviront ; soyez leur frère, et ils seront vos enfants.

J.-J. ROUSSEAU.

205. L'excellence de la charité.

Soyez jaloux d'obtenir les dons les plus élevés, et je vais vous en montrer le meilleur chemin.

Quand même je parlerais[1] dans l'extase toutes les langues des hommes et même des anges, si je n'ai pas la charité, je suis un airain qui résonne, une cymbale qui retentit. Et quand même j'aurais le don de prophétie et que je connusse tous les mystères et que je possédasse toute la science, et quand même j'aurais toute la foi jusqu'à transporter les montagnes, si je n'ai pas la charité, je ne suis rien. Et quand même je distribuerais tout mon bien en aumônes, quand je livrerais mon corps aux flammes, si je n'ai pas la charité, cela ne sert de rien.

La charité est patiente et bonne; la charité n'est pas jalouse; la charité ne se vante pas; elle ne s'enfle pas d'orgueil; elle n'est pas inconvenante; elle ne cherche pas son avantage; elle ne s'irrite point; elle ne suppose point le mal, ne se réjouit point de l'injustice, mais se réjouit de la vérité.

Elle excuse tout; elle croit tout; elle espère tout; elle supporte tout.

La charité ne finira jamais[2]. Qu'il s'agisse de la parole prophétique, elle sera anéantie; du langage de l'extase, il sera réduit au silence; de la connaissance, elle sera abolie; car notre science est fragmentaire et notre prophétisme est fragmentaire; mais quand viendra la perfection, ce qui est fragmentaire sera aboli.

Quand j'étais enfant, je parlais comme un enfant, je voulais comme un enfant, je raisonnais comme un enfant. Devenu homme, j'ai quitté ce qui tenait de l'enfance. Nous voyons encore à travers un verre obscur, sous forme d'énigme; mais alors[3] nous verrons face à face. Ma connaissance est encore fragmentaire; mais alors je connaîtrai comme j'ai été connu[4].

Restent donc ces trois vertus[5] : la foi, l'espérance et la charité. Mais la plus grande des trois, c'est la charité.

SAINT PAUL.

1. *Quand même je parlerais* etc. La première idée qui se dégage de ces lignes est que les dons les plus merveilleux du monde ne sont rien s'ils ne sont accompagnés de la charité : ni l'extase religieuse, ni la science, ni la foi, ni l'aumône, ni le sacrifice de soi-même. La charité, c'est le

sentiment caché, vivant, permanent qui est la source de toutes les vertus, c'est l'amour sincère, désintéressé, profond de l'humanité.

2. *La charité ne finira jamais.* La seconde idée, c'est que la charité est éternelle; tout le reste passe, se modifie, disparaît. L'amour ne passe pas.

3. *Alors,* c'est-à-dire quand nous serons hors des ténèbres de ce monde terrestre.

4. *Comme j'ai été connu* par Dieu pour qui rien n'est caché.

5. *Ces trois vertus.* La foi aux choses invisibles, aux principes éternels, aux lois divines ; l'espérance d'un avenir meilleur, du triomphe définitif du vrai et du bien ; ce sont des vertus en ce sens qu'elles exigent un vigoureux et persistant effort pour lutter contre les apparences, contre le courant des appétits et des entraînements matériels; la charité est une vertu, la vertu par excellence, parce qu'elle est la victoire suprême de la bonté et du dévouement sur l'égoïsme.

206. Le bon Samaritain.

Un docteur de la Loi se leva pour éprouver Jésus en lui adressant cette question :

« Maître, que faut-il que je fasse pour mériter la vie éternelle ? »

Jésus lui dit :

« Qu'y a-t-il d'écrit dans la Loi ? Qu'y lis-tu ? »

L'autre répondit :

« Tu aimeras[1] le Seigneur ton Dieu de tout ton cœur, de toute toute ton âme, de toute ta force et de toute ta pensée, et ton prochain comme toi-même. »

Jésus lui dit :

« Tu as bien répondu; fais cela, et tu vivras[2]. »

Celui-ci, voulant se justifier lui-même, dit à Jésus :

« Et qui est mon prochain[3] ? »

Alors Jésus, prenant la parole, lui dit :

« Un homme descendait de Jérusalem à Jéricho et il tomba aux mains de brigands, qui, l'ayant dépouillé et accablé de coups, s'en allèrent le laissant à demi mort.

« Par occurrence, un prêtre descendait sur la même route et, le voyant, il passa outre.

« De même un Lévite, arrivant sur le même lieu, et l'ayant vu, passa outre.

« Un Samaritain[4] en voyage passe près de lui, et l'ayant vu, il fut ému de compassion, et, s'étant approché, il lui banda ses plaies, y versa de l'huile et du vin, le plaça sur sa propre monture, le conduisit dans une auberge, et prit soin de lui. Le lendemain, en s'en allant, il tira deux deniers, les donna à l'aubergiste, et lui dit :

« Prends soin de cet homme, et tout ce que tu dépenseras, je te le rendrai à mon retour. »

« Lequel donc des trois te semble avoir été le prochain de l'homme qui était tombé aux mains des brigands ? »

L'autre dit :

« C'est celui qui a usé envers lui de miséricorde. »

Jésus lui dit :

« Va, et fais de même[5]. »

TROISIÈME ÉVANGILE.

1. *Tu aimeras*, etc. Ces sublimes paroles, qui sont le résumé de la loi morale la plus haute, qui recommandent à l'homme l'amour passionné de l'idéal et l'amour dévoué des hommes se trouvent séparément dans deux livres du Pentateuque hébreu ; les premières, Deutéronome VI, 5, et les secondes, Lévitique XIX, 18.

2. *Tu vivras* de la vie véritable, éternelle.

3. *Qui est mon prochain ?* Dans le texte ci-dessus indiqué, Lévitique, XIX, 18, le prochain est l'homme de la race, le compatriote. Jésus va élargir cette notion, et l'étendre à l'humanité tout entière.

4. *Un Samaritain.* Les Samaritains, voisins des Juifs et en partie de même origine, étaient considérés par ceux-ci comme des étrangers, des infidèles, et, comme on dirait

de nos jours, des hérétiques, avec lesquels ils ne voulaient avoir rien de commun. La force de ce beau récit vient de l'opposition entre la dureté de ce prêtre, de ce lévite, tous deux appartenant à l'aristocratie religieuse du pays, vis-à-vis du pauvre blessé, et la compassion fraternelle, active et prévoyante de cet hérétique, de ce répudié qui oublie toutes les préventions de doctrine ou de race pour ne plus entendre que le cri de l'humanité.

5. *Fais de même.* Il ne suffit pas de s'être rendu à l'évidence et d'avoir compris cette haute leçon ; il faut encore l'appliquer, ce qui ne laisse pas d'être souvent difficile.

---

207. La fraternité humaine.

Lorsqu'un arbre est seul, il est battu des vents et dépouillé de ses feuilles ; et ses branches, au lieu de s'élever, s'abaissent comme si elles cherchaient la terre.

Lorsqu'une plante est seule, ne trouvant point d'abri contre l'ardeur du soleil, elle languit et se dessèche, et meurt.

Lorsque l'homme est seul, le vent de la puissance le courbe vers la terre, et l'ardeur de la convoitise des grands de ce monde absorbe la sève qui le nourrit.

Ne soyez donc point comme la plante et comme l'arbre qui sont seuls : mais unissez-vous les uns aux autres, et appuyez-vous, et abritez-vous mutuellement.

Tandis que vous serez désunis, et que chacun ne songera qu'à soi, vous n'avez rien à espérer que souffrance et malheur, et oppression.

Qu'y a-t-il de plus faible que le passereau, et de plus désarmé que l'hirondelle ? Cependant quand paraît l'oiseau de proie, les hirondelles et les passereaux parviennent à le chasser, en se rassemblant autour de lui et le poursuivant tous ensemble.

Prenez exemple sur le passereau et sur l'hirondelle.

Celui qui se sépare de ses frères, la crainte le suit

quand il marche, s'assied près de lui quand il repose, et ne le quitte pas même durant son sommeil. Donc, si l'on vous demande : « Combien êtes-vous ? » Répondez : « Nous sommes un, car nos frères c'est nous et nous, c'est nos frères ».

Dieu n'a fait ni petits ni grands, ni maîtres ni esclaves, ni rois ni sujets : il a fait tous les hommes égaux.

Mais, entre les hommes, quelques-uns ont plus de force ou de corps ou d'esprit ou de volonté, et ce sont ceux-là qui cherchent à s'assujettir les autres, lorsque l'orgueil ou la convoitise étouffent en eux l'amour de leurs frères.

Et Dieu savait qu'il en serait ainsi, et c'est pourquoi il a commandé aux hommes de s'aimer, afin qu'ils fussent unis, et que les faibles ne tombassent point sous l'oppression des forts.

Car celui qui est plus fort qu'un seul sera moins fort que deux, et celui qui est plus fort que deux sera moins fort que quatre ; et ainsi les faibles ne craindront rien lorsque, s'aimant les uns les autres, ils seront unis véritablement.

Un homme voyageait dans la montagne, et il arriva en un lieu où un gros rocher ayant roulé sur le chemin le remplissait tout entier, et hors du chemin il n'y avait point d'autre issue ni à gauche ni à droite.

Or, cet homme, voyant qu'il ne pouvait continuer son voyage à cause du rocher, essaya de le mouvoir pour se faire un passage, et il se fatigua beaucoup à ce travail, et tous ses efforts furent vains.

Ce que voyant, il s'assit plein de tristesse et dit : « Que sera-ce de moi lorsque la nuit viendra et me surprendra dans cette solitude, sans nourriture, sans abri, sans aucune défense, à l'heure où les bêtes féroces sortent pour chercher leur proie ? »

Et comme il était absorbé dans cette pensée, un autre voyageur survint, et celui-ci ayant fait ce qu'avait fait le premier et s'étant trouvé aussi impuissant à remuer le rocher, s'assit en silence et baissa la tête.

Et après celui-ci, il en vint plusieurs autres, et aucun ne put mouvoir le rocher, et leur crainte à tous était grande.

Enfin l'un d'eux dit aux autres : « Mes frères, prions notre Père qui est dans les cieux : peut-être qu'il aura pitié de nous dans cette détresse ».

Et cette parole fut écoutée, et ils prièrent de cœur le Père qui est dans les cieux.

Et quand ils eurent prié, celui qui avait dit : « Prions », dit encore : « Mes frères, ce qu'aucun de nous n'a pu faire seul, qui sait si nous ne le ferons pas tous ensemble? »

Et ils se levèrent et tous ensemble ils poussèrent le rocher et le rocher céda, et ils poursuivirent leur route en paix.

Le voyageur, c'est l'homme ; le voyage, c'est la vie ; le rocher, ce sont les misères qu'il rencontre à chaque pas sur sa route.

Aucun homme ne saurait soulever seul ce rocher, mais Dieu en a mesuré le poids, de manière qu'il n'arrête jamais ceux qui voyagent ensemble.

LAMENNAIS[1].

1. *Paroles d'un croyant*, Garnier frères, éditeurs.

---

208. Le respect.

Le respect s'adresse toujours aux personnes, jamais aux choses. Les choses peuvent exciter en nous de l'inclination et même de l'amour, quand ce sont des animaux (par exemple des chevaux, des chiens), ou de la crainte, comme la mer, un volcan, une bête féroce, mais jamais de respect.

Ce qui ressemble le plus au respect, c'est l'admiration, et celle-ci, comme affection [1], est un étonnement que les choses peuvent aussi produire, par exemple les montagnes qui s'élèvent jusqu'au ciel, la grandeur, la multitude, l'éloignement des corps célestes, la force et l'agilité de certains animaux, etc. Mais tout cela n'est point du respect.

Un homme peut aussi être un objet d'amour, de crainte, d'admiration et même d'étonnement, sans être pour cela un objet de respect. Son enjouement, son courage et sa force, la puissance qu'il doit au rang qu'il occupe parmi les autres, peuvent m'inspirer ces sentiments, sans que j'éprouve intérieurement de respect pour sa personne. « Je m'incline devant un grand, disait Fontenelle, mais mon esprit ne s'incline pas ».

Et moi, j'ajouterai : Devant l'humble citoyen, en qui je vois l'honnêteté du caractère portée à un degré que je ne trouve pas en moi-même, mon esprit s'incline, que je le veuille ou non, et si haut que je porte la tête pour lui faire remarquer la supériorité de mon rang.

Pourquoi cela ? C'est que son exemple me rappelle une loi [2] qui confond ma présomption, quand je la compare à ma conduite, et dont je ne puis regarder la pratique comme impossible, puisque j'en ai sous les yeux un exemple vivant.

Que si j'ai conscience d'être honnête au même degré, le respect subsiste encore. En effet, comme tout ce qui est bon dans l'homme est toujours défectueux, la loi, rendue visible par un exemple, confond toujours mon orgueil, car l'imperfection dont l'homme qui me sert de mesure pourrait bien être entaché, ne m'est pas aussi bien connue que la mienne, et il m'apparaît ainsi sous un jour plus favorable.

Le respect est un tribut que nous ne pouvons refuser au mérite, que nous le voulions ou non ; nous pouvons bien ne pas le laisser paraître au dehors, mais nous ne saurions nous empêcher de l'éprouver intérieurement.

KANT.

1. *Comme affection*, c'est-à-dire comme impression subie, comme émotion de l'âme.
2. *Une loi*, c'est la loi morale ; elle *confond ma présomption ;* car tout fier que je suis de moi-même, je ne l'accomplis pas et un autre l'accomplit ; il vaut donc mieux que moi, et il m'enlève en même temps la possibilité de dire que cette loi n'est pas réalisable, puisque je la vois réalisée sous mes yeux.

---

209. Les vertus sociales.

(*Catéchisme chinois.*)

CU-SU [1]. — Je ne vous répéterai pas tous les lieux communs qu'on débite parmi nous depuis cinq ou six mille ans sur toutes les vertus. Il y en a qui ne sont que pour nous-mêmes, comme la prudence pour conduire nos âmes, la tempérance pour gouverner nos corps ; ce sont des préceptes de politique [2] et de santé. Les véritables vertus sont celles qui sont utiles à la société, comme la fidélité, la magnanimité, la bienfaisance, la tolérance, etc. Grâce au ciel, il n'y a point de vieille qui n'enseigne parmi nous toutes ces vertus à ses petits-enfants ; c'est le rudiment de notre jeunesse au village comme à la ville : mais il y a une grande vertu qui commence à être de peu d'usage, et j'en suis fâché.

KOU. — Quelle est-elle ? Nommez-la vite ; je tâcherai de la ranimer.

CU-SU. — C'est l'hospitalité ; cette vertu si sociale, ce lien sacré des hommes commence à se relâcher depuis que nous avons des cabarets. Cette pernicieuse institution nous est venue, à ce qu'on dit, de certains sauvages d'Occident. Ces misérables apparemment n'ont point de maison pour accueillir les voyageurs...

Kou. — Je trouve l'hospitalité fort bonne ; je l'exerce avec plaisir, mais je crains l'abus. Il y a des gens au Grand-Thibet qui sont fort mal logés, qui aiment à courir, et qui voyageraient pour rien d'un bout du monde à l'autre...

Cu-Su. — L'inconvénient est petit ; il est aisé d'y remédier en ne recevant que des personnes bien recommandées [3]. Il n'y a point de vertu qui n'ait ses dangers ; et c'est parce qu'elles en ont qu'il est beau de les embrasser.

Que notre Confutzée [4] est sage et saint ! Il n'est aucune vertu qu'il n'inspire ; le bonheur des hommes est attaché à chacune de ses sentences ; en voici une qui me revient dans la mémoire ; c'est la cinquante-troisième : « Reconnais les bienfaits par des bienfaits, et ne te venge jamais des injures ».

Quelle maxime, quelle loi les peuples de l'Occident pourraient-ils opposer à une morale si pure [5] ? En combien d'endroits Confutzée recommande-t-il l'humilité ? Si on pratiquait cette vertu, il n'y aurait jamais de querelle sur la terre.

Kou. — J'ai lu tout ce que Confutzée et les sages des siècles antérieurs ont écrit sur l'humilité ; mais il me semble qu'ils n'en ont jamais donné une définition assez exacte : il y a peu d'humilité peut-être à oser les reprendre ; mais j'ai au moins l'humilité d'avouer que je ne les ai pas entendus. Dites-moi ce que vous en pensez.

Cu-Su. — J'obéirai humblement. Je crois que l'humilité est la modestie de l'âme ; car la modestie extérieure n'est que la civilité. L'humilité ne peut pas consister à se nier à soi-même la supériorité qu'on peut avoir acquise sur un autre. Un bon médecin ne peut se dissimuler qu'il en sait davantage que son malade en délire ; celui qui enseigne l'astronomie doit s'avouer qu'il est plus savant que ses disciples ; il ne peut s'empêcher de le croire, mais il ne doit pas s'en faire accroire. L'humilité n'est pas l'abjection ; elle est le correctif de l'amour-propre, comme la modestie est le correctif de l'orgueil.

Kou. — Eh bien, c'est dans l'exercice de toutes ces vertus et dans le culte d'un Dieu simple et universel que je veux vivre, loin des chimères des sophistes et des faux prophètes... Malheur à un peuple assez imbécile et assez barbare pour penser qu'il y a un Dieu pour sa seule province ! C'est un blasphème. Quoi ! la lumière du soleil éclaire tous les yeux, et la lumière de Dieu n'éclairerait qu'une petite et chétive nation dans un coin de ce globe ! Quelle horreur et quelle sottise ! La Divinité parle au cœur de tous les hommes, et les liens de la charité doivent les unir d'un bout de l'univers à l'autre.

Cu-Su. — O sage Kou ! Vous avez parlé comme un homme inspiré par le Chang-ti (le ciel) même ; vous serez un digne prince. VOLTAIRE.

1. *Cu-Su.* Cette page du *Dictionnaire philosophique* de Voltaire, est extraite d'un récit qu'il appelle : « Le catéchisme chinois, ou entretien de *Cu-Su*, disciple de Confutzée, et du prince *Kou*, fils du roi Low. » C'est une fiction dont l'écrivain se sert pour exposer ses doctrines et combattre celles qu'il regarde comme erronées.

2. *De politique*, c'est-à-dire, ici, d'habileté, de sagesse.

3. *Bien recommandées.* L'ironie perce sous ces paroles ; il est clair que notre société civilisée ne peut exercer l'hospitalité sous la même forme que les sociétés primitives.

4. *Confutzée*, Khoung-Fou-Tseu, Confucius, philosophe chinois, chef de l'école de lettrés qui a fondé la civilisation chinoise telle qu'elle subsiste depuis près de vingt-quatre siècles. Il est de peu d'années antérieur à Socrate.

J'ai connu, dit Voltaire, un philosophe qui n'avait que le portrait de Confucius dans son arrière-cabinet ; il mit au bas ces quatre vers :

> De la seule raison salutaire interprète,
> Sans éblouir le monde éclairant les esprits,
> Il ne parle qu'en sage, et jamais en prophète ;
> Cependant on le crut, et même en son pays.

5. Voltaire oublie, peut-être intentionnellement, des paroles comme celles qui sont reproduites pages 294, 296, 309, l'Épitre aux Romains, chapitres XII, XIV, XVII, XXI, etc.

---

210. Le progrès moral dans l'humanité.

Grande est la part du mal dans l'humanité, telle qu'elle est présentement. Nous ne sommes, tant s'en faut, ni aussi bons que nous devrions ni aussi heureux que nous voudrions l'être. On pourrait même tirer de la théorie de la solidarité, plus d'un trait à ajouter au sombre tableau que le pessimisme[1] fait de notre sort, puisque tous, plus ou moins, nous portons le poids de fautes que nous n'avons pas commises, et puisque rien en ce monde ne dépend absolument de nous seuls, pas même l'usage de notre liberté. Mais, ce que les pessimistes oublient, c'est que nos misères sont toujours en partie notre œuvre, que l'homme souvent se crée à lui-même les fatalités dont il se plaint, que le mal enfin n'est pas invincible, et que le remède est entre nos mains.

Notre espèce n'est vouée ni au bien ni au mal nécessairement ; elle est ce qu'elle se fait, elle aura le sort qu'elle méritera. Le progrès jusqu'ici ne s'est pas fait de lui-même ; il ne continuera pas non plus par la seule force des choses ; mais il doit nous suffire qu'il soit possible. Notre tâche est d'y travailler. Pas un effort vers cette fin n'est perdu ; toutes nos moindres actions ou servent à cette œuvre ou la compromettent : comment donc la vie serait-elle sans intérêt et sans but ? A voir le but[2] où il est et à prendre la vie comme il faut, c'est l'optimisme qui est le vrai : non cet optimisme béat, toujours également satisfait, qui nie les tristesses de la réalité, comme si déjà tout était pour le mieux ; encore moins cet optimisme immoral, qui consiste à tout excuser parce que tout s'explique et à trouver bon tout ce qui arrive ; mais un optimisme agissant, militant, fait d'ardeur à vouloir le mieux et d'obstination à croire qu'on ne le veut jamais en vain.

H. MARION.

1. *Le pessimisme.* Le pessimisme consiste à voir tout en mal, l'optimisme à voir tout en bien : le premier dit que le monde est mauvais et tend au pire ; le second affirme que le fond, le but, le terme final de la création est bon.

2. *A voir le but* etc., c'est-à-dire, si l'on voit etc., si l'on prend la vie comme il faut la prendre.

---

211. Fais aux autres le bien qu'on t'a fait.

Personne qui ne connaisse ce délicieux chapitre de la Bible, où le fils de Tobie, prêt à entreprendre un long et périlleux voyage, trouve sur la place publique un jeune homme bien fait, les reins ceints pour la route, et qui s'offre à lui comme conducteur. Or, toute comparaison mise de côté, bien entendu, et sans prétendre en rien à être un personnage biblique, je ne puis jamais relire ce chapitre sans qu'il reporte ma pensée sur moi-même.

J'ai suivi en littérature des routes très opposées[1], et ce n'est qu'assez tard que mon unité intellectuelle est sortie à mes propres yeux de la diversité même de mes travaux. Mon caractère, comme mon intelligence, ne s'est formé que peu à peu. A côté de ma vie physique et morale, s'est organisée ma vie de famille ; j'ai été mari, père, grand-père ; j'ai connu tout ce que ces noms renferment d'immenses joies et d'amères douleurs ; personne n'a plus reçu, personne n'a plus perdu, et plus retrouvé que moi. Eh bien, dans cette succession de vicissitudes et de transformations de toute sorte, toujours, au moment décisif, s'est présenté à moi, sous forme de jeune homme ou de vieillard, d'inconnu ou d'illustre, un *envoyé* qui m'a servi de conducteur...

Si heureuses qu'aient été les rencontres de ma vie, je me garde bien de me ranger parmi ceux qui méritent que la Providence fasse des exceptions en leur faveur, et qu'elle dérange ses envoyés pour eux. Ce qui m'est arrivé a dû arriver à beaucoup d'autres ; mon histoire ressemble vraisemblablement à l'histoire de tout le monde. Oui, je le crois fermement, chacun de nous, s'il remonte le cours de sa vie, se convaincra que, quelque profession qu'il ait exercée, quelque rang qu'il ait occupé, quelque épreuve qu'il ait traversée, presque toujours, à l'instant critique, il a vu une main, il a entendu une voix qui lui a indiqué la route, et souvent même s'est offert à l'y diriger.

Le tout est de reconnaître cette voix, de suivre cette main, et une fois le service reçu, de le rendre à votre tour. Certes, bien profonde est cette maxime : *Ne fais pas à autrui ce que tu ne voudrais pas qu'on te fît à toi-même ;* mais non moins efficace est celle qui dit : *Fais aux autres le bien qu'on t'a fait.* Le bienfaiteur n'a pas moins à gagner que l'obligé. L'aide qu'on donne, devient parfois l'aide qu'on reçoit.

E. LEGOUVÉ[2].

1. *Des routes très opposées.* Tour à tour et tout ensemble romantique et classique, M. Ernest Legouvé a écrit des vers, de la prose (comédies, drames, tragédies), des livres de morale, de critique, d'histoire, des mémoires, des conférences, etc.
2. *Soixante ans de souvenirs*, J. Hetzel, éditeur.

---

212. Rôle des femmes dans la société.

Arbitres de notre bonheur et d'une partie de nos vertus, les femmes impriment le sceau de leur caractère et de leurs mœurs à chaque génération nouvelle, puisque chaque génération, pendant ses premières années, leur appartient exclusivement. Quiconque a réfléchi sur l'énergie et la durée opiniâtre de nos premières impressions, quiconque pensera que ces premières impressions sont précisément celles qu'une mère communique ou modifie, n'hésitera pas à reconnaître que la femme porte en ses faibles mains, avec le caractère du peuple qui s'élève, les destinées de la société. Ces premières impressions de l'enfant deviennent les passions et quelquefois les principes de l'homme fait ; le lait de sa mère s'est moins assimilé à son sang que les idées de sa mère ne se sont identifiées avec son esprit ; il est même [1] de ces idées que tous les soins d'une éducation réparatrice ne peuvent ni vaincre, ni effacer, tant les sensations et les images se gravent avec force dans le tissu délicat de ce cerveau qui, en se fortifiant, ne fait que les fortifier. Ici la priorité d'influence [2] emporte aussi la supériorité d'ascendant ; en sorte qu'on peut affirmer que la nature, en plaçant l'homme pendant ses premières années sous la tutelle de la femme, ouvre à celle-ci la plus grande part dans la destinée morale des individus et des peuples.

Pour que l'homme vaille tout son prix, il faut que la femme vaille aussi tout le sien.

L'un des sexes ne peut grandir si l'autre ne grandit aussi, et les soins accordés à l'éducation de l'homme ne peuvent pas atteindre tout leur but si l'on n'en donne pas de pareils et de proportionnés à l'éducation de la femme.

L'éducation publique des femmes offre l'avantage important de mettre en harmonie la culture des deux sexes, et de rendre par là chacun d'eux plus propre à satisfaire aux besoins moraux de l'autre. Cet avantage est encore plus digne de considération dans une république, dont la vraie force est toute morale et tient par-dessus tout aux sentiments de ses citoyens, à l'unanimité et à la perpétuité de ces sentiments. Formée par une éducation semblable à celle de l'homme, imbue des mêmes principes, la femme en grave la première empreinte dans l'âme de ses enfants, elle est auprès d'eux le premier organe, le premier interprète de ces croyances qui doivent devenir l'instinct du citoyen.

A. VINET.

1. *Il est même* — sous-entendu : quelques unes.

2. *La priorité d'influence* etc. Les premières influences sont les plus fortes ; le fait qu'elles sont les premières a pour conséquence une *supériorité d'ascendant*, c'est-à-dire une action plus pénétrante et plus durable, une plus grande autorité.

---

213. Une femme de bien.

(*Pauline Roland*[1].)

Elle ne connaissait ni l'orgueil ni la haine ;
Elle aimait ; elle était pauvre, simple et sereine ;
Souvent le pain qui manque abrégeait ses repas.
Elle avait trois enfants, ce qui n'empêchait pas
Qu'elle ne se sentît mère de ceux qui souffrent.
Les noirs événements qui dans la nuit s'engouffrent,
Les flux et les reflux, les abîmes béants,
Les nains, sapant sans bruit l'ouvrage des géants,
Et tous ces malfaiteurs inconnus ou célèbres,
Ne l'épouvantaient pas ; derrière ces ténèbres,
Elle apercevait Dieu construisant l'avenir.
Elle sentait sa foi sans cesse rajeunir ;
De la liberté sainte elle attisait les flammes ;
Elle s'inquiétait des enfants et des femmes ;
Elle disait, tendant la main aux travailleurs :
« La vie est dure ici, mais sera bonne ailleurs.
« Avançons ! » Elle allait, portant de l'un à l'autre
L'espérance ; c'était une espèce d'apôtre
Que Dieu, sur cette terre où nous gémissons tous,
Avait fait mère et femme afin qu'il fût plus doux.
L'esprit le plus farouche aimait sa voix sincère.

Tendre, elle visitait sous leur toit de misère
Tous ceux que la famine ou la douleur abat,
Les malades pensifs, gisant sur leur grabat,
La mansarde où languit l'indigence morose ;
Quand, par hasard moins pauvre, elle avait quelque [chose,
Elle le partageait à tous comme une sœur ;
Quand elle n'avait rien, elle donnait son cœur.

VICTOR HUGO.

1. *Pauline Roland*, chantée par Victor Hugo dans les *Châtiments*, a pris une part active au mouvement d'idées de 1848 ; elle a écrit de nombreux articles qui l'ont désignée aux vengeances du coup d'État de 1851. Elle fut transportée à Lambessa avec un certain nombre de républicains, victimes des Commissions mixtes, et mourut à Lyon à son retour d'Afrique, vers la fin de 1852.

214. Le chemin de la perfection.

Vous avez entendu qu'il a été dit : œil pour œil, dent pour dent. Mais moi je vous dis de ne pas résister au méchant. Mais si quelqu'un te frappe sur la joue droite, présente-lui aussi l'autre. A celui qui veut plaider contre toi et t'enlever ta robe, laisse aussi ton manteau. Et si quelqu'un veut te contraindre à faire une lieue, fais-en deux avec lui [1].

Donne à celui qui te demande ; ne repousse pas celui qui veut emprunter de toi.

Vous avez entendu qu'il a été dit aux anciens : Tu aimeras ton prochain et tu haïras ton ennemi. Mais moi je vous dis : Aimez vos ennemis et priez pour ceux qui vous persécutent, en sorte que vous soyez les fils de votre Père qui est dans les cieux ; car il fait lever le soleil sur les méchants et sur les bons, et il fait pleuvoir sur les justes et sur les injustes !

Car si vous n'aimez que ceux qui vous aiment, quelle

récompense en aurez-vous ? Est-ce que les péagers [2] n'en font pas autant ? Et si vous ne faites un tendre accueil qu'à vos frères, que faites-vous d'extraordinaire ? Est-ce que les païens ne le font pas aussi ?

Vous donc, soyez parfaits comme votre Père céleste est parfait.

Prenez garde de ne pas faire votre aumône devant les hommes dans le dessein d'être vus par eux ; sinon, vous n'aurez pas de récompense [3] de votre Père qui est dans les cieux. Lors donc que tu fais ton aumône, ne fais pas sonner la trompette devant toi, comme font les hypocrites dans les synagogues et dans les rues, afin d'être glorifiés par les hommes. En vérité, je vous dis qu'ils reçoivent leur récompense.

Toi, quand tu fais l'aumône, que ta main gauche ne sache pas ce que fait ta droite, afin que ton aumône soit faite en secret.

Ne jugez pas, afin que vous ne soyez pas jugés. Car vous serez jugés du même jugement dont vous aurez jugé, et vous serez mesurés de la même mesure dont vous aurez mesuré les autres.

Pourquoi regardes-tu la paille qui est dans l'œil de ton frère, et ne fais-tu pas attention à la poutre qui est dans ton œil ? Hypocrite, ôte premièrement de ton œil la poutre, et alors tu pourras ôter la paille de l'œil de ton frère...

Tout ce que vous voulez que les hommes vous fassent, faites-le leur vous-mêmes ; car c'est la loi et les prophètes.

Entrez par la porte étroite ; car la porte large et la route spacieuse mènent à la perdition, et il y en a beaucoup qui entrent par elle. Mais la porte étroite et la route resserrée [4] mènent à la vie, et il y en a peu qui la trouvent.

Premier Évangile.

1. *Fais en deux avec lui.* Il est clair que c'est l'esprit, et non la lettre, qu'il s'agit de suivre ici. L'apôtre Paul a écrit : « la lettre tue, mais l'esprit fait vivre. » L'idée générale de ces préceptes est que nous ne devons pas rendre le mal pour le mal, mais essayer de vaincre le mal par le bien. Une application stricte, littérale et pharisaïque de ces belles paroles mènerait juste à l'encontre du but.

2. *Les péagers* ou publicains, chargés de la perception des impôts, étaient détestés et méprisés dans le monde romain ; ils l'étaient plus encore dans le monde juif, car ils appartenaient à la race des vainqueurs, des « païens », ou s'ils étaient juifs, ils étaient regardés comme des traîtres et des renégats.

3. *De récompense.* Ce n'est pas en vue d'une récompense que l'homme doit faire le bien ; mais sa récompense (si c'en est une) est toute grossière quand il la place dans le plaisir d'avoir été vu ; il se prive de la satisfaction morale que procure le bien accompli pour lui-même.

4. *La porte étroite et la route resserrée.* Il faut, pour suivre la carrière de la perfection, de l'effort, de l'abnégation, du sacrifice ; il faut se surveiller, se dominer. La vie indolente, égoïste ou vicieuse est large et facile, du moins dans ses abords ; et la foule s'y précipite ; les épines et les misères apparaissent plus tard, et la ruine est au bout.

LIVRE VI

LA PATRIE, L'ÉTAT, L'ÉCOLE

DEVOIRS CIVIQUES, DEVOIRS PROFESSIONNELS.

215. L'amour de la patrie.

L'amour de la patrie est aux peuples ce que l'amour de la vie est aux hommes isolés, car la patrie est la vie des nations. Aussi cet amour de la patrie a-t-il enfanté, dans tous les temps et dans tous les pays, des miracles d'inspiration, de dévouement et d'héroïsme.

Comment en serait-il autrement? Les actes sont proportionnés à la force du mobile qui les produit. La passion du citoyen pour sa patrie se compose de toutes les passions personnelles ou désintéressées dont Dieu a pétri le cœur humain :

Amour de soi-même, et défense du droit sacré que tout homme venant en ce monde a d'occuper sa place au soleil sur la terre ;

Amour de la famille, qui n'est que la patrie rétrécie et resserrée autour du cœur de ses fils ;

Amour du père, de la mère, des aïeux, de tous ceux de qui on a reçu le sang, la tendresse, la langue, les soins, l'héritage matériel ou immatériel, en venant occuper la place qu'ils nous ont préparée autour d'eux ou après eux sous le toit ou dans le champ paternel ;

Amour de la femme, que notre bras doit protéger dans sa faiblesse ;

Amour des enfants, en qui nous revivons par la perpétuité du sang et à qui nous devons laisser, même au prix de notre vie, le sol, le nom, la sûreté, l'indépendance, l'honneur national, qui font la dignité de notre race ;

Amour de la propriété, instinct conservateur de l'espèce, qui incorpore à chaque homme un morceau de cette terre dont il est formé ;

Amour du ciel, de l'air, de la mer, des montagnes, des horizons, des climats, âpres ou doux, mais dans lesquels nous sommes nés et qui sont devenus, par l'habitude, des parties de nous-mêmes, des besoins délicieux de notre âme, de nos yeux, de nos sens ;

Amour des mœurs, des langues, des lois, des gouvernements, qui nous ont, pour ainsi dire, emmaillotés dès le berceau, que nous pouvons vouloir modifier librement par notre propre lumière et par notre volonté nationale, mais dont nous ne devons pas permettre qu'on nous exproprie par la violence de l'épée étrangère, car la civilisation même, imposée par la force, est une servitude, et la première condition pour qu'un progrès social soit accepté par un peuple, c'est que ce peuple soit libre de le refuser.

En récapitulant par la pensée toutes ces passions instinctives dont se compose pour nous l'amour de la patrie, et en y ajoutant encore une passion naturelle à l'homme, la passion de sa propre mémoire, du souvenir de ses contemporains et de ses descendants, de la gloire de la postérité qui inspire et qui récompense dans le lointain les plus grands sacrifices, les dévouements jusqu'à la mort à son pays, on comprend que, de toutes les nobles passions humaines, celle-là est la plus puissante parce qu'elle les contient toutes à la fois, et que s'il y a dans l'histoire des effets surnaturels à attendre de l'humanité, il faut les attendre du patriotisme.

A. DE LAMARTINE.

216. Le vrai patriotisme.

L'amour de la patrie est un sentiment qui sommeille dans un grand nombre d'âmes absorbées par la famille et les affaires. On aime les biens dont on jouit constamment, avec sécurité et sans même songer qu'on puisse les perdre; mais on les aime d'un amour qui s'ignore. Ce sentiment même, pour la plupart de ceux qui n'ont ni étudié, ni pensé, ne s'attache qu'à un horizon étroit, au sol de la commune, aux lieux où ils ont travaillé, où ils ont été heureux, où ils ont souffert; et s'il s'étend plus loin, c'est dans les moments de crise, quand une guerre nationale arrache tous les citoyens à leur apathie.

Quant à ce patriotisme éclairé qui nous fait aimer la gloire et la prospérité intérieure de notre pays, c'est un sentiment qui n'a de force, de persévérance et d'efficacité que chez les âmes d'élite [1].

Ceux mêmes qui, parmi nous, comprennent la grandeur des droits de citoyen, confondent souvent la passion politique avec le patriotisme. La passion politique n'est légitime que quand elle a le patriotisme pour foyer; mais trop souvent, dans les luttes de parti, l'intérêt du pays est la chose à laquelle on pense le moins. C'est d'abord la haine qui nous pousse, sentiment mauvais en soi, dégradant, et d'autant plus redoutable qu'il s'accroît presque fatalement dans la lutte, et finit par dominer; puis vient cette espèce d'obstination, cet acharnement aveugle qui, au bout d'un certain temps, concentre sur la nécessité de vaincre, nos idées, nos sentiments, nos efforts; puis l'ambition et l'intérêt personnel, cette éternelle préoccupation de l'homme.

Que celui qui veut se mêler, ne fût-ce que par ses désirs, des affaires de son pays, sonde d'abord ses reins et son cœur, et qu'il se demande si c'est à la gloire de sa patrie qu'il s'intéresse, ou au succès d'une coterie. Nous sommes si habiles à déguiser sous de grands mots de vilaines passions, que nous parvenons parfois à nous tromper nous-mêmes. Nous connaîtrons la pureté de nos intentions si nous nous sentons incapables de changer de sentiment et de conduite avec la fortune, si nous sommes prêts à servir, n'importe à quel rang, sans ambitionner le premier, et si nous aimons tout ce qui est favorable à la patrie, lors même que ce bien ne lui vient pas par nos mains ou par celles de nos amis.

JULES SIMON.

1. *Les âmes d'élite;* ces âmes, il appartient à l'instruction civique, à l'éducation morale de les susciter et de les créer.

---

217. Les tristesses de l'exil.

Il s'en allait errant sur la terre. Que Dieu guide le pauvre exilé!

J'ai passé à travers les peuples, et ils m'ont regardé, et je les ai regardés, et nous ne nous sommes point reconnus. L'exilé partout est seul.

Lorsque je voyais, au déclin du jour, s'élever du creux d'un vallon la fumée de quelque chaumière, je me disais : Heureux celui qui retrouve le soir le foyer domestique, et s'y assied au milieu des siens. L'exilé partout est seul.

Où vont ces nuages que chasse la tempête? Elle me chasse comme eux, et qu'importe où? L'exilé partout est seul.

Ces arbres sont beaux, ces fleurs sont belles; mais ce ne sont point les fleurs ni les arbres de mon pays : ils ne me disent rien. L'exilé partout est seul.

Ce ruisseau coule mollement dans la plaine; mais son murmure n'est pas celui qu'entendit mon enfance :

il ne rappelle à mon âme aucun souvenir. L'exilé partout est seul.

Ces chants sont doux, mais les tristesses et les joies qu'ils réveillent ne sont ni mes tristesses ni mes joies. L'exilé partout est seul.

On m'a demandé : « Pourquoi pleurez-vous? » Et quand je l'ai dit, nul n'a pleuré, parce qu'on ne me comprenait point. L'exilé partout est seul.

J'ai vu des vieillards entourés d'enfants, comme l'olivier de ses rejetons ; mais aucun de ces vieillards ne m'appelait son fils, aucun de ces enfants ne m'appelait son frère. L'exilé partout est seul.

J'ai vu des jeunes filles sourire, d'un sourire aussi pur que la brise du matin, à celui que leur amour s'était choisi pour époux ; mais pas une ne m'a souri. L'exilé partout est seul.

J'ai vu des jeunes hommes, poitrine contre poitrine, s'étreindre comme s'ils avaient voulu de deux vies ne faire qu'une vie ; mais pas un ne m'a serré la main. L'exilé partout est seul.

Il n'y a d'amis, d'épouses, de pères et de frères que dans la patrie. L'exilé partout est seul.

LAMENNAIS [1].

1. *Paroles d'un croyant*, Garnier frères, éditeurs.

218. Les lois.

SOCRATE.

Au moment de nous enfuir[1] ou comme il te plaira d'appeler notre sortie, si les lois et la République elle-même venaient se présenter devant nous et nous disaient : « Socrate, que vas-tu faire? l'action que tu prépares ne tend-elle pas à renverser, autant qu'il est en toi, et nous et l'État tout entier? car quel État peut subsister où les jugements rendus n'ont aucune force, et sont foulés aux pieds par les particuliers? » Que pourrions-nous répondre, Criton, à ce reproche et à beaucoup d'autres semblables qu'on pourrait nous faire? Répondrons-nous que la République nous a fait injustice et qu'elle n'a pas bien jugé?

CRITON.

Oui, sans doute, Socrate, nous le dirons[2].

SOCRATE.

Et les lois, que diront-elles? « Socrate, est-ce de cela que nous sommes convenus ensemble ou de te soumettre aux jugements rendus par la République? » Et si nous paraissions surpris de ce langage, elles nous diraient peut-être : « Ne t'étonne pas, Socrate; mais réponds-nous. Dis; quel sujet de plaintes as-tu donc contre nous et la République pour entreprendre de nous détruire[3]? N'est-ce pas nous à qui d'abord tu dois la vie? N'est-ce pas sous nos auspices que ton père prit pour compagne celle qui t'a donné le jour? Parle; sont-ce les lois relatives aux mariages qui te semblent mauvaises? Non pas, dirais-je. Ou celles qui président à l'éducation et suivant lesquelles tu as été élevé toi-même? Ont-elles mal fait de prescrire à ton père de t'instruire dans les exercices de l'esprit et dans ceux du corps? — Elles ont très bien fait. — Eh bien! si tu nous dois la naissance et l'éducation, peux-tu nier que tu sois notre enfant et notre serviteur, toi et ceux dont tu descends? et, s'il en est ainsi, crois-tu avoir des droits égaux aux nôtres, et qu'il te soit permis de nous rendre tout ce que nous pourrions te faire souffrir ? Eh quoi! à l'égard d'un père ou d'un maître, si tu en avais un, tu n'aurais pas le droit de lui faire ce qu'il te ferait; de lui tenir des discours offensants s'il t'injuriait; de le frapper, s'il te frappait, ni rien de semblable; et tu aurais ces droits envers les lois et la patrie! et si nous avions prononcé ta mort, croyant qu'elle est juste, tu entreprendrais de nous détruire[3]! Ta sagesse va-t-elle jusqu'à ne pas savoir que la patrie a plus de droit à nos respects et à nos hommages, qu'elle est plus auguste et plus sainte devant les dieux et les hommes sages, qu'un père, qu'une mère, et tous les aïeux; qu'il faut respecter la patrie dans sa colère, avoir pour elle plus de soumission et plus d'égards que pour un père, la ramener par la persuasion ou obéir à ses ordres, souffrir sans murmurer tout ce qu'elle commande de souffrir, fût-ce d'être battu ou chargé de chaînes; que si elle nous envoie à la guerre pour y être blessés ou tués il faut y aller; que le devoir est là, et qu'il n'est permis ni de reculer, ni de lâcher pied, ni de quitter son poste; que, sur le champ de bataille, et devant le tribunal et partout, il faut faire ce que veut la République, ou employer auprès d'elle les moyens de persuasion[4] que la loi accorde; qu'enfin si c'est une impiété de faire violence à un père et à une mère, c'en est une bien plus grande de faire violence à la patrie?»

PLATON.

1. *De nous enfuir.* Socrate avait été condamné à mort; ses amis viennent le voir dans sa prison et lui proposent des moyens de fuir. Il s'y refuse, invoquant le respect dû aux lois de son pays. Il suppose qu'elles prennent une voix, qu'elles lui parlent, qu'elles lui reprochent sa désobéissance et sa rebellion. Ce beau passage est très connu sous le nom de la *Prosopopée des lois*. Il est tiré du dialogue de Platon intitulé : *Criton*, du nom de l'ami qui offre à Socrate de le faire évader.

2. *Nous le dirons.* C'était vrai; Criton avait raison dans ce cas particulier, et c'est ce qui rend plus saisissante encore l'argumentation de Socrate.

3. *De nous détruire;* c'est détruire la République que de fouler aux pieds ses lois; c'est détruire les lois qui la constituent que de se soustraire volontairement à leur empire.

4. *Les moyens de persuasion*, etc. Tout ce raisonnement de Socrate acquiert une force irrésistible dès qu'il s'agit d'une démocratie, où les lois ne sont pas l'œuvre arbitraire d'un homme ou d'une tradition aveugle, mais le résultat des

délibérations et des suffrages de citoyens libres. Si les lois paraissent injustes, imparfaites, elles sont revisables; les véritables armes des bons citoyens sont, en ce cas, la discussion, la « persuasion », le vote, non la ruse ou la violence.

---

219. Le respect des lois et des magistrats.

Peut-être trouvera-t-on que Socrate poussait trop loin le respect des lois (si l'on peut pousser trop loin la vertu) lorsqu'il acceptait avec soumission l'arrêt légal, mais inique, qui le condamnait à boire la ciguë, et qu'il refusait de s'échapper de sa prison pour ne pas désobéir aux lois de son pays; mais il montrait par là combien ce respect lui paraissait essentiel. C'est surtout dans les démocraties, où la loi représente sinon toujours la justice, du moins la volonté de la majorité, à laquelle il faut bien attribuer, en définitive, le droit de faire la loi, sans quoi il n'y aurait pas de loi possible, c'est surtout dans cette sorte d'État que le culte de la légalité est nécessaire; sans ce culte, en effet, l'anarchie s'en empare et bientôt le despotisme.

Le respect des magistrats institués pour veiller à l'exécution des lois est aussi le devoir des citoyens de toute saine démocratie. Je dirai plus tard quels sont les devoirs de ces magistrats eux-mêmes, mais à moins qu'ils n'aient forfait à la loi et trahi l'État, auquel cas leur déchéance est légitime, il faut toujours respecter en eux le titre dont ils sont revêtus. Je ne prétends pas les ériger en personnages sacrés dont il ne serait pas même permis de discuter les actes; je veux au contraire qu'on puisse examiner en toute liberté leurs actes publics; mais je demande qu'en discutant librement ces actes on respecte la dignité qu'ils tiennent de leurs concitoyens. Car sans ce respect, comme sans celui des lois, la démocratie tourne à l'anarchie, et l'on sait assez où conduit l'anarchie [1].   JULES BARNI [2].

1. *Où conduit l'anarchie.* Il le dit plus haut : l'anarchie mène au despotisme. Les peuples ne peuvent se passer d'ordre et de paix publique ; quand les lois ne sont plus respectées, quand le désordre se met dans les esprits et dans les institutions, les hommes se jettent d'un extrême dans l'autre et se livrent à l'autorité absolue et brutale d'un maître. La liberté est à égale distance de ces deux abîmes de honte, — et la liberté ne vit que par la légalité.

2. *La morale dans la démocratie*, Félix Alcan, éditeur.

---

220. Obéir à la loi.

La loi reste la loi, même injuste et cruelle ;
Sa force vient d'en haut[1] : nul n'est au-dessus d'elle.
Tout un peuple obéit, nous devons obéir ;
Dieu jugera plus tard et saura qui punir.
Pour nous, suivons l'exemple et le sort de nos frères ;
Nul n'a droit de marcher par des sentiers contraires.
Celui qui, sans orgueil, fait ce que fait chacun,
Et, soumis à la loi, subit le sort commun,
Eût-il le moins bon lot et les plus sombres chances,
Il échappe au remords, la pire des souffrances.
Mais celui qui, rebelle et marchant à l'écart,
Dans les devoirs de tous veut se choisir sa part,
Qui se croit, sans nul titre, excepté du vulgaire,
Et seul contre son peuple ose se mettre en guerre,
Qui des lois et des mœurs veut remonter le cours,
Haï souvent, flétri parfois, vaincu toujours,
Ne sachant plus se prendre à rien de légitime,
Se condamne au malheur... hélas ! peut-être au crime !

DE LAPRADE[2].

1. *Sa force vient d'en haut.* C'est la formule du droit divin ; elle n'est pas exacte. Sa force vient d'elle même, du contrat d'où elle est née, des nécessités de la vie sociale, de la raison politique ; si l'un y est soumis, tous y doivent être soumis. C'est l'intérêt général et le devoir universel ; à ce

titre seulement on pourrait dire que sa force vient d'en haut, dans la mesure où le devoir commande de haut à tous les hommes.

2. *Pernette*, Perrin, éditeur.

---

221. La justice et la liberté.

Le laboureur porte le poids du jour, s'expose à la pluie, au soleil, aux vents, pour préparer par son travail la moisson qui remplira ses greniers à l'automne.

La justice est la moisson des peuples.

L'artisan se lève avant l'aube, allume sa petite lampe, et fatigue sans relâche pour gagner un peu de pain qui le nourrisse lui et ses enfants.

La justice est le pain des peuples.

Le marchand ne refuse aucun labeur, ne se plaint d'aucune peine ; il use son corps et oublie le sommeil, afin d'amasser des richesses.

La liberté est la richesse des peuples.

Le matelot traverse les mers, se livre aux flots et aux tempêtes, se hasarde entre les écueils, souffre le froid et le chaud, afin de s'assurer quelque repos dans ses vieux ans.

La liberté est le repos des peuples.

Le soldat se soumet aux plus dures privations, il veille et combat, et donne son sang pour ce qu'il appelle la gloire.

La liberté est la gloire des peuples.

S'il est un peuple qui estime moins la justice et la liberté que le laboureur sa moisson, l'artisan un peu de pain, le marchand les richesses, le matelot le repos et le soldat la gloire, élevez autour de ce peuple une haute muraille, afin que son haleine n'infecte pas le reste de la terre.

Quand viendra le grand jour du jugement des peuples,

il lui sera dit : « Qu'as-tu fait de ton âme? on n'en a vu ni signe ni trace. Les jouissances de la brute ont été tout pour toi. Tu as aimé la boue, va pourrir dans la boue. »

Et le peuple, au contraire, qui au-dessus des biens matériels aura placé dans son cœur les vrais biens; qui pour les conquérir n'aura épargné aucun travail, aucune fatigue, aucun sacrifice, entendra cette parole :

« A ceux qui ont une âme, la récompense des âmes. Parce que tu as aimé plus que toutes choses la liberté et la justice, viens et possède à jamais la justice et la liberté.

LAMENNAIS.

222. Qu'est-ce qu'une nation?

Une nation est le produit d'un long passé d'efforts, de sacrifices et de dévouement. Le culte des ancêtres est de tous le plus légitime; les ancêtres nous ont faits ce que nous sommes. Un passé héroïque, des grands hommes, de la gloire (j'entends la véritable), voilà l'héritage dont vit une nation. Avoir des gloires communes, dans le passé, une volonté commune, dans le présent; avoir fait de grandes choses ensemble, vouloir en faire encore, voilà la condition essentielle pour un peuple.

On aime en proportion des sacrifices qu'on a faits, des maux qu'on a soufferts. On aime la maison qu'on a bâtie et qu'on transmet. Le chant grec : « Nous sommes ce que vous fûtes; nous serons ce que vous êtes » est dans sa simplicité l'hymne abrégée de toute patrie.

Dans le passé, un héritage de gloire et de regrets à partager; dans l'avenir, un même programme à réaliser. Avoir souffert, joui, espéré ensemble, voilà ce qui vaut mieux que des douanes communes et des frontières stratégiques; voilà ce que l'on comprend malgré les diversités de race et de langue.

Je disais tout à l'heure « avoir souffert ensemble ». Oui, la souffrance en commun unit plus que la joie. En fait de souvenirs nationaux, les deuils valent mieux que les triomphes; car ils imposent des devoirs, ils commandent l'effort en commun.

Une nation est donc une grande solidarité, établie par le sentiment des sacrifices qu'on a faits et de ceux qu'on est disposé à faire encore.

E. RENAN.

223. La grandeur d'un peuple.

Il n'y a pas de petit peuple. La grandeur d'un peuple ne se mesure pas plus au nombre que la grandeur d'un homme ne se mesure à la taille. L'unique mesure, c'est la quantité d'intelligence et la quantité de vertu. Qui donne un grand exemple est grand. Les petites nations seront les grandes nations le jour où, à côté des peuples forts en nombre et vastes en territoire qui s'obstinent dans le fanatisme et les préjugés, dans la haine, dans la guerre, dans l'esclavage et dans la mort, elles pratiqueront doucement et fièrement la fraternité, abhorreront le glaive, anéantiront l'échafaud, glorifieront le progrès et souriront sereines comme le ciel. Les mots sont vains si les idées ne sont pas dessous. Il ne suffit pas d'être la république, il faut encore être la liberté; il ne suffit pas d'être la démocratie, il faut encore être l'humanité. Un peuple doit être un homme et un homme doit être une âme.

VICTOR HUGO.

224. L'âme d'un peuple.

Adore ton pays, — et ne l'arpente pas [1].
Ami, Dieu n'a pas fait les hommes au compas;

L'âme est tout; quel que soit l'immense flot qu'il roule,
Un grand peuple sans âme est une vaste foule!
Du sol qui l'enfanta la sainte passion [2]
D'un essaim de pasteurs fait une nation :
Une goutte de sang dont la gloire tient trace
Teint pour l'éternité le drapeau d'une race!
N'en est-il pas assez sur la flèche de Tell
Pour rendre son ciel libre et son peuple immortel?
Sparte vit trois cents ans d'un seul jour d'héroïsme [3].
La terre se mesure au seul patriotisme.
Un pays? C'est un homme, une gloire, un combat!
Zurich ou Marathon, Salamine ou Morat [4].
La grandeur de la terre est d'être ainsi chérie :
Le Scythe a des déserts, le Grec une patrie!...
Autour d'un groupe épars de montagnes, d'îlots,
Promontoires noyés dans les brumes des flots,
Avec son sang versé d'une héroïque artère,
Léonidas mourant écrit du doigt, sur terre,
Des titres de vertu, d'amour, de liberté,
Qui lèguent un pays à l'immortalité!
Qu'importe sa surface? Un jour cette colline
Sera le Parthénon, et ces flots, Salamine!
Vous les avez écrits, ces titres et ces droits,
Sur un granit plus sûr que les chartes des rois!

A. DE LAMARTINE.

1. *Et ne l'arpente pas*, ne le mesure pas à l'arpent, ne le juge pas d'après son étendue. Ce passage et celui de Victor Hugo qui précède, s'adressent à la Suisse, pays petit par l'étendue, grand par les institutions et les mœurs. La république helvétique de nos jours, les républiques grecques dans l'antiquité sont une preuve que c'est l'âme surtout qui fait la grandeur de la patrie. Cette pensée trouve son application dans des contrées plus vastes, qui se glorifieraient vainement de l'espace qu'elles occupent si elles n'étaient l'asile de la justice et de la liberté.

2. *Du sol qui l'enfanta*, etc. : l'amour de la terre natale.

3. *D'un seul jour d'héroïsme :* allusion à la mort de Léonidas.

4. *Moral.* Les journées de Zurich et de *Moral* sont de celles qui contribuèrent à fonder l'indépendance helvétique. La bataille de Zurich fut gagnée par les Suisses sur les Autrichiens, le 12 juillet 1443 ; celle de Morat, qui fut acharnée et sanglante, fut remportée par les confédérés sur Charles le Téméraire, duc de Bourgogne, le 22 juin 1476. — *Marathon* et *Salamine* sont deux des plus glorieuses victoires de la Grèce dans sa lutte contre l'invasion des Perses.

---

225. Le bien suprême d'un État.

La loi suprême d'un Etat, ce n'est pas le salut, la puissance, la prospérité, l'abondance, le progrès de l'agriculture, du commerce et des arts. Dans la constitution et le gouvement des États, on se propose sans doute et l'on doit se proposer ces objets, qui constituent ce qu'on nomme d'ordinaire l'intérêt public ; mais il y a une loi plus haute : c'est la vertu, c'est la justice, c'est la voix de la conscience, c'est la volonté de Dieu. La justice est un plus grand bien que la richesse, non pas plus grand en degré, mais en espèce[1]. La charité est bien supérieure à la prospérité. La religion, l'amour de Dieu valent infiniment plus que toutes les choses extérieures. Qu'il s'agisse de son salut ou de sa fortune, jamais une société ne doit abandonner ce qui est bien, ce qui est saint, ce qui est juste.

Le bien moral, la justice dans toutes ses branches, voilà donc l'intérêt suprême ; et par là je n'entends pas dire que ce soit le meilleur moyen de garantir le salut et la prospérité de l'Etat. C'est le meilleur, en effet, mais c'est une vue trop basse que d'en rester là. On ne doit pas considérer la justice comme moyen, comme instrument. C'est la fin suprême, et les États sont tenus d'y conformer toute leur législation, quoiqu'en puisse souffrir en apparence la prospérité publique. La richesse nationale n'est pas la fin de l'État. Elle tire tout son prix de la vertu de la nation. Si elle a été amassée[2] par la rapacité, par la conquête, ou par des voies honteuses ; si elle est concentrée dans les mains de quelques privilégiés à qui elle donne la force d'écraser le peuple, c'est une malédiction. La richesse nationale n'est un bienfait qu'autant qu'elle représente l'intelligence et la vertu de la société, qu'autant qu'elle est le résultat et l'expression d'habitudes honnêtes, du respect pour les droits de tous, d'une législation bienfaisante et impartiale, qu'autant, enfin, qu'elle donne l'impulsion aux plus nobles facultés, et qu'elle procure à la justice et à la charité l'occasion de s'exercer. Il ne peut pas arriver à un peuple de plus grand malheur que de réussir par le crime. Il n'est pas de succès qui puisse compenser le mal qu'une nation se fait à elle-même quand elle renonce à prendre la justice pour sa loi suprême.

CHANNING.

1. *En espèce*, en substance, d'une autre nature, d'une nature supérieure ; on ne peut pas comparer, mesurer à la même mesure la richesse et la justice ; ce sont des quantités d'ordre différent.

2. *Si elle a été amassée*, elle, c'est-à-dire la richesse nationale.

---

226. Le rayonnement de la vie nationale.

J'estime que nous sommes arrivés à une période particulière de l'histoire de la Révolution française, et je tiens ce langage au lendemain de ces désastres[1] sans nom qui ont mutilé la France, qui l'ont accablée, mais qui ne l'ont pas ruinée, entendez-le bien ! car, de tous les côtés, on voit distinctement les germes de la vitalité reparaître, les cœurs se refaire, l'avenir se dégager, en sorte que l'on peut prédire, à coup sûr, que cette nation, qui a su sauver son honneur, saura reprendre visiblement le rang qui lui appartient dans le monde.

C'est, en effet, par la conservation de l'honneur que se conservent les peuples. Les peuples ne périssent jamais par des convulsions intérieures, par des luttes de partis; non, ils ne périssent que lorsque, autour d'eux, tous les autres peuples font le silence, que lorsque tous signes de vie particuliers, toutes communications voisines leur sont interdites, ou bien lorsque les relations avec les voisins ne peuvent avoir lieu que le joug sur la tête. Oh! c'est alors que tout est compromis et que tout va périr.

C'est par l'expansion, par le rayonnement de la vie au-dehors, par la place qu'on prend dans la famille générale de l'humanité, que les nations persistent et qu'elles durent. Si cette vie s'arrêtait, c'en serait fait de la France; mais cet arrêt est impossible, j'en atteste le besoin qu'on a d'elle dans le monde!

GAMBETTA[2].

1. *Au lendemain de ces désastres.* Cette page est extraite d'un discours prononcé à Angers le 7 avril 1872.
2. *Discours*, G. Charpentier, éditeur.

---

227. L'enthousiasme patriotique.

O soldats de l'an deux[1]! ô guerres! épopées!
Contre les rois tirant ensemble leurs épées,
    Prussiens, Autrichiens,
Contre toutes les Tyrs et toutes les Sodomes,
Contre le czar du Nord, contre ce chasseur d'hommes,
    Suivi de tous ses chiens,

Contre toute l'Europe avec ses capitaines,
Avec ses fantassins couvrant au loin les plaines,
    Avec ses cavaliers,

Tout entière debout comme une hydre vivante,
Ils chantaient, ils allaient, l'âme sans épouvante
  Et les pieds sans souliers !

Au levant, au couchant, partout, au sud, au pôle[2],
Avec de vieux fusils sonnant sur leur épaule,
  Passant torrents et monts,
Sans repos, sans sommeil, coudes percés, sans vivres,
Ils allaient fiers, joyeux et soufflant dans les cuivres,
  Ainsi que des démons !

La liberté sublime emplissait leurs pensées.
Flottes prises d'assaut, frontières effacées
  Sous leurs pas souverains :
O France, tous les jours c'était quelque prodige,
Chocs, rencontres, combats ; et Joubert sur l'Adige
  Et Marceau sur le Rhin !

On battait l'avant-garde, on culbutait le centre ;
Dans la pluie et la neige, et de l'eau jusqu'au ventre,
  On allait ! En avant !
Et l'un offrait la paix, et l'autre ouvrait ses portes,
Et les trônes, roulant comme des feuilles mortes,
  Se dispersaient au vent.

Oh ! que vous étiez grands au milieu des mêlées,
Soldats ! L'œil plein d'éclairs, faces échevelées,
  Dans le noir tourbillon,
Ils rayonnaient debout, ardents, dressant la tête ;
Et comme les lions aspirent la tempête
  Quand souffle l'aquilon,

Eux, dans l'emportement de leurs luttes épiques,
Ivres, ils savouraient tous les bruits héroïques,
  Le fer heurtant le fer,
La Marseillaise ailée et volant dans les balles,
Les tambours, les obus, les bombes, les cymbales
  Et ton rire, ô Kléber !

La Révolution leur criait : « Volontaires,
« Mourez pour délivrer tous les peuples, vos frères ! »
      Contents, ils disaient oui.
« Allez, mes vieux soldats, mes généraux imberbes ! »
Et l'on voyait marcher ces va-nu-pieds superbes
      Sur le monde ébloui !

La tristesse et la peur leur étaient inconnues :
Ils eussent, sans nul doute, escaladé les nues,
      Si ces audacieux,
En retournant leurs yeux dans leur course olympique,
Avaient vu derrière eux la grande République
      Montrant du doigt les cieux !

                            VICTOR HUGO.

1. *O soldats de l'an deux!* Il s'agit des grandes guerres de 1794, de la lutte héroïque des soldats de la Révolution française contre la coalition européenne, des merveilleux exploits des armées du Nord, de Sambre-et-Meuse, d'Italie, des Pyrénées, commandées par les généraux républicains, Moreau, Marceau, Championnet, Hoche, Pichegru, Jourdan, Bonaparte, Kléber, Dugommier, etc.

2. *Au pôle,* c'est-à-dire au nord ; expression poétique, mais inexacte.

---

228. Le courage civique.

Les stoïciens définissaient admirablement le courage, *la vertu combattant pour l'équité.* On pourrait définir le courage civique, la vertu défendant la liberté et les droits des citoyens contre la tyrannie, que cette tyrannie soit exercée d'ailleurs par la foule ou par un despote. Il ne faut pas souvent moins de courage dans le premier cas que dans le second, et peut-être même est-ce alors que cette vertu est le plus difficile à pratiquer ; on résiste plus malaisément à une foule qu'à un homme, et n'eût-on à craindre que l'*impopularité*, c'est un des inconvénients qu'on a le plus de peine à braver.

Que sera-ce s'il s'agit de risquer une popularité acquise? Il faut pourtant savoir en faire, au besoin, le sacrifice. Le vrai courage civique se montre également dans tous les cas. Ainsi Socrate, ce type de la vertu civique, comme de toutes les vertus, refusait, au péril de sa vie, d'obéir au tyran Critias[1], prétendant lui interdire tout entretien avec les jeunes gens, ou lui prescrivant d'aller saisir à Salamine un riche citoyen dont il voulait confisquer les biens et trancher la vie ; et ce même Socrate ne résistait pas avec moins de courage au peuple qui demandait, contrairement à la justice et à la loi, la mort des généraux vainqueurs aux Arginuses[2].

On a quelquefois comparé le courage civique et le courage militaire. Il s'en faut que le premier soit toujours à la hauteur du second. Combien n'a-t-on pas vu d'officiers, intrépides devant la mort sur les champs de bataille, se courber lâchement sous le joug du despotisme, et du rang de héros retomber à celui de plats courtisans ! D'où vient ce contraste ? C'est que le courage civique suppose à la fois une élévation d'esprit et une fermeté de caractère que ne suppose pas nécessairement le courage militaire. Aussi est-il plus rare. Il est aussi plus précieux. Le courage militaire peut faire un peuple conquérant ; le courage civique fait les peuples libres.

JULES BARNI[3].

1. *Critias*, philosophe et homme d'État, un des trente magistrats désignés par le lacédémonien Lysandre, vainqueur d'Athènes, pour gouverner cette cité, et connus sous le nom des trente tyrans ; c'est sous leur gouvernement que Socrate, qui avait été l'ami et le maître de Critias, fut condamné à mort.
2. *Arginuses*, îles de la mer Égée auprès desquelles la flotte spartiate fut défaite par les généraux athéniens.
3. *La morale dans la démocratie*, F. Alcan, éditeur.

229. La société nouvelle.

Une société nouvelle s'est élevée. La force a passé au nombre ; et ce n'est pas seulement dans l'ordre politique que le suffrage universel a modifié les conditions de la vie sociale[1]. Les problèmes jadis réservés à une élite préparée à en peser les termes, à en mesurer les solutions, se sont dressés tout d'un coup devant des foules impatientes et inquiètes. L'esprit d'affranchissement a pénétré partout, confondant trop souvent les privilèges abusifs et les inégalités nécessaires, les ambitions légitimes et les convoitises malsaines, la liberté et la licence, le pouvoir et le droit. Et en même temps, de ces mouvements confus et mal réglés se dégage un sentiment plus vif de la dignité humaine, une conception plus saine de la justice, tout un ensemble d'efforts qui témoignent d'une raison publique plus largement éclairée.

De l'organisation de cette démocratie qui cherche laborieusement à discipliner ses forces dépend aujourd'hui la destinée du pays, de sa vitalité notre grandeur, de sa sagesse notre salut.

Quelle force pour la France qui a tant besoin qu'on l'aime, le jour où, serrés autour du gouvernement national, tous ceux qui ont le souci de l'avenir associeraient leurs lumières et leurs efforts pour travailler de concert à l'éducation de la démocratie, et asseoir sur des institutions protectrices de toutes les libertés, respectueuses de tous les droits, l'unité morale du pays !

O. Gréard.

1. *De la vie sociale*. L'auteur n'exprime pas un blâme, il constate un fait. Et ce fait était inévitable. La démocratie ne peut s'enfermer exclusivement dans la vie politique. La liberté de la presse, la liberté de réunion et de discussion soulèvent tous les jours devant la foule des problèmes de

tout ordre qui lui étaient autrefois étrangers, et qui touchent néanmoins à tous ses intérêts, tant matériels que moraux. L'expérience et l'instruction croissante jetteront peu à peu la lumière dans tous les esprits.

230. La république.

Un homme ne peut incarner la République, non ! Il peut la représenter comme fonctionnaire, il doit la défendre comme citoyen ; mais ce n'est que par les efforts de tous les bons citoyens que ce gouvernement peut vivre et prospérer. Et c'est précisément dans ce caractère collectif, unanime, général, du gouvernement républicain que se trouvent son excellence et sa supériorité.

Les autres gouvernements, en effet, ne peuvent vivre ou que par la domination d'un maître, trompeur ou despote, qui s'impose par la force, ou par une sorte de privilège constitué dans une famille, qui hérite d'un peuple comme d'une terre, et qui le transmet à ses héritiers avec autant de sans-façon.

C'est là ce qui fait que le régime républicain offre des garanties sérieuses même contre l'incapacité, contre les hasards de la naissance, contre les infirmités, contre les passions, contre les vices d'un seul homme. Aussi faut il bien se garder, parmi nous, de jamais faire du régime républicain l'apanage d'un seul homme ; il faut en faire au contraire un régime qui change de mains, qui est mobile, et qui va, par l'élection, par le choix, tous les jours plus assuré, plus juste et plus moral, au plus digne. Quand celui-ci a fait son temps, on le remplace, la nation étant appelée à se donner ainsi pour premier magistrat, — et non pas pour maître, — le plus intelligent et le plus expérimenté, le plus digne.

C'est pourquoi la République est, par excellence, le

régime de la dignité humaine, le régime du respect de la volonté nationale. C'est le régime qui peut, seul, supporter la liberté de tous ; qui, seul, peut faire les affaires d'un peuple qui a besoin de communiquer avec lui-même, de se réunir, de s'associer, d'exiger des comptes, de critiquer, d'examiner, en un mot, de diriger ses propres intérêts et de changer ses intendants quand ils ont mal agi.

Voilà le régime républicain.

GAMBETTA [1].

1. *Discours*, G. Charpentier, éditeur.

231. Idéal de la démocratie.

Gardez-vous d'abaisser le niveau moral, croyant par là rendre plus aisé l'avènement de la démocratie ; vous ferez précisément l'opposé de ce que vous voulez faire. J'ai bien peur, je l'avoue, de ces facilités de mœurs, que l'on érige en théories sublimes. Vous voulez surmonter la bourgeoisie [1] ; ne commencez pas par lui emprunter ses vices. Tout serait perdu si, par je ne sais quelle fascination, la misère morale des riches devenait l'objet de la convoitise des pauvres.

Car ne pensez pas qu'à aucun prix l'homme, le genre humain, consente à déchoir du beau moral qu'il a une fois entrevu. Il ne suffirait pas que du fond de l'abîme un grand peuple criât : j'ai faim et j'ai soif. Dieu lui jetterait la pâture du corps, mais il lui retirerait la magistrature du monde. L'avènement de la démocratie ne peut être qu'un nouveau progrès de l'esprit, de la civilisation, de l'ordre universel. Ou elle sera tout cela, ou elle ne sera jamais rien, ce qu'il est impie de supposer.

Que faut il pour hâter l'avenir ? Qu'une contradiction manifeste éclate entre la dignité intérieure d'un peuple et sa condition réelle, que cette opposition aille toujours en s'accroissant, jusqu'à ce que, par la force des choses, elle ne puisse plus subsister, de telle sorte que l'esprit émancipe forcément le corps ; car c'est ainsi que se sont accomplies toutes les émancipations durables que le monde connaît...

Vous voulez émanciper le peuple de la plèbe[2] ; relevez donc sans relâche son esprit à la hauteur du nouveau ciel moral. Que sont ces théories par lesquelles chacun sera dispensé tôt ou tard de toutes les vertus? L'homme fera tout ce qu'il lui plaira, dites-vous, et jamais rien qui lui coûte. Eh! ne voyez-vous pas que vous détruisez jusqu'au dernier ressort de l'âme! Pour moi j'aimerais mieux cent fois cette devise : *Fais toujours ce que tu as peur de faire*[3]. Car je sais que dans cet assaut intérieur, dans ce travail héroïque, l'âme s'accroît, elle prend sa force, son point d'appui, elle crée, elle soulève un monde, l'homme enfante le surhumain.

Si la souveraineté du peuple n'est pas le plus trompeur des mots, c'est une âme royale qu'il faut élever dans ce berceau, non pas seulement un artisan dans l'atelier, un laboureur sur le sillon. Je ne veux pas seulement que la démocratie ait son pain quotidien; avec l'esprit de mon siècle, je veux encore qu'elle règne; voilà pourquoi je demande d'elle des vertus souveraines.

EDGAR QUINET.

1. *La bourgeoisie.* Le mot est pris ici dans le sens de classe riche, aristocratique. Il date du temps des luttes qui ont précédé l'avènement du suffrage universel. Les vices qu'on reprochait à l'aristocratie bourgeoise, qui avait succédé dans la direction des affaires publiques à l'aristocratie de la noblesse, c'était l'égoïsme, l'amour de la richesse et du bien-être, la recherche du plaisir, le dédain des grandes actions et de la haute culture morale. Mais ces vices ne sont pas l'apanage d'une classe; ils peuvent être

communs aux pauvres comme aux riches, car la bassesse des goûts dépend de l'âme et non de la situation.

Il n'y a plus, à proprement parler, de bourgeoisie parmi nous, par opposition à la démocratie. Celle ci est désormais souveraine. Tous sont électeurs, citoyens, égaux et libres. L'ouvrier intelligent, laborieux et sobre, ne se distingue pas de ce qu'on appelle le bourgeois. Ses fils, par le travail et l'instruction, peuvent occuper une situation qui les mette de pair avec les plus riches. La démocratie a supprimé les barrières et opéré l'intime et incessante pénétration de tous les éléments de la société moderne.

2. *De la plèbe.* Le mot plèbe se prend en mauvaise part; il signifie la foule, ce qu'on appelait « le bas peuple ». La démocratie a pour objet et doit avoir pour résultat d'élever le niveau de la multitude, de faire d'une « plèbe » ignorante et esclave un peuple éclairé et libre.

3. *Ce que tu as peur de faire,* ce qui effraie la paresse, la poltronnerie, ce qui demande du courage, du sacrifice, ce qui met la volonté en mouvement.

232. La division des classes dans la société.

Il faut, autant que possible, éviter ces expressions[1] par lesquelles nous nous séparerions les uns des autres, au lieu de nous réunir. Ces expressions, elles avaient leur raison d'être dans un autre temps ; elles ont persisté dans l'usage et avec elles persistent également certaines habitudes d'imagination, certains préjugés, certains sentiments qui font que la société se divise en deux parties ou croit être divisée en deux parties. Je dis qu'elle croit l'être, car elle ne l'est pas en réalité, mais elle le serait réellement si elle obéissait à ces préjugés qui sont encore dans les imaginations.

C'est donc l'imagination beaucoup plus que la réalité qui forme parmi nous les divisions de classes, et c'est de l'imagination que naissent ces sentiments de défiance, de jalousie, de mauvais vouloir plus ou moins manifestes et qui peuvent être bien funestes par leurs conséquences. Ici, je le répète, le remède est où est le mal ; c'est un mal d'imagination et un mal de préjugé qui vient de vieilles habitudes. Eh bien, c'est l'imagination qu'il faut corriger. Il faut nous habituer à ne pas nous considérer comme constituant des classes séparées, mais à nous considérer comme faisant partie d'une seule et même société, comme étant tous hommes au même titre et jouissant dans des conditions infiniment diverses des avantages sociaux.

C'est donc dans le bon vouloir réciproque, c'est dans le cœur des hommes plus que dans aucune espèce de réforme légale, qu'est le véritable salut de la société. Il faut renoncer à ces vieilles divisions qui correspondent à d'autres temps[2]. Les uns croient toujours qu'on les opprime, les autres croient toujours qu'on les menace ; ceux-ci croient toujours qu'on les empêche de s'élever, et ceux-là, au contraire, croient qu'on veut les déposséder ; eh bien, il y a dans ces préjugés, dans ces divisions réciproques, des maux qui sont infiniment plus graves que les maux réels dont on se plaint de part et d'autre.

Si, au contraire, on se comprenait, si on s'expliquait, si on mettait réciproquement de la bonne volonté, de la bienveillance, ces divisions disparaîtraient, et la révolution serait faite, cette révolution que nous avons montrée existant déjà dans nos lois, et qui doit se faire dans les esprits : à savoir la suppression définitive des classes et la constitution d'une société vraiment humaine où tous les hommes seront réellement des frères[3].

P. JANET.

1. *Ces expressions* sont celles de : « classes laborieuses, classes dirigeantes, classe des riches, classe des pauvres, » par lesquelles on divise la société en catégories séparées.

2. *A d'autres temps*. Il n'y a plus en effet aujourd'hui de barrières infranchissables entre les diverses conditions

sociales; elles se pénètrent intimement les unes les autres, et tel, par sa volonté ou par suite des événements, passe de l'une à l'autre sans que rien puisse l'en empêcher.

3. Ce passage est tiré d'un discours de M. Janet sur « l'union des classes. »

233. L'esprit de parti.

Il peut être bon qu'il y ait au sein des démocraties de grands partis[1], je ne dirai pas un parti aristocratique et un parti démocratique, puisque, au sens propre de ces mots, cette distinction n'a plus de raison d'être dans l'État démocratique, mais un *parti conservateur*, attaché aux anciens usages, ne les modifiant pas volontiers, ayant pour devise que le mieux est l'ennemi du bien, et un *parti du progrès*, ennemi de la routine, ami des réformes, cherchant toujours le mieux; le second poussant le premier qui sans lui n'avancerait pas; le premier tempérant et modérant le second, qui sans lui irait trop vite; tous deux concourant ainsi, chacun à sa manière, au bien public. Mais si les partis, au lieu de concourir ensemble au bien général, sacrifient l'intérêt public à leurs intérêts particuliers ou à leur haine réciproque, si chacun d'eux ne reconnaît de patriotisme, d'honnêteté, de mérite que chez les siens, et si, dans chacun, l'esprit de parti tient lieu de toute vertu, alors ce n'est plus un bien, mais un fléau que leur existence. On peut admettre des partis dans l'État, mais il faut repousser l'esprit de parti, qui est le contraire de l'esprit public. Celui-ci engendre l'union et la concorde; celui-là n'enfante que la haine et la discorde. Et la discorde appelle le despotisme.

JULES BARNI[2].

1. *De grands partis.* Il est surtout désirable que ces grands partis s'attachent à des idées, à des principes, non à des personnes. Quand on se passionne pour des idées, on peut

garder de la noblesse, de la générosité, on est accessible à la raison, on veut persuader et l'on peut être persuadé par ses contradicteurs. Quand on se livre à des personnes, on risque de s'abaisser, de devenir injuste, aveugle, violent.

2. *La Morale dans la démocratie*, F. Alcan, éditeur.

231. Le rôle social de la vertu.

On ressent d'autant plus d'admiration pour la vertu qu'on la regarde de plus haut et qu'on se rend mieux compte de son rôle dans le monde.

Montesquieu a dit que la vertu était le ressort des républiques; il aurait pu dire d'une façon plus générale qu'elle est le soutien des sociétés humaines, quelle que soit leur façon de se gouverner. On sait comment les atomes du monde physique sont animés d'un mouvement centrifuge qui tend à les disperser dans l'espace, tandis qu'au contraire l'attraction les retient et les enchaîne. C'est à peu près l'image des sociétés humaines sans cesse combattues entre la vertu, qui en est le lien véritable, et l'égoïsme, qui tend à les réduire en poussière.

Tout sacrifice de l'intérêt particulier à l'intérêt général, tout effort d'abnégation personnelle, toute action, en un mot, que notre conscience déclare digne d'être donnée en exemple à nos semblables, est, pour ainsi dire, une parcelle de cette somme de vertu qui est indispensable au maintien de l'ordre social, qui contribue à la durée et à la solidité du contrat tacite sur lequel cet ordre repose, de telle sorte que quiconque a bien agi a travaillé pour sa part à l'affermissement de ce magnifique ouvrage.

Aussi n'est ce pas seulement l'impression de la beauté morale, mais encore un mouvement instinctif de gratitude pour le service rendu à la société tout entière, qui nous porte à honorer les grandes actions et les nobles sacrifices [1]. PRÉVOST-PARADOL.

1. Ces paroles sont extraites d'un discours prononcé à l'Académie française sur les prix de vertu.

235. La liberté, droit naturel de l'homme.

La liberté est essentielle à l'homme; elle est son caractère propre, ce qui le distingue de tous les êtres créés et fait de lui le chef d'œuvre de la création. Il ne peut pas renoncer à sa liberté sans se dégrader, ni attenter à la liberté d'autrui sans forfaire à tous ses devoirs. Si la société civile nous impose quelques entraves, c'est qu'il a été nécessaire, pour mieux préserver la liberté, d'empêcher qu'elle ne dégénère en licence, et qu'elle n'engendre l'oppression par l'abus de la force. La société est précisément fondée pour garantir la liberté contre la force; et cela est si vrai qu'elle ne doit exiger de nous que le sacrifice des libertés individuelles incompatibles avec la liberté générale. Tout ce qu'une société prescrit au delà est tyrannique.

Si la liberté de l'action est le droit naturel de l'homme et du citoyen, il faut bien qu'il en soit de même de la liberté de la pensée : car nous agissons d'après nos opinions; et se rendre maître de mon opinion, c'est indirectement me ravir ma volonté. A proprement parler, nul ne peut agir sur la volonté de l'homme, elle est invincible, mais on parvient jusqu'à elle en agissant sur ses conseillers ou sur ses instruments.

On peut la rendre inutile, en supprimant ses moyens d'exécution, ou infirme, en altérant les principes d'après lesquels elle se conduit. Ce n'est qu'en enchaînant mon corps ou en gouvernant ma pensée qu'on peut atteindre ma liberté. La liberté de penser et la liberté d'agir sont donc inséparables. Elles sont aussi inviolables, aussi sacrées l'une que l'autre.

Sans doute, la liberté que nous possédons ainsi par droit de nature est la liberté réglée; mais chacune de nos libertés a sa règle propre que nous trouvons au dedans de nous mêmes. Pour la liberté d'agir, c'est la loi morale, pour la liberté de penser, c'est la raison.

Où trouverait-on une autre règle de la pensée pour la substituer à la raison? Quelle que soit cette règle, elle n'a d'autre moyen pour se faire admettre que l'abêtissement, qui est une impiété, ou la persuasion. Mais si l'on a recours à la persuasion, on ne propose à la raison qu'un auxiliaire et non un maître. Recourir à la persuasion, c'est reconnaître, c'est proclamer la souveraineté de la raison individuelle. — On peut même dire de la liberté de penser qu'elle a un caractère particulier qui la distingue de toutes les autres; c'est d'être la condition et la racine de toutes les autres. Il est absurde de demander la liberté pour un être dénué de raison et il est absurde d'accorder quelque liberté à un être raisonnable, qu'on prive d'abord de la liberté d'user de sa raison. Il semble qu'en gênant mes autres libertés, on ne restreigne que l'expansion de mon être; tandis qu'en touchant à celle-ci, c'est mon être lui-même que l'on opprime. — La liberté de penser enveloppe[1] la liberté de conscience, car la liberté de conscience est une des formes de la liberté de penser; c'est la liberté de penser en matière de doctrine religieuse. Accorder la liberté de conscience et refuser la liberté de penser serait une offense au sens commun, puisque c'est surtout en matière religieuse que la liberté de penser à des conséquences graves pour la société et pour l'individu. On ne peut comprendre qu'une force se place entre la conscience de l'homme et ces deux étoiles[2] de sa vie : Dieu et la vérité.

JULES SIMON.

1. *Enveloppe*, contient, comprend.
2. *Ces deux étoiles*. A dire vrai, leurs rayons se confondent; ce sont deux expressions différentes d'une même idée.

236. Comment on se rend libre.

Comprenez bien comment on se rend libre.

Pour être libre, il faut avant tout aimer Dieu, car si vous aimez Dieu, vous ferez sa volonté, et la volonté de Dieu est la justice et la charité, sans lesquelles point de liberté.

Lorsque, par violence ou par ruse, on prend ce qui est à autrui; lorsqu'on l'attaque dans sa personne; lorsqu'en chose licite on l'empêche d'agir comme il veut ou qu'on le force d'agir comme il ne veut pas; lorsqu'on viole son droit d'une manière quelconque, qu'est-ce que cela? Une injustice. C'est donc l'injustice qui détruit la liberté.

Si chacun n'aimait que soi et ne songeait qu'à soi, sans venir au secours des autres, le pauvre serait obligé[1] souvent de dérober ce qui est à autrui, pour vivre et faire vivre les siens, le faible serait opprimé par un plus fort, et celui-ci par un autre encore plus fort; l'injustice régnerait partout. C'est donc la charité qui conserve la liberté.

Aimez Dieu plus que toutes choses, et le prochain comme vous-mêmes, et la servitude disparaîtra de la terre.

Cependant ceux qui profitent de la servitude de leurs frères mettront tout en œuvre pour la prolonger. Ils emploieront pour cela le mensonge e la force...

Si donc vous n'êtes pas résolus à combattre sans relâche, à tout supporter sans fléchir, à ne jamais vous lasser, à ne céder jamais, gardez vos fers et renoncez à une liberté dont vous n'êtes pas dignes.

La liberté est comme le royaume de Dieu : elle souffre violence, et les violents la ravissent[2].

Et la violence qui vous mettra en possession de la liberté n'est pas la violence féroce des voleurs et des brigands, l'injustice et la vengeance, la cruauté, mais une volonté forte, inflexible, un courage calme et généreux.

La cause la plus sainte se change en une cause impie, exécrable, quand on emploie le crime pour la soutenir. D'esclave l'homme de crime peut devenir tyran, mais jamais il ne devient libre.

LAMENNAIS[3].

1. *Obligé*, c'est à dire entraîné, poussé par le besoin.
2. *Les violents la ravissent.* C'est une allusion à une parole de Jésus (Mathieu XI, 12) que Lamennais explique ainsi : « Les violents sont les hommes d'une volonté forte. Aucun bien ne s'accomplit si l'on ne veut fortement, et c'est pourquoi tant de maux se perpétuent dans le monde. » Ce n'est pas l'acception habituelle du mot violent ; mais c'est bien de la sorte qu'il faut l'entendre ici : ceux qui se font violence à eux mêmes et qui emportent vivement les obstacles. *La liberté souffre violence* signifie, d'après le texte même auquel ces mots renvoient : la liberté est conquise à force d'énergie et de volonté. L'auteur l'explique dans les lignes qui suivent.
3. *Paroles d'un croyant*, Garnier frères, éditeurs.

237. L'instruction.

Instruire une nation, c'est la civiliser ; y éteindre les connaissances, c'est la ramener à l'état primitif de barbarie. La Grèce fut barbare ; elle s'instruisit et devint florissante. Qu'est-elle aujourd'hui[1]? Ignorante et barbare. L'Italie fut barbare ; elle s'instruisit et devint florissante : lorsque les arts et les sciences s'en éloignèrent, que devint-elle? Barbare. Tel fut aussi le sort de l'Afrique et de l'Égypte, et telle sera la destinée des empires dans toutes les contrées de la terre et dans tous les siècles à venir.

L'ignorance est le partage de l'esclave et du sauvage. L'instruction donne à l'homme de la dignité, et l'esclave ne tarde pas à sentir qu'il n'est pas né pour la servitude. Le sauvage perd cette férocité des forêts qui ne reconnaît pas de maître, et prend à la place une docilité réfléchie qui le soumet et l'attache à des lois faites pour son bonheur...

Après les besoins du corps qui ont rassemblé les hommes pour lutter contre la nature, leur mère commune et leur infatigable ennemie, rien ne les rapproche davantage et ne les serre plus étroitement que les besoins de l'âme. L'instruction adoucit les caractères, éclaire sur les devoirs, subtilise les vices, les étouffe ou les voile, inspire l'amour de l'ordre, de la justice et des vertus, et accélère la naissance du bon goût dans toutes les choses de la vie.

Les sauvages font des voyages immenses sans se parler, parce que les sauvages sont ignorants. Les hommes instruits se cherchent; ils aiment à se voir et à s'entretenir. La science éveille le désir de la considération. On veut être désigné du doigt, et faire dire de soi : *Le voilà, c'est lui.* De ce désir naissent des idées d'honneur et de gloire, et ces deux sentiments qui élèvent l'âme et qui l'agrandissent, répandent en même temps une teinte de délicatesse sur les mœurs, les procédés et les discours. J'oserais assurer que la pureté de la morale a suivi les progrès des vêtements depuis la peau de bête jusqu'à l'étoffe de soie[2].

Combien de vertus délicates que l'esclave et le sauvage ignorent! Si l'on croyait que ces vertus, fruit du temps et des lumières, sont des conventions, l'on se tromperait; elles tiennent à la science des mœurs comme la feuille tient à l'arbre qu'elle embellit.

DIDEROT.

1. *Qu'est-elle aujourd'hui?* Diderot écrivait dans la seconde moitié du dix huitième siècle. Les choses ont changé depuis lors, et la Grèce a repris son rang parmi les nations civilisées.

2. *Jusqu'à l'étoffe de soie.* Ceci est vrai d'une façon géné-

rale; les notions morales se précisent et s'épurent à mesure que les esprits s'éclairent; mais il n'est pas vrai de tout point que les progrès de la moralité correspondent exactement aux raffinements de la civilisation.

---

238. Devoirs de la jeunesse instruite.

Maintenant nous savons ce qu'est le suffrage universel; nous savons que le suffrage universel, c'est nous, que le suffrage universel ne peut avoir de droits, d'intérêts, d'aspirations, de passions, de colères, qui ne soient nos intérêts, nos aspirations, nos passions, nos colères et nos droits; car nous sommes le peuple et il est le peuple.

Il faut donc nous adresser au suffrage universel; il faut le guider et l'éclairer; il faut que chacun de nous, dans la mesure de ses forces, se livre à un apostolat incessant du suffrage universel.

Et voici ce que cela commande, voici ce que cela impose, surtout à la génération nouvelle. Nous sommes, ici au moins [1], en majorité des jeunes gens qui ont eu cette faveur du sort et de la fortune de pouvoir, les uns sans imposer de sacrifices à leurs familles, les autres, au contraire, au prix de durs labeurs, d'épargnes méritantes arrachées au patrimoine domestique, conquérir ce levier supérieur de l'indépendance qu'on appelle l'éducation et l'instruction.

Je dis que ce jour-là, nous tous, nous avons contracté une dette, un engagement que nous ne pouvons rompre sans faire outrage à la plus sacrée de toutes les lois humaines, la solidarité sociale.

Nous avons pris l'engagement devant nous et pour les autres, puisque nous reconnaissons la démocratie et le suffrage universel, de nous vouer incessamment à l'émancipation de ceux qui n'ont pas joui du même bénéfice de la fortune, de les attirer vers nous, et de travailler à leur assurer tous les jours plus de lumière et plus de bien-être.

GAMBETTA [2].

1. *Nous sommes, ici au moins*, etc. Ces paroles ont été prononcées dans un banquet offert à Gambetta le 19 Avril 1870 par la jeunesse des écoles; plus de six cents étudiants y assistaient.
2. *Discours*, G. Charpentier, éditeur.

---

239. Professions honorables.

Chez les peuples démocratiques où il n'y a point de richesses héréditaires chacun travaille pour vivre, ou a travaillé, ou est né de gens qui ont travaillé. L'idée du travail comme condition nécessaire, naturelle et honnête de l'humanité, s'offre donc de tout côté à l'esprit humain.

Non seulement le travail n'est point du déshonneur chez ces peuples, mais il est en honneur; le préjugé n'est pas contre lui, il est pour lui. Aux États-Unis, un homme riche croit devoir à l'opinion publique de consacrer ses loisirs à quelque opération d'industrie, de commerce, ou à quelques devoirs publics. Il s'estimerait mal famé s'il n'employait sa vie qu'à vivre. C'est pour se soustraire à cette obligation du travail que tant de riches Américains viennent en Europe: là ils trouvent des débris de sociétés aristocratiques parmi lesquels l'oisiveté est encore honorée.

L'égalité ne réhabilite pas seulement l'idée du travail, elle relève l'idée du travail procurant un lucre [1].

Dans les aristocraties, ce n'est pas précisément le travail qu'on méprise, c'est le travail en vue d'un profit. Le travail est glorieux quand c'est l'ambition ou la seule vertu qui le fait entreprendre.

Ainsi l'idée du gain reste distincte de celle du tra-

vail. Elles ont beau être jointes, en fait, la pensée les
sépare.

Dans les sociétés démocratiques ces deux pensées
sont au contraire toujours visiblement unies. Comme
le désir du bien-être est universel, que les fortunes sont
médiocres et passagères, que chacun a besoin d'accroître ses ressources ou d'en préparer de nouvelles à
ses enfants, tous voient bien clairement que c'est le
gain qui est, sinon en tout, du moins en partie, ce qui
les porte au travail. Ceux même qui agissent principalement en vue de la gloire, s'apprivoisent facilement
avec cette pensée qu'ils n'agissent pas uniquement par
cette vue, et ils découvrent, quoi qu'ils en aient[2], que le
désir de vivre se mêle chez eux au désir d'illustrer leur
vie.

Du moment où, d'une part, le travail semble à tous
les citoyens une nécessité honorable de la condition
humaine, et où, de l'autre, le travail est toujours visiblement fait, en tout ou en partie, par la considération
du salaire, l'immense espace qui séparait les différentes
professions dans les sociétés aristocratiques disparaît.
Si elles ne sont pas toutes pareilles, elles ont du moins
un trait semblable.

Il n'y a pas de profession où l'on ne travaille pas
pour de l'argent. Le salaire qui est commun à toutes,
donne à toutes un air de famille.

Ceci sert à expliquer les opinions que les Américains
entretiennent relativement aux diverses professions.

Les serviteurs américains ne se croient pas dégradés
parce qu'ils travaillent; car autour d'eux tout le monde
travaille. Ils ne se sentent pas abaissés par l'idée qu'ils
reçoivent un salaire, car le Président des États-Unis
travaille aussi pour un salaire. On le paye pour commander aussi bien qu'eux pour servir.

Aux États-Unis, les professions sont plus ou moins
pénibles, plus ou moins lucratives, mais elles ne sont

jamais ni hautes ni basses. Toute profession honnête est honorable.

DE TOCQUEVILLE[3].

1. *Lucre*, gain.
2. *Quoiqu'ils en aient*, malgré eux, néanmoins.
3. *La démocratie en Amérique*, C. Lévy, éditeur.

240. L'ambition légitime.

Je crois que de nos jours il est nécessaire d'épurer, de régler et de proportionner le sentiment de l'ambition[1], mais qu'il serait très dangereux de vouloir le comprimer outre mesure. Il faut tâcher de lui poser d'avance des bornes extrêmes, qu'on ne lui permettra jamais de franchir ; mais on doit se garder de trop gêner son essor dans l'intérieur des limites permises.

J'avoue que je redoute bien moins, pour les sociétés démocratiques, l'audace que la médiocrité des désirs ; ce qui me semble le plus à craindre, c'est qu'au milieu des petites occupations incessantes de la vie privée, l'ambition ne perde son élan et sa grandeur ; que les passions humaines ne s'y abaissent en même temps, de sorte que chaque jour l'allure du corps social devienne plus tranquille et moins haute.

Je pense donc que les chefs de ces sociétés nouvelles auraient tort de vouloir y endormir les citoyens dans un bonheur trop uni et trop paisible, et qu'il est bon qu'ils leur donnent quelquefois de difficiles et de périlleuses affaires, afin d'y élever l'ambition et de lui ouvrir un théâtre[2].

Les moralistes se plaignent sans cesse que le vice favori de notre époque est l'orgueil.

Cela est vrai dans un certain sens : il n'y a personne en effet qui ne croie valoir mieux que son voisin et qui consente à obéir à son supérieur ; mais cela est très faux dans un autre : car ce même homme qui ne peut supporter ni la subordination, ni l'égalité, se méprise néanmoins lui-même à ce point qu'il ne se croit fait que pour goûter des plaisirs vulgaires. Il s'arrête volontiers dans de médiocres désirs, sans oser aborder les hautes entreprises : il les imagine à peine.

Loin donc de croire qu'il faille recommander à nos contemporains l'humilité, je voudrais qu'on s'efforçât de leur donner une idée plus vaste d'eux-mêmes et de leur espèce; l'humilité ne leur est point saine; ce qui leur manque le plus à mon avis, c'est l'orgueil. Je céderais volontiers plusieurs de nos petites vertus pour ce vice [3].

DE TOCQUEVILLE [4].

1. *Le sentiment de l'ambition.* Il s'agit ici, comme l'écrivain l'explique plus loin, du sentiment qui porte aux grandes choses, aux entreprises généreuses et hardies, et non du simple désir de s'élever à tout prix au-dessus des autres par intérêt personnel ou par vanité : c'est ce désir égoïste et coupable que les moralistes flétrissent à bon droit sous le nom d'ambition.

2. Ce conseil est plein de dangers, et ne saurait être admis sans d'expresses réserves.

3. *Pour ce vice.* Le mot n'est pas exact; il est employé ici dans un sens paradoxal. Si l'orgueil, compris dans le sens où l'écrivain l'emploie, était vraiment un vice, il ne le recommanderait pas. Les *petites vertus* dont il parle ne sont pas réellement des vertus; il fait allusion à une prudence vulgaire, à un esprit de mollesse, de timide réserve, au désintéressement des affaires publiques, à la crainte de compromettre son nom, sa fortune, son repos, qu'on place au dessus des intérêts de la patrie et de l'humanité.

4. *La Démocratie en Amérique*, C. Lévy, éditeur.

---

241. Le devoir professionnel.

La patrie vit du concours et du travail de tous ses enfants, et, dans le mécanisme de la société, il n'y a point de ressort inutile. Entre le ministre qui gouverne l'État et l'artisan qui contribue à sa prospérité par le travail de ses mains, il n'y a qu'une différence : c'est que la fonction de l'un est plus importante que celle de l'autre ; mais à la bien remplir, le mérite moral est le même : l'hysope[1] vaut le cèdre, aux yeux du Créateur.

Que chacun de vous se contente donc de la part qui lui sera échue ; quelle que soit sa carrière, elle lui donnera des devoirs, une certaine somme de bien à produire : ce sera là sa tâche. Qu'il la remplisse avec courage et énergie, honnêtement et fidèlement, et il aura fait, dans sa position, tout ce qu'il est donné à l'homme de faire ; qu'il la remplisse aussi sans envie contre ses émules.

Vous ne serez pas seuls dans votre chemin ; vous y marcherez avec d'autres, appelés à poursuivre le même but. Dans ce concours de la vie, ils pourront vous surpasser par le talent, ou devoir à la fortune un succès qui vous échappera : ne leur en voulez pas ; et si vous avez fait de votre mieux, ne vous en voulez pas à vous-mêmes. Le succès n'est pas ce qui importe ; ce qui importe, c'est l'effort ; c'est là ce qui dépend de l'homme, ce qui l'élève, ce qui le rend content de lui même.

L'accomplissement du devoir, voilà le véritable but de la vie, et le véritable bien. Vous le reconnaissez à ce signe qu'il dépend uniquement de votre volonté de l'atteindre, et à cet autre, qu'il est également à la portée de tous, du pauvre comme du riche, de l'ignorant comme du savant, du pâtre comme du roi, et qu'il permet à Dieu de nous jeter, tous tant que nous sommes, dans la même balance, et de nous peser avec les mêmes poids.

JOUFFROY.

1. *L'hysope*, petite plante aromatique, analogue au thym. Allusion à un passage de la Bible, 1er livre des Rois, IV, 33.

242. Le soldat et l'artiste
ou des progrès de la Société.

Écoutez un conte.

A l'endroit où la Seine sépare les Invalides des villages de Chaillot et de Passy[1], il y avait autrefois deux peuples. Ceux du côté du Gros-Caillou étaient des brigands; ceux du côté de Chaillot, les uns étaient de bonnes gens qui cultivaient la terre, d'autres des paresseux qui vivaient aux dépens de leurs voisins; mais de temps en temps les brigands de l'autre rive passaient la rivière à la nage et en bateaux, tombaient sur nos pauvres agriculteurs, enlevaient leurs femmes, leurs enfants, leurs bestiaux, les troublaient dans leurs travaux et faisaient souvent la récolte pour eux.

Il y avait longtemps qu'ils souffraient tous ce fléau, lorsqu'une troupe de ces oisifs du village de Passy, leurs voisins, s'adressèrent à nos agriculteurs, et leurs dirent :

« Donnez-nous ce que les habitants du Gros-Caillou vous prennent, et nous vous défendrons. »

L'accord fut fait, et tout alla bien.

Voilà, mon ami, l'ennemi, — le soldat, — et le citoyen[2].

Il vint, avec le temps, une seconde horde d'oisifs de Passy, qui dirent aux agriculteurs de Chaillot :

« Vos travaux sont pénibles; nous savons jouer de la flûte et danser; donnez-nous quelque chose, et nous vous amuserons: vos journées vous en paraîtront moins longues et moins dures. »

On accepta leur offre, et voilà les gens de lettres[3] qui, dans la suite, firent respecter leur emploi, parce que, sous prétexte d'amuser et de délasser le peuple, ils l'instruisirent; ils chantèrent les lois; ils encouragèrent au travail et à l'amour de la patrie; ils célébrèrent les vertus; ils inspirèrent aux pères de la tendresse pour leurs enfants, aux enfants du respect pour leurs pères, et nos agriculteurs furent chargés de deux impôts, qu'ils supportèrent volontiers, parce qu'ils leur restituaient autant qu'ils leur prenaient.

Sans les brigands du Gros-Caillou, les habitants de Chaillot se seraient passés de soldats; si ces soldats leur avaient demandé plus qu'ils ne leur économisaient, ils n'en auraient point voulu, et, à la rigueur, les flûteurs leur auraient été superflus, et on les aurait envoyés jouer de la flûte et danser ailleurs s'ils avaient mis à trop haut prix leurs chansons. Elles sont pendant bien belles et bien utiles! Ce sont les chansonniers[1] qui distinguent un peuple barbare et féroce d'un peuple civilisé et doux.

DIDEROT.

1. *De Passy.* Les Invalides et le quartier du Gros-Caillou sont sur la rive gauche de la Seine; les anciens villages de Chaillot et de Passy, aujourd'hui deux riches quartiers de la ville, sont sur la rive droite, et l'un n'est que la suite de l'autre. Ce qu'il y a de piquant dans le récit de Diderot, c'est le contraste que l'imagination établit entre ces hameaux de brigands ou de cultivateurs et ces larges rues bordées d'habitations somptueuses. Le seul fait de cette immense transformation justifie sa thèse des progrès de la société, dus à la division du travail.

2. *Le soldat et le citoyen.* Du temps de Diderot, c'est à dire au dix-huitième siècle, les soldats formaient encore une classe à part; ils exerçaient leur métier moyennant une *solde*. Il n'en est plus ainsi de nos jours, où tous les citoyens sont soldats, c'est-à-dire prennent leur part de la défense de la patrie.

3. *Voilà les gens de lettres.* Ce ne sont pas des oisifs; ce sont des gens qui travaillent pour l'utilité commune. On est trop souvent porté à ne compter parmi les travailleurs que ceux qui exercent un métier manuel. Parmi les « gens de lettres » il est juste ici de compter tous ceux qui s'adonnent à une quelconque des applications de la pensée, sciences, lettres, arts : ceux là sont des travailleurs, dont la société ne pourrait se passer, pas plus que des agricul-

teurs, des maçons, charpentiers, cordonniers ou tailleurs.

4. *Les chansonniers;* sous ce terme, on peut évidemment comprendre par extension tous les artistes, tous ceux qui charment et embellissent la vie, — poètes, musiciens, acteurs, chanteurs, sculpteurs, peintres, architectes.

---

243. Il faut avoir les talents de son état.
(Lettre à un jeune officier.)

Mon cher ami, il faut avoir les talents de son état, ou le quitter.

Parce qu'on est né gentilhomme[1], on fait la guerre, quoi qu'on n'ait ni santé, ni patience, ni activité, ni amour des détails, qualités essentielles et indispensables dans un tel métier; ou si l'on est né dans la robe[2], on s'attache au barreau, sans éloquence, sans sagacité, sans goût pour l'étude des lois; ainsi des autres professions.

Si l'on a du mérite d'ailleurs, on s'étonne de ne pas faire son chemin, on se plaint d'une profession ingrate, et l'on se dégoûte.

Un homme de votre âge, qui a des passions, qui n'aime pas les détails, s'impatiente dans les emplois subalternes par lesquels il est nécessaire de passer, lorsqu'on n'est pas né sous les enseignes de la faveur; il se déplaît dans ces occupations frivoles[3] et laborieuses qui sont inséparables des petits services; il néglige même de s'instruire de ce qu'il peut y avoir de grand dans sa profession, lorsqu'il se voit si éloigné de pouvoir mettre en pratique cette théorie, et il préfère à une étude, qui est un peu sèche, des connaissances plus agréables et plus étendues. Par là il met ceux qui disposent des emplois en droit de négliger son avancement, comme il néglige lui même son devoir; car il faut se rendre justice: les récompenses militaires ne sont dues qu'à ceux qui ont les vertus militaires; mais parce qu'on ne fait pas cette réflexion, on trouve les ministres et les généraux injustes, et on les accuse de ses propres fautes⁴.

Si votre métier est trop dur, choisissez-en un dont vous soyez à même de remplir tous les devoirs.

VAUVENARGUES.

1. *Né gentilhomme*. Aux siècles passés, le commandement des troupes revenait de droit à la noblesse.
2. *Né dans la robe*, d'une famille de magistrats.
3. *Frivoles*, de peu d'importance.
4. *De ses propres fautes*. Ces réflexions peuvent s'appliquer exactement à d'autres carrières que celle des armes ; elles ont une portée générale, qui s'étend à tous les emplois.

---

244. L'enseignement du peuple.

Songez qu'il ne s'agit plus seulement de faire un homme qui prenne sa place dans une société assise ; il s'agit de préparer celui qui doit guérir une société assez malade pour se frapper elle-même[1]. Ce n'est pas un écolier que vous avez à dresser ; c'est bien en réalité un créateur, un constructeur d'empires[2]. Proportionnez donc l'esprit de cette éducation aux résultats que vous devez en attendre.

Il vient, il entre dans le monde, le messager de l'avenir. Comment l'accueillerez-vous ? Quelle éducation nouvelle donnerez-vous à cet Emmanuel[3] qui doit relever un monde croulant ?

Je voudrais que l'or de la sagesse de tous les peuples fût mis à ses pieds ; que tout ce qui a été accepté, applaudi par la conscience de toute l'humanité, lui fût présenté à son arrivée dans le monde, comme son héritage moral. Quelle grande pensée (simple comme tout ce qui est grand) serait trop haute pour ce sauveur sorti des flots[4] de l'ancien monde ! car c'est bien un sauveur, un médiateur⁵ qu'il vous faut élever dans chaque homme, ou le monde périt. Il vient pour s'élever au-dessus de toutes les sectes ; n'enfermez pas trop tôt son cœur dans une secte. Il faut qu'il puisse porter, sans fléchir, une humanité nouvelle; ne le brisez pas avant qu'il ait rien fait.

Persuadez-vous que vous élevez un souverain dans le monde politique et moral. Vienne le Fénelon qui écrira le nouveau Télémaque pour l'héritier, non pas seulement d'un royaume, mais d'un monde! Quelle source d'inspiration ne rencontrera-t-il pas dans cette idée!

EDGAR QUINET.

1. *Se frapper elle même.* C'est une allusion aux tristes journées de juin 1848.

2. *Un constructeur d'empires.* L'auteur veut dire qu'au moment où il écrit (c'était peu après la révolution de 1848), la société entrait dans une phase nouvelle. C'était en effet l'avènement du suffrage universel. L'enfant qui naît dans ce monde nouveau y sera souverain, il aura à créer, à construire la société, l'État, le gouvernement, toutes les institutions de la démocratie sur de nouvelles bases. Il devra répudier les vieux préjugés, les vieilles haines, les vieilles divisions, apporter la lumière, la concorde, la fraternité, le salut. Telle devra être la tâche des jeunes générations. Aussi ne saurait-on apporter trop de soins à les élever et à les instruire.

3. *Emmanuel,* mot hébreu qui signifie « Dieu avec nous. » C'est une allusion au passage biblique où l'enfant, né d'une vierge, est annoncé comme le futur sauveur de son peuple (Mathieu I, 23).

4. *Sorti des flots,* allusion à l'enfance de Moïse, sauvé des eaux.

5. *Un médiateur,* celui qui sert d'intermédiaire entre les partis, un pacificateur.

245. Le maître d'école.

Les prévoyances de la loi, les ressources dont le pouvoir dispose ne réussiront jamais à rendre la simple profession d'instituteur communal[1] aussi attrayante qu'elle est utile. La société ne saurait rendre à celui qui s'y consacre tout ce qu'il fait pour elle. Il n'y a point de fortune à faire, il n'y a guère de renommée à acquérir dans les obligations pénibles qu'il accomplit.

Destiné à voir sa vie s'écouler dans un travail monotone, quelquefois même à rencontrer autour de lui l'injustice ou l'ingratitude de l'ignorance, il s'attristerait souvent, et succomberait peut-être, s'il ne puisait sa force et son courage ailleurs que dans les perspectives d'un intérêt immédiat et purement personnel.

Il faut qu'un sentiment profond de l'importance de ses travaux le soutienne et l'anime; que l'austère plaisir d'avoir servi les hommes et secrètement contribué au bien public devienne le digne salaire que lui donne sa conscience seule. C'est sa gloire de ne prétendre rien au-dessus de son obscure et laborieuse condition, de s'épuiser en sacrifices à peine comptés de ceux qui en profitent, de travailler enfin pour les hommes et de n'attendre sa récompense que de Dieu.

GUIZOT.

1. *Communal;* il serait plus juste aujourd'hui de dire public ou national.

---

246. La mission morale de l'instituteur.
(Lettre à un instituteur.)

Quant à l'éducation morale, c'est en vous surtout, Monsieur, que je me fie. Rien ne peut suppléer en vous la volonté de bien faire. Vous n'ignorez pas que c'est là, sans aucun doute, la plus importante et la plus difficile partie de votre mission; vous n'ignorez pas qu'en vous confiant un enfant, chaque famille vous demande de lui rendre un honnête homme, et le pays un bon citoyen. Vous le savez : les vertus ne suivent pas toujours les lumières, et les leçons que reçoit l'enfance pourraient lui devenir funestes si elles ne s'adressaient qu'à son intelligence. Que l'instituteur ne craigne donc pas d'entreprendre sur les droits des familles en donnant ses premiers soins à la culture intérieure de l'âme de ses élèves. Autant il doit se garder d'ouvrir son école à l'esprit de secte ou de parti, et de nourrir les enfants dans des doctrines religieuses ou politiques qui les mettent pour ainsi dire en révolte contre l'autorité des conseils domestiques[1], autant il doit s'élever au-dessus des querelles passagères qui agitent la société, pour s'appliquer sans cesse à propager, à affermir ces principes impérissables de morale et de raison, sans lesquels l'ordre universel est en péril, et à jeter profondément dans de jeunes cœurs ces semences de vertu et d'honneur que l'âge et les passions n'étoufferont jamais.

La foi dans la Providence, la sainteté des devoirs, la soumission à l'autorité paternelle, le respect dû aux lois, au prince[2], aux droits de tous, tels sont les sentiments qu'il s'attachera à développer. Jamais, par sa conversation ou son exemple, il ne risquera d'ébranler chez les enfants la vénération due au bien ; jamais, par des paroles de haine et de vengeance, il ne les disposera à ces préventions aveugles qui créent, pour ainsi dire, des nations ennemies au sein même de la nation.

La paix et la concorde qu'il maintiendra dans son école doivent, s'il est possible, préparer le calme et l'union des générations à venir.

Les rapports de l'instituteur avec les parents ne peuvent manquer d'être fréquents. La bienveillance y doit présider. S'il ne possédait la bienveillance des familles, son autorité sur les enfants serait compromise, et le fruit de ses leçons serait perdu pour eux. Il ne saurait donc porter trop de soin et de prudence dans cette sorte de relations. Une intimité légèrement contractée pourrait exposer son indépendance, quelquefois même l'engager dans ces dissensions locales qui désolent souvent les petites communes. En se prêtant avec complaisance aux demandes raisonnables des parents, il se gardera bien de sacrifier à leurs capricieuses exigences ses principes d'éducation et la discipline de son école. Une école doit être l'asile de l'égalité, c'est-à-dire de la justice [3].

GUIZOT.

1. *Des conseils domestiques*, de la famille.
2. *Au prince;* sous ce terme générique, il faut entendre les autorités publiques, ceux à qui est confié le gouvernement du pays; le mot de prince n'est ici que la personnification du commandement.
3. Ce passage est extrait d'une circulaire adressée aux instituteurs le 28 juin 1833 par M. Guizot, alors ministre de l'Instruction publique.

---

247. L'éducation morale à l'école.

(*Lettre à un instituteur.*)

D'autres se chargeront plus tard d'achever l'œuvre que vous ébauchez dans l'enfant et d'ajouter à l'enseignement primaire de la morale un complément de culture philosophique ou religieuse. Pour vous, bornez-vous à l'office que la société vous assigne et qui a aussi sa noblesse : poser dans l'âme des enfants les premiers et solides fondements de la simple moralité.

Dans une telle œuvre, vous le savez, Monsieur, ce n'est pas avec des difficultés de théorie et de haute spéculation que vous avez à vous mesurer; c'est avec des défauts, des vices, des préjugés grossiers. Ces défauts, il ne s'agit pas de les condamner, — tout le monde ne les condamne-t-il pas? — mais de les faire disparaître par une série de petites victoires obscurément remportées. Il ne suffit pas que vos élèves aient compris et retenu vos leçons, il faut surtout que leur caractère s'en ressente : ce n'est pas dans l'école, c'est surtout hors de l'école qu'on pourra juger ce qu'a valu votre enseignement.

Au reste, voulez-vous en juger vous même dès à présent et voir si votre enseignement est bien engagé dans cette voie, la seule bonne : examinez s'il a déjà conduit vos élèves à quelques réformes pratiques. Vous leur avez parlé, par exemple, du respect dû à la loi : si cette leçon ne les empêche pas, au sortir de la classe, de commettre une fraude, un acte, fût-il léger, de contrebande ou de braconnage, vous n'avez rien fait encore ; votre leçon de morale n'a pas porté.

Ou bien vous leur avez expliqué ce que c'est que la justice et que la vérité : en sont-ils assez profondément pénétrés pour aimer mieux avouer une faute que de la dissimuler par un mensonge, pour se refuser à une indélicatesse ou à un passe-droit? Vous avez flétri l'égoïsme et fait l'éloge du dévouement; ont-ils, le moment d'après, abandonné un camarade en péril pour ne songer qu'à eux-mêmes? Votre leçon est à recommencer.

Et que ces rechutes ne vous découragent pas. Ce n'est pas l'œuvre d'un jour de former ou de réformer une âme libre. Il y faut beaucoup de leçons sans doute, des lectures, des maximes écrites, copiées, lues et relues; mais il y faut surtout des exercices pratiques, des efforts, des actes, des habitudes. Les enfants ont en morale un apprentissage à faire, absolument comme pour la lecture et le calcul. L'enfant qui sait reconnaître et assembler des lettres ne sait pas encore lire; celui qui sait les tracer l'une après l'autre ne sait pas écrire. Que manque-t-il à l'un et à l'autre? la pratique, l'habitude, la facilité, la rapidité et la sûreté de l'exécution. De même, l'enfant qui répète les premiers préceptes de la morale ne sait pas encore se conduire : il faut qu'on l'exerce à les appliquer couramment, ordinairement, presque d'instinct ; alors seulement la morale aura passé de son esprit dans son cœur, et elle passera de là dans sa vie ; il ne pourra plus la désapprendre[1].

JULES FERRY.

1. Ce passage est extrait d'une lettre adressée aux instituteurs le 17 novembre 1883 par M. Jules Ferry, alors ministre de l'Instruction publique.

---

248. L'intuition morale.
(Conseils aux éducateurs.)

L'intuition morale[1] s'applique à l'éducation morale et religieuse d'une part, à l'éducation sociale et civique de l'autre.

Il y a en effet, au fond de l'âme humaine des vérités qui sont simples et que nous demandons à l'instruction primaire de faire saisir aussi bien que les vérités de sens commun et les réalités sensibles.

« Il y a deux choses dont la majesté nous pénètre d'admiration et de respect, disait le philosophe Kant, c'est le ciel étoilé au-dessus de nos têtes, et la loi du devoir au fond de nos cœurs[2]. »

Menez un soir quelques-uns de vos élèves les plus âgés et les plus sérieux, menez-les à quelques pas de la dernière maison du village, à l'heure où s'éteignent les bruits du travail et de la vie, et faites-leur lever les yeux vers le ciel étoilé. Ils ne l'ont jamais vu. Ils n'ont jamais été saisis de cette pensée des mondes innombrables, et de l'ordre éternel, et de l'éternel mouvement de l'univers. Éveillez-les à ces idées nouvelles, faites-leur apparaître ce spectacle de l'infini devant lequel se prosternaient les premiers pâtres de l'Asie et devant lequel tremblait comme eux le génie de Pascal[1].

Ouvrez-leur les yeux à ce ciel plein de mondes qui revient tous les soirs nous rappeler ce que c'est que de nous, en nous mettant face à face avec le véritable univers. Cela aussi, Messieurs, c'est une leçon de choses. — Vous ne savez pas l'astronomie ? — Qu'importe ! Il ne s'agit pas de science, il s'agit de faire passer dans l'âme de ces enfants quelque chose de ce que vous sentez. Je ne sais quelles choses vous leur direz, mais je sais de quel ton vous leur parlerez, et c'est l'important ; je sais comment ils vous écouteront ; je sais que longtemps après ils penseront encore à ce que vous leur aurez dit et je sais aussi qu'à partir de ce jour-là vous serez pour eux autre chose que le maître d'orthographe et de calcul.

Et quant à l'autre majesté dont parle le philosophe, quant à cette majesté du devoir et de la conscience, est-il besoin de vous dire avec quelle puissance d'intuition vous pouvez la leur faire saisir, contempler, admirer, adorer ? Est-il besoin de vous dire qu'à chaque heure de la classe, qu'en dehors de toutes les classes, et par votre parole et par votre exemple, il vous appartient de leur donner l'intuition de ce qu'il y a de plus noble dans la nature humaine ? Croyez-vous que cette partie de votre tâche soit secondaire ? Non, assurément. Peut-être craignez-vous, au contraire, qu'elle ne vous entraîne très loin, quelle ne vous fasse sortir de votre rôle ? Pour moi, Messieurs, je ne le crains pas ; je n'admettrai jamais que l'instituteur sorte de sa sphère, quand il donne le meilleur de son âme soit à l'éducation du sens moral et religieux, qui, comme tous les autres, a besoin d'être cultivé, soit à l'instruction civique, à l'éducation du citoyen. Je n'admettrai jamais qu'on lui dise que sa tâche est finie avec le dernier livre qu'il ferme et avec la dernière leçon qu'il fait réciter.

Sans doute, dès qu'on touche à ce domaine, la

matière est délicate, les difficultés sont grandes, nombreuses : il y en a qui vous viennent du dehors, des circonstances, des relations, des préjugés, des méfiances, de divers obstacles; ce sont celles qui m'inquiètent le moins pour vous; celle qui me préocuppe surtout, c'est la difficulté d'être toujours, sur ce terrain, à la hauteur où vous voudriez être, de parler toujours dignement de ces grandes choses, de présenter à vos enfants une suffisante image de l'idéal moral et d'en entretenir le culte dans leur âme. Je dis l'idéal, rien de moins, et ce n'est pas trop pour l'instruction populaire. Si c'est un superflu, si c'est un luxe, c'est le plus nécessaire de tous, c'est le seul que la démocratie ne puisse retrancher sans péril.

F. BUISSON.

1. *L'intuition morale.* Dans sa conférence sur « l'enseignement intuitif, » faite à la Sorbonne le 31 août 1878, d'où est extraite cette page, M. F. Buisson définit ainsi l'intuition : « C'est l'acte le plus naturel et le plus spontané de l'intelligence humaine, celui par lequel l'esprit saisit une réalité, sans effort, sans intermédiaire, sans hésitation. Nous procédons par intuition toutes les fois que notre esprit, soit par les sens, soit par le jugement, soit par la conscience, connaît les choses avec ce degré d'évidence et de facilité que présente à l'œil la vue distincte d'un objet. De là trois sortes d'intuitions, ou plus exactement trois domaines dans lesquels l'intuition peut s'exercer sous des formes diverses, mais toujours avec les mêmes caractères essentiels; *l'intuition sensible*, c'est celle qui se fait par les sens; *l'intuition mentale* proprement dite, celle qui s'exerce par le jugement sans l'intermédiaire ni de phénomènes sensibles ni de démonstration en règle; enfin *l'intuition morale*, celle qui s'adresse au cœur et à la conscience. »

2. *Au fond de nos cœurs.* Voir page 42.

3. *Le génie de Pascal.* « Le silence éternel de ces espaces infinis m'effraie. » (Pensées).

249. Le chant à l'école.

Oui, Jacques Bonhomme, nous voulons que ton fils apprenne à chanter[1]. Et pourquoi ne l'apprendrait-il pas? Est-ce que, par hasard, les arts sont un privilège de grand seigneur? Est-ce que tu crois que tes enfants n'y ont pas droit? Ou qu'ils ne sont pas capables de goûter les belles choses? Est-ce qu'ils n'ont pas une âme comme les autres, et, tout comme eux, des joies et des peines à exprimer? Est-ce que leur carrière ne sera pas assez dure pour qu'ils aient besoin, eux aussi, de tout ce qui console et de tout ce qui charme, de tout ce qui relève et de tout ce qui aide à vivre?

Va, tu ne sais pas si quelque jour ce ne sera pas un de ces refrains d'enfance, appris à l'école, qui soutiendra ton fils à l'heure du danger, qui lui rappellera son devoir et le préservera de défaillance. Et d'ailleurs, n'as-tu pas compris que si l'on s'applique à lui faire parler un peu cette langue divine de la musique, ce n'est pas seulement pour sa propre satisfaction, c'est qu'il est Français, c'est qu'il faut qu'il puisse tenir sa place dans le concert et dans le chœur de la nation? Ce qui fait l'âme d'une nation, ce sont des sentiments collectifs qui ne se développent et ne s'entretiennent que s'ils s'expriment en commun, et ils ne s'expriment que par la musique. Non, tu ne peux vouloir que ton fils soit un étranger dans son pays, que sa voix soit muette et son cœur insensible dans les fêtes nationales, quand toutes les voix autour de lui et tous les cœurs chanteront la patrie, l'honneur et la liberté.

F. Buisson.

1. *Que ton fils apprenne à chanter.* Un père de famille, pauvre valet de ferme, était venu se plaindre devant une commission scolaire que l'instituteur du village apprît à chanter aux enfants. « J'envoie mes enfants à l'école, disait-

il, pour qu'on leur apprenne à lire, et non pas pour qu'on leur fasse chanter des *tonton, tontaine, tonton*, comme fait le maître à chaque entrée et sortie de classe. »

---

250. Les fêtes de gymnastique.

Il est beau de voir un jeune homme assouplir ses muscles, s'exercer à la lutte, à la course, à tous les efforts, à toutes les peines dont le corps est capable. Il est plus beau encore quand ce jeune homme travaille avec une arrière-pensée, avec un désir au cœur, poursuivant toujours un autre but[1] auquel il pense tout bas.

Et quand c'est tout un peuple qui se livre patiemment à cette œuvre, quand c'est la jeunesse qui, d'un bout à l'autre du territoire, alors qu'aucune loi ne l'y oblige, s'applique à ce rude travail, à ce rude apprentissage qui trempe le corps et l'âme, ah! le spectacle est bien plus beau, bien plus grand encore.

Certes, il n'en est point de plus intéressant pour un peuple libre.

Savez-vous à quel temps et à quel souvenir se reportait ma pensée tout à l'heure en admirant vos exercices? Je me disais que, dans un temps très lointain, il y avait des fêtes analogues à celle-ci, auxquelles accourait tout ce que le pays avait de plus illustre et auxquelles les dames, comme aujourd'hui[2], prêtaient leur gracieux concours.

C'était le jour où l'on réunissait les fils des seigneurs de la contrée pour les armer chevaliers. Et comparant les deux époques, les deux fêtes, les deux mondes, je me demandais :

Si un des preux de ces temps éloignés, si le chevalier sans peur et sans reproche, si Bayard se levait de sa tombe pour assister à ce spectacle, que penserait-il?

— Qui sont ces jeunes hommes? se dirait-il. Ils ont l'allure martiale et le fier regard des jeunes chevaliers de mon temps. Ils en ont l'agilité, l'adresse, le courage, le sang-froid. Est-ce donc le bataillon des jeunes seigneurs d'aujourd'hui?

— Non, Bayard, ce sont les fils de ces manants que tu as vus courbés sous la glèbe, noirs, livides, taillables et corvéables à merci. Voilà ce que la France a fait d'eux.

Et ils n'ont pas seulement des jeunes seigneurs d'autrefois les qualités extérieures, ils en ont l'âme : l'honneur, ce code sacré alors réservé à un petit nombre d'initiés, l'honneur avec ses lois, ses rigueurs, ses infinies délicatesses, il n'est pas un de ces adolescents qui ne le porte inscrit dans son cœur, et qui n'y lise son devoir aussi couramment que pouvaient le faire autrefois les fils de la première noblesse.

Jeunes gens, n'oubliez jamais à qui vous devez cette transformation : remerciez-en la France, et remerciez-en la République, car la République c'est l'épanouissement de la France et la dernière expression de ses destinées glorieuses!
F. BUISSON.

1. *Un autre but.* Ce but, c'est de se rendre capable de servir sa patrie sur les champs de bataille.
2. *Comme aujourd'hui.* Cette page est extraite d'un discours prononcé à Roubaix, à la fête régionale des sociétés de gymnastique, le 7 août 1887.

---

251. La tâche des gouvernants.

Dans tous les temps il importe que ceux qui dirigent les nations se conduisent en vue de l'avenir. Mais cela est plus nécessaire encore dans les siècles démocratiques et incrédules[1] que dans les autres. En agissant ainsi, les chefs des démocraties font non seulement prospérer les affaires publiques, mais ils apprennent encore, par leur exemple, aux particuliers, l'art de conduire les affaires privées.

Il faut surtout qu'ils s'efforcent de bannir, autant que possible, le hasard du monde politique.

L'élévation subite et imméritée d'un courtisan ne produit qu'une impression passagère dans un pays aristocratique, parce que l'ensemble des institutions et des croyances force habituellement les hommes à marcher lentement dans des voies dont ils ne peuvent sortir.

Mais il n'y a rien de plus pernicieux que de pareils exemples offerts aux regards d'un peuple démocratique. Ils achèvent de précipiter son cœur sur une pente où tout l'entraîne. C'est donc principalement dans les temps de scepticisme[2] et d'égalité qu'on doit éviter avec soin que la faveur du peuple ou celle du prince, dont le hasard vous favorise ou vous prive, ne tienne lieu de la science et des services. Il est à souhaiter que chaque progrès y paraisse le fruit d'un effort, de telle sorte qu'il n'y ait pas de grandeurs trop faciles et que l'ambition soit forcée de fixer longtemps ses regards sur le but avant de l'atteindre.

Il faut que les gouvernements s'appliquent à redonner aux hommes ce goût de l'avenir, qui n'est plus inspiré par la religion et l'état social, et que, sans le dire, ils enseignent chaque jour pratiquement aux citoyens que la richesse, la renommée, le pouvoir, sont le prix du travail; que les grands succès se trouvent placés au bout des longs désirs, et qu'on n'obtient rien de durable que ce qui s'acquiert avec peine.

DE TOCQUEVILLE[3].

1. *Incrédules*, par opposition à ce qu'on appelle les siècles de foi, les temps où la soumission aux doctrines de l'Église et à l'autorité royale était absolue.

2. *Scepticisme*, c'est à dire, ici, la disposition d'esprit qui révoque en doute l'infaillibilité des gouvernants.

3. *La démocratie en Amérique*, C. Lévy, éditeur.

252. Les devoirs du gouvernement.

En tout, le vrai rôle du gouvernement n'est pas de gouverner les hommes; c'est de leur apprendre à se gouverner eux-mêmes. Aussi Gœthe a-t-il eu raison de dire que le meilleur gouvernement était celui qui apprenait aux hommes à se gouverner. Tel doit être par-dessus tout le gouvernement démocratique : la vraie démocratie n'est pas celle où chacun peut devenir le maître de tous les autres, mais où tous sont leurs propres maîtres.

Tels sont les devoirs du gouvernement. En les remplissant, c'est-à-dire en assurant le respect de tous les droits, de toutes les libertés qui en découlent et de toutes les garanties politiques qui leur sont nécessaires, et en travaillant, sous cette condition, à la prospérité de l'association, il satisfait à la morale autant qu'il est en lui, sans empiéter sur un domaine qui ne lui appartient pas, le domaine du for intérieur et de la vie privée. Ainsi il ne sacrifie pas la morale à la politique, suivant la pratique du machiavélisme césarien; et d'un autre côté il n'usurpe pas le domaine propre de la morale privée ou de la conscience, ce qui serait la cause ou le prétexte d'une tyrannie intolérable, comme celle de Lycurgue ou de Calvin [1].

Ai-je besoin d'ajouter que les citoyens chargés de cette magistrature qui remet entre leurs mains la puissance publique nécessaire pour faire les lois ou les exécuter, doivent, non seulement ne pas abuser de cette puissance pour attenter aux droits d'autrui et échapper eux-mêmes aux lois, non seulement ne consulter dans l'exercice du pouvoir que la justice et le bien public, mais s'abstenir de tout ce qui pourrait rendre suspect leur désintéressement et leur dévouement à la chose publique, et, dans leur vie privée, donner l'exemple de la plus scrupuleuse probité et de la plus pure moralité? Noblesse oblige, disait-on autrefois; magistrature oblige, devraient dire tous les amis de la vraie démocratie. Le pouvoir, a dit justement un ancien, est comme un poste élevé où l'on doit d'autant plus se surveiller soi-même que l'on est plus en vue et que l'on sert en quelque sorte d'exemple aux autres.

JULES BARNI.

1. *De Calvin.* Il s'agit ici de la réglementation minutieuse imposée par Calvin à la ville de Genève. *Lycurgue* avait été le législateur de Sparte.

LIVRE VII

LE SENTIMENT RELIGIEUX

253. L'être nécessaire.

Il y a dans la constitution de notre esprit une faculté, une force, un instinct, appelez-le du nom que vous voudrez, une nécessité, qui nous impose l'idée de Dieu. Il nous faut [1], pour la création, un créateur, pour l'être visible qui nous enveloppe, pour la vie dont le tourbillon nous entraîne, une origine, une source.

Pour comprendre le plan grandiose de l'univers, cette intelligence qui pense, qui éclate, qui éblouit dans l'ensemble comme dans les plus minces détails de la nature, cette harmonie que la science révèle, si riche dans ses combinaisons et si simple dans ses éléments, il nous faut une intelligence ordonnatrice, une raison, une sagesse.

Il nous faut, pour ces lois graves, immuables, universelles, qui sont l'orbite où les choses se plient, une loi première, une volonté.

Adorateurs, prophètes et ouvriers du progrès, quand nous voyons le monde marcher dans une ligne parfois brisée, mais qui toujours se redresse et se prolonge dans le même sens, quand nous voyons l'humanité s'élever de degré en degré depuis les plus basses fosses de l'animalité jusqu'aux sommets de la raison, quand nous appelons de tous les cris de notre âme et que nous préparons de toutes les forces de notre volonté l'ère meilleure, l'avenir enchanté, le temps de la justice, de la lumière, de la paix, de la fraternité, quand nous faisons appel à la liberté pour y atteindre, parce qu'elle seule peut développer les énergies de la nature humaine qui sont toutes faites pour concourir à ce résultat, — bref, quand nous voulons le progrès, que nous l'annonçons, que nous nous y dévouons, — nous voyons, nous montrons, nous prêchons Dieu.

Car ce sont deux idées parallèles, deux mots synonymes, une seule et même notion. Le progrès, c'est la direction voulue des choses vers un but assigné d'avance et par des chemins qui n'égarent pas. Nous qui croyons au progrès, nous ne croirions pas à Dieu ?

Si donc il est vrai que, pour notre intelligence bornée, l'existence de Dieu soit difficile à admettre, impossible à démontrer, que notre esprit s'y heurte à mille obstacles insurmontables, si, selon le mot de Pascal, il est incompréhensible que Dieu soit, — il est incompréhensible aussi, comme il dit, et plus encore, que Dieu ne soit pas. Notre intelligence, qui ne le comprend pas, ne peut s'en passer; où qu'elle se porte, elle le rencontre; il est au bout de toutes les avenues, au fond de toutes les découvertes. Appelez-le science, raison, progrès, — c'est encore Dieu.

∗∗∗

1. *Il nous faut*, c'est à dire, la constitution de notre esprit est telle qu'il exige, pour tout effet, une cause qui lui soit adéquate. C'est un des postulats, un des axiomes de la raison.

---

254. L'être parfait.

... Chaque fois que j'envisage ainsi mon être comme radicalement incomplet et incapable d'exister par soi, je vois apparaître, dans mon âme, l'idée de l'être parfait. Je le conçois comme accompli dans toutes les puissances infinies de son être. Tandis que je fais effort, à travers la durée qui s'écoule, pour rassembler les fragments dispersés de ma vie et réaliser imparfaitement quelques-unes de mes puissances[1], lui, concentré dans un présent immuable, jouit de la plénitude absolue de son être éternellement épanoui.

Je trouve partout des limites, soit dans les êtres qui m'entourent et me pressent, soit dans le nombre, la forme et le degré de mes puissances. Il est, lui, l'être sans limites, l'être unique en son genre, l'être à qui rien ne peut manquer. Toutes les puissances de la vie sont en lui, tant celles que je connais que celles en nombre infini dont je n'ai aucune idée. Inégales et bornées dans les êtres incomplets, elles y sont en proie à la lutte, à la négation, au désaccord. En lui tout est infini, positif, plein, égal, unique, harmonieux. Cette plénitude, cette harmonie, cette unité de toutes les puissances de l'être, voilà le bien suprême, voilà le beau absolu, voilà l'être des êtres, voilà Dieu.

Cette idée de l'être parfait me ravit. Qu'elle est vaste et sublime! Mais n'est-elle pas trop loin de moi? tant s'en faut; elle en est aussi près que possible. Plongé dans le mouvement des choses qui passent, je puis me laisser un instant séduire à leur attrait; je puis, amoureux de moi-même, être quelquefois ébloui, enivré du sentiment de mon énergie, mais c'est que je ne regarde qu'à la surface. Dès que je rentre en moi, dès que je m'examine dans mon fond, je suis épouvanté de la faiblesse, de l'inconsistance, de l'incurable fragilité de mon être et je sens qu'il s'évanouirait s'il n'était appuyé sur l'être véritable. Il n'y a là aucun effort de l'esprit, aucun circuit de la pensée, aucun raisonnement; il y a un élan soudain, spontané, irrésistible de mon âme imparfaite se rapportant à son principe éternel, se sentant être et vivre par lui.

E. Saisset.

1. *Mes puissances*, mes facultés, les germes des forces qui sont en moi.

---

255. Dieu dans le monde et dans l'homme.

Salut, principe et fin de toi-même et du monde !
Toi qui rends d'un regard l'immensité féconde,
Ame de l'univers, Dieu, père, créateur,
Sous tous ces noms divers je crois en toi, Seigneur ;
Et, sans avoir besoin d'entendre ta parole,
Je lis au front des cieux ton glorieux symbole.
L'étendue à mes yeux révèle ta grandeur ;
La terre, ta bonté ; les astres, ta splendeur.
Tu t'es produit toi-même en ton brillant ouvrage.
L'univers tout entier réfléchit ton image,
Et mon âme à son tour réfléchit l'univers.
Ma pensée, embrassant tes attributs divers,
Partout autour de toi te découvre et t'adore,
Se contemple soi-même, et t'y découvre encore :
Ainsi l'astre du jour éclate dans les cieux,
Se réfléchit dans l'onde et se peint à mes yeux.
C'est peu de croire en toi, bonté, beauté suprême.
Je te cherche partout, j'aspire à toi, je t'aime !
Mon âme, pur rayon de lumière et d'amour
De son foyer divin détaché pour un jour,
De désirs dévorants loin de toi consumée,
Brûle de remonter à sa source enflammée.
Je respire, je sens, je pense, j'aime en toi !
Ce monde qui te cache est transparent pour moi ;
C'est toi que je découvre au fond de la nature,
C'est toi que je bénis dans toute créature.
Pour m'approcher de toi j'ai fui dans ces déserts :
Là, quand l'aube, agitant son voile dans les airs,
Entr'ouvre l'horizon qu'un jour naissant colore,
Et sème sur les monts les perles de l'aurore,
Pour moi c'est ton regard qui, du divin séjour,

S'entr'ouvre sur le monde et lui répand le jour.
Quand l'astre à son midi, suspendant sa carrière,
M'inonde de chaleur, de vie et de lumière,
Dans ses puissants rayons qui raniment mes sens,
Seigneur, c'est ta vertu, ton souffle que je sens.
Et quand la nuit, guidant son cortège d'étoiles,
Sur le monde endormi jette ses sombres voiles,
Seul, au sein du désert et de l'obscurité,
Méditant de la nuit la douce majesté,
Enveloppé de calme, et d'ombre, et de silence,
Mon âme de plus près adore ta présence;
D'un jour intérieur je me sens éclairer,
Et j'entends une voix qui me dit d'espérer.
Oui, j'espère, Seigneur, en ta magnificence :
Partout à pleines mains prodiguant l'existence,
Tu n'auras pas borné le nombre de mes jours
A ces jours d'ici-bas, si troublés et si courts.
Je te vois en tous lieux conserver et produire :
Celui qui peut créer dédaigne de détruire.
Témoin de ta puissance et sûr de ta bonté,
J'attends le jour sans fin de l'immortalité !

A. DE LAMARTINE.

256. Le mystère de la vie.

Qu'est-ce donc que ma substance, ô grand Dieu ? J'entre dans la vie pour en sortir bientôt ; je viens me montrer comme les autres : après, il faudra disparaître. Tout nous appelle à la mort : la nature, comme si elle était presque envieuse du bien qu'elle nous a fait, nous déclare souvent et nous fait signifier qu'elle ne peut pas nous laisser longtemps ce peu de matière qu'elle nous prête, qui ne doit pas demeurer dans les mêmes mains, et qui doit être éternellement dans le commerce[1] ; elle en a besoin pour d'autres formes, elle la redemande pour d'autres ouvrages.

Cette recrue continuelle du genre humain, je veux dire les enfants qui naissent, à mesure qu'ils croissent et qu'ils s'avancent, semblent nous pousser de l'épaule et nous dire : Retirez-vous, c'est maintenant notre tour. Ainsi comme nous en voyons passer d'autres devant nous, d'autres nous verront passer, qui doivent à leurs successeurs le même spectacle. O Dieu ! encore une fois, qu'est-ce que de nous ? Si je jette la vue devant moi, quel espace infini où je ne suis pas ! Si je la retourne en arrière, quelle suite effroyable où je ne suis plus ! et que j'occupe peu de place dans cet abîme immense du temps ! Je ne suis rien ; un si petit intervalle n'est pas capable de me distinguer du néant ; on ne m'a envoyé que pour faire nombre ; encore n'avait-on que faire de moi, et la pièce n'en aurait pas moins été jouée, quand je serais demeuré derrière le théâtre.

BOSSUET.

1. *Dans le commerce*, dans la circulation universelle : la matière passe incessamment d'un corps à un autre, d'une forme à une autre, subit de constantes modifications ; la mort ne désagrège les éléments que pour que la vie les reconstitue ailleurs et autrement.

---

257. L'adoration.

En pensant à un tel être (à Dieu), l'homme éprouve un sentiment qui est le sentiment religieux par excellence. Tous les êtres dont nous approchons éveillent en nous des sentiments divers, suivant les qualités que nous y apercevons, et celui qui possède toutes les perfections n'exciterait en nous aucun sentiment particulier ! Pensons-nous à l'essence infinie de Dieu, nous pénétrons-nous de sa toute-puissance, nous rappelons-nous que la loi morale exprime sa volonté et qu'il a attaché à l'accomplissement et à la violation de cette loi des récompenses et des peines dont il dispose avec une justice inflexible, nous ne pouvons nous défendre d'une émotion de respect, et de crainte à l'idée d'une pareille grandeur. Puis, si nous venons à considérer que cet être tout-puissant a bien voulu nous créer, nous dont il n'a aucun besoin, qu'en nous créant il nous a comblés de bienfaits, qu'il nous a donné cet univers pour jouir de ses beautés toujours nouvelles, la société pour agrandir notre vie dans celle de nos semblables, la raison pour penser, le cœur pour aimer, la liberté pour agir; sans disparaître, le respect et la crainte se teignent d'un sentiment plus doux, celui de l'amour. L'amour, quand il s'applique à des êtres faibles et bornés, nous inspire de leur faire du bien; mais en lui-même il ne se propose pas l'avantage de la personne aimée; on aime un objet beau ou bon, parce qu'il est tel, sans regarder d'abord si cet amour peut être utile à son objet ou à nous-mêmes. A plus forte raison, l'amour, quand il remonte jusqu'à Dieu, est un pur hommage rendu à ses perfections : c'est l'épanchement naturel de l'âme vers un être infiniment aimable.

Le respect et l'amour composent l'adoration. L'adoration est un sentiment universel : il diffère en degrés selon les diverses natures; il prend les formes les plus diverses; souvent même il s'ignore lui-même; tantôt il se trahit par une expression partie du cœur dans les grandes scènes de la nature et de la vie; tantôt il s'élève silencieusement dans l'âme muette et pénétrée; il peut s'égarer dans son expression, dans son objet même; mais au fond il est toujours le même. C'est un élan de l'âme spontané, irrésistible; et quand la raison s'y applique, elle le déclare juste et légitime. Quoi de plus juste en effet que de redouter les jugements de celui qui est la sainteté même, qui connaît nos actions et nos intentions, et qui les jugera comme il convient à la suprême justice ? Quoi de plus juste aussi que

d'aimer la parfaite bonté et la source de tout amour?
L'adoration est d'abord un sentiment naturel : la raison en fait un *devoir*.

VICTOR COUSIN [1].

1. *Œuvres*, Perrin et Cie, éditeurs.

258. L'immortalité.

Ne dites pas : mourir, dites : naître[1]. Croyez.
On voit ce que je vois et ce que vous voyez;
On est l'homme mauvais que je suis, que vous êtes;
On se rue aux plaisirs, aux tourbillons, aux fêtes;
On tâche d'oublier le bas, la fin, l'écueil,
La sombre égalité du mal et du cercueil,
Quoique le plus petit vaille le plus prospère;
(Car tous les hommes sont les fils du même père;
Ils sont la même larme et sortent du même œil[2]);
On vit, usant ses jours à se remplir d'orgueil;
On marche, on court, on rêve, on souffre, on penche,
[on tombe,
On monte. Quelle est donc cette aube? C'est la tombe.
Où suis-je? Dans la mort. Viens[3]. Un vent inconnu
Vous jette au seuil des cieux. On tremble. On se voit nu,
Impur, hideux, noué de mille nœuds funèbres,
De ses torts, de ses maux honteux, de ses ténèbres;
Et soudain on entend quelqu'un dans l'infini
Qui chante, et par quelqu'un on sent qu'on est béni,
Sans voir la main d'où tombe à notre âme méchante
L'amour, et sans savoir quelle est la voix qui chante.
On arrive homme, deuil, glaçon, neige; on se sent
Fondre et vivre; et d'extase et d'azur s'emplissant,
Tout notre être frémit de la défaite étrange
Du monstre[4] qui devient dans la lumière un ange.

VICTOR HUGO.

1. *Naître.* C'est à dire que la mort n'est pas une fin, mais un commencement, la naissance à une vie nouvelle.

2. *Du même œil.* L'image est étrange. La pensée du poète est que l'homme est une créature vouée à la misère, qui inspire de la compassion au Créateur lui-même.

3. *Viens.* C'est la voix divine qui appelle l'homme hors de la tombe.

4. *Du monstre :* c'est l'homme, avec ses maux et ses vices, mais transfiguré par la mort et par l'éternité.

---

259. Une preuve de l'immortalité personnelle.

La souffrance humaine, celle qu'on pénètre dans toute son étendue, celle qu'on accepte dans toute son horreur, celle qui arrive non seulement imméritée, mais comme infligée au mérite dans ces conflits de la vie où le bon droit succombe, voilà vraiment le gage de l'immortalité. Que d'existences qui contiennent à elles seules une infaillible promesse de la vie future ! N'allez pas dire que la vie future est un rêve à cette jeune fille qui a donné à ce travail ingrat, dont elle meurt, chaque minute d'une existence déshéritée, dans un coin oublié d'une froide maison. N'allez pas le dire à ce pauvre infirme, sur ce grabat où la misère l'a jeté et où son âme poursuit l'espérance dans quelques mots divins. Ne le dites pas non plus à ce juste trahi par le hasard ou vaincu par la force, et qui voit son droit périr entre ses mains brisées. Ces douleurs, ces misères, ces ignorances, ces cœurs glacés par une vie plus froide que la mort, ces courages trahis, ces justes causes abattues, tout cela forme un cri déchirant et sublime de l'humanité vers un monde mystérieux. Ne faites pas mourir deux fois ces vaincus de la grande lutte humaine, ces blessés de la vie, en leur fermant ce refuge. Et ce n'est pas le bienfait d'une belle chimère que je réclame pour eux, non, c'est le droit offensé, c'est la dignité de l'humanité violée dans leur personne qui impose à Dieu cette réparation. Que sont nos théorèmes métaphysiques, nos abstractions laborieuses, nos efforts dialectiques auprès de cette simple philosophie de la prière et de la douleur, de la résignation et de l'espérance, éternelle comme le gémissement de l'humanité ?

CARO.

260. Dieu n'est pas insolvable.

Ah ! la réalité, c'est un paiement sublime[1].
Je suis le créancier tranquille de l'abîme ;
Mon œil ouvert d'avance attend les grands réveils.
Non, je ne doute pas du gouffre des soleils !
Moi, croire vide l'ombre où je vois l'astre éclore !
Quoi, le grand azur noir, quoi, le puits de l'aurore
Serait sans loyauté, promettrait sans tenir !
Non, d'où sort le matin sortira l'avenir :
La nature s'engage envers la destinée ;
L'aube est une parole éternelle donnée.
Les ténèbres là-haut éclipsent les rayons ;
C'est dans la nuit qu'errants et pensifs, nous croyons ;
Le ciel est trouble, obscur, mystérieux ; qu'importe !
Rien de juste ne frappe en vain à cette porte.
La plainte est un vain cri, le mal est un mot creux :
J'ai rempli mon devoir, c'est bien, je souffre heureux.
Car toute la justice est en moi[2], grain de sable.
Quand on fait ce qu'on peut, on rend Dieu responsable ;
Et je vais devant moi, sachant que rien ne ment,
Sûr de l'honnêteté du profond firmament !
Et je crie : Espérez ! à quiconque aime et pense ;
Et j'affirme que l'Être inconnu qui dépense,
Sans compter, les splendeurs, les pleurs, les univers,
Et, comme s'il vidait des sacs toujours ouverts,
Les astres, les saisons, les vents, et qui prodigue
Aux monts perçant la nue, aux mers rongeant la digue,

Sans relâche, l'azur, l'éclair, le jour, le ciel ;
Que celui qui répand un flot torrentiel
De lumière, de vie et d'amour dans l'espace ;
J'affirme que celui qui ne meurt ni ne passe,
Qui fit le monde, un livre où le prêtre a mal lu,
Qui donne la beauté pour forme à l'absolu,
Réel malgré le doute et vrai malgré la fable[3],
L'éternel, l'infini, Dieu — n'est pas insolvable.

VICTOR HUGO.

1. *Un paiement sublime.* Le poète veut dire que la nature tout entière est une promesse et un engagement de Dieu vis-à-vis des hommes. Il a répandu sur l'univers trop de beauté et de splendeur, il a fait naître dans le cœur de l'homme trop d'espérances, il a inscrit dans sa conscience des lois trop justes et trop évidentes pour laisser son œuvre inachevée : il ne fera pas banqueroute à l'humanité qui compte sur lui.

2. *Toute la justice est en moi :* la conscience de l'homme porte en elle le sentiment absolu de la justice, quelque chétif qu'il paraisse, et indépendamment des accidents de sa vie.

3. *Malgré le doute, malgré la fable.* Dieu est une réalité malgré les doutes dont son existence est l'objet, il est la vérité malgré les mythologies qui défigurent son image.

---

261. La foi.

... Pour percer quelque peu les mystères de la vie à venir, nous ne connaissons qu'une ressource : la foi. Ne vous récriez pas. La foi est le dernier mot de la recherche et le plus haut degré de la raison. Mais quelle foi ? Celle qui exprime la confiance de l'esprit humain dans l'ordre et l'harmonie de la nature ; celle qui, sous les phénomènes, cherche les règles, dans les accidents suppose les lois, derrière le hasard apparent entrevoit l'intelligence directrice ; celle qui se range[1] au plan général de la création ; celle qui croit que toutes choses ont une raison d'être et se dirigent vers un but.

Si nous n'avions cette foi dans la sagesse créatrice, dans la régularité des lois, dans la raison qui préside au monde, nous ne pourrions plus ni penser, ni agir, ni prévoir. Elle est le fondement de la science, de la morale, de toute l'activité humaine. Supprimez-la, et tout aiguillon manque à nos meilleures facultés. Nous serions inertes, indifférents, sans curiosité, sans courage. Nous n'oserions plus bouger. Nous sentant le jouet de puissances folles, aveugles, déréglées, qui tromperaient à chaque instant notre attente et nos calculs par leurs bonds imprévus, nous ne serions plus capables que de demeurer immobiles au milieu de cette saturnale et d'ouvrir des yeux effarés.

Mais il n'en est pas ainsi. Nous sommes curieux, nous étudions, nous voulons nous instruire, nous cherchons, parce que nous ne doutons pas de l'enchaînement continu, de la merveilleuse agilité et habileté des forces de la nature. Nous sommes moraux, parce que nous reconnaissons une loi supérieure, un idéal auquel nous soumettons et adaptons nos sentiments et nos mœurs. Nous travaillons en vue de l'avenir, parce que nous savons avec quel ordre grave et sûr il se déroule, parce que nous comptons qu'il répondra à nos efforts, qu'il fera germer notre moisson, et que nous récolterons, en tout domaine, ce que nous aurons semé.

1. *Se range*, se soumet.

---

262. Consolation à un père.

Ta douleur, Du Périer, sera donc éternelle,
    Et les tristes discours[1]
Que te met en l'esprit l'amitié paternelle
    L'augmenteront toujours ?

Le malheur de ta fille au tombeau descendue
    Par un commun trépas [2],
Est-ce quelque dédale où ta raison perdue
    Ne se retrouve pas?
Je sais de quels appas son enfance était pleine,
    Et n'ai pas entrepris,
Injurieux ami [3], de soulager ta peine
    Avecque son mépris.
Mais elle était du monde où les plus belles choses
    Ont le pire destin,
Et rose, elle a vécu ce que vivent les roses,
    L'espace d'un matin.
La mort a des rigueurs à nulle autre pareilles ;
    On a beau la prier :
La cruelle qu'elle est se bouche les oreilles
    Et nous laisse crier.
Le pauvre en sa cabane où le chaume le couvre,
    Est sujet à ses lois ;
Et la garde qui veille aux barrières du Louvre
    N'en défend point nos rois.
De murmurer contre elle et perdre patience
    Il est mal à propos ;
Vouloir ce que Dieu veut est la seule science
    Qui nous met en repos [4].

MALHERBE.

1. *Discours* que l'on se tient à soi-même, réflexions, méditations.

2. *Un commun trépas.* La mort est une aventure commune à tous les hommes.

3. *Injurieux ami*, s'applique à Malherbe, non à Du Périer. Je ne veux pas être un ami qui te ferait injure en te disant que la perte est de peu d'importance. *Avec son mépris*, en rabaissant ta fille, en parlant d'elle avec dédain.

4. Ces stances ont été adressées par Malherbe en 1607 à son ami François Du Périer, gentilhomme provençal. Nous en avons retranché plusieurs qui contiennent des longueurs inutiles et parfois d'un goût douteux. Le trait final est d'une grande beauté et couronne dignement cette page.

263. La reconnaissance.

Celui-là[1], peu importe son nom, n'est pas né dans les rangs des heureux. Une fée n'est pas venue au chevet de sa mère sourire à sa naissance. Il n'a pas trouvé sur sa nappe le myrte et la palme[1], le jour où il a pris place au banquet de l'homme. Il n'a pas recueilli dès le premier pas, au premier hymne tombé de sa lèvre, le murmure et l'applaudissement de la multitude. Il n'a pas marché dans la vie au milieu des pluies de fleurs et des parfums de la gloire.

Loin de là. Il vint au monde sous un toit battu du vent de l'adversité, et le premier baiser de sa mère l'a marqué peut-être pour le reste de sa vie d'une mystérieuse pâleur. Pour lui, point de sillon dans la plaine, point de ceps sur le coteau. Prolétaire de la pensée, il a fait rudement son chemin. A chaque pas il a heurté un obstacle et le passant l'a repoussé du coude dans la cohue. Il a vécu au jour le jour, et le soir, penché sur son foyer éteint, il a cherché dans une muette angoisse le secret du lendemain. Il a vu tomber autour de lui plus d'une tête chère dans le guet-apens de la mort, et l'herbe pousse sur une part sacrée de son existence[3].

Et pourtant, malgré la sévérité, la perfidie même de sa destinée, il n'ira pas couvrir ses cheveux de cendre ni tourner sa tête aux deux pôles de l'univers pour lancer l'anathème au midi et au septentrion. Il sait que si Dieu envoie la colère de la tempête à la terre, il y envoie aussi le sourire du printemps. Il sait que si l'épine rampe sur la vipère, la rose verse dans la brise le baume de son haleine ; que si l'euphorbe distille le poison, le pampre[4] distille au soleil un éternel philtre de jeunesse, que si le désert trompe la soif du voyageur, la source coule à plein bord de l'autre côté de l'horizon ; que si la nature magnanime en un mot a imposé à l'humanité, dès l'origine, la condition austère du travail, elle a répandu partout, pour la récompense du travailleur, une grâce, une joie, une fête, une volupté du cœur ou de la pensée.

Il croirait donc blasphémer le Dieu de toute bonté si, oubliant le bien pour le mal, il répondait au bienfait par un gémissement. La parole tarirait plutôt sur sa lèvre que de tomber dans une pareille ingratitude. Ah! bien au contraire, il remercie le créateur de sa munificence, et il lui dit du fond du cœur dans l'effusion d'un religieux attendrissement :

« Je te bénis de m'avoir appelé devant ta face à contempler la majesté ineffable de ta création, et n'aurais-je vu de cet univers que la nuit étoilée, et soupçonné l'infini caché derrière ce voile de splendeur, que pour cet unique quart d'heure d'existence en toi, je te bénirais encore ; je te bénis d'avoir donné à l'homme le soleil, le rayon, la rosée, la flamme, le fer, le marbre, l'épi, la soie, le chanvre, la figue, l'olive, la manne inépuisable, de toute saveur et de toute couleur, flottante à la brise à la branche du verger. Je te bénis, enfin, de lui avoir donné de surcroît le cœur et l'intelligence pour sentir et comprendre toute chose, bien plus encore, le cœur et l'intelligence de l'humanité tout entière, incarnés dans l'art et dans la science, et, pour cela, d'avoir marqué mon heure à cette date du dix-neuvième siècle, la plus grande et la plus belle de l'histoire, malgré ses apparences de troubles et de défaillances, et de m'avoir permis ainsi de vivre de sa puissante vie et de vibrer de son profond enthousiasme. J'ai aimé, j'ai été aimé; j'ai connu le beau, j'ai senti le bien, j'ai porté témoignage de la vérité dans tous les souffles de l'atmosphère ; j'ai mis ma main dans la main des forts; j'ai pris parti pour les grandes idées, donné ma tête en gage aux nobles œuvres de l'humanité. Le crépuscule maintenant peut venir. Que le moment de descendre l'autre pente de la colline sonne quand il voudra. Gloire à Dieu. J'ai eu ma part, je puis mourir. »

EUGÈNE PELLETAN.

1. *Celui-là* : un homme quelconque, un des pauvres, un des déshérités de ce monde. L'écrivain veut montrer que le plus humble, le plus obscur des hommes, quelques misères et quelques labeurs qu'il ait rencontrés dans sa vie, a encore d'innombrables motifs de reconnaissance.

2. *Le myrte et la palme*, allusion aux couronnes qui étaient réservées aux vainqueurs.

3. *L'herbe pousse*, etc. C'est la répétition sous une autre forme de la pensée précédente : il a vu mourir quelques-uns de ceux qu'il aimait.

4. *L'euphorbe*, plante qui produit un suc blanchâtre, âcre et corrosif. *Le pampre*, la vigne.

---

264. La source du bonheur.

Les riches et les puissants croient qu'on est misérable et hors du monde quand on ne vit pas comme eux ; mais ce sont eux qui, vivant loin de la nature, vivent hors du monde. Ils vous trouveraient[1], ô éternelle beauté, toujours ancienne et toujours nouvelle, ô vie pure et bienheureuse de tous ceux qui vivent véritablement ; s'ils vous cherchaient seulement au dedans d'eux-mêmes !

Si vous étiez un amas stérile d'or, ou un roi victorieux qui ne vivra pas demain, ou quelque femme attrayante et trompeuse, ils vous apercevraient et vous attribueraient la puissance de leur donner quelque plaisir. Votre nature vaine occuperait leur vanité. Vous seriez un objet proportionné à leurs pensées craintives et rampantes. Mais, parce que vous êtes trop au dedans d'eux, où ils ne rentrent jamais, et trop magnifique au dehors, où vous vous répandez dans l'infini, vous leur êtes un Dieu caché. Ils vous ont perdu en se perdant[2].

L'ordre et la beauté même que vous avez répandus sur toutes vos créatures, comme des degrés, pour élever l'homme à vous, sont devenus des voiles qui vous dérobent à leurs yeux malades. Ils n'en ont plus que pour voir des ombres. La lumière les éblouit. Ce qui n'est rien est tout pour eux ; ce qui est tout ne leur semble rien. Cependant qui ne vous voit pas n'a rien vu ; qui ne vous goûte point n'a jamais rien senti : il est comme s'il n'était pas, et sa vie entière n'est qu'un songe malheureux.

Moi-même, ô mon Dieu ! égaré par une éducation trompeuse, j'ai cherché un vain bonheur dans les systèmes des sciences, dans les armes, dans la faveur des grands, quelquefois dans de frivoles et dangereux plaisirs. Dans toutes ces agitations, je courais après le malheur, tandis que le bonheur était auprès de moi. Quand j'étais loin de ma patrie, je soupirais après des biens que je n'y avais pas ; et cependant vous me faisiez connaître les biens sans nombre que vous avez répandus sur toute la terre, qui est la patrie du genre humain. Je m'inquiétais de ne tenir ni à aucun grand, ni à aucun corps³ ; et j'ai été protégé par vous dans mille dangers où ils ne peuvent rien. Je m'attristais de vivre seul et sans considération ; et vous m'avez appris que la solitude vaut mieux que le séjour des cours, et que la liberté était préférable à la grandeur... Je n'ai cessé d'être heureux que quand j'ai cessé de me fier à vous !

BERNARDIN DE SAINT-PIERRE.

1. *Ils vous trouveraient.* Vous, c'est à dire Dieu, « l'éternelle beauté, la vie pure et bienheureuse. » *Si vous étiez...* Vous, c'est le même sujet : Dieu.

2. *En se perdant,* en perdant leur être véritable dans des futilités, dans de vains plaisirs.

3. *A aucun grand.* Au dix-huitième siècle, la société était encore organisée de telle sorte qu'il semblait indispen-

sable, pour réussir, de s'attacher à la personne de quelque grand seigneur. A *aucun corps* constitué: l'Église, la magistrature, l'Académie, etc.

265. La joie religieuse.

Assurément il y a de la joie dans la réussite des projets terrestres. Il y a de la joie pour le misérable qui remplit d'or sa main frémissante et pour le fou qui gagne au jeu. Mais après? Son désir est assouvi et la pauvreté envahit son âme.

Il est délicieux de prendre part aux fêtes de la terre, ce voile derrière lequel Dieu cache la splendeur de sa face, de s'enivrer du parfum des fleurs, du chant des oiseaux, du bourdonnement des abeilles, des murmures sourds de l'Océan, du vent d'été qui souffle le soir à travers les sapins, du frais ruisseau qui court, des collines qui ondulent et se déroulent toutes gracieuses; et la grandeur des forêts vierges, la majesté de la montagne, la beauté virginale du matin, la grâce maternelle du soir, les pompes sublimes et mystiques de la nuit, les muettes sympathies de la nature : ô que tout cela est beau!

Il y a de la joie, certainement il y a de la joie pour le génie quand la pensée fond sur lui comme un soleil tropical qui déchire un nuage; quand de longues séries d'idées se déroulent à travers son âme comme des orbes constellés devant l'œil d'un ange; quand de sublimes idées et des mots brûlants volent à son cœur; quand la nature lui dévoile un de ses secrets, qu'une de ses grandes lois perce tout à coup à l'esprit d'un Newton et que le chaos se transforme en lumière. A l'heure de l'inspiration, lorsque la joie du génie est en lui, c'est alors que l'enfant du ciel goûte de divines délices et sympathise avec la vérité.

Il est une bénédiction plus paisible et encore supérieure : c'est quand un cœur communie avec un cœur, quand deux âmes s'unissent en une seule, comme deux gouttes de rosée sur une rose, reflétant le ciel dans leur petite sphère ; quand l'amour pur transforme deux âmes, une âme d'homme et une âme de femme, l'une à l'image de l'autre ; quand un seul cœur bat dans deux poitrines, qu'un seul esprit parle avec deux langues, qu'une même âme parle dans deux regards... Il y a un ravissement profond, serein, pénétrant jusqu'au fond du cœur, qui tient à ce mystérieux sentiment réciproque de deux âmes et qui dépasse de bien haut les froides sympathies de la nature aussi bien que la joie extatique mais courte du génie en ses jours de bonheur.

Mais la joie religieuse est plus encore que chacune de ces joies et que toutes ensemble. L'assurance heureuse qui remplit alors le cœur, le sentiment de la confiance, le repos en Dieu, la paix débordant l'âme, l'harmonie universelle, l'infini au-dedans, la sympathie avec l'âme universelle, voilà un bonheur que les mots ne peuvent décrire. Celui-là seulement le connaît qui l'a goûté. La langue même d'un prophète ne saurait raconter ce qu'il en est, quand même un séraphin aurait touché ses lèvres avec le feu du ciel. Dans les grandes heures de la visitation du Dieu vivant, il semble qu'il n'y a plus de pensée distincte. Le flot de la vie universelle passe à travers l'âme. La pensée de soi-même a disparu. On se soucie peu d'être roi ou paysan, d'être père ou enfant. On est un avec Dieu et Dieu est tout en tous. Ni la beauté de la nature, ni la joie du génie, ni le doux bruit de deux cœurs à l'unisson, qui font en battant une si suave musique, rien de tout cela ne peut égaler la joie de l'âme religieuse qui est une avec Dieu, et si pleine de paix qu'elle n'a plus même besoin de prier.

Cette joie, la plus profonde de toutes, ajoute un

charme nouveau à toutes les autres. La nature est transfigurée. Une vieille histoire raconte que le soleil levant, en tombant sur la statue de Memnon, éveillait des accords mystérieux dans cette poitrine de pierre. C'est ce que la religion fait à la nature. Du serpent qui reluit à la cataracte qui mugit, tout en elle parle de Dieu. Comme Jean, dans l'Apocalypse, on voit un ange dans le soleil. Les séraphins se suspendent aux fleurs. Dieu parle dans le moindre gazon qui frange le roc de la montagne. Alors le génie lui-même devient capable d'une félicité supérieure. Ses pensées acquièrent une splendeur nouvelle quand elles sont exposées à la lumière de la religion. Par elle aussi l'amitié et l'amour deviennent infinis. On aime Dieu en aimant son ami.

Telle est la joie que la religion procure, son repos éternel, son impérissable vie. Elle n'est pas l'effet du hasard. On la possède à la condition de demander et de travailler, de travailler et de demander. Elle n'est pas, comme d'autres dons, refusée à quelques-uns d'entre nous. La nature dit peu de choses au sourd, à l'aveugle, à l'ignorant. Tout homme n'a pas un génie et n'en a pas les joies. Bien peu trouvent un ami qui vaille pour eux le monde. Ces trois sympathies ne sont donc pas possibles à tous. Mais la joie de la religion, la plus profonde, la plus vraie, l'impérissable, la sympathie avec Dieu, est à la portée de tous ses enfants.

Th. Parker.

---

266. La foi en Dieu et la morale.

Si Dieu est une illusion, pourquoi la vertu ne serait-elle pas aussi une illusion ? Pour que je croie à la dignité et à l'excellence de mon âme et de celle des autres hommes, mes frères, il faut que je croie à un

principe suprême de dignité et d'excellence. Rien ne vient de rien. S'il n'y a nul être qui aime les hommes et qui m'aime moi-même, pourquoi suis-je tenu de les aimer? Si le monde n'est pas bon, s'il n'est pas fait pour le bien, si le bien n'est pas son origine et sa fin, qu'ai-je à faire ici-bas et que m'importe cette fourmilière dont je fais partie? Qu'elle se tire d'affaire comme elle pourra! Pourquoi me donner tant de mal pour si peu d'affaire? Supposez un sage citoyen, ami de la liberté civile et politique, et prêt à tout souffrir pour la procurer à son pays? Tant qu'il croira cette œuvre possible, la sagesse aussi bien que la vertu lui commandera de s'y consacrer tout entier. Mais que l'expérience vienne à lui démontrer qu'une telle œuvre est une chimère, que ses concitoyens sont trop lâches ou trop vicieux pour être dignes et capables du bien qu'il veut leur assurer; supposez qu'il ne voie partout autour de lui que cupidité, servilité, passions effrénées et odieuses, enfin qu'il arrive à la conviction que la liberté, parmi les hommes ou du moins chez un tel peuple, est une illusion, croit-on qu'il pourra, croit-on même qu'il devra continuer de consumer ses forces à une œuvre impossible? Encore une fois je puis et je dois m'oublier moi-même et laisser à l'éternelle justice ou à la divine bonté le soin de veiller à mes destinées; mais ce que je ne puis oublier, ce qui ne peut me laisser indifférent, c'est le règne de la justice dans le monde. Il faut que je puisse dire: « *Adveniat regnum tuum*[1] ». Comment le pourrais-je, s'il n'y a pas un Père qui, en nous confiant le soin de faire arriver son règne, l'a rendu au moins possible en faisant le monde? Et comment dois-je croire que, de ce grand vide où l'on veut nous réduire, il puisse sortir un règne de volontés saintes et justes liées entre elles par les lois du respect et de l'amour? Kant, le grand stoïcien, a plus fermement que personne décrit la nécessité de ce règne de la loi, sans rien emprunter aux raisons théologiques ; mais il a compris que cet ordre abstrait et idéal resterait une pure conception, s'il ne s'y joignait ce qu'il appelle avec raison « la foi pratique, la foi morale » à l'existence de Dieu.

P. JANET.

1. *Regnum tuum.* Que ton règne vienne. C'est la première demande de l'Oraison dominicale.

---

267. Religion et moralité.

La religion la plus pure est celle qui fait du sacrifice de nos passions, et de l'accomplissement de nos devoirs, un hommage continuel à l'Être suprême. La moralité de l'homme est son culte envers Dieu[1] : c'est dégrader l'idée que nous avons du Créateur que de lui supposer, dans ses rapports avec la créature, une volonté qui ne soit pas relative à son perfectionnement intellectuel. La paternité, cette noble image d'un maître souverainement bon, ne demande rien aux enfants que pour les rendre meilleurs ou plus heureux ; comment donc s'imaginer que Dieu exigerait de l'homme ce qui n'aurait pas l'homme même pour objet[2].

Madame DE STAEL.

1. *Son culte envers Dieu.* Le vrai culte que l'homme doit à Dieu et celui que Dieu lui demande, c'est la moralité, c'est une vie pure, conforme aux lois de la conscience. Toute forme de culte qui ne tend pas à ce résultat est vaine.
2. *L'homme même pour objet.* C'est l'idée contenue dans la parole célèbre : « Le sabbat est fait pour l'homme, et non pas l'homme pour le sabbat. » (Marc, II, 27.)

268. Le vrai culte.

Ecoutez la parole de Jéhovah, chefs de Sodome[1] !
Prêtez l'oreille à l'enseignement de notre Dieu, peuple !
Qu'ai-je à faire de la multitude de vos sacrifices ? dit
[Jéhovah.
Je suis rassasié des holocaustes de béliers
Et de la graisse des veaux[2].
Au sang des taureaux, des agneaux et des boucs
Je ne prends point plaisir.
Quand vous venez vous présenter devant moi,
Qui vous demande de profaner mes portiques ?
Cessez d'apporter des offrandes menteuses.
J'ai en horreur encens, nouvelles lunes,
Sabbats, convocations d'assemblée.
Je ne puis supporter forfaits et fêtes[3].
Je hais vos nouvelles lunes et vos convocations solen-
[nelles ;
Elles me sont à charge ; je suis las de les endurer.
Quand vous étendez les mains, je détourne mes yeux
[de vous ;
Quand vous multipliez vos prières, je ferme les oreilles :
Vos mains sont pleines de sang.
Lavez-vous ; purifiez-vous ;
Éloignez de mes yeux la méchanceté de vos actions ;
Cessez de mal faire, apprenez à bien faire ;
Recherchez la justice, relevez l'opprimé,
Faites droit à l'orphelin, défendez la veuve ;
Puis venez et plaidons[4], dit Jéhovah.
Si vos péchés sont comme l'écarlate,
Ils blanchiront comme la neige ;
S'ils sont rouges comme la pourpre,
Ils deviendront comme la laine des troupeaux.
Si vous êtes dociles et obéissants,
Vous mangerez les biens de la terre ;
Mais si vous êtes indociles et rebelles,

Vous serez dévorés par le glaive :
Car la bouche de Jéhovah a parlé !

ISAÏE (I, 10 à 20).

1. *Chefs de Sodome.* Cette parole s'adresse aux chefs d'Israel. Sodome est le nom d'une ville réputée pour les crimes qui ont causé sa perte. Cette appellation est ici une injure voulue, destinée à réveiller et à faire bondir les consciences.

2. *De la graisse des veaux.* Les Israélites croyaient être agréables à leur Dieu en offrant d'innombrables sacrifices d'animaux sur ses autels. C'était là une erreur profonde : ce que Dieu demande à ses adorateurs, dit le prophète, ce sont des mains pures, c'est une conscience droite, ce sont des sentiments et des actes de justice et de charité.

3. *Forfaits et fêtes.* Je ne puis supporter que vous mêliez ensemble vos mauvaises actions et vos cérémonies religieuses, vous figurant sans doute que les unes effacent ou compensent les autres. *Les nouvelles lunes, sabbats,* etc. sont les fêtes religieuses mensuelles, hebdomadaires ou autres.

4. *Plaidons ;* c'est à dire qu'alors seulement vous pourrez plaider votre cause devant moi et obtenir de moi pardon, bienveillance et faveurs.

269. Bienfaits de la religion.

Oui, mon frère, la religion bien entendue et pratiquée avec un zèle éclairé ne peut manquer d'élever les vertus morales. Elle s'allie même avec les connaissances naturelles ; et quand elle est solide, les progrès de celles-ci ne l'alarment point pour ses droits. Quelque difficile qu'il soit de discerner les limites qui séparent l'empire de la foi de celui de la raison, le philosophe n'en confond pas les objets : sans aspirer au chimérique honneur de les concilier, en bon citoyen il a pour eux de l'attachement et du respect. Il y a de la philosophie à l'impiété aussi loin que de la religion au fanatisme ; mais du fanatisme à la barbarie il n'y a qu'un pas. Par *barbarie* j'entends, comme vous, cette sombre disposition qui rend un homme insensible aux charmes de la nature et de l'art, et aux douceurs de la société. En effet, comment appeler ceux qui mutilèrent les statues qui s'étaient sauvées des ruines de l'ancienne Rome, sinon des *barbares*? Et quel autre nom donner à des gens qui, nés avec cet enjouement qui répand un coloris de finesse sur la raison et d'aménité sur les vertus, l'ont émoussé, l'ont perdu, et sont parvenus, rare et sublime effort! jusqu'à fuir comme des monstres ceux qu'il leur est ordonné d'aimer? Je dirais volontiers que les uns et les autres n'ont connu de la religion que le *spectre*. Ce qu'il y a de vrai, c'est qu'ils ont eu des terreurs paniques, indignes d'elle; terreurs qui furent jadis fatales aux Lettres, et qui pouvaient le devenir à la religion même.

DIDEROT.

1. *En bon citoyen.* Diderot veut dire que les objets de la philosophie et de la religion touchent de trop près aux plus sérieux intérêts de l'homme et de la société pour qu'un bon citoyen ne les traite pas avec respect.

---

270. Les Esséniens.

Il y a parmi les Juifs trois différentes sectes qui font profession de l'amour de la sagesse. La première est des Pharisiens, la deuxième des Saducéens, et la troisième, qui paraît aussi la plus sainte et la plus austère, est de personnes que l'on nomme Esséniens[1], qui sont bien Juifs de nation, mais qui sont beaucoup plus étroitement liés ensemble par une affection mutuelle que ne le sont les autres.

Ils abhorrent toutes les voluptés et tous les plaisirs, comme mauvais et illégitimes, et ils tiennent comme une souveraine vertu parmi eux de ne se point laisser vaincre à leurs passions.

On voit dans leurs vêtements, dans leur visage, et dans tous leurs gestes la même simplicité et la même modestie que dans les enfants que l'on élève sous une étroite discipline.

Ils sont de très justes modérateurs de leur colère et savent tempérer leurs ressentiments. Ils sont fidèles dans leurs promesses et amateurs de l'union et de la paix.

La moindre parole qu'ils aient donnée leur est plus inviolable que ne sont aux autres tous les serments ; c'est pourquoi ils ne jurent point afin qu'on les croie, estimant que les jurements sont encore pires que les parjures ; car ils disent qu'un homme est déjà condamné de mensonge et de perfidie dans l'esprit de ceux qui le connaissent, lorsqu'on ne veut pas ajouter foi à ses paroles s'il ne prend Dieu à témoin pour persuader qu'elles sont sincères.

Ils méprisent toutes les adversités, et il n'y a point de douleur si grande, qu'elle ne cède à la grandeur de leur courage. Ils font plus d'état d'une mort belle et glorieuse que de l'immortalité même.

Ils ont leurs demeures dans les campagnes, et s'éloignent des villes le plus qu'ils peuvent, à cause des vices et des crimes qui y sont si ordinaires, sachant que la vie impure de ceux qui y demeurent est comme un air corrompu et pestiféré qui frappe l'âme de plaies mortelles et incurables.

Ils s'exercent, les uns dans l'agriculture, et les autres dans quelques métiers qui s'accordent avec le repos et leur solitude, travaillant ainsi pour leur utilité et pour celle de leur prochain, sans amasser des trésors d'or et d'argent, et sans posséder de grands fonds de terre pour en tirer des revenus ; mais se fournissant seulement des choses qui sont nécessaires à la vie. Car ils sont peut-être les seuls, entre tous les hommes, qui, demeurant pauvres et dénués de tout bien, plutôt par un dépouillement volontaire que par une indigence forcée, s'estiment très riches et très abondants en toute sorte de félicité, croyant, et certes avec grande raison, que celui-là possède beaucoup qui se contente de peu de choses.

L'on ne voit pas un seul esclave parmi eux ; mais étant tous également libres, ils se servent les uns les autres, et condamnent ceux qui possèdent des esclaves, non seulement comme injustes et ennemis de l'équité, mais même comme des impies et des destructeurs de la loi de la nature, laquelle, ayant engendré et nourri tous les hommes, ainsi que leur mère commune, les a rendus frères, et propres frères les uns des autres, non point seulement de nom, mais en effet et en vérité. Il n'y a donc, disent-ils, que la violente passion de dominer qui, n'ayant trouvé aucun obstacle à ses malheureux desseins, a rompu les nœuds de cette alliance sacrée, et a fait succéder le désordre à l'union, et l'inimitié à l'amour.

Quant à la philosophie, ils en laissent la logique et la physique.; mais ils se réservent la morale, et s'y exercent avec un soin tout particulier, prenant pour guide et pour maitresses les lois qu'ils ont reçues de leurs pères, dont ils croient qu'il est impossible à l'esprit humain de comprendre la sublimité, s'il n'est rempli d'une lumière toute divine.

Ils sont instruits dans la sainteté, dans la justice, dans la science de bien gouverner les familles et les républiques ; dans la connaissance de ce qui est véritablement bon, de ce qui est véritablement mauvais, et de ce qui est indifférent dans la pratique des choses honnêtes, et dans la suite de celles qui leur sont contraires, apprenant à se conduire sur trois principes ou sur trois règles fondamentales: l'amour de Dieu, l'amour de la vertu et l'amour du prochain.

PHILON.
(traduit par Racine).

1. *Esséniens.* C'est une secte juive qui remonte à un ou deux siècles environ avant notre ère. Ses adhérents vivaient en commun, professaient des doctrines mystiques qu'ils se transmettaient par une initiation secrète, et pratiquaient silencieusement d'admirables vertus. L'intérêt de ce passage consiste à nous montrer, dans cette antiquité éloignée, une société de gens de bien fondée sur ces nobles et féconds principes : l'amour de Dieu, de la vertu et du prochain.

271. Comment Dieu forge une âme.

Dans la foule, secrètement,
Dieu parfois prend une âme neuve,
Qu'il veut amener lentement
Jusqu'à lui, d'épreuve en épreuve.

Il la choisit pour sa bonté
Et lui donne encore en partage
La tendresse avec la fierté
Pour qu'elle saigne davantage.

Il la fait pauvre, sans soutien,
Dans les rangs obscurs retenue,
Cherchant le vrai, voulant le bien,
Pure toujours, — et méconnue.

Il fait plier sous les douleurs
Le faible corps qui l'emprisonne ;
Il la nourrit avec des pleurs
Que nulle autre âme ne soupçonne ;

Il lui suscite chaque jour,
Pour l'éprouver, une autre peine :
Il la fait souffrir par l'amour,
Par l'injustice et par la haine ;

Jamais sa rigueur ne s'endort :
L'âme attend la paix ? il la trouble ;
Elle lutte ? il frappe plus fort ;
Elle se résigne ? il redouble ;

Il la blesse d'un coup certain
Dans chacun des êtres qu'elle aime,
Et fait de son cruel destin
Un mélancolique problème !

A la rude loi du travail
Il la condamne, ainsi frappée ;
Il la durcit comme un émail,
Il la trempe comme une épée.

Juge inflexible, il veut savoir
Si, jusqu'au bout, malgré l'orage,
Elle accomplira son devoir
Sans démentir ce long courage.

Et s'il la voit, au dernier jour,
Sans que sa fermeté réclame [1],
Il lui sourit avec amour :
C'est ainsi que Dieu forge une âme !

E. MANUEL [2].

1. *Sans que sa fermeté réclame*, c'est à dire sans que l'âme fléchisse, proteste, se révolte.
2. *Poésies du foyer*, C. Lévy, éditeur.

---

272. Le fanatisme.

On entend par fanatisme une folie religieuse, sombre et cruelle. C'est une maladie de l'esprit qui se gagne comme la petite vérole. Les livres la communiquent beaucoup moins que les assemblées et les discours. On s'échauffe rarement en lisant ; car alors on peut avoir le sens rassis. Mais quand un homme ardent et d'une imagination forte parle à des imaginations faibles, ses yeux sont en feu, et ce feu se communique ; ses tons, ses gestes ébranlent tous les nerfs des auditeurs.

Le fanatisme est à la superstition ce que le transport est à la fièvre, ce que la rage est à la colère.

Le plus grand exemple de fanatisme est celui des bourgeois de Paris qui coururent assassiner, égorger, jeter par les fenêtres, mettre en pièces, la nuit de la Saint-Barthélemy, leurs concitoyens qui n'allaient pas à la messe...

Il n'est d'autre remède à cette maladie épidémique que l'esprit philosophique qui, répandu de proche en proche, adoucit enfin les mœurs des hommes, et qui prévient les accès du mal; car dès que ce mal fait des progrès, il faut fuir et attendre que l'air soit purifié. Les lois et la religion ne suffisent pas contre la peste des âmes; la religion, loin d'être pour elles un aliment salutaire, se tourne en poison dans les cerveaux infectés. Les lois sont encore très impuissantes contre les accès de rage. Ces gens-là sont persuadés que l'esprit saint qui les pénètre est au-dessus des lois, que leur enthousiasme est la seule loi qu'ils doivent entendre.

L'effet de la philosophie est de rendre l'âme tranquille, et le fanatisme est incompatible avec la tranquillité.

VOLTAIRE.

1. *Une folie religieuse*, c'est à dire une folie qui se couvre du masque de la religion. Si le sentiment religieux peut être l'inspirateur des plus hautes vertus, il peut aussi, quand il est mal dirigé, mal éclairé, produire les plus funestes effets et les plus détestables crimes ; il justifie alors le proverbe latin : la corruption de ce qu'il y a de meilleur est ce qu'il y a de pire.

273. L'intolérance religieuse.

On a vu des temps où l'homme, égorgeant l'homme dont les croyances différaient des siennes, se persuadait offrir un sacrifice agréable à Dieu.

Ayez en abomination ces meurtres exécrables.

Comment le meurtre de l'homme pourrait-il plaire à Dieu, qui a dit à l'homme : « Tu ne tueras point. »

On ne commence à persécuter que quand on désespère de convaincre, et qui désespère de convaincre, ou blasphème en lui-même la puissance de la vérité, ou manque de confiance dans la vérité des doctrines qu'il annonce.

Quoi de plus insensé que de dire aux hommes : « Croyez ou mourez ! »

La foi est fille du Verbe[1] : elle pénètre dans les cœurs avec la parole, et non avec le poignard.

Jésus passa en faisant le bien, attirant à lui par sa bonté, et touchant par sa douceur les âmes les plus dures.

Ses lèvres divines bénissaient et ne maudissaient point, si ce n'est les hypocrites. Il ne choisit pas des bourreaux pour apôtres.

Il disait aux siens : « Laissez croitre ensemble, jusqu'à la moisson, le bon et le mauvais grain, le père de famille en fera la séparation sur l'aire. »

Et à ceux qui le pressaient de faire descendre le feu du ciel sur une ville incrédule : « Vous ne savez pas de quel esprit vous êtes. »

L'esprit de Jésus est un esprit de paix, de miséricorde et d'amour.

Ressouvenez-vous des catacombes.

En ce temps là, on vous trainait[2] à l'échafaud, on vous livrait aux bêtes féroces dans l'amphithéâtre pour amuser la populace, on vous jetait par milliers au fond des mines et dans les prisons, on confisquait vos biens, on vous foulait aux pieds comme la boue des places publiques ; vous n'aviez, pour célébrer vos mystères proscrits, d'autre asile que les entrailles de la terre.

Que disaient vos persécuteurs ? Ils disaient que vous propagiez des doctrines dangereuses ; que votre secte, ainsi qu'ils l'appelaient, troublait l'ordre et la paix publique ; que, violateurs des lois et ennemis du genre humain, vous ébranliez l'empire en ébranlant la religion de l'empire.

Et dans cette détresse, sous cette oppression, que demandiez-vous? la liberté. Vous réclamiez le droit de n'obéir qu'à Dieu, de le servir et de l'adorer selon votre conscience.

Lorsque, même en se trompant dans leur foi, d'autres réclameront de vous ce droit sacré, respectez-le en eux, comme vous demandiez que les païens le respectassent en vous.

Respectez-le pour ne pas flétrir la mémoire de vos confesseurs, et ne pas souiller les cendres de vos martyrs.

La persécution a deux tranchants : elle blesse à droite et à gauche.

Si vous ne vous souvenez plus des enseignements du Christ, ressouvenez-vous des catacombes.

LAMENNAIS.

1. *Verbe*, du mot latin *Verbum*, parole. Dans le quatrième évangile, le Christ est appelé la Parole. Le même mot en grec (*Logos*) signifie la Raison.

2. *On vous traînait*, vous, les chrétiens. L'écrivain semble s'adresser aux chrétiens des premiers siècles; en réalité il parle à ceux de nos jours.

3. *Confesseurs*, ceux qui confessaient leur foi, les martyrs.

274. La religion et la science.

La religion et la science indépendante ne devraient jamais être hostiles, parce qu'en fait elles ne répondent pas aux mêmes besoins et ne sauraient se substituer l'une à l'autre. Si la science provient du besoin intellectuel de connaître le réel et le vrai en toutes choses, la religion vient au devant d'aspirations d'un autre genre qui ne sont pas moins naturelles, moins inhérentes à l'esprit humain.

La science procède méthodiquement, n'usant d'hypothèses que par prévision, toujours soumise à l'expérience. Elle est, par essence, analytique et ne saurait aboutir à la synthèse universelle que pourtant l'esprit réclame aussi. Non, quand même il n'y aurait plus rien de caché pour elle dans les faits dont elle s'occupe, quand même elle pourrait passer, sans un moment d'incertitude, de la formation des nébuleuses à celle des derniers infusoires, ce ne serait jamais qu'une somme[1] qu'elle aurait obtenue, et l'univers est plus qu'une somme, c'est l'infini. Comment donc la science ferait-elle pour dégager expérimentalement l'unité reliant la totalité des êtres? Comment déterminerait-elle le cours tout entier d'un fleuve dont la source et l'embouchure lui échappent également.

La science, souveraine maîtresse dans le domaine du fini, ne peut le dépasser sans se contredire. Il arrive quelquefois à ses représentants les mieux qualifiés, dominés qu'ils sont par leurs habitudes de pensée exclusivement analytique, de s'imaginer qu'ils ont fait la synthèse uniquement parce qu'ils ont soigneusement énuméré tous les faits petits et grands dont la série constitue un objet d'études. Vous avez, je suppose, démontré qu'il n'y a dans le corps vivant que des lois mécaniques, physiques et chimiques en action, et qu'on rêvait autrefois, quand on parlait de force vitale ou d'esprits animaux ; vous avez étiqueté toutes les cases et toutes les circonvolutions du cerveau humain et déterminé avec précision le rôle de chacune d'elles dans les opérations mentales. C'est à merveille; mais pensez-vous par là avoir donné l'ombre d'une explication de la vie et de la pensée? Et la convergence[2], et la cause directrice, et la source d'harmonie, de coordination permanente, où est-elle? Elle y est pourtant et elle vous échappe...

C'est alors que la religion, non pas dans une seulement de ses formes traditionnelles, mais dans sa prétention fondamentale et persistante, reçoit son tour de parole.

« Ce que vous ne pouvez faire, dit-elle, je le fais ; ce que vous n'osez prononcer, je le proclame ; le vide immense que laisseront toujours vos plus belles recherches, je le remplis ; je suis l'inspiration indestructible du cœur humain, je suis la voix des profondeurs de l'âme, je suis le lien qui unit la poussière humaine à la pensée absolue, et dans cet abîme insondable au bord duquel, en vertu même de vos procédés, vous arrivez fatalement, je pressens la réalité souveraine, celle qui vraiment est ; je perçois dans le gouffre sans fond une voix qui m'appelle, je discerne une lumière qui m'attire. Oh ! je me trompe peut-être bien dans les idées que je m'en fais. Il se peut fort bien que je ne possède que des à-peu-près, des symboles, des reflets. Qu'importe ! Êtes-vous bien sûrs, hommes de science, de connaître exactement la nature du soleil, et cela vous empêche-t-il de vous éclairer à sa lumière, de vivre de sa chaleur ? De même, j'ose affirmer la réalité de mon objet, indépendamment des idées que je tâche de m'en faire, et cela me suffit. Continuez vos utiles, vos admirables travaux. Vous adorez l'Éternel en cherchant sa face de vérité ; laissez-moi chercher en lui l'idéal complet dont le pressentiment m'enlève à la terre, dont la prévision me procure d'ineffables délices, et vivons en paix. »

A. RÉVILLE.

1. *Une somme*, le total d'une accumulation de faits, le résultat de quantités additionnées les unes aux autres. C'est là ce que la science peut procurer. L'esprit humain demande davantage, il demande une vue d'ensemble, l'idée d'une cause générale qui domine et pénètre tous les faits : cela, c'est le propre de l'intuition religieuse. — *L'analyse* est le procédé logique qui consiste à décomposer un ensemble en ses diverses parties ; *la synthèse*, au contraire, remonte des

parties au tout, reconstitue l'ensemble, le saisit dans sa réalité et dans sa totalité.

2. *Convergence*, disposition à se rapprocher, à s'unir ; il s'agit ici de la tendance irrésistible des diverses opérations mentales à constituer la pensée, l'intelligence, la conscience de soi : c'est là en effet ce que l'analyse n'explique pas.

---

275. La prière.

Quand vous avez prié, ne sentez-vous pas votre cœur plus léger et votre âme plus contente?

La prière rend l'affliction moins douloureuse et la joie plus pure : elle mêle à l'une je ne sais quoi de fortifiant et de doux et à l'autre un parfum céleste.

Que faites-vous sur la terre et n'avez-vous rien à demander à celui qui vous y a mis?

Vous êtes un voyageur qui cherche la patrie. Ne marchez point la tête baissée : il faut lever les yeux pour reconnaître sa route.

Votre patrie c'est le ciel ; et quand vous regardez le ciel, est-ce qu'en vous il ne se remue rien? est-ce que nul désir ne vous presse? Ou ce désir est-il muet?

Il en est qui disent : « A quoi bon prier? Dieu est trop au-dessus de nous pour écouter de si chétives créatures. »

Et qui donc a fait ces créatures chétives, qui leur a donné le sentiment, et la pensée, et la parole, si ce n'est Dieu?

Et s'il a été si bon envers elles, était-ce pour les délaisser ensuite et les repousser loin de lui?

En vérité, je vous le dis, quiconque dit dans son cœur que Dieu méprise ses œuvres blasphème Dieu.

Il en est d'autres qui disent : « A quoi bon prier? Dieu ne sait-il pas mieux que nous ce dont nous avons besoin? »

Dieu sait mieux que vous ce dont vous avez besoin,

et c'est pour cela qu'il veut que vous le lui demandiez ; car Dieu est lui-même votre premier besoin, et prier Dieu, c'est commencer à posséder Dieu.

Le père connaît les besoins de son fils ; faut-il à cause de cela que le fils n'ait jamais une parole de demande et d'actions de grâces pour son père ?

Quand les animaux souffrent, quand ils craignent, ou quand ils ont faim, ils poussent des cris plaintifs. Ces cris sont la prière qu'ils adressent à Dieu, et Dieu l'écoute. L'homme serait-il dans la création le seul être dont la voix ne dût jamais monter à l'oreille du Créateur ?

Il passe quelquefois sur les campagnes un vent qui dessèche les plantes, et alors on voit les tiges flétries pencher vers la terre ; mais, humectées par la rosée, elles reprennent leur fraîcheur, et relèvent leur tête languissante.

Il y a toujours des vents brûlants, qui passent sur l'âme de l'homme et la dessèchent. La prière est la rosée qui la rafraîchit.

LAMENNAIS [1].

[1]. *Paroles d'un croyant*, Garnier frères, éditeurs.

---

276. Les caractères de la prière véritable.

Il y a des heures dans la vie où soudain, comme un trait de lumière, l'infini nous saisit, l'*au-delà* nous apparaît. Qui nous le révèle ? C'est tantôt le danger, la douleur, la vue tragique de la mort, tantôt une immense joie qui force l'âme à s'épancher, tantôt une réflexion subite sur nous-mêmes ou sur le monde, tantôt le spectacle d'une nuit étoilée. Quoi qu'il en soit, ce sont là les moments religieux, où la prière monte d'elle-même aux lèvres, comme un cri, comme un sanglot que le cœur ne peut étouffer.

Essayer de multiplier, de prolonger, de reproduire à volonté ces instants de trouble divin, de contemplation ou de ravissement, c'est une entreprise doublement vaine : on ne peut y parvenir; et quand on le pourrait, ce ne serait pas un bien. La vie ne nous est pas donnée pour l'extase, mais pour l'action. Un moment de prière n'est bon et n'est sain que précédé et suivi de beaucoup d'heures de travail, mais il n'en dispense pas et n'y équivaut nullement...

C'est le propre de la véritable prière qu'elle est susceptible d'un développement égal et parallèle à celui de l'homme tout entier. En quoi consiste-t-elle en effet? Elle ne demande qu'une seule chose à Dieu, la seule nécessaire : elle consiste à demander sans cesse de devenir meilleur. C'est assez dire qu'elle n'opère pas de dehors en dedans, et c'est pour cela qu'elle est une puissance : elle vient de l'âme. Elle est enfantine chez l'enfant parce qu'elle est bien de lui; et comme elle sera de lui encore quand il sera un homme, elle restera toujours à sa mesure, toujours vraie, toujours sincère; elle l'aidera, le soutiendra à tout âge. C'est plus qu'une habitude, ou plutôt c'est une habitude de l'âme et non des lèvres; ce sera un de ces besoins du cœur et de l'esprit qui renaissent toujours et ne se rassasient jamais, comme l'amour du beau et du vrai...

...Non, prier, ce n'est pas souscrire à un formulaire; prier, ce n'est pas savoir; prier est un mouvement de l'âme aussi complexe, mais aussi naturel que rêver, qu'espérer, qu'aimer...

Dégageons-nous donc et de la prière dogmatique et de la prière scolastique et de la prière mystique[1] : il nous restera, pour nous et pour nos enfants, la prière humaine, la seule éternellement vraie et bonne. Laissons les diverses communions enseigner et perpétuer suivant leurs rites les formes hiératiques[2] de la prière confessionnelle telle qu'elles la conçoivent, mais gardons pour l'éducation de la famille la prière qui convient à l'enfant et à l'homme, sans distinction de lieu, de temps et de culte, celle qui jaillit du cœur et qui l'inonde d'un flot de pensées, d'espérances, de joies, de saintes résolutions ; celle qui élève l'âme sans l'exalter, qui la calme sans l'endormir, qui fait rêver, mais pour mieux agir ; celle qui est un chant, mais un chant de vie et de courage, un soupir, mais suivi d'un élan, un appel à Dieu, mais aussi un effort de l'homme ; celle enfin qui ouvre à chacun au fond de lui-même une sorte de sanctuaire où il se ressaisit et ressaisit Dieu, à sa manière : humble et délicieux sanctuaire sans prêtre et sans autel, sans dogme et sans miracle, où l'âme se retrempe, où la conscience s'affine, où l'orgueil se fond, où la raison écoute parler le cœur, où l'homme s'aperçoit qu'il est homme et se souvient de l'invisible ; d'où nul n'est sorti une seule fois sans avoir été remué d'une émotion qui ne se confond avec aucune autre et sans avoir entendu résonner profondément en lui-même un mystérieux *Sursum corda*[3] !

F. BUISSON[4].

1. *Dogmatique*, qui repose sur les dogmes officiels ; *scolastique*, reproduisant des formules dictées par les docteurs ; *mystique*, pleine d'allégories, de raffinements qui excitent l'imagination.

2. *Hiératiques*, sacerdotales, consacrées pour les cérémonies du culte.

3. *Sursum corda*, haut les cœurs !

4. Extrait du *Dictionnaire de pédagogie* (Hachette et Cie, éditeurs).

---

277. La prière universelle.

Grande et première cause, être bien peu compris, qui as borné toutes mes connaissances à savoir que tu es bon, et que je suis aveugle !

⁂

Dans cette nuit obscure, tu m'as donné de distinguer le bien du mal, et en tenant la nature asservie à une destinée irrésistible, tu as laissé libre la volonté de l'homme.

⁂

Ce que la conscience me dicte de faire, enseigne-moi à m'y porter, plus encore pour obéir à ta voix que pour obtenir les biens célestes, et à éviter ce qu'elle me défend, moins par la crainte de l'enfer que par respect pour ses leçons.

⁂

Que je ne rejette aucun des biens que ta bonté m'accorde; car Dieu est payé de ses bienfaits quand l'homme les reçoit, et en en jouissant, l'homme obéit.

⁂

Si je marche dans la bonne route, que ta grâce m'y maintienne; si je m'en écarte, qu'elle m'enseigne à y rentrer.

⁂

Sauve-moi du fol orgueil, pour les dons que je tiens de ta bonté, et du mécontentement impie, pour ceux que m'a refusés ta sagesse.

⁂

Enseigne-moi à ressentir les maux de mes semblables, et à cacher leurs fautes [1] en usant envers eux de la même indulgence dont ils usent envers moi.

⁂

Humble mortel que je suis, il me reste encore quelque dignité, puisque je suis animé de ton souffle divin; sois mon guide dans toutes mes voies, dans le chemin de cette vie, et dans celui que la mort doit m'ouvrir.

*
* *

Qu'aujourd'hui je tienne de toi mon pain et la paix ! Quant à tous les autres biens, tu sais ce qui est le mieux, de me les accorder ou de me les refuser : Que ta volonté soit faite !

*
* *

O toi, dont le temple est l'immensité, dont les autels sont la terre, les mers et le firmament, qu'un chœur de tous les êtres fasse entendre tes louanges, et que de toute la nature l'encens s'élève vers toi[2] !

POPE.

1. *A cacher leurs fautes ;* il ne se peut agir ici d'une complaisance réciproque, d'une connivence coupable, mais simplement de l'indulgence qui vient de la charité et du sentiment de la faiblesse humaine.

2. Cette poésie de Pope, très connue en Angleterre, a été traduite en vers par Lefranc de Pompignan et en prose par l'abbé Morellet, de l'Académie française, en 1760 ; c'est cette dernière traduction qui est reproduite ici ; deux strophes d'un moindre intérêt ont été retranchées.

---

278. Invocation.

O toi que nul n'a pu connaître,
Et n'a renié sans mentir,
Réponds-moi, toi qui m'as fait naître,
Et demain me feras mourir !

Dès que l'homme lève la tête,
Il croit t'entrevoir dans les cieux ;
La création, sa conquête,
N'est qu'un vaste temple à ses yeux.

Dès qu'il redescend en lui-même,
Il t'y trouve ; tu vis en lui.
S'il souffre, s'il pleure, s'il aime,
C'est son Dieu qui le veut ainsi.

De la plus noble intelligence
La plus sublime ambition
Est de prouver ton existence,
Et de faire épeler ton nom.

Le dernier des fils de la terre
Te rend grâces du fond du cœur,
Dès qu'il se mêle à sa misère
Une apparence de bonheur.

Le monde entier te glorifie :
L'oiseau te chante sur son nid ;
Et pour une goutte de pluie
Des milliers d'êtres t'ont béni.

Tu n'as rien fait qu'on ne l'admire ;
Rien de toi n'est perdu pour nous ;
Tout prie, et tu ne peux sourire
Que nous ne tombions à genoux !

A. DE MUSSET[1].

1. *Œuvres*, Charpentier, éditeur.

NOTICES BIOGRAPHIQUES

André (le père), de la société de Jésus, né en 1675, professeur de mathématiques au collège des Jésuites de Caen et membre de l'Académie de cette ville. Il a écrit un *Essai sur le beau*, des traités d'arithmétique, de physique, d'architecture, d'optique, etc.

L'honnête homme, p. 130.

Barni (Jules), né à Lille en 1818, mort en 1876, philosophe français. Professeur de l'Université, il refusa de prêter le serment au coup d'État de 1851, alla vivre en exil, fut professeur à l'Académie de Genève. Rentré en France après la chute de l'Empire, il fut élu député de la Somme. Il a traduit plusieurs ouvrages de Kant, de Fichte, a publié les *Martyrs de la libre-pensée*, l'*Histoire des idées morales et politiques au dix-huitième siècle*, la *Morale dans la démocratie*, d'où nous avons extrait les pages intéressantes contenues dans ce recueil.

Le mariage, p. 186.
L'éducation des enfants, p. 205.
L'éducation dans la famille, p. 207.
L'éducation des femmes, p. 213.

Le soin du ménage, p. 221.
Le respect des lois et des magistrats, p. 319.
Le courage civique, p. 329.
L'esprit de parti, p. 337.
Les devoirs du gouvernement, p. 366.

Barthélemy Saint-Hilaire (Jules), philosophe et homme d'État, né en 1805. Professeur de philosophie ancienne au collège de France, démissionnaire après le coup d'État, représentant du peuple en 1848, ami et ministre de M. Thiers sous la troisième république, il a traduit les œuvres d'*Aristote*, les pensées de *Marc-Aurèle*, sur le *Bouddhisme*, etc. Philosophe aimable, écrivain distingué, l'un des derniers survivants de la génération qui a préparé la révolution de Juillet, il est aujourd'hui sénateur inamovible, élu en 1875 par l'Assemblée nationale.

La tradition des gens de bien, p. 249.

Beaumarchais, littérateur français, né en 1732, mort en 1799. Son existence fut extrêmement agitée et, comme homme privé, sa mémoire n'est pas des plus pures. Ses œuvres les plus célèbres sont les deux comédies du *Barbier de Séville* et du *Mariage de Figaro*, véritables chefs-d'œuvre de verve et d'esprit, mais plus remarquables encore par l'influence qu'elles exercèrent sur les idées de leur époque que par le merveilleux talent de l'écrivain. Le morceau si connu sur la calomnie est tiré du *Barbier de Séville*.

La calomnie, p. 273.

Bernardin de Saint-Pierre, littérateur français, né au Havre en 1737, mort en 1814. Ingénieur militaire, il a visité la Russie, passé trois ans dans l'île Bourbon ; de retour à Paris, ami de Jean-Jacques Rousseau, intendant du jardin du Roi, membre de l'Institut, il s'est fait connaître par de nombreux écrits empreints d'une douce philosophie morale, d'un vif amour de la nature ; ce sont les *Études de la nature*, les *Harmonies de la nature*, la *Chaumière indienne*, des relations de voyage, etc. Mais son chef-d'œuvre, l'un des bijoux de notre langue, c'est le simple et tendre roman de *Paul et Virginie* qui sauvera de l'oubli le nom de son auteur.

L'instinct supérieur de l'homme, p. 21.

Destinée de l'homme, p. 50.
La source du bonheur, p. 383.

Bersot, né en 1816, mort en 1878. Professeur et journaliste, directeur de l'École normale supérieure de la rue d'Ulm, connu d'abord par sa polémique avec Lacordaire, puis par ses remarquables articles au *Journal des Débats*. Esprit fin, libéral, nourri des lettres antiques, il a publié des ouvrages qui se distinguent par la sûreté de la pensée et la délicatesse du style : *Essai sur la Providence*, le *Mesmérisme*, le *Dix-huitième siècle*, etc. Il a exercé une grande influence sur l'instruction secondaire non seulement par ses *Lettres sur l'enseignement*, mais surtout par son action personnelle à l'École normale.

Vrai sens de la vie, p. 172.

Biot (J.-B.), savant français, né à Paris en 1774, mort en 1862. Professeur de mathématiques au Collège de France et d'astronomie physique à la Sorbonne, membre de l'Académie des sciences, de l'Académie des inscriptions et belles-lettres, et de l'Académie française. Ses œuvres scientifiques sont extrêmement nombreuses et remarquables. La page que nous citons de lui est tirée de son discours de réception à l'Académie française.

L'étude des sciences, p. 91.

Bossuet (J.-B.), le plus grand orateur de la chaire française, né en 1627, mort en 1704. Sa réputation d'éloquence s'établit dès le

NOTICES BIOGRAPHIQUES.

collège et il eut à vingt et un ans, à l'occasion de la soutenance de sa thèse de bachelier en théologie, son premier triomphe oratoire. Il fut chanoine à Metz, évêque de Condom, précepteur du Dauphin et évêque de Meaux. Son rôle dans l'histoire de l'église française et dans celle des controverses religieuses de son temps fut considérable. Mais il est surtout immortel comme auteur d'oraisons funèbres et de sermons qui constituent les modèles les plus parfaits de l'éloquence sacrée.

La vertu, p. 11. | Le mystère de la vie, p. 372.

Bourdaloue, prédicateur français, né en 1632, mort en 1704; il appartenait à l'ordre des Jésuites chez lesquels il professa longtemps avant d'aborder la chaire où il débuta par des triomphes. Si son éloquence a moins de grandeur et de flamme que celle de Bossuet, elle a plus de douceur et de persuasion; il est plus moraliste qu'orateur.

La passion du jeu, p. 131. | Un ami solide, p. 212.
L'orgueilleux, p. 141. |

Buffon (G.-L. Leclerc, comte de), écrivain et naturaliste français, membre de l'Académie française, intendant du jardin du Roi (Muséum, Jardin des Plantes), né en 1707, mort en 1788. Son principal ouvrage est l'*Histoire naturelle générale et particulière*. Sa préface, *les Époques de la nature*, et son discours de réception à l'Académie sont des pages classiques.

L'homme, p. 9. | Les gestes, p. 12.
La physionomie chez l'hom- | L'imagination, p. 20.
me, p. 10. |

Buisson (Ferdinand), agrégé de philosophie, professeur à l'Université de Neufchâtel, inspecteur primaire à Paris, inspecteur général; devenu directeur de l'Enseignement primaire, il a donné à cet enseignement une vigoureuse impulsion, dont les effets se font déjà sentir et pourront être considérés comme l'une des œuvres les plus considérables de la démocratie française au dix-neuvième siècle.

L'intuition morale, p. 359. | Les caractères de la prière
Le chant à l'école, p. 362. | véritable, p. 403.
Les fêtes de gymnastique, |
p. 363. |

Caro (Elme-Marie), philosophe français, né à Poitiers en 1826, mort en 1886. Professeur de philosophie à la Sorbonne. Il a écrit plusieurs livres d'une haute inspiration morale: des *Études morales sur le temps présent*, le *Mysticisme au dix-huitième siècle*, l'*Idée de Dieu*, etc. Sa parole élégante attirait autour de sa chaire une foule dévouée et recueillie ; on lui a fait à la fois une critique et un honneur d'avoir gagné les femmes à la cause de la philosophie spiritualiste.

Une preuve de l'immortalité personnelle, p. 370.

Chamfort, littérateur français, né en 1741, mort en 1794. Il fut l'ami de Mirabeau et de Sieyès ; il se brûla la cervelle au moment où il allait être arrêté par ordre du Comité de Salut Public qu'il avait harcelé de mordantes épigrammes.

La calomnie, p. 274.

Channing, théologien et moraliste américain, né en 1780, mort en 1842 ; il est célèbre pour sa vigoureuse campagne contre l'esclavage, et pour son éloquente propagande en faveur de l'*unitarisme*; c'est le nom sous lequel on désigne en Amérique les doctrines de ceux des protestants qui soumettent les dogmes religieux à la critique de la raison naturelle.

La lecture, p. 96.
Le bien suprême d'un État, p. 325.

Charron (Pierre), né à Paris en 1541, mort en 1603. D'abord avocat, puis théologien et prédicateur, ami intime de Montaigne, Charron est surtout connu par son *Traité de la Sagesse*, livre de morale épicurienne, où il érige en principes l'indifférence en matière de doctrines et l'égoïsme raffiné de la vie. Son scepticisme ressemble à celui de Montaigne, mais avec plus de rudesse dans la forme. Son livre renferme néanmoins des pages charmantes, de fortes et ingénieuses pensées, qui lui assignent une place importante dans notre littérature.

L'usage de la vie, p. 171.

Cicéron, orateur et homme d'État de la république romaine, né en l'an 107 avant J.-C. Mêlé très activement aux luttes politiques de son temps, célèbre par son opposition énergique aux menées factieuses et aux ambitions criminelles de Catilina et d'Antoine, il périt victime de la vengeance de ce dernier, en l'an 43 avant notre ère. Il a laissé de nombreux discours, admirables modèles d'éloquence judiciaire ou politique, des traités de rhétorique et de philosophie morale, sur *les Devoirs*, sur l'*Amitié*, sur la *Vieillesse*, etc. Le morceau que nous citons est emprunté au livre des *Devoirs*.

Une âme forte, p. 154.

Compayré (Gabriel), professeur de philosophie à la Faculté de Toulouse, membre de la Chambre des députés. Il a écrit une *Histoire de la pédagogie*, un *Cours de morale*, un *Cours de péda-*

gogie historique et pratique (P. Delaplane, éditeur), une traduction des *Devoirs sur l'Éducation*, de Locke, etc.

La personnalité, p. 43.

Condorcet (marquis de), mathématicien, philosophe et homme politique, né en 1743, mort en 1794. Secrétaire perpétuel de l'Académie des sciences, membre de l'Académie française, ami de Voltaire, de d'Alembert, de Turgot, il fut nommé député de Paris à l'Assemblée législative en 1791. Mêlé aux luttes violentes de la Révolution, déclaré suspect, mis hors la loi par la Convention, il se donna la mort dans sa prison. Il a écrit de nombreux articles dans l'*Encyclopédie*, le *Tableau des progrès de l'Esprit humain*, un rapport sur l'Instruction publique, et de remarquables traités sur les sciences mathématiques.

La personnalité, p. 281.

Cousin (Victor), philosophe et écrivain français, né en 1792, mort en 1867. Il donna lui-même à sa philosophie le nom d'*éclectisme*, parce qu'il choisissait parmi les opinions déjà exprimées par d'autres philosophes celles qui lui semblaient confirmées à la fois par le sens commun et par l'observation psychologique. Toutes ses doctrines reposent sur une ferme croyance à l'existence de Dieu et à l'immortalité de l'âme. Il fut un des plus éloquents professeurs de notre université.

Les axiomes de la morale, p. 55.
Ce qui est moral, p. 59.
Le droit et le devoir, p. 61.
L'adoration, p. 373.

Damiron, philosophe français, né en 1794, mort en 1862 ; il fut maître de conférences à l'École normale et professeur à la Sorbonne. Il est l'auteur de différents ouvrages d'histoire de la philosophie, d'un cours de philosophie et d'un traité *de la Providence*.

La grand'mère, p. 231.

Descartes (René), philosophe et mathématicien français, né en 1596 en Touraine, mort en 1650. D'abord soldat pendant quelques années au service des Pays-Bas et de l'Électeur de Bavière, il a vécu le reste de ses jours dans la retraite, presque exclusivement en Hollande. Il a écrit un certain nombre de livres de science, et il a, par ses découvertes, par ses hypothèses et même par quelques unes de ses erreurs hardies, donné aux sciences une puissante impulsion. Le livre qui a immortalisé son nom est le petit traité intitulé *Discours de la méthode*, où il a posé les principes imprescriptibles de la raison, et fondé une philosophie robuste sur le doute universel.

Les principes de la méthode, p. 16. | Trois maximes de morale, p. 81.

Delodon (Charles), inspecteur primaire à Paris, directeur et rédacteur d'un certain nombre de journaux pédagogiques : le *Manuel général de l'instruction primaire*, le *Manuel du certificat d'aptitude pédagogique*, les *Lectures pédagogiques*, etc. Le passage sur « les bonnes manières » est extrait de l'article *Usages*, publié dans le *Dictionnaire de pédagogie* (Hachette et Cie, éditeurs).

Les bonnes manières, p. 263.

Diderot (Denis), littérateur français, né à Langres en 1713, mort à Paris en 1781. C'est lui qui a conçu le plan de la grande *Encyclopédie* du dix-huitième siècle, et qui, avec d'éminents collaborateurs, et à travers mille obstacles, réussit à la mener à bonne fin. Outre la part immense qu'il a prise à cette œuvre, il a publié quelques livres et deux drames, le *Fils naturel* et le *Père de famille*, de nombreuses lettres, des comptes rendus du salon de peinture, etc. Esprit fougueux, écrivain puissant, ondoyant et divers, on ne peut le lire sans choix et sans discernement. Les pages que nous citons de lui sont empruntées pour la plupart à ses articles de morale dans l'*Encyclopédie*.

Les passions, p. 23.
La frivolité, p. 101.
La fantaisie, p. 103.
L'intrépidité, p. 114.
Fermeté et constance, p. 115.
Fragilité, p. 121.
La présomption, p. 140.
Le soliloque, p. 153.
Brièveté de la vie, p. 169.
Le fils ingrat, p. 196.

Le retour du fils, p. 198.
L'éducation libérale, p. 208.
La duplicité, p. 255.
Origine et bienfaits de la politesse, p. 258.
Le mépris des injures, p. 281.
L'instruction, p. 312.
Le soldat et l'artiste, p. 350.
Bienfaits de la religion, p. 391.

Évangiles. Nous avons quatre récits différents de la vie et des enseignements de Jésus. On les désigne ordinairement sous les noms de Matthieu, Marc, Luc et Jean. Les deux paraboles de l'*Enfant prodigue* et du *Bon samaritain* se trouvent dans le troisième évangile, l'une : Luc, ch. XV, 11 à 32; l'autre : ch. X, 25 à 37. La page intitulée *le Chemin de la Perfection*, est tirée du Discours sur la Montagne, rapporté dans le commencement du premier Évangile : Matthieu, ch. V, VI, VII.

L'enfant prodigue, p. 199.
Le bon Samaritain, p. 295.
| Le chemin de la perfection, p. 309.

Fénelon, prélat et écrivain français, né en 1651, mort en 1715. Au sortir du séminaire il se consacra à l'éducation des *Nou-*

NOTICES BIOGRAPHIQUES.

velles catholiques, jeunes filles réformées enlevées par ordre du roi à leurs familles pour être instruites dans la religion catholique; cette mission, par certains côtés peu recommandable, lui inspira un excellent traité de l'*Éducation des filles*. Il fut ensuite précepteur du duc de Bourgogne et composa à l'intention de son élève divers ouvrages dont le plus célèbre est *Télémaque*, où se montrent les vues réformatrices originales, mais assez bizarres qu'il s'efforçait d'inculquer à son élève. La douceur un peu féminine de son caractère devait le porter au mysticisme et lui faire adopter des tendances religieuses vivement combattues par Bossuet avec lequel il se brouilla. L'archevêque de Cambrai est l'un des plus aimables et des plus gracieux écrivains que possède notre littérature.

L'imagination mal réglée, p. 100.
La mollesse, p. 110.

Devoirs des maitres envers leurs serviteurs, p. 215.

Ferraz, ancien professeur de philosophie à la Faculté des lettres de Lyon, a publié *la Philosophie du devoir* (Perrin, éditeur).

Objet de la morale, p. 54.
La morale et le droit, p. 60.

L'Euthanasie, p. 181.

Ferry (Jules), homme d'État français, député des Vosges, ancien ministre de l'instruction publique et des affaires étrangères, ancien président du Conseil. A l'occasion de l'enseignement civique et moral nouvellement introduit dans les programmes de l'école primaire, il a adressé aux instituteurs une remarquable circulaire dont nous avons extrait une page importante.

L'éducation morale à l'école primaire, p. 357.

Fichte, philosophe allemand, né en 1762, mort en 1811. Disciple de Kant, il s'efforça de pénétrer plus loin que son maître dans la voie de l'abstraction, et fut le créateur d'un système connu sous le nom d'*idéalisme transcendantal*. Il se fit en Allemagne l'apologiste de la Révolution française, mais lorsque son pays fut occupé par les troupes de Napoléon Ier, il fut un des plus ardents à réveiller chez ses compatriotes l'amour de l'indépendance nationale.

La liberté morale, p. 158.

Franck (Adolphe), né en 1809. Agrégé de l'Université, professeur de philosophie au collège Charlemagne, puis à la Sorbonne et enfin au Collège de France, membre de l'Institut, publiciste, défenseur infatigable des doctrines spiritualistes, il a écrit de nombreux ouvrages de philosophie et de morale : *Histoire de la*

Logique, la *Kabbale*, la *Philosophie du droit pénal*, la *Morale pour tous*, etc. (Hachette et C⁰, éditeurs).

L'habitude, p. 35.

Franklin (Benjamin), savant, philosophe et homme d'État américain, né en 1706, mort en 1790. Il devint célèbre par la publication de son *Almanach du bonhomme Richard*, qui mettait à la portée des cultivateurs et des ouvriers les connaissances pratiques utiles au perfectionnement de leur métier et les notions morales qui pouvaient élever leur idéal et ennoblir leur existence. Il fut délégué par son pays pour obtenir la participation de la France à la guerre de l'indépendance américaine et signa en qualité de plénipotentiaire le traité de Versailles qui y mit fin. Il fut un des principaux rédacteurs de la Constitution fédérale des États-Unis. A sa mort le Congrès américain décréta un deuil national et l'Assemblée Constituante française porta aussi son deuil.

L'apprentissage de la vertu, p. 90.
Le gaspillage de la vie, p. 122.

Les mariages contractés de bonne heure, p. 190.

Gambetta (Léon), orateur et homme d'État, né en 1838, mort en 1883. Avocat au barreau de Paris, il fut mis tout à coup en lumière par son énergique plaidoyer dans l'affaire Baudin, qui contribua puissamment au réveil des idées démocratiques à la fin de l'empire. Élu au Corps législatif, où il apporta à l'opposition libérale l'appui de sa chaude parole, il devint, après le 4 septembre 1870, membre du gouvernement de la défense nationale, et bientôt après son chef, lorsqu'il eut quitté en ballon Paris assiégé. Il a été l'âme de la défense, il a levé et organisé des armées, arrêté un moment la défaite et sauvé par son indomptable résistance l'honneur de la France envahie. Véritable tribun du peuple et chef de parti, il a gagné peu à peu le pays, par son éloquence entraînante, aux institutions républicaines, et quand il est mort prématurément, après avoir été président de la Chambre et président du Conseil, on put dire légitimement de lui qu'il avait été, avec M. Thiers, l'un des fondateurs de la République définitive.

Le rayonnement de la vie nationale, p. 326.
La République, p. 332.

Devoirs de la jeunesse instruite, p. 341.

Goy (Pierre), né en 1822 dans la Gironde, pasteur au Fleix, professeur au collège de Sainte-Foy-la-Grande, directeur des écoles normales d'instituteurs d'Alger, Albi, Toulouse, mort en 1888. Il a traduit la *Vie de Jésus*, de Néander, des extraits des œuvres pédagogiques de Diesterweg, a publié quelques études et quelques discours qui font regretter que la pratique de l'enseignement ne lui ait pas laissé plus de loisirs pour communiquer au public le fruit de ses méditations.

La dignité du travail, p. 119.
La vocation des femmes, p. 215.

Universalité et spécialité, p. 218.

Gréard (Octave), pédagogue français, né en 1828. D'abord professeur, puis directeur de l'Enseignement primaire, aujourd'hui vice-recteur de l'Académie de Paris et membre de l'Académie française, il a consacré ses rares qualités de finesse, de tact, de pénétration à la science et à la pratique de l'éducation. Son nom sera certainement associé dans l'histoire à celui de son illustre prédécesseur, « le bon » Rollin. Ses principaux ouvrages sont : *La morale de Plutarque*, un *précis de littérature*, de nombreux *rapports* sur l'enseignement primaire à Paris et dans le département de la Seine, l'*Éducation des Femmes*.

La société nouvelle, p. 331.

Guizot, historien et homme d'État français, né en 1787, mort en 1874. Depuis la Restauration, sa vie tout entière fut partagée entre les études historiques et la politique; la monarchie de juillet, dont il présida, pendant près de dix ans, le dernier ministère, fut l'époque de son grand rôle politique. Nous ne saurions entreprendre d'énumérer ses nombreux ouvrages, dont plusieurs ont apporté une véritable rénovation des études historiques. Il suffira de citer sa collection de Mémoires historiques, ses Histoires de la *Révolution d'Angleterre*, de la *Civilisation en Europe*, *en France*, son *Histoire parlementaire de la France*, et ses volumes de *Méditations religieuses*.

Le maître d'école, p. 355.
La mission morale de l'instituteur, p. 355.

Hugo (Victor), né en 1802, mort en 1885, poète français dont la longue carrière n'a cessé de briller du plus vif éclat. Ses *Odes*, qui datent de sa première jeunesse, ses *Orientales*, ses *Feuilles d'Automne*, ses *Chants du Crépuscule*, laissèrent présager le poète incomparable des *Contemplations*, de la *Légende des Siècles* et des *Châtiments*. Son théâtre (*Hernani, Ruy Blas, Le roi s'amuse*, etc.) contient des pages superbes. Sa prose est riche et sonore : *Notre-Dame de Paris*, les *Misérables* sont ses meilleurs romans. Il y aura pour la postérité un choix à faire dans cette forêt touffue où abondent les broussailles. Il en restera des cimes qui seront difficilement dépassées. Son long et volontaire exil sous l'Empire restera un exemple d'inébranlable fermeté dans la protestation contre le crime triomphant.

L'action, p. 32.
Innocence et vertu, p. 45.
La loi sainte, p. 177.
La mère, p. 201.
Le père et la fille, p. 201.
Une femme de bien, p. 308.

La grandeur d'un peuple, p. 323.
L'enthousiasme patriotique, p. 327.
L'immortalité, p. 375.
Dieu n'est pas insolvable, p. 377.

Imitation de Jésus-Christ. On ne sait pas quel est l'auteur de ce livre, qui a paru au commencement du quinzième siècle. Les uns l'attribuent à Jean Gerson, chapelain de l'Université de Paris, un des plus éminents théologiens du moyen âge; les autres à Thomas A Kempis, moine allemand, auteur de nombreux écrits mystiques; d'autres y voient une œuvre impersonnelle, résumé des principales règles ascétiques des couvents. Quoi qu'il en soit, cette œuvre anonyme est l'écrit le plus remarquable que nous ait laissé la religion du moyen âge, dont il est la plus haute et la plus noble expression.

La prudence, p. 137.
La patience, p. 146.
L'humilité, p. 150.
Le recueillement, p. 163.

La pensée de la mort, p. 179.
L'homme juste et pacifique, p. 289.

Isaïe (ou Esaïe), prophète hébreu, qui vivait à Jérusalem dans le huitième siècle avant notre ère. Véritable tribun, il ne craignait pas de dire les vérités les plus dures aux rois Jotham, Achas, Ezéchias, aux grands, aux prêtres et au peuple. Il prévoyait l'invasion et la ruine, châtiment des crimes de tous, et les annonçait dans un langage véhément et sublime qui lui a mérité le surnom d'aigle de la prophétie. Le passage que nous citons est tiré du premier chapitre de son livre, qui renferme quelques-unes des plus belles pages de la littérature hébraïque.

Le vrai culte, p. 390.

Janet (Paul), philosophe, né en 1823. Agrégé de l'Université, docteur ès lettres, professeur de philosophie dans divers collèges et lycées, puis à la Sorbonne, membre de l'Institut, il a publié des livres de philosophie et de morale qui comptent parmi les meilleurs de notre temps: *Histoire de la philosophie*, *Histoire de la science politique*, *Problèmes du dix-neuvième siècle*, la *Famille* (C. Lévy), *Cours de morale* (Delagrave), etc.

NOTICES BIOGRAPHIQUES.

Les éléments de la vertu, p. 68.
L'intérêt, p. 69.
L'honneur, p. 71.
Obéis à ta conscience, p. 81.
Le sacrifice du bonheur, p. 85.
La discrétion sur notre vie, p. 160.

La vie est un bien, p. 175.
Éducation des parents par les enfants, p. 206.
L'esprit de famille, p. 232.
L'intimité, p. 235.
La division des classes dans la société, p. 335.
La foi en Dieu et la morale, p. 387.

Jouffroy, philosophe et écrivain français, né en 1796, mort en 1842. L'éclat de son talent de professeur lui valut, au sortir de l'École normale supérieure, une chaire de philosophie au milieu de ses anciens maîtres; il enseigna ensuite au collège de France et à la Sorbonne. Sous la monarchie de Juillet il représenta le département du Doubs à la Chambre des députés. Il est plus remarquable par les qualités de son style que par l'importance philosophique de ses travaux. Il a publié des *Mélanges philosophiques*, divers articles de revues, et quelques-unes de ses cours.

Les trois motifs de notre conduite, p. 57.
L'idée de l'ordre, p. 64.

Les trois états moraux, p. 74.
Le devoir professionnel, p. 318.

Kant, célèbre philosophe allemand né en 1724, mort en 1804. Il enseigna les mathématiques, puis la métaphysique à Kœnisberg, où il était né et où il mourut. Après avoir soumis dans la *Critique de la raison pure* tous les principes des connaissances humaines à un examen impitoyable qui n'en laissait rien subsister, il entreprit dans la *Critique de la raison pratique* de rééditier sur le fondement de la morale tout ce qu'il avait détruit au nom de la logique.

Au-dessus et au dedans de l'homme, p. 12.

Le devoir, p. 62.
Le respect, p. 209.

La Fontaine (Jean de), poète, né en 1621, mort en 1695. Rien de plus simple que sa biographie. Il s'est laissé vivre et a écrit des fables inimitables qui sont l'un des bijoux de la littérature française. On le maria, on voulut faire de lui un fonctionnaire des eaux et forêts; il se contentait de publier des livres de fables, qu'il a appelées lui même « une ample comédie à cent actes divers, dont le théâtre est l'univers. » C'est la comédie humaine, représentant les grandeurs et les misères, les travers, les vices et les vertus de notre race, les mœurs du monde animal, les beautés et les grâces de la nature, tout l'univers enfin. La place de La Fontaine est de plein droit dans la galerie des grands moralistes.

Présomption de la jeunesse, p. 140.

L'union des frères, p. 237.

Lamartine (Alphonse de), poète et homme d'État, né en 1791, mort en 1869. Il est, avec Musset et Victor Hugo, l'un des trois plus grands poètes de notre siècle. Ses *Premières Méditations* révélèrent un poète de génie et semblèrent ouvrir un siècle nouveau. Elles sont restées parmi les chefs-d'œuvre de notre langue. Les *Nouvelles Méditations*, les *Harmonies*, *Jocelyn* ajoutèrent à sa réputation. Son *Histoire des Girondins* exerça une vive influence sur l'opinion et le lança dans la politique. Après la révolution de 1848, qu'il n'a pas peu contribué à produire, il devint membre du gouvernement provisoire et chef du pouvoir exécutif. Ce fut l'apogée de sa gloire. Le coup d'État le jeta dans l'inaction et dans l'ombre, et il mourut, triste et presque oublié, après une longue et vaillante lutte contre les nécessités d'une vieillesse besogneuse.

La vie paisible, p. 158.
L'amour de la patrie, p. 312.
L'âme d'un peuple, p. 324.

Dieu dans l'homme et dans le monde, p. 371.

La Bruyère, écrivain français, né en 1645, mort en 1696. Il acheta un office de trésorier des finances en Normandie, puis devint précepteur du petit-fils du grand Condé et l'un des gentilshommes attachés au père de son élève. Sa vie n'offre pas d'autre fait remarquable que la publication de ses *Caractères*, imités de Théophraste. Dans cette œuvre unique, mais admirablement étudiée, on peut dire qu'il a atteint la perfection de l'art de peindre les hommes, avec le ridicule de leurs préjugés et l'odieux de leurs vices.

Le maniaque, p. 105.
Le gourmand, p. 131.
L'incivilité, p. 262.

La jalousie et l'émulation, p. 272.
La moquerie, p. 277.
L'égoïste, p. 283.

Lamennais, écrivain français, né en 1782, mort en 1854. Ses convictions religieuses ayant été ébranlées dès son enfance par la lecture des philosophes du dix-huitième siècle, il ne fit sa première communion qu'à l'âge de 22 ans. Il revint alors avec ferveur au catholicisme, se fit prêtre et devint l'apôtre le plus enthousiaste du parti ultra-catholique et ultra-légitimiste ; il demandait, dans ses livres et dans son journal le *Drapeau blanc*, le retour au moyen âge, la restauration de la féodalité, et le gouvernement universel du Souverain Pontife. Reconnaissant enfin ce qu'il y avait de chimérique dans cet idéal, il embrassa le culte de la démocratie avec toute la ferveur qu'il avait mise à défendre celui de la légitimité. S'inspirant des Pères de l'Église et des Livres

Saints, il a, dans les *Paroles d'un croyant*, écrites dans le style de l'Évangile, réalisé, dit M. Renan, « le phénomène unique d'un pastiche de génie. »

Le travail, p. 118.	La justice et la liberté, p. 321.
Aux enfants, p. 195.	Comment on se rend libre, p. 311.
Le respect de la propriété, p. 250.	L'intolérance religieuse, p. 397.
La fraternité humaine. p. 297.	La prière, p. 102.
Les tristesses de l'exil, p. 315.	

Laprade (Victor de), littérateur français, né en 1812, mort en 1880. Il professa la littérature française à la Faculté des lettres de Lyon et fut destitué par le gouvernement impérial pour une vive réponse à une critique de Sainte-Beuve qu'il publia sous ce titre : *Les Muses d'État*. Élève de Lamartine, fervent admirateur de la nature qui lui fournit ses plus heureuses inspirations, il a écrit notamment, un ouvrage en prose sur *Le sentiment de la nature chez les Modernes* et des poèmes intitulés : *Symphonies; Pernette; Pendant la guerre*, etc.

Le logis de famille, p. 221. | Obéir à la loi, p. 320.

La Rochefoucauld, grand seigneur et moraliste français, né en 1613, mort en 1680. Mêlé aux troubles de la Fronde qu'il a racontés dans d'intéressants *Mémoires*, il est surtout célèbre par ses *Maximes*, œuvre d'un esprit désabusé qui rapporte tout à l'intérêt personnel, seul mobile, d'après lui, des actions humaines.

De la conversation, p. 265.

Legouvé (Ernest), littérateur, membre de l'Académie française, né en 1807. Écrivain distingué, auteur dramatique, conférencier du plus rare talent, il a fait jouer des pièces qui sont restées au répertoire, telles que *Louise de Lignerolles, Adrienne Lecouvreur, Bataille de Dames*, etc. Il a publié de nombreux ouvrages parmi lesquels il convient de citer : *Histoire morale des femmes*, les *Pères et les Enfants au dix-neuvième siècle*, *Souvenirs de soixante ans* (Hetzel, éditeur), etc.

Les goûts, p. 127. | Fais aux autres le bien qu'on t'a fait, p. 305.

Maistre (Xavier de), né en 1764 à Chambéry, mort en 1852 à Saint-Pétersbourg. Sujet du roi de Sardaigne, il quitta son pays lorsqu'il eut été conquis par les Français et s'en alla vivre en Russie. Ses œuvres peu nombreuses et de peu d'étendue sont profondément touchantes et d'un style admirable. Les plus célèbres sont le *Voyage autour de ma chambre*, et le *Lépreux de la cité d'Aoste*, auquel est emprunté le morceau que nous avons reproduit.

Le sentiment de la nature, p. 28.

Malebranche, philosophe français, né en 1638, mort en 1715. C'est un des membres les plus illustres de la célèbre congrégation de l'Oratoire. Son grand ouvrage de *la Recherche de la Vérité* est consacré à développer la philosophie de Descartes et à montrer ses relations intimes avec la religion. La doctrine originale de Malebranche est celle de la *vision en Dieu*; c'est en Dieu, d'après lui, que les hommes voient toutes choses et toute vérité.

Devoirs des pères, p. 211.

Malherbe, poète français, né en 1555, mort en 1628. Boileau, en des vers connus de tous, lui attribue l'honneur d'avoir créé la cadence du vers français. Les Stances à Du Périer, dont nous avons reproduit une partie, sont célèbres à juste titre.

Consolation à un père, p. 379.

Manuel (Eugène), poète et littérateur français, né en 1823. Professeur de rhétorique, puis inspecteur de l'Université, il a publié de touchantes poésies, presque toutes consacrées aux humbles, aux souffrants, aux vertus de la famille ou du patriotisme: *Pages intimes, les Ouvriers*, drame en vers, *Henri Regnault, Poésies populaires, Pendant la guerre, Poésies du foyer*, etc. (C. Lévy, éditeur).

Comment Dieu forge une âme, p. 395.

Marc-Aurèle, empereur romain et philosophe, né en 121, mort en 180. Il succéda en 161 à son beau-père, l'empereur Antonin et, sur le trône, il s'efforça d'arrêter autant par son exemple que par ses lois la corruption croissante et la décadence morale de l'Empire. Ses *pensées* ont conservé la trace d'une des âmes les plus élevées qui aient jamais existé.

Comment on se fait injure à soi-même, p. 148.
La possession de soi-même, p. 151.
La retraite intérieure, p. 156.
Les pensées secrètes, p. 161.

Marion (Henri), agrégé de philosophie, professeur de pédagogie à la Sorbonne. Il a publié, entre autres ouvrages, des *Leçons de morale* et des *Leçons de psychologie* appliquée à l'éducation, qui sont le résumé de cours faits à l'École normale primaire supérieure de Fontenay-aux-Roses, et d'où sont extraits les morceaux suivants (Colin et Cie, éditeurs).

NOTICES BIOGRAPHIQUES.

Le travail de l'esprit, p. 17.	La politesse, p. 257.
L'épargne, p. 136.	L'indiscrétion, p. 276.
Solidarité morale, p. 184.	Le progrès moral, p. 301.
La bonne humeur, p. 236.	

Massillon, prédicateur français, né en 1663, mort en 1742; il appartenait à la congrégation de l'Oratoire et il s'y consacra d'abord à l'enseignement. Mieux qu'aucun autre orateur, il sut émouvoir Louis XIV, lui prêcher une morale austère et appeler son attention sur les souffrances et même sur les droits de ses sujets. Avec moins d'éclat et d'ampleur que Bossuet, moins d'érudition et de finesse que Bourdaloue, il a plus de tendresse et d'émotion communicative qu'aucun des deux.

Le remords, p. 78.	L'ambitieux, p. 112.
L'ennui, p. 109.	Les fausses vertus, p. 119.
Le déréglement, p. 112.	La jalousie, p. 270.
L'avarice, p. 133.	La médisance, p. 275.

Michelet (Jules), historien, né en 1798, mort en 1871. Professeur au Collège de France, en même temps que Quinet et Mickiewicz, il a réveillé et enthousiasmé la jeunesse par sa parole toute brûlante de l'esprit de la Révolution. Il a rajeuni l'histoire, qu'il aimait passionnément; il a fait revivre les siècles éteints, il les a « ressuscités » par ses livres d'un style vigoureux, court, vibrant. Son *Histoire de France*, son *Histoire de la Révolution* sont des monuments durables et renferment des pages de premier ordre. Il a écrit quelques livres de fantaisie, comme la *Mer*, l'*Oiseau*, l'*Insecte*, la *Femme* et un ouvrage de pédagogie, *Nos Fils*, où se fait sentir l'influence de Rousseau, corrigée par les expériences de la vie moderne.

La table du soir, p. 222.

Molière (Jean-Baptiste Poquelin), né en 1622, mort à Paris en 1673, est le plus grand auteur comique de notre langue, et peut-être de toutes les littératures. Si la comédie a pour objet de châtier les vices et de corriger les mœurs par le rire, on peut placer Molière au premier rang des moralistes. Ses pièces sans doute ont pour but d'amuser; mais si quelques-unes semblent le prendre à l'aise avec la morale, il en est d'autres, comme les *Femmes savantes*, *Tartuffe*, l'*Avare*, le *Misanthrope*, dont la portée est véritablement haute et dont l'effet est des plus salutaires. Il ramène presque toujours au bon sens, à la sagesse, à la voie droite.

L'avare volé, p. 135.

Montaigne (Michel de), moraliste français, né en 1533, mort en 1592. Le grand événement de sa vie fut la publication de ses *Essais* dans lesquels il s'est peint lui-même avec une franchise absolue et où, entre autres sujets, car il les aborde tous dans cette œuvre, il a émis les idées les plus justes et les plus élevées sur la morale et sur l'éducation.

La constance, p. 116. | Le mensonge, p. 251.
Deux amis, p. 224.

Musset (Alfred de), né en 1810, mort en 1847. Ses œuvres tiennent peu de place, et elles ont suffi à faire de lui un de nos plus grands poètes. Il est simple, vif, harmonieux ; la rime n'est pas riche, mais elle est si naturelle, le vers coule si doucement sur les lèvres qu'on ne se rassasie pas de réciter ses pages gracieuses, où malheureusement la morale voudrait faire plus d'une rature. Ses *Nuits* sont un vrai chef-d'œuvre. Sa prose est ailée comme ses vers.

Le rôle de la douleur, p. 165. | Invocation, p. 107.

Necker de Saussure (Madame), femme de lettres française, née en 1766, morte en 1811, cousine de madame de Staël avec laquelle elle se lia d'une vive amitié ; on lui doit, entre autres écrits, un ouvrage sur l'*Éducation progressive* dont les morceaux que nous citons ont été extraits. C'est un livre de lecture facile, de bon sens, de haute raison, plein d'expérience et de maturité, un de ceux qui auront le plus contribué à la rénovation de l'éducation moderne.

La volonté, p. 30. | La sérénité, p. 155.
La beauté morale, p. 66. | Le rôle des femmes, p. 213.
La vertu et le bonheur, p. 72. | La véracité, p. 251.

Nicole, moraliste français, né en 1625, mort en 1695. Il fut un des plus illustres solitaires de Port-Royal, traduisit en latin les Provinciales de Pascal, et contribua sans doute à la rédaction de la méthode de Port-Royal. Mêlé à toutes les discussions religieuses de son temps, il a laissé plusieurs écrits polémiques qu'il publia sous des pseudonymes ; mais ses *Essais de morale* constituent l'œuvre capitale de sa vie.

L'aménité dans la discussion, p. 261.

Olivier de Serres, agronome et écrivain français, né en 1539, mort en 1619. Henri IV eut recours à lui pour introduire en France l'industrie séricicole. Son principal ouvrage est le *Théâtre d'Agriculture et Mesnage des Champs*.

La bonne ménagère, p. 219.

NOTICES BIOGRAPHIQUES.

Parker (Théodore), né aux États-Unis en 1810, mort en Italie en 1860. Théologien américain, prédicateur éloquent, écrivain libéral, démocrate ardent, qui s'est usé dans la lutte ; il est surtout célèbre par l'héroïque campagne qu'il a menée contre l'esclavage. A lire l'intéressante biographie de Parker, publiée par M. Albert Réville.

Grand-père, p. 228. | La joie religieuse, p. 385.

Pascal (Blaise), né à Clermont en 1623, mort à Paris en 1662. Savant et philosophe, il a laissé quelques écrits sur la géométrie et la physique, mais il est surtout connu par ses *Lettres d'un provincial* sur la morale des Jésuites, et par des notes détachées, qu'il prenait en vue d'un grand ouvrage sur la religion, et qui ont été publiées sous le nom de *Pensées*. Puissant génie, sombre et austère, prématurément atteint par la maladie, Pascal a laissé une trace profonde avec des œuvres de peu d'étendue, qui sont une des gloires de la littérature française.

La pensée, p. 13. | L'amour-propre, p. 138.
La douleur et le plaisir, p.129. |

Paul (Saint), apôtre, né à Tarse, en Cilicie, dans les premières années de notre ère, d'une famille israélite établie en Asie Mineure. D'abord disciple du célèbre rabbin Gamaliel, il se convertit aux doctrines du christianisme naissant, et s'en fit aussitôt le zélé propagateur. On suppose qu'il a péri à Rome victime de Néron. Il a écrit un certain nombre de lettres dont plusieurs sont perdues ; les plus importantes sont ses épîtres aux *Galates*, aux *Corinthiens* et aux *Romains*, qui se distinguent par la vigueur et la subtilité du raisonnement, et par un puissant souffle religieux et moral.

L'excellence de la charité, p. 293.

Pelletan (Eugène), né en 1813, mort à Paris en 1883. Écrivain et homme politique, célèbre par son opposition à l'Empire, M. Pelletan fut nommé député en 1863, fit partie en 1870 du gouvernement de la Défense nationale, devint membre de l'Assemblée nationale, puis sénateur et questeur du Sénat. Il a consacré sa plume brillante et poétique à la cause de la démocratie, de la République et du progrès. Il a écrit de nombreux ouvrages, parmi lesquels se distinguent *la Profession de foi du dix-neuvième siècle*, les *Morts inconnus*, le *Pasteur du Désert*, la *Famille*, etc.

La puissance de la pensée, p. 14.
Le plaisir et le bonheur, p. 38.
Travail et progrès, p. 120.
La reconnaissance, p. 381.

Philon, philosophe juif, né à Alexandrie (Égypte), vécut au premier siècle de l'ère chrétienne. Il a écrit de nombreux ouvrages de philosophie mystique et d'apologie des doctrines et des mœurs de son peuple.

Les Esséniens, p. 392.

Platon, philosophe grec, né vers l'an 430 avant notre ère, mort en 347. Disciple de Socrate, c'est surtout par lui que nous connaissons son illustre maître, qui n'a laissé aucun écrit. Les œuvres qui nous restent de Platon sont des Dialogues philosophiques : *Phèdre*, le *Banquet*, *Criton*, *Phédon*, l'*Apologie de Socrate*, les *Lois*, etc. Elles le placent au premier rang des grands penseurs de l'humanité.

Les lois, p. 316.

Plutarque, écrivain grec, né vers l'an 50 de notre ère à Chéronée. Il a écrit les *Vies parallèles* des hommes illustres de l'antiquité grecque et romaine, et un assez grand nombre de traités de morale. La traduction qu'a faite Amyot de ces œuvres leur a donné droit de cité dans la littérature française.

Conseils aux époux, p. 192.

Pope, poète anglais, né en 1688, mort en 1744. Citons entre autres ouvrages de lui, un charmant et célèbre petit poème sur l'*Enlèvement d'une boucle de cheveux*, des *Pastorales*, et un poème moral intitulé « *Essai sur l'homme*. »

La prière universelle, p. 405.

Prévost-Paradol, né à Paris en 1829, mort en 1870. Professeur, journaliste, membre de l'Académie française, il a écrit, outre d'innombrables articles très remarqués, la *France nouvelle*, le *Rôle de la famille dans l'éducation*, des *Études sur les moralistes français*, etc. (Hachette et Cie, éditeurs.) Dans l'opposition sous l'Empire, il s'est distingué par la finesse et la redoutable logique de ses attaques. Ses œuvres lui ont valu le suffrage de tous les esprits délicats.

La bonté, p. 26.	**La maladie**, p. 168.
La tristesse, p. 164.	**Le rôle social de la vertu**, 338.

Quinet (Edgar), né en 1803, mort en 1876. Professeur au Collège de France, où il fit des cours retentissants, qui attiraient un immense concours de jeunesse et provoquèrent sa révocation par un cabinet réactionnaire, député en 1848, il fit preuve pen-

NOTICES BIOGRAPHIQUES. 427

dant la durée de la seconde république, d'une rare clairvoyance politique et fut l'un des plus énergiques adversaires du prince Louis-Napoléon. Expulsé de France par le coup d'État, il passa dans l'exil toute la durée de l'Empire. Élu en 1871 député de la Seine à l'Assemblée nationale, il n'a cessé de soutenir la cause des idées libérales et démocratiques qu'en cessant de vivre. Historien, poète, philosophe, il a publié un grand nombre d'ouvrages, tous remarquables par la générosité, la noblesse et la grandeur de l'inspiration morale. On peut citer son poème de *Prométhée*, ses leçons sur les *Jésuites*, mes *Vacances en Espagne*, *Marnix*, la *Révolution*, la *République*, l'*Esprit nouveau*, etc.

La vie, p. 18.
Idéal de la démocratie, p.333.
L'enseignement du peuple, p. 353.

Rabelais (François), né en 1495, mort à Paris en 1553. Médecin à Lyon, puis gratifié de la cure de Meudon, il a publié des romans satiriques, l'histoire de *Gargantua* et de *Pantagruel*, qui sous une forme bouffonne et trop souvent même obscène, renferment les vérités les plus hardies pour son temps et les plus salutaires pour tous les temps.

Le père et le fils, p. 202.

Racine (Jean), né en 1639, mort en 1699. Depuis *Andromaque* (1667) jusqu'à *Athalie* (1691), il a produit une suite de tragédies qui sont autant de chefs-d'œuvre, remarquables par la profondeur du sentiment, la simplicité des moyens, l'élégance et la perfection du langage. Historiographe du roi, ce n'est pas à ce titre qu'il a assuré sa renommée ; mais son nom vivra, à côté de celui de Corneille, aussi longtemps que ceux des grands tragiques de l'antiquité, les Eschyle, les Sophocle et les Euripide.

Les lectures frivoles, p. 99.

Renan (Ernest), né en 1823. Professeur d'hébreu au Collège de France, membre de l'Académie française, il a publié de nombreux ouvrages sur les Langues sémitiques, l'histoire des Israélites et de l'Église chrétienne, etc. Il occupe une des premières places parmi les écrivains contemporains.

Qu'est-ce qu'une nation, p. 322.

Réville (Albert), né à Dieppe, théologien protestant, ancien pasteur à Rotterdam, professeur de l'Histoire des religions au Collège de France, a publié de nombreux écrits de critique et d'histoire. La page que nous citons termine son volume intitulé : *Prolégomènes de l'histoire des religions*.

La religion et la science, p. 399.

Rousseau (Jean-Jacques), littérateur français, né à Genève, en 1712, mort à Ermenonville en 1778. Ses principaux écrits sont le *Contrat social*, l'*Émile*, les *Confessions*, la *Nouvelle Héloïse*, la *Lettre à d'Alembert* sur les Spectacles. Il a exercé sur la politique et dans le domaine de la pédagogie une influence considérable, justifiée en partie par la vérité de quelques-unes de ses idées, en partie par l'éloquence passionnée et la langue admirable avec lesquelles il les exprimait.

La physionomie et le caractère, p. 11.
La conscience, p. 41.
Le sentiment de l'injustice, p. 75.
L'usage raisonnable des plaisirs, p. 125.

Le suicide, p. 143.
La réserve qui convient aux femmes, p. 217.
Le duel, p. 278.
Les vertus de l'adolescence, p. 282.
La charité, p. 293.

Sainte-Beuve, célèbre critique français, né en 1804, mort en 1869. D'une grande versatilité dans ses opinions littéraires et politiques, il embrassa successivement, « en faisant ses réserves, » les écoles et les partis les plus divers ; mais il acquit ainsi plus de pénétration à les juger. Son œuvre, très considérable, se compose de plusieurs séries d'articles de journaux et de revues réunis en volumes sous les titres de *Portraits* et de *Lundis*, ainsi que d'une très belle étude en plusieurs volumes sur *Port-Royal*.

Penser par soi-même, p. 93.

Saint-Marc Girardin, né en 1801, mort en 1873, littérateur et homme politique français. Sa brillante collaboration au *Journal des Débats* lui valut au début de la monarchie de Juillet une chaire à la Sorbonne ; à la même époque il fut élu député. Sous l'Empire, il fit dans le *Journal des Débats* une opposition, d'ailleurs très modérée, au Gouvernement du coup d'État. Il siégea au centre droit de l'Assemblée nationale. Il a publié, outre ses cours de littérature, un nombre considérable d'articles de revues et de journaux.

L'idéal, p. 40. | Vœux d'un vieillard, p. 232.

Saint-Évremond, né en 1610, mort en 1703, littérateur et bel esprit ; il suivit la carrière des armes, se mêla sous Mazarin à presque toutes les intrigues de cour, fut compromis dans le procès du surintendant Fouquet et dut se réfugier en Angleterre où il termina ses jours. Il a écrit sur les sujets les plus divers dans un style élégant, mais généralement entaché de préciosité.

Les amis, p. 240.

Saisset (Émile), philosophe français, né en 1814, mort en 1853. Il enseigna la philosophie dans divers lycées de province, puis à la Sorbonne; c'était un disciple de V. Cousin. On lui doit une traduction de Spinoza : il a écrit plusieurs volumes sur l'histoire de la philosophie, des *Mélanges*, des *Méditations religieuses*, etc.

Mystère de la douleur, p. 166. | L'être parfait, p. 369.

Séailles (Gabriel), professeur de philosophie, maître de Conférences à la Sorbonne, auteur d'une thèse sur le *Génie de l'Art*, et de nombreux articles de critique artistique et philosophique.

Le Dilettantisme, p. 106. | Le secret de la vie, p. 173.

Sénèque, philosophe latin, né en l'an II de l'ère chrétienne, mort en 66. Il fut le précepteur de Néron; s'il dirigea honorablement les premières années du règne de ce prince, il continua à le servir après l'accomplissement de ses premiers crimes, qu'il s'efforça d'excuser. Ses bassesses ne le sauvèrent pas de la disgrâce et il reçut de son élève l'ordre de se donner la mort en s'ouvrant les veines. Les écrits de Sénèque, dans lesquels il développe la morale stoïcienne, sont remplis de cette haute inspiration qui manqua à la conduite de sa vie.

L'examen de conscience, p. 152. | Comment il faut vivre avec les hommes, p. 291.

Simon (Jules), né en 1814, écrivain et homme politique français; professeur de philosophie, membre de l'Assemblée constituante pendant la seconde république, du Corps législatif sous l'Empire, il a été, pendant la troisième république, membre du gouvernement de la Défense nationale ; puis, à deux reprises, ministre de l'Instruction publique. Il est actuellement membre de l'Académie française et sénateur inamovible. Il a écrit un très grand nombre d'ouvrages extrêmement intéressants sur des matières de philosophie et d'enseignement, entre autres, le *Devoir*, la *Liberté*, l'*Ouvrière*, la *Réforme de l'Enseignement secondaire*, etc. (Hachette et Cie et C. Lévy, éditeurs.)

Passion et raison, p. 30.
La division des devoirs, p. 63.
Deux erreurs, p. 78.
La casuistique, p. 86.
Le respect de soi-même, p. 92.

L'amitié, p. 239.
L'indulgence coupable, p. 290.
Le vrai patriotisme, p. 314.
La liberté, droit naturel de l'homme, p. 339.

Staël (madame de), femme de lettres, née en 1766, morte en 1817 ; fille du ministre Necker, elle se consacra toute jeune à la littérature et à la politique. Ses ouvrages les plus célèbres sont *Corinne* ou l'Italie et l'*Allemagne*; son opposition, pourtant si discrète, à l'Empire lui valut d'être exilée de France; elle se réfugia en Suisse, dans son château de Coppet, qui ne tarda pas à devenir le centre d'un intéressant mouvement littéraire.

L'enthousiasme, p. 21.
La sottise dédaigneuse, p. 108.
Les vieux parents, p. 226.

De l'esprit de conversation, p. 266.
Religion et moralité, p. 389.

Tacite, célèbre historien latin, né vers 54 de l'ère chrétienne, mort en 130. Ses *Annales* et ses *Histoires* sont d'admirables et souvent d'effrayantes peintures de l'Empire romain. Son traité des *Mœurs des Germains*, d'où est extrait le morceau que nous citons, est un modèle de précision et l'un des rares documents que nous ayons sur ces peuples à cette époque.

Mœurs des Germains, p. 193.

Talleyrand, célèbre homme d'État et diplomate français, né en 1754, mort en 1838. Il était évêque d'Autun lorsqu'il fut élu comme représentant du clergé aux États généraux de 1789. Il prit une part active à l'œuvre de réorganisation de l'enseignement entreprise par l'Assemblée nationale. La page que nous citons est extraite d'un rapport qu'il lui adressa à ce sujet. Il a servi tour à tour la Révolution, l'Empire, la Restauration et la monarchie de juillet. Son souvenir est resté comme celui d'un caractère peu scrupuleux, mais d'un diplomate de premier ordre.

La morale, p. 52.

Thierry (Augustin), historien français, né en 1795, mort en 1856. Il fut un des créateurs de la véritable méthode de critique historique. Ses ouvrages s'appuient sur les recherches les plus consciencieuses et supposent un immense travail. Devenu aveugle, il trouva dans l'étude et le dévouement à la science une suprême consolation. (*Récits mérovingiens; conquête de l'Angleterre*, etc.).

Le dévouement à la science, p. 95.

Tocqueville, homme d'État et publiciste français, né en 1805, mort en 1859. Député sous la monarchie de juillet et pendant la seconde république, il fut quelque temps ministre des affaires étrangères à cette même époque et s'exila en Italie sous le second empire. Il étudia avec admiration la démocratie américaine, à laquelle il a consacré le plus important de ses ouvrages; nous avons extrait de la *Démocratie en Amérique* les pages que nous citons.

NOTICES BIOGRAPHIQUES. 431

L'égalité dans le mariage, p. 187.
La famille démocratique, p. 221.
Serviteurs et maîtres, p. 246.
Professions honorables, p. 345.
L'ambition légitime, p. 317.
La tâche des gouvernants, p. 361.

Tournier (Louis), écrivain suisse, né en 1828, pasteur de l'Église réformée à Genève, s'est surtout consacré à l'éducation de la jeunesse. Il a écrit plusieurs recueils de poésie, les *Enfantines*, *Chants de la jeunesse*, des chœurs pour les étudiants, etc.

Le coin du grand père, p. 230.

Vacherot, philosophe et homme politique français, né en 1809. Le second empire, auquel il refusa de prêter serment, le destitua de sa chaire de professeur; il fut élu député à l'Assemblée nationale de 1871. Il a écrit de nombreuses études de critique et d'histoire de la philosophie.

La morale de l'histoire, p. 88.

Vauvenargues, moraliste français, né en 1715, mort en 1747. Entré dans la carrière des armes pour laquelle il avait le goût le plus vif, il consacra à la littérature tous les loisirs de sa vie de de garnison. Obligé de quitter le service par un accident qui le rendit infirme, il acheva dans la retraite son *Introduction à la connaissance de l'esprit humain*, ses *Réflexions* et ses *Maximes*. Ses œuvres témoignent à la fois d'une grande élévation de conscience et d'un talent d'une remarquable sobriété.

La nature et la coutume, p. 31.
On ne peut être dupe de la vertu, p. 73.
Définitions de vertus et de vices, p. 79.
Le mérite frivole, p. 102.
Du courage, p. 113.
La tolérance, p. 268.
La compassion, p. 288.
Il faut avoir les talents de son état, p. 352.

Vinet (Alexandre), théologien et littérateur suisse, né en 1797, mort en 1847. Il a professé la théologie et l'éloquence sacrée à la Faculté de théologie protestante de Lausanne. Il a publié de nombreux travaux sur divers sujets de littérature, de théologie et de morale. Ses *Méditations*, ses études critiques le recommandent encore aujourd'hui à l'attention de tous les hommes sérieux.

Rôle des femmes dans la société, p. 306.

Voltaire (François-Marie Arouet de), né en 1694, mort en 1778. Comme il a appelé le dix-septième siècle le siècle de Louis XIV, on pourrait appeler le dix-huitième le siècle de Voltaire. Il l'a rempli tout entier de sa puissante activité littéraire : philosophe, critique, moraliste, historien, auteur tragique, il a porté sur tous les sujets son esprit lumineux, son style agile et limpide, sa verve intarissable. Il a été le chef incontesté du grand parti des novateurs et l'un des plus puissants agents de la Révolution, qui a éclaté peu d'années après sa mort. Il faut louer surtout de lui sa haine du fanatisme, de l'injustice, de la brutalité, sa passion véhémente pour la vérité, le droit, la raison, passion qui malheureusement l'emporta parfois jusqu'à l'injustice et la violence. La *Henriade*, *OEdipe*, *Zaïre*, *Mérope*, etc. sont ses principales œuvres poétiques. Il a écrit le *Siècle de Louis XIV*, le *Dictionnaire philosophique*, des contes, etc., plus une volumineuse correspondance qu'il entretenait avec tous les esprits distingués de son temps.

La liberté, p. 37.
Du juste et de l'injuste, p. 46.
La modération, p. 128.
La fierté, p. 139.

L'envie, p. 269.
La générosité, p. 286.
Les vertus sociales, p. 301.
Le fanatisme, p. 396.

***

La mémoire, p. 19.
Les livres, p. 97.

L'être nécessaire, p. 368.
La foi, p. 378.

TABLE DES MATIÈRES

Préface.. v

LIVRE PREMIER

LA NATURE HUMAINE

1. L'homme, *Buffon*.......... 9
2. La physionomie chez l'homme, *Buffon*.......... 10
3. La physionomie et le caractère, *J.-J. Rousseau*..... 11
4. Les gestes, *Buffon*........ 12
5. La pensée, *Pascal*......... 13
6. La puissance de la pensée, *E. Pelletan*............ 15
7. Les principes de la méthode, *Descartes*........ 16
8. Le travail de l'esprit, *H. Marion*................ 18
9. La mémoire, ***......... 19
10. L'imagination, *Buffon*..... 20
11. L'instinct supérieur de l'homme, *Bernardin de Saint-Pierre*............ 22
12. Les passions, *Diderot*..... 23
13. L'enthousiasme, *Madame de Staël*............... 24
14. La bonté, *Prévost-Paradol*. 26
15. Le sentiment de la nature, *X. de Maistre*.......... 28
16. Passion et raison, *J. Simon*. 30
17. La volonté, *Madame N. de Saussure*.............. 30
18. L'action, *Victor Hugo*..... 32
19. La nature et la coutume, *Vauvenargues*.......... 34
20. L'habitude, *A. Franck*.... 35
21. La liberté, *Voltaire*....... 37
22. Le plaisir et le bonheur, *E. Pelletan*............ 38
23. L'idéal, *Saint-Marc Girardin*................... 40
24. Au-dessus et au dedans de l'homme, *Kant*...... 42
25. La personnalité, *G. Compayré*................. 43
26. La conscience, *J.-J. Rousseau*.................. 44
27. La vertu, *Bossuet*........ 44
28. Innocence et vertu, *V. Hugo* 45
29. Du juste et l'injuste, *Voltaire*................... 46
30. La vie, *E. Quinet*......... 48
31. Le mépris de la mort, ***. 49
32. Destinée de l'homme, *Bernardin de Saint-Pierre*... 50

LIVRE II

LES PRINCIPES DE LA MORALE

33. La morale, *Talleyrand*.... 52
34. Objet de la morale, *Ferraz* 54
35. Les axiomes de la morale, *V. Cousin*.......... 55
36. Les trois motifs de notre conduite, *Jouffroy*...... 37
37. La liberté morale, *Fichte*. 58
38. Ce qui est moral, *V. Cousin*......................... 59
39. La morale et le droit, *Ferraz*..................... 60
40. Le droit et le devoir, *V. Cousin*..................... 61
41. Le devoir, *Kant*........... 62

42. La division des devoirs, J. Simon 63
43. L'idée de l'ordre, *Jouffroy*. 64
44. La beauté morale, *Madame N. de Saussure* 66
45. Les éléments de la vertu, *P. Janet*............... 68
46. L'intérêt, *P. Janet*........ 69
47. L'honneur, *P. Janet*...... 71
48. La vertu et le bonheur, *Madame N. de Saussure*. 72
49. On ne peut être dupe de la vertu, *Vauvenargues*.... 73
50. Les trois états moraux, *Jouffroy*................ 74
51. Le sentiment de l'injustice, *J.-J. Rousseau*...... 75
52. Le remords, *Massillon*.... 78
53. Deux erreurs, *J. Simon*... 78
54. Définitions de vertus et de vices, *Vauvenargues*..... 79
55. Trois maximes de morale, *Descartes*.............. 81
56. Obéis à ta conscience, *P. Janet*................ 84
57. Le sacrifice du bonheur, *P. Janet*................ 85
58. La casuistique, *J. Simon*.. 86
59. La morale de l'histoire, *Vacherot*................ 88

LIVRE III

L'INDIVIDU

SES DEVOIRS ENVERS LUI-MÊME, — SES QUALITÉS ET SES DÉFAUTS
SES VERTUS ET SES VICES, — SA VIE INTIME

60. L'apprentissage de la vertu, *Franklin*............ 90
61. Le respect de soi-même, *J. Simon* 92
62. Penser par soi-même, *Sainte-Beuve* 93
63. L'étude des sciences, *Biot* 94
64. Le dévouement à la science, *Augustin Thierry*... 95
65. La lecture, *Channing*..... 96
66. Les livres, ***.......... 97
67. Les lectures frivoles, *Racine*.................. 99
68. L'imagination mal réglée, *Fénelon*............... 100
69. La frivolité, *Diderot*..... 101
70. Le mérite frivole, *Vauvenargues*................ 102
71. La fantaisie, *Diderot*..... 103
72. Le maniaque, *La Bruyère* 105
73. Le dilettantisme, *G. Séailles* 106
74. La sottise dédaigneuse, *Madame de Staël*....... 107
75. L'ennui, *Massillon*....... 109
76. La mollesse, *Fénelon*.... 110
77. Le dérèglement, *Massillon* 112
78. Du courage, *Vauvenargues* 113
79. L'intrépidité, *Diderot*.... 114
80. Fermeté et constance, *Diderot*................. 115
81. La constance, *Montaigne*. 116
82. Le travail, *Lamennais*.... 118
83. La dignité du travail, *P. Goy*................. 119
84. Travail et progrès, *E. Pelletan*................. 120
85. Le gaspillage de la vie, *Franklin* 122
86. Fragilité, *Diderot*........ 124
87. La manière dont une personne raisonnable fait usage des plaisirs, *J.-J. Rousseau* 125
88. Les goûts, *Legouvé*...... 127
89. La modération, *Voltaire*.. 128
90. La douleur et le plaisir, *Pascal*................. 129
91. L'honnête homme, *Le Père André*.................. 130
92. Le gourmand, *La Bruyère* 131
93. La passion du jeu, *Bourdaloue*................. 131
94. L'avarice, *Massillon*...... 133
95. L'avare volé, *Molière*.... 135
96. L'épargne, *H. Marion*... 136
97. La prudence, *Imitation de Jésus-Christ*........... 137

98.	L'amour-propre, *Pascal*..	138	115. La vie paisible, *Lamartine*	158
99.	La fierté, *Voltaire*.......	139	116. La discrétion sur sa vie, *P. Janet*...............	160
100.	La présomption, *Diderot*.	140	117. Les pensées secrètes, *Marc-Aurèle*..........	161
101.	Présomption de la jeunesse, *La Fontaine*.....	140	118. Le recueillement, *Imitation de J.-C*...............	163
102.	L'orgueilleux, *Bourdaloue*	141	119. La tristesse, *Prévost-Paradol*.................	164
103.	L'ambitieux, *Massillon*...	142	120. Le rôle de la douleur, *A. de Musset*............	165
104.	Le suicide, *J.-J. Rousseau*	143	121. Mystère de la douleur, *Saisset*...............	166
105.	La patience, *Imitation de J.-C*...............	146	122. La maladie, *Prévost-Paradol*.................	168
106.	Combien on se fait injure à soi-même, *Marc-Aurèle*	148	123. Brièveté de la vie, *Diderot*	169
107.	Les fausses vertus, *Massillon*...............	149	124. L'usage de la vie, *Charron*	171
108.	L'humilité, *Imitation de J.-C*...............	150	125. Vrai sens de la vie, *Bersot*	172
109.	La possession de soi-même, *Marc-Aurèle*....	151	126. Le secret de la vie, *G. Séailles*...............	173
110.	L'examen de conscience, *Sénèque*.............	152	127. La vie est un bien, *P. Janet*.....	175
111.	Le soliloque, *Diderot*....	153	128. La loi sainte, *V. Hugo*...	177
112.	Une âme forte, *Cicéron*..	154	129. La pensée de la mort, *Imitation de J.-C*......	179
113.	La sérénité, *Madame N. de Saussure*...........	155	130. L'Euthanasie, *Ferraz*....	181
114.	La retraite intérieure, *Marc-Aurèle*...........	157		

LIVRE IV

LA FAMILLE

DEVOIRS DOMESTIQUES, — L'AMITIÉ, — MAITRES ET SERVITEURS

131.	Solidarité morale, *H. Marion*.................	184	142. Le père et le fils, *Rabelais*	202
132.	Le mariage, *J. Barni*....	186	143. Le père et la fille, *V. Hugo*	204
133.	L'égalité dans le mariage, *A. de Tocqueville* ...	187	144. L'éducation des enfants, *J. Barni*...............	205
134.	Sur les mariages contractés de bonne heure, *Franklin*.............	190	145. Éducation des parents par les enfants, *P. Janet*...	206
135.	Conseils aux époux, *Plutarque*...............	192	146. L'éducation dans la famille, *J. Barni*.......	207
136.	Mœurs des Germains, *Tacite*................	193	147. L'éducation libérale, *Diderot*................	208
137.	Aux enfants, *Lamennais*..	195	148. Devoirs des pères, *Malebranche*.............	211
138.	Le fils ingrat, *Diderot*....	196	149. L'éducation des femmes, *J. Barni*...............	213
139.	Le retour du fils, *Diderot*.	198	150. Le rôle des femmes, *Madame N. de Saussure*...	213
140.	L'enfant prodigue, *Troisième Évangile*........	199	151. La vocation des femmes, *P. Goy*...............	215
141.	La mère, *V. Hugo*......	201		

152. La réserve qui convient aux femmes, J.-J. Rousseau.................. 217
153. Universalité et spécialité, P. Goy.............. 218
154. La bonne ménagère, Olivier de Serres.......... 219
155. Le soin du ménage, J. Barni............... 221
156. La table du soir, Michelet 222
157. Le logis de famille, V. de Laprade............. 224
158. La famille démocratique, A. de Tocqueville....... 224
159. Les vieux parents, Madame de Staël......... 226
160. Grand-père, Th. Parker.. 228
161. Le coin du grand-père, Tournier............. 230
162. La grand'mère, Damiron. 231
163. Vœux d'un vieillard, Saint-Marc Girardin.......... 232
164. L'esprit de famille, P. Janet................... 233
165. L'intimité, P. Janet...... 235
166. La bonne humeur, H. Marion................ 236
167. L'union des frères, La Fontaine............. 237
168. L'amitié, J. Simon....... 239
169. Les amis, Saint-Évremond 240
170. Un ami solide, Bourdaloue 242
171. Deux amis, Montaigne... 244
172. Devoirs des maîtres envers leurs serviteurs, Fénelon............... 245
173. Serviteurs et maîtres, A. de Tocqueville.......... 246

LIVRE V

LA SOCIÉTÉ

DEVOIRS SOCIAUX, — DE JUSTICE, — DE SOLIDARITÉ, DE CHARITÉ

174. La tradition des gens de bien, J. Barthélemy Saint-Hilaire.......... 249
175. Le respect de la propriété, Lamennais............. 250
176. La véracité, Madame N. de Saussure............ 251
177. Le mensonge, Montaigne. 254
178. La duplicité, Diderot.... 255
179. La politesse, H. Marion. 257
180. Origine et bienfaits de la politesse, Diderot...... 258
181. L'incivilité, La Bruyère... 262
182. Les bonnes manières, Defodon................. 263
183. L'aménité dans la discussion, Nicole........... 264
184. De la conversation, La Rochefoucauld.......... 265
185. De l'esprit de conversation, Madame de Staël. 266
186. La tolérance, Vauvenargues................. 268
187. L'envie, Voltaire........ 269
188. La jalousie, Massillon.... 270
189. La jalousie et l'émulation, La Bruyère....... 272
190. La calomnie, Beaumarchais................. 273
— La calomnie, Chamfort... 274
191. La médisance, Massillon. 275
192. L'indiscrétion, H. Marion. 276
193. La moquerie, La Bruyère. 277
194. Le duel, J.-J. Rousseau... 278
195. Le mépris des injures, Diderot............... 281
196. Les vertus de l'adolescence, J.-J. Rousseau.. 282
197. L'égoïste, La Bruyère.... 283
198. La personnalité, Condorcet.................. 284
199. La générosité, Voltaire.. 286
200. La compassion, Vauvenargues............... 288
201. L'homme juste et pacifique, Imitation de J.-C. 289
202. L'indulgence coupable, J. Simon.............. 290

TABLE DES MATIÈRES.

203. Comment il faut vivre avec les hommes, *Sénèque* 291
204. La charité, *J.-J. Rousseau* 293
205. L'excellence de la charité, *Saint-Paul* 293
206. Le bon Samaritain, *Troisième évangile*.......... 295
207. La fraternité humaine, *Lamennais*............. 297
208. Le respect, *Kant*........ 299
209. Les vertus sociales, *Voltaire* 301
210. Le progrès moral dans l'humanité, *H. Marion*. 304
211. Fais aux autres le bien qu'on t'a fait, *E. Legouvé* 305
212. Rôle des femmes dans la société, *A. Vinet*...... 306
213. Une femme de bien, *V. Hugo* 308
214. Le chemin de la perfection, *Premier évangile*.. 309

LIVRE VI

LA PATRIE, L'ÉTAT, L'ÉCOLE

DEVOIRS CIVIQUES, — DEVOIRS PROFESSIONNELS

215. L'amour de la patrie, *A. de Lamartine*....... 312
216. Le vrai patriotisme, *J. Simon* 314
217. Les tristesses de l'exil, *Lamennais*............ 315
218. Les lois, *Platon*.......... 316
219. Le respect des lois et des magistrats, *J. Barni*.... 319
220. Obéir à la loi, *De Laprade* 320
221. La justice et la liberté, *Lamennais*............ 321
222. Qu'est-ce qu'une nation? *E. Renan* 322
223. La grandeur d'un peuple, *V. Hugo* 323
224. L'âme d'un peuple, *A. de Lamartine*............ 323
225. Le bien suprême d'un État, *Channing* 325
226. Le rayonnement de la vie nationale, *Gambetta*.... 326
227. L'enthousiasme patriotique, *V. Hugo*.......... 327
228. Le courage civique, *J. Barni* 329
229. La société nouvelle, *Gréard*............... 331
230. La république, *Gambetta*. 332
231. Idéal de la démocratie, *E. Quinet* 333
232. La division des classes dans la société, *P. Janet* 335
233. L'esprit de parti, *J. Barni* 337
234. Le rôle social de la vertu, *Prévost-Paradol*....... 338
235. La liberté, droit naturel de l'homme, *J. Simon*.. 339
236. Comment on se rend libre, *Lamennais*............ 341
237. L'instruction, *Diderot*.... 342
238. Devoirs de la jeunesse instruite, *Gambetta*.... 344
239. Professions honorables, *De Tocqueville*......... 345
240. L'ambition légitime, *De Tocqueville*............ 347
241. Le devoir professionnel, *Jouffroy* 348
242. Le soldat et l'artiste, *Diderot*................. 350
243. Il faut avoir les talents de son état, *Vauvenargues*. 352
244. L'enseignement du peuple, *E. Quinet*......... 353
245. Le maître d'école, *Guizot*. 355
246. La mission morale de l'instituteur, *Guizot*.... 355
247. L'éducation morale à l'école, *J. Ferry*......... 357
248. L'intuition morale, *F. Buisson* 359

249. Le chant à l'école, *F. Buisson*.................. 362
250. Les fêtes de gymnastique, *F. Buisson*.............. 363
251. La tâche des gouvernants, *De Tocqueville*.......... 364
252. Les devoirs du gouvernement, *J. Barni*........... 366

LIVRE VII

LE SENTIMENT RELIGIEUX

253. L'être nécessaire, ***..... 368
254. L'être parfait, *Saisset*.... 369
255. Dieu dans l'homme et dans le monde, *A. de Lamartine*............ 371
256. Le mystère de la vie, *Bossuet*................ 372
257. L'adoration, *V. Cousin*... 373
258. L'immortalité, *V. Hugo*.. 375
259. Une preuve de l'immortalité personnelle, *E. Caro* 376
260. Dieu n'est pas insolvable *V. Hugo*................ 377
261. La foi, *** 378
262. Consolation à un père, *Malherbe*.............. 379
263. La reconnaissance, *E. Pelletan* 381
264. La source du bonheur, *Bernardin de Saint-Pierre*................. 383
265. La joie religieuse, *Parker* 385
266. La foi en Dieu et la morale, *P. Janet*........... 387
267. Religion et moralité, *Madame de Staël*............. 389
268. Le vrai culte, *Isaïe*...... 390
269. Bienfaits de la religion, *Diderot*................ 391
270. Les Esséniens, *Philon*... 392
271. Comment Dieu forge une âme, *E. Manuel*......... 395
272. Le fanatisme, *Voltaire*... 396
273. L'intolérance religieuse, *Lamennais*............. 397
274. La religion et la science, *A. Réville* 399
275. La prière, *Lamennais*..... 402
276. Les caractères de la prière véritable, *F. Buisson*... 403
277. La prière universelle, *Pope*................... 405
278. Invocation, *A. de Musset* 407
Notices biographiques......... 409

P. S. — Je remercie les auteurs et les éditeurs qui ont bien voulu autoriser la reproduction des pages dont ils ont la propriété, et favoriser ainsi cette œuvre par leur gracieux concours.

J. S.

Paris. — Imp. E. CAPIOMONT et Cⁱᵉ, rue des Poitevins, 6.

LIBRAIRIE CLASSIQUE FERNAND NATHAN

L'HONNÊTE HOMME

COURS DE MORALE THÉORIQUE ET PRATIQUE

A L'USAGE

des Instituteurs, des Écoles normales primaires,
des Écoles primaires supérieures et des Cours complémentaires

PAR

Jules STEEG

DÉPUTÉ DE LA GIRONDE

Adopté par le ministère de l'Instruction publique pour les bibliothèques scolaires
et pédagogiques

Un vol. in-12, broché, 3 fr.; relié toile. 3 fr. 50

PRÉFACE

Dans la langue du dix-septième siècle, un honnête homme était un homme bien élevé, de bon ton, de bon goût, de bonnes manières, un homme du monde, plus particulièrement un homme de la cour. On disait à peu près dans le même sens, un galant homme.

Dans la scène du Sonnet, Alceste, le Misanthrope, veut qu'un galant homme résiste au désir d'écrire pour le public, et engage Oronte à ne pas quitter le nom d'honnête homme pour prendre celui de ridicule auteur.

L'honnête homme était celui qui réalisait le type que se proposait la société de cette époque.

Dans notre siècle de démocratie, nous avons un autre modèle. Nous nous représentons l'honnête homme sous les traits de l'homme de bien, à quelque classe sociale, à quelque profession, à quelque « monde » qu'il appartienne.

L'honnête homme, c'est le bon citoyen, l'ouvrier consciencieux, le marchand probe, le père dévoué, le mari fidèle, le fils reconnaissant, l'ami sûr, c'est l'homme compatissant, généreux, fraternel, esclave du devoir en toutes circonstances, graves ou futiles.

Ce sont les mêmes qualités, les mêmes vertus, avec plus de réserve, de recueillement et de bonne grâce, qui font l'honnête femme, dans la mansarde ou dans le château, au salon ou dans l'atelier.

Ces vertus, il faut les apprendre. Sans doute nous en trouvons la source dans notre conscience ; sans doute, elles nous sont enseignées par l'exemple de nos familles, de nos maîtres, des gens de bien que nous rencontrons, elles nous sont communiquées par l'atmosphère ambiante. Mais, en même temps, que de mauvais exemples passent sous nos yeux ; que de sophismes sont débités à nos oreilles ! que de maximes relâchées, quelles actions déshonnêtes ne s'étalent pas impudemment dans la société !

Il n'est donc pas inutile de dégager nettement les principes éternels de ce monde, d'en faire connaître l'immuable fondement, de révéler l'homme à lui-même, de mettre en lumière devant lui ses facultés intellectuelles et morales, sa liberté, sa responsabilité, l'autorité suprême de la conscience. Il est bon de lui rappeler la majesté de la loi morale, la beauté de la vertu, la puissance du devoir.

Il ne suffit pas d'émettre les principes, il faut enseigner aussi à les appliquer. Les préjugés, les mauvaises habitudes, l'influence d'un milieu où l'intérêt et le plaisir dirigent la majeure partie des hommes, obscurcissent le chemin du devoir. Les maîtres feront bien d'exposer les devoirs particuliers de chacun, d'enseigner la pratique de la vertu, d'entrer dans les détails, de mettre, comme on dit, les points sur les i.

Nous avons voulu, par ce petit livre, faciliter leur tâche, leur offrir une sorte de canevas pour leurs leçons, des occasions de développer familièrement leurs sentiments et leurs propres expériences.

Nous avons suivi l'ordre logique : la morale théorique d'abord, la morale pratique au second rang. Il faut en effet commencer par poser les principes, les idées générales ; l'application ne vient qu'après. Mais dans la réalité, c'est le contraire qui a lieu. Il faut vivre d'abord, philosopher ensuite.

Plusieurs préfèrent exposer d'abord à leurs élèves la morale pratique, la série des devoirs, les faire réfléchir sur leurs obligations personnelles, et les amener ainsi peu à peu jusqu'aux hautes régions des principes moraux. Cette méthode est bonne ; la méthode inverse l'est aussi. Tout dépend de l'âge, de l'état d'esprit, de la préparation antérieure.

L'important est de laisser dans les esprits et dans les cœurs l'image de l'honnête homme, ferme, simple, bon, modeste, connaissant son devoir et le pratiquant sans faiblesse ni raideur, prêt à tous les sacrifices, passionné pour l'honneur, pour la justice, pour la vérité, et traversant la vie en faisant le bien.

La jeunesse est généreuse et s'enflamme facilement pour l'idéal. Montrons-lui le nôtre, elle l'aimera, elle s'élancera à sa poursuite. En cherchant à réaliser le type de l'honnête homme, nos jeunes gens connaîtront les meilleures joies de la vie ; ils gagneront peut-être l'estime et l'affection de leurs concitoyens ; ils y gagneront à coup sûr les inappréciables satisfactions d'une bonne conscience.

MÊME LIBRAIRIE

Envoi franco au reçu du prix en un mandat ou en timbres-poste.

COURS NORMAL D'HISTOIRE

Rédigé conformément aux plan d'études et programmes
d'enseignement des Écoles normales primaires et des Écoles primaires supérieures

PAR

A. AMMANN & **E.-C. COUTANT**

Anciens élèves de l'École normale supérieure, Agrégés d'histoire et de géographie

| Professeur au Lycée Louis le Grand et au Collège Chaptal. | Directeur de l'École municipale supérieure J.-B. Say. |

AVEC DES TABLEAUX-RÉSUMÉS, DES DEVOIRS, DES INDEX
ET DE NOMBREUSES CARTES GÉOGRAPHIQUES

Nouvelle édition

Inscrit sur la liste des ouvrages fournis gratuitement par la Ville de Paris
à ses Écoles communales et primaires supérieures

Adopté par le Ministère de l'Instruction publique pour les bibliothèques pédagogiques

PREMIÈRE ANNÉE. — **Histoire de France, depuis les origines jusqu'à nos jours.** 1 vol. in-12, broché : 3 fr.; rel. toile. **3 50**
DEUXIÈME ANNÉE. — **Histoire générale jusqu'à la mort de Henri IV (1610).** 1 vol. in-12, broché : 3 fr. 50 ; rel. toile. **4 »**
TROISIÈME ANNÉE. — **Histoire générale depuis 1610 jusqu'à nos jours.** 1 vol. in-12, broché : 4 fr. ; rel. toile............ **4 50**

Ce Cours forme la Partie du Maître du Cours des Écoles primaires.

Sujets et compositions d'histoire (la composition, plans de devoirs, développements), par A. AMMANN. 1 vol. in-12, broché.. .... **2 50**

Cours de Pédagogie, à l'usage de l'enseignement primaire, *rédigé conformément au programme officiel*, par P. VINCENT, ancien élève de l'École normale de Poitiers, ancien instituteur public, Inspecteur de l'Instruction primaire de la Seine, officier de l'Instruction publique. 3ᵉ édition, corrigée et augmentée. 1 fort vol. in-12, broché, 3 fr.; rel. toile...................... .... **3 40**

Leçons d'histoire littéraire, par P. VINCENT et BOUFFANDEAU, Inspecteurs de l'enseignement primaire. Ouvrage rédigé conformément aux programmes des Écoles normales, des Écoles primaires supérieures et de l'enseignement secondaire spécial. 1 fort vol. in-12, broché, 3 fr. 50 ; rel. toile........... **4 »**

Histoire de la Pédagogie, par P. VINCENT. Ouvrage *rédigé conformément aux programmes officiels* des Écoles normales et de l'examen pour le certificat d'aptitude aux fonctions d'Inspecteur primaire. 1 fort vol. in-12, br., 4 fr. ; cart.. **4 50**

Lexicologie française (*Origine, formation, signification des mots*), par R. PESSONNEAUX, professeur au lycée Henry IV et à l'École normale supérieure de Fontenay et C. GAUTIER, directeur de l'École normale de Nice. 1 vol. in-12, broché, 3 fr., relié toile..................... .... **3 50**

Législation et administration de l'enseignement primaire, par P. VINCENT et AUBERT. 1 vol. in-12, broché...................... ..... **3 50**

Paris. — Imp. E. CAPIOMONT et Cie, rue des Poitevins, 6.

www.ingramcontent.com/pod-product-compliance
Lightning Source LLC
Chambersburg PA
CBHW070333240426
43665CB00045B/1883